论文写作、科技交流与审稿：成为杰出科学家的必由之路

戴维·M. 舒尔茨（David M. Schultz） 著

孔海江　赵斐苗　韩　艳　译

郜吉东　宋美伦　孔海江　赵斐苗　校

气象出版社
China Meteorological Press

内 容 简 介

本书值得所有科技工作者，甚至是准备走向科研科技岗位的学生所拥有。它会告诉你如何撰写和发表科技论文、如何参加同行评审、如何作科学演讲及如何与公众交流。本书最动人之处在于它着眼于每一个流程和细节的实操性指导，而非仅仅针对概念或道理的叙述，这一点，在你翻阅目录时便有可能被深深吸引。当然，其中也会有一些你很想了解但从未有人告知的秘密，比如，科技期刊是如何组织审稿、审稿人是如何作出决定的等内容。优秀科研人员绝不是只一心闷头搞研究，还需要跟同行交流、与公众互动，不断地通过各种方式去提高、去深入。凡此种种，读完本书，你会发现它比你想象中的更加细致入微。

图书在版编目（ＣＩＰ）数据

论文写作、科技交流与审稿 ： 成为杰出科学家的必由之路 ／（美）戴维·M. 舒尔茨著 ； 孔海江，赵斐苗，韩艳译. -- 北京 ：气象出版社，2021.6
书名原文：A practical guide to becoming a better Writer, Speaker & Atmospheric Scientist
ISBN 978-7-5029-7487-9

Ⅰ．①论… Ⅱ．①戴… ②孔… ③赵… ④韩… Ⅲ.①科学技术－论文－写作 Ⅳ．①H152.3

中国版本图书馆CIP数据核字(2021)第148515号

北京版权局著作权合同登记：图字 01-2020-5942 号

论文写作、科技交流与审稿：成为杰出科学家的必由之路
LUNWEN XIEZUO、KEJI JIAOLIU YU SHENGAO：CHENGWEI JIECHU KEXUEJIA DE BIYOU ZHI LU

出版发行：气象出版社

地　　址：北京市海淀区中关村南大街 46 号	邮政编码：100081
电　　话：010-68407112（总编室）　010-68408042（发行部）	
网　　址：http://www.qxcbs.com	E-mail：qxcbs@cma.gov.cn
责任编辑：黄红丽　周 露	终　　审：吴晓鹏
责任校对：张硕杰	责任技编：赵相宁
封面设计：刀 刀	
印　　刷：北京中科印刷有限公司	
开　　本：787 mm×1092 mm　1/16	印　　张：21.5
字　　数：564 千字	
版　　次：2021 年 6 月第 1 版	印　　次：2021 年 6 月第 1 次印刷
定　　价：150.00 元	

本书如存在文字不清、漏印以及缺页、倒页、脱页等，请与本社发行部联系调换。

中文版序

科技论文撰写很难，用非母语去写更难。作为一个只有英语母语流利而其他外语很差的人，我无法想象要完成一篇科学论文还要用流利的英语写出来是多么困难。在这里我对英语非母语的科技论文作者所取得的成就致以最崇高的敬意。

话虽这么说，审稿人审稿时的第一印象常常会影响审查结果。即使稿件的科学性完美无缺，但存在错别字、看不懂的图表、误用的词汇和语法错误的手稿对于正面积极的评价来说也不是好兆头。不要害怕花费几百美元用于专家校对手稿费用，你将花几千美元才能发表。传播科学与科学本身一样重要。这就是为什么《论文写作、科技交流与审稿：成为杰出科学家的必由之路》能出版，它通过提供建议、暗示和如何改进科技写作的例子来帮助科学家提高他们的水平和能力。但这本书不仅仅涉及写作，还涵盖了科学家期望掌握的同行评审、演讲和其他技能。

最难写的章节是第 16 章，这是为英语非母语人士所写。在这一章，我得到了中国和芬兰的朋友和同事的帮助。他们都是很优秀的科技论文作者。如果本章对你有任何帮助，主要归功于他们。

需要注意，这本书是以大气科学学者为中心编写的，所使用的一些术语和一些章节可能其他学科（例如科学、技术、工程和数学等）的学者不太熟悉。我希望这些不会影响你的阅读和学习，许多适用于我的专业的经验可能也适用于你的专业。

我非常感谢孔海江、赵斐苗、韩艳和郜吉东的鼓励、翻译和耐心来完成这个项目。

通过阅读本书，相信对你的论文写作、科技交流和审稿技能的提高会有较大的帮助。

戴维·M. 舒尔茨（David M. Schultz）
于英国约克市
2018 年 1 月 29 日

译者前言

从接到郜吉东博士的翻译邀请至今已有 6 年时间，其中 4 年翻译，2 年校译加校对，颇有些艰难。用了 6 年才完成此项工作，实在惭愧。

2012 年 7 月—2013 年 12 月，我被河南省气象局选派到新疆哈密地区气象局做技术援疆工作。到哈密地区气象局后，通过考察当地气象服务需求，发现哈密地区气象局天气预报专业技术力量相对薄弱。为使援疆工作有的放矢，制定了以天气个例诊断分析、技术总结、科研项目研究流程为主的专项培训辅导计划。在准备培训素材的过程中，偶然发现了 David M. Schultz 博士撰写的英文版论文《如何做有效的天气个例研究》（*How to research and write effective case studies in meteorology*），我看后大喜过望，决定把它翻译出来作为一项授课内容。翻译前，我给 Schultz 博士发了邮件，想征得他的许可。他欣然同意，并提出让我把翻译好的稿件传给他一份，因为他想转给他的华裔同事看看。Schultz 博士所说的华裔同事，就是在美国国家海洋和大气管理局强风暴实验室（National Oceanic and Atmospheric Administration（NOAA）/National Severe Storms Laboratory（NSSL））工作的郜吉东博士。郜吉东博士曾经到河南省气象局作过学术报告，我和我的同事赵斐苗女士因此与郜吉东博士相识。郜吉东博士看到我的《如何做有效的天气个例研究》的翻译稿后，专门打来电话，鼓励我和赵斐苗共同翻译《如何做有效的天气个例研究》一文的原始来源——*Eloquent Science：A Practical Guide to Becoming a Better Writer，Speaker and Atmospheric Scientist*（《论文写作、科技交流与审稿：成为杰出科学家的必由之路》）一书。我们深知自己才疏学浅，也知道翻译一本英文学术专著和看懂它的区别，恐不能胜任。在郜吉东博士的多次鼓励下，加之考虑到这本书确实对国内科技工作者大有裨益，这才鼓起勇气，和赵斐苗一同制定和实施翻译计划。

在翻译过程中，有幸得到河南大学韩艳博士的加入，河南省气象培训中心的宋美伦女士承担校译工作，《气象与环境科学》编辑部的资深编辑王魁山老师为中文润色，曹淑超副编审为中文校对，最后由郜吉东博士对全文进行审校。郜吉东博士的三位学生潘思杰、陈海琴、胡家芬也帮助做了部分校对工作，另外我的同事田力、齐伊玲、董贞花，我带的硕士研究生贾琼莉和王丽华也参与了部分文字工作，还要感谢河南省气象培训中心的郭冰芳女士，整个文稿的文字编辑工作由她一人完成。气象出版社的黄红丽女士对本书的出版付出了大量辛苦工作，在此一并感谢。

该书的出版得到了河南省气象台、河南省气象学会和河南省大气污染防治与生态安全重点实验室（河南大学）、安阳国家气候观象台等单位的大力支持，得到了国家重点研发计划"大气污染成因与控制技术研究重点专项"（2017YFCO212402）、"中原城市群及周边地区大

iii

气复合污染联防联控集成与应用示范"、中央引导地方项目"中原城市群大气复合污染综合防控技术集成与应用示范"（HN2016－149）、国家留学基金（201705330004）、河南省大气污染综合防治与生态安全重点实验室开放基金项目（PAP201703）和河南省气象局环境气象创新团队基金的大力支持。最后感谢我的爱人康静宜女士和我的儿子孔维康，感谢他们的理解和支持，让我有时间和精力把这项工作最终完成。

全书共 31 章，第 1—18 章由孔海江翻译，第 19—22 章由韩艳翻译，第 23—31 章由赵斐苗翻译，前言和序言由孔海江翻译，第五部分附录 A 和深入阅读由赵斐苗翻译，第五部分附录 B 由赵斐苗和孔海江共同翻译，注释部分由孔海江翻译。全书由孔海江统稿，由郜吉东、宋美伦、孔海江、赵斐苗校译。郜吉东博士对全书进行审校。特别声明：涉及英文科技论文写作的体例和格式，为方便读者学习参考，按照原著处理，翻译出版时没有修改。由于译者的学识水平有限，翻译中不妥之处在所难免，恳请读者给予批评指正。

孔海江

2021 年 3 月 25 日

原版序

良好的沟通是科学的命脉。在科学探索中，最令人高兴的就是把自己的研究成果拿出来与人分享，而在当今这个科学高度合作的时代，同事之间错综复杂的交流本身也是一种科学探索的方式。纵观世界历史，最美妙的文学创作就是科学论著，只不过，很多晦涩难懂的研究成果也被历史所忽略。如今，一些科学家通过更好的表达将这些研究成果呈现给世人。

尽管交流对科学事业至关重要，但是很少有研究生接受正规的科学交流培训，他们所有的精力几乎全部投入研究，但我们也期望学生们能够加强演讲及写作技能。实际上，我们培养出来的学生在论文撰写与表达自己思想方面的表现都差强人意，因为在他们的研究工作中，必须阅读大量质量良莠不齐的论文并听取构思和演讲都很糟糕的学术报告。这样一来，他们自己拙劣的科技写作水平与演讲水平也逐渐定型。

专业团体往往有助于解决此类问题。我所属的主要团体之一强烈建议在撰写摘要时使用被动语态取代主动语态。人们认为这样可以创造一种冷静专业的语境……就像在维多利亚时代医生及史波克身上令人珍视的冷漠的运算逻辑一样。我们在写作或演讲时不能带入个人感情，免得让别人怀疑我们有工作激情。一些一流的科普作家突破了这种无聊的写作方式，像理查德·费曼和卡尔·萨根这样的科学家，他们的作品被渴望阅读科普图书的大众所追捧，有时却遭到他们的科学家同行们的反对，因为他们仍然沉浸在平淡、空洞乏味的科普创作文化中。

一些富于进取的研究生课程会邀请专家来指导学生写作与口头交流技巧。这虽然值得赞扬，然而，这些专家很可能仅在人文与艺术方面具有高学历高资质，但缺乏专业的科学技术训练。他们或许并不了解基本科学术语所需要的精确性。更糟糕的是，他们人文学科的背景可能让他们对科学产生明显的敌意，即 C. P. 斯诺在他半个世纪前的"两个文化"讲座中所描述的那样。我不止一次地看到这样的专家把还不错的一些论文改成了"垃圾"。

我们所面临的挑战不仅仅在于写作及交流技能。一些沟通能力极强又老练的科学家在与记者合作时也会有巨大的困难，因为记者们几乎都没有科学背景。在这里，斯诺的两种文化冲突显得愈发激烈。科学家往往期望读者与听众体会到自己对自然界的热情，而记者认为他的听众会像他自己一样对科学感到无趣，感兴趣的只有个人冲突、学术不端行为及政治。因为动机不同，造成的宣传效果并不如预期，科学家总是措手不及，他们经常小心翼翼，如履薄冰地表达自己的观点，即便如此，他们想表达的观点还是被经常歪曲或者完全忽略。

戴维·舒尔茨陷入了这可悲的困境中。他是一位职业科学家，也是几种专业期刊的编辑，对科技交流有浓厚的兴趣。现在展现在你面前的是撰写一篇科学论文的完整指南，从设计大纲直到投稿、审稿和校样等一整套程序。同样重要的是，舒尔茨为科学演讲或海报的准备和投稿提供了宝贵的指导，包括征集和提出问题的技巧，并能促进活跃的讨论。最后，舒尔茨提供了关于科学教学的技巧，以及与公众和媒体进行有效沟通的方法，以防科学家们要通过重重困难才能领会到，甚至要付出职业生涯的代价。这本书还得到了一系列专业科学家的建议，这些建议囊括许多方面，从如何使用科学术语到如何在学术会议上演讲。虽然本书主要针对的是在气象研究领域的科学工作者，但其中许多重要的章节适用于所有学科。请继续阅读，准备好去聆听对科学家来说最有价值的建议。

凯瑞·伊曼纽

凯瑞·伊曼纽，美国麻省理工学院地球、大气和行星科学系教授。著有三本专著：《大气对流》（1994）（*Atmospheric Convection*）、《神圣的风：飓风的历史和科学》（2005）（*Divine Wind：The History and Science of Hurricanes*）、《我们对气候变化的了解》（2007）（*What We Know About Climate Change*）。

原版前言

玛丽·格雷斯·诗素雅是一位善良的女人，可是无论我怎么努力，我的作文终究不能让她满意。

虽然是资优生，七年级数学对我来说不成问题，但诗素雅夫人的英语课对我来讲就是另一回事了。我的第一次论文写作作业只得了 C，这让我感到很沮丧。虽然对那个题目没有太多信心，之后我仍然更加用功，看了又看，改了又改。最后，我写了一篇当时我个人看来写得最好的文章。虽然那篇文章的题目现在已不记得了，但我还记得那篇文章的最后得分也还只是 B—。

"我最多只能得 B—？"我意识到了这个残酷的现实：也许我并不擅长论文写作。

在那个时候，年轻傲慢的我还不明白能力构建的概念。换句话说，我的智力在质疑声中反而得到了提高，这也是对尼采所谓"凡不能毁灭我的，必使我强大（What does not destroy me, makes me stronger）"的学术重述。因此，我请求从八年级资优英语班退出。

在我作博士后研究的时候，我的写作能力得到再次提升。那时我在写一篇根据我的博士论文改写的期刊论文，我的合作导师之一——丹·凯泽通过电话和我讨论修改，当时他住在纽约州北部，我在俄克拉何马州。他对我的指导很严格：15 个长达 1 小时的电话，我们会一起逐字逐句地仔细检查原稿。但是，我对丹·凯泽的指导并不能当即全部接受。有时候，我们会因对方的固执而感到沮丧：他坚持让我按照他的方法做事，而我抗拒他的这种方式。最后，我突然豁然开朗：他试图告诉我语句转折、连贯性及准确性的重要性，这些当然十分合理。随后的修订进行得很顺利，手稿也很容易通过了评审程序并发表。无论我的灵感来自哪里，如果没有豁然开朗的那一刻，就不会写出《论文写作、科技交流与审稿：成为杰出科学家的必由之路》一书。

纵观我的职业生涯，丹老师和其他导师与同事们对我的指导，对我成长为一名科学家和论文作者至关重要。非常遗憾，并不是每个人都有幸获得这样的指导。值得高兴的是，无论是学生还是有多年经验的科学家，想成为一名更好的作者，需要的并不是启示，而仅仅是开放的心态。正如我在这本书中希望大家相信的一样，学会基本功并没有问题。此外，并不是只有年轻人才能学得会新知识。无论经验多少，每个人都可以学习新的技能来提高他们的写作能力。

《论文写作、科技交流与审稿：成为杰出科学家的必由之路》是一项科学交流研讨会的成果，起初主要由我创立的一个"让本科生拥有科研经历"的资助项目发展而来。该项目从 1998 到 2005 年由美国自然科学基金会资助，并由俄克拉何马气象中心主办（其成员包括国家强风暴实验室、俄克拉何马大学、中尺度气象学合作研究所和风暴分析与预测中心），而后又从 2007 年持续到现在（完成本书的撰写工作）。在发现我们没有教好学生如何写一篇科技论文和如何作一场科学演讲后，我在 2000 年至 2005 年期间发起并组织了这个讲习班。讲习班刚开始是在网站上与大家交流想法，随后变为下午的讲座，最终成为一个长达 8 小时的互动研讨会，学生可以对自己和同行的论文写作进行评论。我认为这些本科生将可能会成为我未来的同事，我也可能会审阅他们的论文并参加他们的专题研讨会。我很希望看到他们做出优秀的科研成果并能将其有效地展示出来。我意识到，如果我能够从正面影响他们，让他们避免做出拙劣的论文或幻灯片，那我将来的头疼事儿将会减少许多。

随着研讨会逐年发展，这个基础性的方法开始慢慢出现问题。由于每年都有新的内容加入，我所做的幻灯片并不能清晰、有效地演示文稿，最多也只能算一个冗长的演讲。另外有关文章组织和作为参考指南的宣传手册还有欠缺，连我设法列出的教学示例也远远不够。拙劣的报告让我深感挫败，所以在 2005 年夏天的一次会议上，我突然有了把讲座变成一本书的想法。我想，一本书能一次性解决我的两个问题，这将是传达书面信息的更有效的工具，并把我从专注于改进演讲风格中解放出来。这样做的额外好处就是，我真诚地希望将这本书能分发给其他大气科学工作者，以免再次遇到那次会议上所遭受的痛苦。

给从事科学研究的读者写一本关于有效沟通的书，就像艺术大师在一场古典音乐会上与听众一起谈论如何演奏小提琴一样。有些听众学得很快并受益匪浅，而有经验的小提琴家只需要具体的改进建议。此外，发言者在演说后的一举一动都将受到密切关注。正如那位发言者一样，我担心我的言语会在将来带给我困扰（我已经听到读者对我以前发表的论文提出质疑！）。在我看来，当代作家中几乎没有人会相信他们过去的作品完美到不需要修订，我们也不应该苛求完美。事实上，《论文写作、科技交流与审稿：成为杰出科学家的必由之路》中的许多事例来源于我自己的文章和报告，这些事例良莠不齐，并不都是完美的。由于大脑容量有限，我很难完美地存储和回忆本书中大量丰富的信息，请各位读者见谅。

如果您对本书中的材料有任何意见，请通过此邮箱反馈给我，我将不胜感激：eloquent-science@gmail.com。

原版致谢

我要感谢众多教我写作知识的人。早期发展归功于父母的支持与帮助，他们让我在上大学时有了第一台打字机，并协助我成功获取博士学位。另一个要感谢的人是我的硕士论文导师克里夫·马斯。我的硕士论文长达 315 页，说来只是我学到的关于锢囚气旋知识的简单整合，但这是我第一次撰写出的书稿。以此为鉴，我在写博士论文时做了改进，把论文长度限制在 198 页。我写作及口语能力的提高要归功于我的博士导师兰斯·勃萨特和丹·凯泽。兰斯和丹让学生们进行在国家级会议上作报告的排练，直到我们做好为止。我和丹在诺曼市和奥尔巴尼市两地之间通过电话沟通了许久，直到博士论文的初稿最终确定。丹对我在写作过程方面的指导使我大开眼界，这在我受教育的经历中无疑是一个转折。最后，在国家科学研究评议会资助下，我在美国国家海洋和大气管理局/国家强风暴实验室任研究员时，查克·道斯威尔博士的不断刺激和点拨最终激励了我，让我更加精进自己的写作风格并对这种与众不同的风格进行捍卫。我俩为《强风暴气象电子期刊》（the Electronic Journal of Severe Storms Meteorology，https：//ejssm. org/index. html）撰写过对作者、审稿人和编辑的《指南》（the Guide for Authors, Reviewers, and Editors for the Electronic Journal of Severe Storms Meteorology）。该期刊是由我俩与其他气象学家合作创办，我们共同创作的过程及其他网站上的材料都对这本书的方方面面产生过影响。此外，他对一些章节的深入评论让这些例证更有说服力。

《论文写作、科技交流与审稿：成为杰出科学家的必由之路》是从为帮助本科生拥有科学研究经历的资助项目中演化而来，因此，可以说达芙妮·拉德主任为这本书的写作奠定了基础。善于言辞的她对本科生教育十分支持，在这方面又有远见卓识，对我们这个领域来说她是极为优秀的资源。国家科学基金会的斯蒂芬·尼尔森向该项目提供了资金支持。最重要的是，我成立讲习班过程中一直坚持下来的有几十个学生，他们给我提供了珍贵的反馈意见并使讲习班越办越好。这本书的大部分内容为在赫尔辛基大学，与该校的科学学者进行交流的技能课程内容，并在北美和欧洲的众多讲习班和会议上进行过试讲的内容。我也对所参与的学生对书中材料作出的贡献表示感激。

我感谢与我合作过的同事们，感谢他们曾劝服我提升科技交流技巧，特别是吉姆·史汀柏、保罗·罗伯尔、约翰·诺克斯、乔治·拜伦和弗雷德·桑德斯。C. 大卫·怀特曼提供了关于发表论文的某些想法（2.1 节）并进行了审稿。第 5 章中关于克服作者的障碍的某些方面来自一个写作讲习班。这个讲习班由诺曼市的作家达莲娜·格雷厄姆指导，并由诺曼艺术委员会赞助。安迪·怀特以前在我的讲习班上讲过关于图形构造的原理——本书也借鉴了他的一些想法。《每月天气评论》（Monthly Weather Review）的首席编辑助理玛丽·戈尔登，一直是这本书的主要支持者，并一直为母语为非英语国家的科学家们讲授沟通技巧，她在大量的编辑工作之余为本书提供了许多建议。《每月天气评论》在不牺牲稿件的高质量标准的条件下，仍然能在最短时间内决定稿件是否录用。截至本书的脱稿为止，这个刊物一直是美国气象学会中最好的期刊。与该期刊的合作一直让我感到十分自豪。在大卫·乔格吉作为主编期间，他设置了很高的标准，对我来说是一种巨大的鼓舞。如果本书无意中借用了他们的想法但并没有对其作出注释，那是由于这所有的课程都已在我脑中整合，无法精确判定这些想法是他们的原创还是我个人的看法。

还有些人为本书提供了特定的材料。保罗·罗伯尔将本书命名为"不合逻辑的事实（*An Incoherent Truth*）"（之后用于引言）。特蕾西·霍洛威建议增添"咨询专家（Ask the Experts）"栏，并提出了"墙报（manuscript-on-the-wall poster）"的说法，彼得·格林贝格向我讲述了他获诺贝尔奖的事迹（第193页）。玛丽·戈尔登为撰写第16章的内容专门采访了一些英语为非母语作者。感谢付出时间和贡献的所有人：乔治·拜伦、蔡华清、孙日龙、王俊红、王亚飞。

本书内容由以下人员倾情提供：伊莲娜·安德里奇、斯维特拉娜·巴赫曼、豪伊·布鲁斯坦、兰斯·勃萨特、克里斯·戴维斯、查克·道斯威尔、戴尔·达兰、克里·伊曼纽、罗伯特·弗威尔、阿利斯泰尔·弗雷泽、迈克尔·弗里德曼、罗伯特·马克·弗里德曼、威廉·加卢斯、玛丽·戈尔登、夏娃·格兰特福斯特、萨拜恩·格克、汤姆·哈米尔、伊薇特·汉考克、韦莎·哈舒、肯·海德曼、帕梅拉·汉斯曼、鲍勃·亨森、朗·赫利、罗伯特·厚泽、丹尼尔·雅各、吉姆·约翰逊、大卫·乔根森、斯蒂芬妮·凯尼泽、丹·凯泽、佩特拉·克莱因、亚科·库克宁、瓦里帕·阿克什曼安、吉尔·拉普米亚、唐·马克戈曼、鲍勃·马多克斯、布莱恩·梅普斯、保罗·马考夫斯基、奥利维亚·马蒂乌斯、克里夫·马斯、孟智勇、凯伦·莫尔、马修·诺瓦克、克里·皮尔托·塔普、佩特里·瑞森安、迈克·里奇曼、保罗·罗勃·理查德·罗图诺、埃琳娜·萨迪克夫、罗杰·萨梅尔森、克里斯·塞门色瑞、乔·绍尔、拉斯·舒马赫、阿兰·夏皮罗、吉姆·史丁伯格、大卫·斯鲁德、马克·司徒林佳、尼尔·斯图尔特、约翰·图本、嘉瑞·图奥维宁、罗杰·胁本、大卫·怀特曼、约翰娜·怀特曼、丹·威尔克斯、沃伦·维斯孔比、张福清、艾德·西普斯和杜赞·泽尼。

以下人员对本书内容作出了其他具体贡献：哈罗德·布鲁克斯、亚当·克拉克、马克·费诺、大卫·戈尔斯基、特蕾西·霍洛威、杰森·克尼维尔、泰德·曼塞尔、麦克·麦金泰尔、理查·欧力威尔、戴维·鲁斯特、布拉德·史木尔、杰夫·特拉普、理查德·泰森、艾尔·威廉姆斯和桑德拉·于特。

某些章节的审查和编辑工作由众多有资质的人员完成：乔治·拜伦、李东、查尔斯·道斯威尔、叶夫根尼·费多洛维齐、玛丽·戈尔登、帕梅拉·汉斯曼、海基·贾维、戴维·乔格吉、亚科·库克宁、刘启军、希瑟·里夫斯、孟智勇、米格尔·罗格、克里斯·塞门色瑞、乔·绍尔和沃伦·维斯孔比。

很荣幸，美国气象学会批准了这本书的出版。感谢我的编辑莎拉·简·尚格劳的工作让我坚持对本书的梦想。也要对肯·海德曼和基斯·赛特的管理和审批工作表示感谢。本书由艾伦·戈德斯坦精心编辑。除了莎拉·简，肯和艾伦的编辑评论外，美国气象学会的以下工作人员还以添加评论或内容的方式提出了他们对本书的意见：贝丝·代顿、马克·费诺、迈克·弗里德曼、林赛·甘布尔、乔斯林·休梅尔辛、斯蒂芬妮·凯尼泽、杰西卡·拉普安特和布莱恩·帕帕。

我还要感谢我的妻子伊薇特·汉考克。她从理论物理学的视角让本书广受欢迎，我们关于科技交流的讨论开阔了我的眼界，让我了解了更多渠道和方法，我非常感谢她为了支持我创作这本书放弃了大量与我相处的时间。

《论文写作、科技交流与审稿：成为杰出科学家的必由之路》大部分内容是从 2006 年 11 月开始在赫尔辛基大学和芬兰气象研究所期间所写，感谢他们在我写作过程中给予的足够的耐心。我还要感谢美国国家海洋和大气管理局/国家强风暴实验室及俄克拉何马大学中尺度气象合作研究所的前期资助（1996—2006 年）及后来维萨拉·奥伊公司的资助。

最后，我要感谢玛丽·格雷斯·诗素雅女士。她在我写这本书的时候去世了。我有幸在几年前给她写信，让她知道我从七年级离开到成为一个优秀论文作者的历程，包括写这本书的经历。虽然我在七年级时不明白，她试图教会我反复修订有多么重要，我可以向她及合作撰写书稿的同事保证，我已经学会了这一课。

戴维·M. 舒尔茨（David M. Schultz）

于芬兰赫尔辛基

2009 年 3 月 24 日

如何使用本书

  《论文写作、科技交流与审稿：成为杰出科学家的必由之路》是为了提升学生、早期的科研工作者和资深学者的交流技巧而写的。这本书提出了科研工作者交流的主要方法——通过撰写和审阅科学论文参与到出版过程，以及参加会议。第一部分，重点是关于为课程项目写科学文档、为参加的会议写扩展摘要、写毕业论文或为学术期刊投稿。为了简便起见，我没有涵盖我们职业生涯中要写的所有不同类型的文档，但本书可以作为任何文档写作的借鉴。第二部分说明了同行评审过程，并从作为审稿人或作者的角度阐述如何参与其中并提供建议。第三部分，重点是如何作学术会议的口头报告和海报，即使是针对业余听众进行的长时间讲座及研讨会也可以从此部分中受益。第四部分讨论了如何与科学领域之外的公众沟通，无论是在专业场合还是媒体镜头下的公共场合，这部分最后一章以提高技能的建议作为结尾。两个附录帮助读者正确使用所选的标点和科学术语。31 个章节在很大程度上是相互独立的，所以没有必要按照顺序去读。经验丰富的读者是不会这样做的。

  这本书还包含了可能对您有用四个特色板块：

  说明栏（Sidebars）：突出重要信息，或讨论相关话题。
  咨询专家（Ask the Experts）：包含朋友和同事提供的材料，而非仅仅个人观点。
  注释（Notes）：提供具体的引文和在文中阐述有关该项目的讨论。
  深入阅读（For Further Reading）：是从我长期研究中挑选出来的额外补充材料，而且是我所知道的本书之外的最佳材料。

  《论文写作、科技交流与审稿：成为杰出科学家的必由之路》中的图、表和例子来源于下面四种资源：第一，一些事例来自美国气象学会（American Meteorological Society（AMS））的出版物。我会尽力得到原作者的使用许可。第二，另一些事例来自公共领域。第三，为了说明本书中的某种观点我专门创造了一些事例。第四，许多例子来自我自己或我的合作者的作品。在某些情况下，为纠正不恰当的做法对文字或图形进行了修改；在另一些情况下，为了说明某些观点而对这些不恰当的做法专门做了保留。虽然使用我自己的材料限制了本书的广度，也没有展示许多其他有才华的作者的工作，但是这样做可以让我选择更典型的素材，并可以毫不保留地评价它。

本书与同主题书之比较

  虽然已经出版了多种针对科学家沟通技巧的书籍，《论文写作、科技交流与审稿：成为杰出科学家的必由之路》与其他类似的书还是有所区别的，对其他已出版的书籍来说是一个补充。没有哪一本书能针对这样一个宽泛的话题解决所有的问题，因此，我的方法很实际。我讨论的是我认为最相关、最热门和最重要的问题，这显然可能与他人的观点不同。更具体地说，我想强调的某些话题，其他书都没有涉及，或者只是粗略讨论，例如编辑文章、为科学期刊写评论、参加会议和准备海报等。另外，由于正式交流都是关于某一具体学科的某些方面的，所以，我引用的几乎所有的例子都是有关大气科学方面，还有一整章（第 18 章）都是关于大气科学方面的写作。

定义

我对在本书中使用到的一些术语做一下定义：文档（document）通常是指一个科研工作者可能会写的任意类型作品：论文、期刊文章、会议扩展摘要、技术备忘录等。手稿（manuscript）是任何未出版的作品，不论是否已经完成或还是草稿。文章（article）是指在经过同行评审的科学类型杂志上发表的作品。论文（paper）是指旨在发表于经同行评审的科学类型的期刊文章，不论是否已经发表。

说明

本书的材料来自我所读过、研究过或自学到的实用方法技巧合集。写一篇期刊论文或作一个报告有很多种方法。这些技巧并不一定适用于所有人或所有情况。有些人可以完美地将演讲以幽默的方式呈现，而有些人根本不应该去尝试这种方式。

有些读者也许会反驳我的建议。我尽可能地对那些有合理争议性的话题进行标示。与其让读者不分青红皂白对某话题全盘接受，我宁可提出建议让读者做出理智的决定，即使读者并不赞同我的观点。"老师当初就是这么教的！"这可不是在错误道路上执迷不悟的理由。

导言：不合逻辑的事实

发表的论文中常常含有基础性错误。许多论文的讲述方式存在诸多疏忽。一些论文含有大量被当作事实进行陈述的观点，而这些观点并未经过证实。

这是那些气候怀疑论者对全球气候变暖调查的攻击吗？不是，这项研究来自我们自己的调查。2000 年，当时在国家大气研究中心的罗纳德·埃里科博士在《美国气象学会通报》（*Bulletin of the American Meteorological Society*）上发表了一篇文章，质疑我们这些搞研究的科学家们能否对自己的科学负责。他说："未署名的文章……不是晦涩的文章……编辑和作者都告诉我，有些文章已通过评审程序了。"

我自己的经历与埃里科博士类似。不论作为如饥似渴的科学文献的读者，还是科学期刊稿件的评审者，抑或是四大科学期刊之一的编辑，我看过的许多论文都缺乏可靠的科学知识、合理组织的论据和基本的语言技能。作为一个编辑，我将依据审稿意见对稿件是否应该发表提出建议。有时候审稿人对质量差的稿件作出的批评意见不充分。如果编辑选择的审稿人不合适或作出草率的决定，不合格的稿件就能通过审稿程序继而发表，并作为科学真理得到正式认可。

为这些劣质论文的弊病而深感困扰的还有 G. K. 巴彻勒，著名的流体动力学家、《流体力学杂志》（*Journal of Fluid Mechanics*）的创始人和长期主编。1981 年，在纪念该杂志创立 25 周年之际，他写了一篇 25 页的文章，标题为《期刊编辑的当务之急》（*Preoccupations of a journal editor*），他在文中谴责：

低质量论文不仅是对印刷出版资源的浪费，缺乏经验的读者会受到误导和迷惑，而有经验的科学家也会因此分散注意力，由于这些低质量论文的存在，将来的作家也会仅仅满足于二流作品。

(Papers of poor quality do more than waste printing and publishing resources; they mislead and confuse inexperienced readers, thcy waste and distract the attention of experienced scientists, and by their existence they lead future authors to be content with second-rate work.)

我曾看到过一位母语非英语的教授拼错了一个单词：litterature（正确应为 literature，文学）。我不由得笑了笑，因为他自己都不可能知道什么时候才能写对。学生可能会惊讶地发现，许多已发表的论文比想象的要差，这些文献有时甚至达不到普通的标准。

这一趋势越来越严重。Geerts（1999）在 22 种大气科学期刊中发现，其中论文的准确度保持稳定或下降。造成该结果的原因有很多：文字和图表越来越多，摘要越来越长，复杂性也日益增长，而相关讨论话题在某种程度上也增加了结论部分的篇幅。而这些都是通过同行评议审，并获得发表的论文。这是不可忽视的事实，也是不合情理的事实。

幸运的是，最差的一部分论文都没能发表。事实上，在 2006 年，美国气象学会出版的 8 种科学期刊在 2353 篇稿件中拒绝了 685 篇，退稿率达到 29%。个别期刊的退稿率在一段时间内相对稳定，偏离平均值的幅度并不大，从 19% 到 39% 不等。46 种大气科学期刊的退稿率大概在 2% 到 68% 之间，平均值为 37%，基本与以上期刊的退稿率一致。然而，所投的稿件中超过三分之一是由那些沟通能力欠缺或难以完成高质量的科学论文的作者写的。

职业交流

为什么我们要花那么大的精力写文章？为什么我们要花 2000 美元去参加世界各地的科学会议？我们之所以这么做是为了与大家交流学习自然界的运行方式。写作让我们理清自己的思路，从而提升自己的认知。会议给我们提供了一个平台，让我们可以向大家通报自己的研究成果并直接得到反馈。出版物和大会报告给基金管理机构提供证明：他们的钱是用得其所，确保他们的付出有所回报。没有学术交流科学就不会进步。我所听过最准确的一个表达是，"我们为读者而写作，而不是为了自己（*we write for our audience，not for our-selves*）"。这 15 字箴言提醒我们交流的原因及重要性。

想成为一名成功的科学家就必须先成为一名有效的沟通者。那些在标准化考试口试部分中得分较低的科学家可能会感到十分震惊，而正是这些科学家害怕在公众面前讲话，一心只想单独在办公室搞研究。试想一下，如果你发现了治愈癌症的方法，但你在世之时都没有把这方法公之于众，那么你的研究成果就会被浪费，还要等其他人去重新探索，也许还需要不止几十年。这就是为什么资深科学家常常要写传记或教科书，总结他们的终身成果，并为将来的科学家打下科研的基础。缺少了交流，生活该是多么不完整！

> 在作科学研究和科学交流之间没有边界，没有围墙；交流就是科学研究的一部分。
>
> ——Scott L. Montgomery（2003）

即使是从事非传统职业的人也需要良好的交际能力。学生可能会认为，如果他们并不是像他们的教授一样选择教育或研究事业的话，他们就不需要沟通技巧，这当然是错误的。拿天气预报的例子来说，预报员需要说服他们的同事，以证明他们所预测的天气可能性最高。而后他们也需要把其预测结果或预警信息有效地发布给服务对象或公众。公众或这些服务对象可能要依靠着这些信息生活甚至生存。美国大学理事会的国家委员会对写作进行的一项研究发现，美国大型企业三分之二雇员的工作都与写作密不可分，而且写作技巧也被看作是聘用和晋升的条件。在工作场合中，沟通能力不仅仅必要，而且必须。

科学很有趣

在我看来，科学家从事的职业是最令人兴奋的。普遍来说，我们都热爱这个工作。我们每天都能学到新的知识，探索自己感兴趣的领域，与其他志同道合的人交流，在颇具异域风情的城市参加会议，会见朋友，并与学生分享探索大自然的快乐。然而，正如我在引言中指出的，科学家们还需要给劣质论文写退稿信，又要参加乏味的会议，从而浪费了大量宝贵的时间。

没有什么比做一名科学家更令人开心了，人可以从很多东西中获得乐趣，比如静坐、入定、统计数字、集中注意力，而作科研包括了所有这些乐趣。

——西摩斯金纳校长（《辛普森一家》）

我们为什么会对研究科学失去兴趣？我想，一部分原因是在年少时老师总是教导我们说科学是不近人情的。就像斯金纳校长所说的那样：我们收集并上报资料，让科学探索看起来并非由独立的个人所完成的一样。然而，我们科学家也喜欢精彩神秘的故事，对各种新知识的渴求激励着我们。我们可以去探索前人从未触及过的领域。但是，当我们试图将想法以文字方式记录或以语言表达出来时，这种热情就无法随之传递，我们所想表达的科学论点也无法在适当的语境中得以展示。在把个性从研究工作中清除之时，我们对科学的热情通常也随之而去。我们每个科学家都需要找到自己的声音，自己的创造力及自己的独创性。

提高我们的沟通能力是一个终身的过程。我希望这本书能在写作和演讲方面给予读者一些鼓励，激励读者做得更好，更有趣，也更出类拔萃。还要退掉多少稿件才能足够？还要观看多少冗长的报告我们才能提出更高的要求？我希望有一天，我编辑过的所有手稿都能顺利出版，我听过的所有演讲都能激发我的科学想象力。

目　录

第一部分：撰写及发表科技论文

第二部分：参加同行评审

第三部分：准备及作学术报告

第五部分：附录

第一部分：撰写及发表科技论文

第1章 科技论文发表流程

发表科技论文需要作者、编辑、审稿人、技术编辑和出版社之间进行互动，其目的在于及时发表高质量的研究成果。本章介绍发表文章的流程、如何向期刊投稿、编辑和审稿人的工作内容、稿件的同行评审过程，以及已被录用的稿件如何排版和印刷，最终成为科技文献的一部分。

1665 年 1 月 5 日《学者杂志》（*Journal des Sçavans*）的首次亮相标志着科技期刊的问世，两个月之后是《伦敦皇家学会哲学会刊》（*Philosophical Transactions of the Royal Society of London*）的创刊（图 1.1），这两种期刊今天仍在出版。尽管科技期刊问世至今已经超过了 300 年，但许多有经验的学者还是不清楚发表论文的过程。

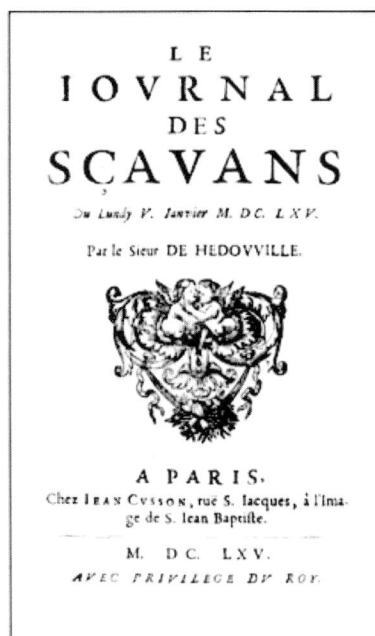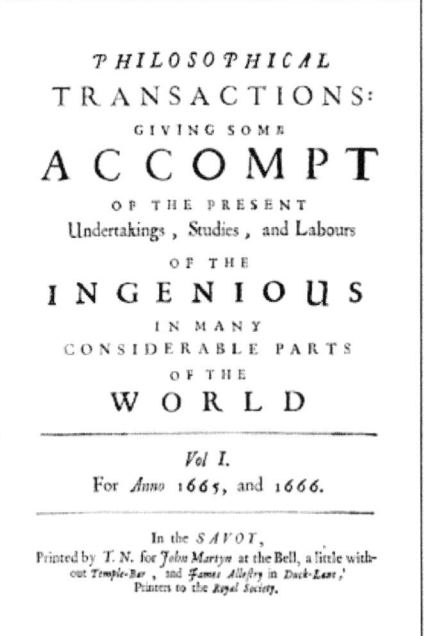

图 1.1 最早的科学杂志《学者杂志》（*Journal des Sçavans*）和《伦敦皇家学会哲学会刊》（*Philosophical Transactions of the Royal Society of London*）（图中文字：LE JOVRNAL DES SCAVANS：《学者杂志》；*PHILOSOPHICAL TRANSACTIONS*：《哲学会刊》；GIVING SOME ACCOMPT OF THE PRESENT Undertakings，Studies，and Laboure OF THE INGENIOUS IN MANY CONSIDERABLE PARTS OF THE WORLD：世界各地有创造才能者当前的探索、研究和劳动的若干总结）

　　本章介绍许多科技期刊遵循的稿件处理流程。虽然大多数文章有两名或多名作者，本书在大多数时候指的是单一的作者，特别是指通讯作者（corresponding author）。通讯作者代表所有的作者向期刊投稿，与期刊保持通讯联系，让共同作者了解稿件的状态，并负责修改。通讯作者可能是也可能不是稿件列出的第一作者。

1.1　投稿

　　写稿之前，作者常常有一个在何处发表的期许，即目标期刊（the target journal）。每种期刊都有自己的投稿规则。一些期刊对投去的稿件限制很少，只要求稿件在其投稿信上提供一定的信息，并使用 12 号字即可，而有些期刊对稿件格式有严格要求。

　　当稿件完成并按照目标期刊所要求的格式修改后，作者把稿件提交给编辑部。即使是在 2000 年后的头几年，作者仍要向目标期刊邮寄 4～6 份手稿。这不仅耗费纸质资源和邮寄资费，还让审稿过程漫长。现在，几乎所有的期刊都有网站，作者可以上传稿件电子版。通常情况下，手稿、图和投稿信要用原来的格式（例如，微软 Word 软件和 LaTeX 软件）上传。而 PDF 格式的文档是从上传的文件创建的，并且要求作者同意制成 PDF 格式的文件。如果不同意转换成 PDF 格式，可能会耽搁投稿的过程，所以要特别注意期刊的要求。

　　在投稿时可能还需要提交共同作者名单、他们的联系方式，以及建议审稿人名单等其他资料。由于可能存在的偏见或冲突，有些期刊甚至允许投稿人决定谁不能担任审稿人。有些期刊可能要求作者在投稿时说明稿件的科学贡献，并可能要求所有作者声明认同所投稿件的当前版本。作者需要声明该研究成果过去未曾发表过，该论文也未曾投向其他期刊。作者（有时是所有合作作者）通常必须与出版社签署一份版权转让协议书。有些出版社要求在同行评审前取得版权转让协议书的传真件或电子副本。

什么是格式？

　　"格式（style）"这个词有两种不同的含义，对编辑而言，格式的含义隐含在《芝加哥论文格式手册》（*The Chicago Manual of Style*）的标题中。也就是说，格式对出版社而言，指的是印刷风格或排版形式——关于书面交流机制的规定。作者想到的格式往往有不同的含义，是写作、文学表达的一种方式。

　　　　　　　　　　　　　　　　　　——《芝加哥论文格式手册》（1993，第 65 页）

　　美国气象学会已采纳《芝加哥论文格式手册》作为其出版格式，以其网上的格式手册（《作者指南》（*Authors' Guide*），美国气象学会，2008）作为补充。作者必须遵循这些规则，否则可能会妨碍论文发表或造成审稿人和编辑的偏见。如果向一种不熟悉的期刊投稿，那就要阅读该期刊网站上的投稿须知，并看看那些已经发表的文章，从而了解该期刊可以接受的出版格式和文体格式。虽然有些作者认为《芝加哥论文格式手册》出版格式压抑、过时，并且有时荒谬（例如，为什么在美国的出版物中标点符号放在引号里面），但是如果没有已被广泛接受的统一出版格式——一致的标题样式、缩略词扩展及变量的表达方式，不仅会给阅读者带来麻烦，甚至可能造成诸多误解。

相比之下，格式的第二种含义——文体格式则取决于作者个人。科技期刊论文作者可以灵活选择自己的语调及语态，偶尔需要参考编辑和审稿人的意见和理解。格式的这两种含义在本书中都有使用。

同行评审前的最后一步是该期刊编辑部的初步筛选，以确保提交的稿件符合该期刊的长度、结构和格式的基本标准。为了确保投稿过程顺利进行，遵循目标期刊对稿件格式的要求是至关重要的。作者需要仔细阅读期刊封底或该期刊网站上有关作者投稿要求的部分。

1.2　编辑和审稿

在稿件进入审稿程序之后，该期刊的主编会收到通知。然后主编决定稿件将由哪位或哪几位编辑负责审阅（或由主编亲自审阅），并把稿件是否录用的决定权移交给这位编辑。编辑通常对稿件涉及的主题有广泛的了解。在某些情况下，编辑可能会建议不适合目标期刊的稿件转投给另一种更易被接受的期刊。通常情况下，若稿件没写好，或其科学性值得怀疑，或两者兼而有之，编辑可能会在同行评审之前退稿。由编辑直接作出决定，可以避免审稿人阅读劣质稿件。

咨询专家

版权

肯·海德曼，美国气象学会出版社总监

许多出版社都要求每位作者把发表在其期刊上的论文的版权进行转让，或证明该稿件是为政府部门而准备的，并遵循政府部门的法规。通过获得版权，出版社可以像一名管家一样管理作者的知识产权，确保文章可以给作者带来收益，并确保他们的作品长期保留。此外，出版社作为版权持有人，像一个忠实的监护人一样，享有优先权、鉴定剽窃、并尽力对抄袭或对期刊学术内容的不当使用作出回应。

美国气象学会将1997年之前一百多年内发表的所有论文全部转换为电子资料库中的内容，免费对外开放。如果没有版权，得不到每位作者的同意，这些文章就不能被美国气象学会归档到数据资料库中。因此，要求转让版权的政策并非武断专制。无论从科学、法律角度，还是从实用角度，转让版权的做法可以保护作者及出版社双方的利益。

版权政策由出版方发布。美国气象学会的版权政策明确规定，允许作者在个人网站上展示自己的文章。政策还规定，非美国气象学会提供商（例如某部门网站）禁止转载美国气象学会拥有版权的作品，但作者可以发布该文章的链接。

大多数的论文由编辑决定同行评审的开始时间，并指定两到三个审稿人提供意见。审稿人是对这些问题做过研究的科学家。有时候，审稿人可能是这个学科之外的人，从而可以从不同的角度对稿件提出意见，特别适用于小而专的研究领域。潜在的审稿人可以是编辑的朋

友和同事、该期刊的副编审、稿件参考文献的作者、通过网络及出版物搜寻到的对象或由作者推荐。当最适合或最有经验的科学家由于一些原因无法进行审稿时，审稿人可能由经验稍差的人担当。审稿人通常需要匿名，以免审稿人因害怕遭到报复而不敢大胆进行评论。

稿件被录用

期刊可能会尝试新
的方法来审稿
漫画由尼克·D. 金绘制

大多数科学家认为，新改进的审稿过程"有了很大地步"

审稿人审阅稿件，并针对该稿件是否适宜发表写出书面意见。审稿意见仅是编辑用来作出决定的参考意见。因此，审稿人往往被认为是"裁判员"（这其中暗示审稿人有作出决定的权利，正如体育比赛的裁判一样）。由审稿人提出的建议通常分为五类。

1. **原封不动地录用**（Accept）。给美国气象学会期刊所投稿件中，该建议出现概率低于 1%。

2. **退回做小的修改**（Return for minor revisions）。这是一个很好的结果，这意味着作者做小的修改就可以发表。这个建议通常表示审稿人不用再次审稿。

3. **退回做重大修改**（Return for major revisions）。通常表示评审意见多，并且认为论文有较严重的问题，审稿人希望在审阅该稿件的修订版后再考虑给出评审意见。

4. **退稿**（Reject）。意味着审稿人建议稿件不被发表。

5. **转投其他期刊**（Transfer to another journal）。因为主要内容不适合目标期刊（作者和这两种期刊的编辑必须同意移交）。

编辑需要权衡审稿人的建议，并对稿件是否录用作出决定。这一决定如何作出，会因稿件和编辑而异。第 176 页咨询专家栏中"编辑如何作决定"模块下给出了一些例子。该编辑有可能采纳自己所信任的审稿人的意见，或依少数服从多数原则，或听取最严厉的（且公正的）意见，或权衡在合理时间内收到可被接受的修改稿件的可能性。如果审稿人之间的建议相左时，可能会咨询副编审对稿件的意见。根据不同审稿意见，编辑会对审稿程序作出相应决定。编辑可能会决定继续进行审稿程序（当审稿意见分别为退回做重大修改和做小的修改时）、结束审稿程序（当审稿意见分别为接受和退稿时），或把稿件转投其他期刊。如果要退稿，编辑会在给作者的退稿信中表明是否推荐该作者彻底修改文章并再次投稿。

如果编辑决定继续审稿流程，作者就有机会修改稿件并对审稿人的意见作出回应。修改稿重新提交到期刊编辑部后，编辑会阅读作者对审稿意见的回复。如果编辑认为作者对审稿意见的回应足够充分，那么就会接受该修改稿。如果初步的审稿意见认为该稿件问题严重，或者如果编辑想让审稿人审阅修改稿和作者的回复，可能会要求审稿人提供再审意见。通过这种方式，在编辑认为评审后的稿件令审稿人和作者双方都满意之前，这个进程可能会重复多次。作者和审稿人可能都无法完全按照自己的想法修改稿件，但他们之间的互动提高了稿件质量。

在任何时候，如果编辑认为作者未能充分回应审稿人的意见，稿件就可能会被退稿。当然，如果该稿件先前有发表的希望，编辑也不愿意选择退稿。在这种情况下，编辑给作者提供的退稿理由可能是以下三者之一。第一，编辑认为作者未能解决审稿人提出的一个或多个关键的问题，甚至没有把修改程序当回事。第二，初审过程很可能暴露了该稿件许多严重瑕疵，因此在这种情况下需作退稿处理。第三，编辑认为，作者和审稿人之间就稿件修改到最终发表而达成一致意见要花费的时间太长。因此，作者不应该对稿件的修改掉以轻心。值得重申的是，决定稿件能否发表的不是审稿人，而是编辑。

1.3 技术编辑、文字编辑和校对

一旦被接受，稿件就会被转移至出版方手中进行文字编辑及技术编辑。文字编辑负责审查语法和文字，而技术编辑审查句子、缩写、符号和术语的科学意义，以及摘要的适宜性和技术内容的布局（例如，公式、表格、数字）。在发表期刊论文过程中，这两个步骤十分重要，并将决定这篇文章在期刊中有着怎样的布局。编辑们也会对布局、字体、排版和符号等技术方面的问题进行交流。

评论-答复交流

如果期刊文章的读者发现了错误，或不同意作者的见解，或者是希望阐明某些问题或公开与作者讨论，很多期刊为这样的公共对话提供了一个平台：评论-答复交流平台。该交流平台包含相关读者从个人角度发表的评论，以及原作者所作出的相应回复。

鉴于科学通过公开讨论而进步，大家原以为评论-答复交流会更为常见一些。事实上，评论的数量在不断减少，而论文的数量逐渐增多。在这种情况下，不禁让人疑惑科学是否还能健康发展。也许对一些人来说，写作及评论很神秘，难以捉摸，所以看到的评论越来越少。事实上，这一过程极其简单。

一旦针对一篇论文的评论被提交给期刊编辑部，编辑也许会向该期刊的编委咨询，对评论进行评估，以确保其具有足够的科学素质，最终才会发表（个人攻击是不恰当的评论-答复交流，不会发表）。当编辑决定可以发表此评论后，评论被转发给受质疑文章的通讯作者，以准备答复。有时，通讯作者可能选择不予答复，在这种情况下，评论会单独发表。

如果作者作了回复，它会被编辑转给评论的作者。双方可能会修改或撤回各自提出的意见。因为双方都不是匿名，他们可能会自己解决问题，把最终的交流意见提交给编辑。有时，编辑可能会通过额外的同行评审妥善作出裁决。大多数时候，编辑允许评论-答复交流达成一致，或"各自保留不同意见"，把相关内容发表出来留给科学界作最终评审。

　　下一步是出版社准备清样，即稿件发表出来的布局草案。文字编辑和技术编辑也可能提出一些问题需要作者回答，如核实参考文献或检查编辑后正文意思是否有改变。在接下来的几天之内，作者将审查清样并提出意见，检查修改版本或布局方案的差错。尽管周转时间很短，但这是作者对原稿做微调的最后机会（例如，纠正错别字和语法错误，增加稿件被接受后新发表的参考文献）。文章在作者返回稿件的几个星期到几个月内就会发表，发表时间的早晚取决于不同的期刊。

第 2 章　论文是否要发表
——写作前需要弄清楚的问题

如何决定一个研究项目是否值得发表？如何识别和吸引读者？如何为稿件选择发表的期刊？本章将逐一给出答案。

科学研究往往是用最高贵的术语去描绘，就像下页中的诗句。科研成果应该在科技期刊上发表，并与圈子里的同行进行交流。在现今的科学界，许多研究人员对发表文章这件事感到头疼，从而导致许多研究成果销声匿迹。不发表研究成果就会引起资助机构、实验室管理层和大学负责人的不满。因此，作者发表文章的多少是衡量是否成功的标准之一。

《论文写作、科技交流与审稿：成为杰出科学家的必由之路》第一部分的大部分内容论述了写作一篇科技论文的要素：组织能力、语言表达能力及有效的科技写作惯例。然而，掌握这些写作技能，并不预示着你的论文会中奖。即便你的组织能力、语言表达能力及写作能力出类拔萃，但如果论文科技水平达不到要求，也不能被期刊发表。很多人都尝试发表自己的研究项目，其中只有部分人能做到，但真正值得发表的少之又少。

这一点可以用图 2.1 来说明，图的纵轴是写作水平（the quality of presentation），横轴

图 2.1　你的稿件在这个图中处于哪个位置？

是科技含量（the quality of science）。写作水平包括稿件的结构组织、整洁度、图表的规范和准确性、语法、措辞，以及整体格式与期刊格式指南的一致性。科技含量包括理念、执行、数据和方法的选择、结果和讨论。一篇能发表的论文，必须兼备科技含量与写作水平。本章第一小节通过问答的形式帮助你去组织稿件，为完成高质量的科技论文提供指导。后续的章节将帮助你选择正确的读者和合适的科技期刊。

调动科技论文发表的积极性

　　Y. 汉考克，英国约克大学物理系讲师

　　自然之美在未知，神奇奥秘待揭示，探索发现新知识，超越前人去解释。
　　苦心钻研在教室，实验室里验事实，不必翻书找答案，真理贵在肯坚持。

2.1 科技论文是否值得发表

　　科学是科技期刊赖以生存的根源。科学研究，就是首先提出要解决的科学问题，并设计一个可检验的假设，然后进行调查研究，再根据调查研究的结果，回答提出的问题并发现新的知识。这种从问题到研究再到结果的方法，会激发试图投稿的作者在写作与投稿之前，对这些问题进行梳理和思考，可以使之后的发表过程更为顺利，以免浪费精力与时间。

　　你所提出的科学问题有突破性吗（Have you asked a good scientific question）？想要成为一名优秀的科学家，必须具备与时俱进的科学知识储备，并对相关领域的科学前沿了如指掌。最有影响的科技论文往往是指那些突破了科学中普遍持有的观点的论文。正如马克·吐温所说，"用圣牛做的汉堡是最棒的（没有什么是不可以批判的——译者注）。"

　　你的论文是原创的吗（Is the science original in your paper）？最有价值的论文都传递了一些新的知识，也许是新技术的发展或应用，也许是大气运动方式的新解释。所有论文应说明其目的和原创性贡献。

　　你的论文中的论据是否支撑结论（Are your conclusions supported by evidence in your paper）？论文必须含有支撑论点的论据，很少有一篇论文能够解决所有的问题，因此论文中通常允许出现推测的观点。长期担任《每月天气评论》编辑的弗雷德·桑德斯过去常说，推测就像甜点，如果你吃完晚餐，那么你有权享用甜点，但你不能不吃晚餐只吃甜点。

　　信息是否足够充实以保证可以发表（Is this information substantial enough to warrant publication）？稿件可能会因为研究深度不够而被退回。要判定你的研究成果是否达到最低可发表单位（LPU，least publishable unit）的标准并不容易。把你的研究成果与目标期刊中其他已发表的研究进行比较，可以帮你判定是否达标。

　　你的论文关注对现在的影响还是对未来的影响（Does your work have current relevance or allow for future impact）？发表的科技论文中如果提出的问题比论文中所解决的问题更多，这样的论文对于开拓新领域来说就是一个有效的工具，并为他人的研究开辟新的途径。发表这项研究对你的研究领域有何潜在影响，这些都要在论文中予以说明。

另外，你所选择的论文受众不一定都会读这样高声望的期刊，甚至也没有机会通过他们的图书馆或网上订阅得到这些期刊。但每个人都可以从网上阅读到新一代开放存取的期刊。例如，如果你期望的受众是预报员，那么在针对预报员开放的在线期刊（例如，《业务气象电子杂志》（*Electronic Journal of Operational Meteorology*）、《强风暴气象学电子杂志》（*Electronic Journal of Severe Storms Meteorology*））上发表论文可能是最好的选择。

为稿件选择目标期刊时要考虑的因素

◎主题（Topic）

◎读者（Audience）

◎影响力或影响因子（Prestige or impact factor）

◎格式和稿件的长度（Format and length of manuscript）

◎你的稿件与该期刊刊登的文章之间的相似性（The similarity between your manuscript and the types of articles the journal publishes）

◎读者怎样才可以看到你的文章（例如，开放存取、需要订阅）（How the public can read your published article (e. g. , open access, subscription required)）

◎在线访问发表文章的方式（Online access to published articles）

◎稿件发表的以往经验（Previous experience getting manuscripts published）

◎退稿率（Rejection rate）

◎发表语种和地理位置（Language and geographical location）

◎发稿周期的长短（Urgency to get the manuscript published）

◎编委会成员和审稿人的组成（Editorial board members and network of reviewers）

◎版面费（Page charges）

◎能否使用彩色图表、动画和电子附录（Ability to use color figures, animations, and electronic supplements）

一些期刊会提前根据来稿的长度及目的不同，将来稿进行分类。例如，有些期刊会发表信件及较短的稿件，因其信息简短而直接，发表时只占几页的版面。有些期刊会发表更长一些的针对先前发表作品的评述文章。

期刊影响因子

尤金·加菲尔德通过计算已发表文献的引用次数的统计数据，创造了一种新的领域（Garfield，1955）。现在一些科学家对这些引文索引大为不满，而其他科学家却每周检查一次自己的引文索引统计数据。有些人可能在不满的同时还在查询。尽管引文索引还存在许多假设，并具有局限性（Seglen，1997；Garfield，2006；Campbell，2008；Todd 和 Ladle，2008；Archambault 和 Larivière，2009），但衡量和分析文字和信息的科学，即文献计量学和科学计量学（科学的文献计量学）已经成为信息科学的重要学科。

期刊的影响因子是最流行的文献计量学的统计数据之一（Garfield，1972）。影响因子是该期刊最近两年所发表的论文被引用的总次数除以该期刊在这两年内发表的论文总数。因此，如果前两年发表的每一篇大气科学方面的文章恰好被引用一次，那么，该期刊的影响因子为 1.0。具有最高影响因子的期刊大多属于热门领域，如医学、生物学和生物化学。例如，《免疫学年鉴》（*Annual Review of Immunology*）在 2004 年的影响因子最高，达到 52.4（Garfield，2005）。《自然》和《科学》的影响因子为 31～32。相比之下，2006年气象学和大气科学期刊中影响因子最高的是《大气化学和物理》（*Atmospheric Chemistry and Physics*），为 4.4，而所有气象学和大气科学期刊平均影响因子为 1.4。

在选择目标期刊时，也要考虑地理区域及语种。用母语在一个地区或国家期刊上发表论文，你的论文就更有机会被你期待的读者读到。如果你的研究与发生在罗马尼亚的天气有关，那么《罗马尼亚气象》（*Romanian Journal of Meteorology*）——一种主要在罗马尼亚发行的期刊，可能是最适合发表你的研究成果的刊物。

你的研究成果是否急于发表？一些期刊把研究成果亟需宣传的稿件列为目标，即所谓的快速通信论文（rapid-communication articles）。此外，可以通过投稿日期和最终接受日期来调查目标期刊从接收论文到发表论文之间的时间间隔。如果希望迅速发表，你需要考虑两个时间段的长度：审稿的时间和文章由接收到发表的时间。审稿时间旨在衡量编辑和审稿过程的效率。有些期刊要求审稿人在两周内提供审稿意见。许多期刊允许一个月的审稿时间，有些期刊允许更长的时间。一旦稿件被接受，出版方的效率很大程度上决定着你的论文能在多长时间内发表。有些期刊会在最终印刷版本确定之前就将已录用的稿件立即发布在网上。

有些期刊可以很快决定是否发表你的稿件（几天或几周）。有些期刊可能需要数月或更长的时间。例如《科学》和《自然》通常在几天之内就会通知你，他们是否会把你的稿件送审。与此相反，也有许多期刊，包括美国气象学会出版的那些期刊对稿件作出初步决定需要1～3 个月的时间，让作者时刻保持专注并能及时对论文作出修改，在 4～12 个月内作出最后决定。

开放存取的优势

你一定遇到过这样的情况，在互联网上发现了标题或摘要吸引你的文章，但需要付费才能查看。

开放存取让读者能够永久免费地阅读已发表的科学著作。开放存取有两种主要的方法：自存档（self-archiving）和发表（publishing）。自存档即是作者在期刊上发表论文，但通过某些网络存储的方式使自己的文章可以被免费查看（例如个人网站、高校学术资源、arXiv 论文预印本网站及 PMC——存档生物医学、生命科学科研文献的网站）。相比之下，开放存取期刊让所有的文章在网上可免费下载。

资助科学研究的出版有三种。

1. 付费发表（pay to publish）：由作者或其机构支付版面的费用；

2. 外部资助（external funding）：广告、专业协会补贴和政府补贴；

3. 付费订阅（pay to subscribe）：个人和图书馆订阅期刊，支付访问档案费用，支付下载论文费用。

开放存取的支持者反对付费订阅的原因如下。

1. 一些用户付不起订阅费用；

2. 许多研究人员用研究基金支付出版费；

3. 大多数研究是由政府资助的，所以纳税人已经支付了研究费用，他们不应该再付费才能看到研究成果；

4. 免费获取的论文更有可能被下载、阅读和引用。

由于预期的读者可以更容易地获得论文，自存档论文的引用量比非自存档论文多 2～6 倍。《大气化学和物理》是由欧洲地球科学联盟（the European Geosciences Union）在 2001 年创立的一种开放存取期刊。这个年轻的期刊已经成为自 2005 年以来影响因子最高的大气科学期刊，开放存取对期刊的影响不可小觑。

图书馆支持期刊开放存取，因为期刊和出版文献的数量越来越多，印刷版期刊的成本越来越高，使员工、存储空间和经费相对有限的问题更加凸显。因此，期刊的开放存取能保证刊物的阅读量达到最高，这是一种可持续的出版形式。

在向陌生期刊投稿之前，最好了解一下该期刊编委会的构成，因为这些编委会成员可能决定如何处置你的稿件。这些编委会成员是否能理解你的研究课题？编委会是否有能力选择合适的审稿人？须知，审稿人有可能从该期刊的读者群中选定。

如果动画或大量彩图能够将文中科学演示得更清楚，你可以考虑在网上期刊发表。网上期刊对彩图并不收取额外费用。这就引出了选择发表刊物的另一个问题：发表成本。虽然有些期刊可能没有任何发表费用，但是另外一些期刊的费用则每篇文章高达数千美元。学生、无工作单位或已退休的科学家，以及政府不支付版面费的在国外研究机构的科学家，可以选择在无需版面费的期刊上发表。但是，这些期刊往往有较高的订阅费，读者可能也会相对较少。

最后要考虑的一点是，期刊只能发表收到的稿件。尽管编辑有时会向作者直接约稿，但录用的大多数论文都是不期而至并没有事先通知，正如 Batchelor（1981）谈到《流体力学杂志》（*Journal of Fluid Mechanics*）时所说的那样。该期刊曾明确表示希望发表流体力学（理论、数学模型和实验）各个方面的论文，但是传闻说该期刊偏好某些特定类型的论文。于是，大家以讹传讹，《流体力学杂志》所涵盖的知识范围就进一步缩小。我在其他期刊也见过类似的情况，包括我任职编辑的那些期刊。偶尔会有一些作者向我们投递的论文并不是期刊中经常发表的类型，但这种类型的文章我们以后愿意尝试发表。如果你正在写一篇论文但还不确定目标期刊，可以问一下编辑，看他们是否欢迎你投稿的论文。这样做可以指引你尽快把稿件投到一个更合适的期刊，或者能确保同行评审过程更顺畅。

第 3 章　标题的设计

　　标题是文章对读者的第一诱惑。如果标题设计精心并朗朗上口，本不情愿阅读的读者也会愿意仔细阅读你的论文。本章讨论好的标题应具备的特点，并提供事例说明如何撰写准确简明且有吸引力的标题。

　　报纸上一个吸引人的标题，往往能让本不感兴趣的人们去阅读这篇报道。同样，期刊上一篇标题写得很好的论文，可以吸引本来会略过这篇文章的科学家去阅读。不幸的是，不管该稿件是否与读者兴趣和论文科技含量有关，倘若标题写得拙劣，读者可能根本就不会去阅读。

　　因为标题可能是你的论文给潜在读者的第一印象，所以你应该谨慎并带有目的性地去构思标题，千万不能随意！首先，从写作范围和角度给你的作品（或草稿）确定一个标题。永远不要低估一个标题能给你继续努力下去的动力。当草稿完成后，对标题再次进行评估，以确保它仍然符合稿件的主旨。

3.1　标题的特点

　　理想标题（Lipton，1998）有五大特点：

　　1. **信息量大（Informative）**。确定论文中一两个与读者交流的要点，一个好标题能够表达这些要点。尽量具体，不要添加多余细节。太含糊或太笼统的标题不利于读者把你的作品与其他作品区分开。谨慎选择用词，要意识到潜在读者可能经常通过网络搜索到你的论文。

　　2. **准确（Accurate）**。标题应该是论文内容的客观体现，标题不要过度夸大论文结果。

　　3. **清晰（Clear）**。不要使读者对标题产生歧义。为避免不同人对标题作出不同的解释，可向一些人征求对标题的意见，让他们告诉你在阅读论文之前他们认为论文应反映什么信息。

　　4. **简洁（Concise）**。短标题一眼就能识别，并跃然纸上。每一个字都应该有存在的意义，并且每个字都有助于传递标题的信息。

　　5. **醒目（Attention commanding）**。并不是所有的研究项目都可以采用醒目的标题。但是，如果你的标题能满足上述四个标准，并在一个普通标题和一个有吸引力的标题之间进行选择的话，那就考虑选择有吸引力的那个。

　　理想情况下，标题应该尽量具备这五个特点。然而，并不一定所有的标题都能具备。例如，要写一个醒目的标题，往往信息量与清晰度就会下降。而为了达到准确无误，标题又往往显得不够简洁，这些需要作者去权衡。

信息量大、准确、清晰和简洁的标题的例子

◎高空西风移动槽的生命史（Life history of mobile troughs in the upper westerlies）

◎由辐射加热计算时间步长太长所引起的数值不稳定（Numerical instability resulting from infrequent calculation of radiative heating）

◎气候模拟中辐射收支对忽略小冰粒影响的敏感性（The sensitivity of the radiation budget in a climate simulation to neglecting the effect of small ice particles）

◎中纬度天气分析和预报误差的垂直结构（Vertical structure of midlatitude analysis and forecast errors）

◎松野-吉尔模式中机械阻尼的来源是什么（What are the sources of mechanical damping in Matsuno-Gill-type models?）

◎哥伦比亚峡谷风：气候影响及天气演变（Columbia Gorge gap winds：Their climatological influence and synoptic evolution）

◎美国大平原长期旱涝的潜在可预报性（Potential predictability of long-term drought and pluvial conditions in the U. S. Great Plains）

◎东部大湖区大型和超大气溶胶颗粒的变化（Giant and ultragiant aerosol particle variability over the eastern Great Lakes region）

3.2 标题的结构

首先以论文中涉及的一两个主要观点构想一个标题草稿。标题中选择的词语，既要能将你的论文和之前发表的论文区别开来，又同时能将你的论文归入同类型的论文中。构建一个包含这些元素的短语。注意要把重点放在标题句尾或句首，这些位置最有可能吸引读者的注意力。然后依据先前所述的五个特点及罗伯特·戴和芭芭拉·盖斯特尔对标题的定义，将标题草稿修改得更好。

> 一个好的标题能以最简洁的语言充分说明论文的内容。
>
> —— Robert Day 和 Barbara Gastel（2006）

包含关键词（Including keywords）。电子搜索几乎已经取代了在图书馆用手工检索的纸质期刊。因此，为了让你的文章被搜索到，选择合适的关键词是非常重要的。读者通过网上浏览论文标题列表可立即找到自己感兴趣的论文。如果你的论文讨论了一次著名的洪水，但日期和地点没有在标题或摘要中列出，搜索"1977 年约翰斯敦洪水（Johnstown flood 1977）"可能无法找到你的论文。使用常见的词序也将有助于你的文章更容易被检索到。"位涡反演（Potential vorticity inversion）"相比"位势涡度的反演（the inversion of potential vorticity）"来说可能更常用（也更短，更清晰）。

标题的第一个词（First words of the title）。标题的第一个词应该大胆且吸引人。避免让"这种（the）"或"一个（an）"这样通常不必要的字眼占据如此重要的位置。"研究（study）"和"调查研究（investigation）"这些字眼会掩盖标题中更重要的信息，可不必出现在标题中。例如，"……的观测研究（An observational study of ...）"改为"……的观测（Observations of...）"，或者如果不重要的话，直接删掉"观测（observations）"二字。

选词和缩略语（Word choice and acronyms）。避免使用有多种含义或含糊不清的词。在标题中也应谨慎使用专业术语、首字母的缩略词和缩略语。例如，在大气科学中 CSI 有两种常用的含义：条件性对称不稳定和关键成功指数（conditional symmetric instability and critical success index），而在电视节目中更普遍的意思是犯罪现场调查（crime scene investigation）。读者不仅对很多缩写不熟悉，而且用完整的单词搜索的话可能会找不到你的论文。出于同样的原因，必须小心使用化学分子式（例如，最好把 CO_2 写成"二氧化碳（carbon dioxide）"，因为在线搜索化学分子式可能不太容易。

词序与"使用"（Word order and "using"）。注意使用词语的顺序。在标题中作者试图包含尽可能多的信息经常会造成修饰成分错位（9.7 节）。在标题中有"使用（using）"这个词，要小心不要把修饰成分放错地方。这是一个典型的例子："重新分析 1979 年总统日风暴使用当前数值预报模式（Reexamination of the 1979 Presidents' Day Storm using current numerical weather prediction models.）"。真的是风暴采用数值天气预报模式吗？为了消除错位的修饰成分，这个标题可改写为"利用当前数值天气预报模式重新分析 1979 年总统日风暴（Using current numerical weather prediction models to reexamine the 1979 Presidents' Day Storm.）"。简单地搜索一下最近发表在美国气象学会期刊上在标题中有"使用（using）"两字的文章，发现约有 80％的文章把修饰成分放错了位置。另外，对于英语不是母语的人来说，标题中词序考虑欠佳可能会让他们很难理解标题。

用"关于"开头的标题（Titles starting with "on"）。题为"热带气旋的形成（The formation of tropical cyclones）"的稿件与一篇题为"关于热带气旋的形成（On the formation of tropical cyclones）"的稿件相比，听起来前者比后者表达的意思更明确。一些科学家认为以"关于（on）"开头的标题听起来像在炫耀，而有些科学家则对"关于（on）"开头的标题表示肯定。如果选择用"关于（on）"作为标题的开头，可能会引起一些读者的不满。

陈述句标题（Assertive sentence titles）。有时，标题可以是句子，称为陈述句标题（Rosner，1990）。像"南极冰的融化速度比以往测量的快两倍（Antarctic ice is melting two times faster than prior measurements indicate）"这样的标题听起来更像报纸的头条而不是科技论文的标题。这种类型的标题在像《科学》和《自然》这类知名期刊中似乎更受欢迎。如果你选择这样一个标题，你的结论最好是可靠的。例如，以上文中的标题命名的论文所得出的结论可能与实况误差有 3 倍之多，或者后来的研究表明冰一点都没有融化，这会使论文的信誉降低。

某些科学家对陈述句标题不满的原因如下。

◎这种陈述性的标题隐含了传统标题所没有的一些"永恒的真理（eternal truth）"；

◎如果论文的主要结论被证明是错的，（不正确的）标题仍然是文献的一部分；

◎这篇论文的有用方面（方法、数据、其他结论等）可能会因为标题而被蒙上阴影，特别是如果这个工作后来被证明是不正确的话；

◎这样的标题中的说法往往无法证明，因为不是所有可能的反例都能进行验证；

◎该标题可能会夸大了存在很多隐患和缺乏一般性的结论；

◎陈述句标题是"把科学报告简化成一句话（trivialize a scientific report by reducing it to a one-liner）"（Rosner，1990）而已。

因此，想使用陈述句标题的作者要三思而后行。

冒号（Colons）。带冒号的标题被 Thrower（2007）称为冒号标题，可以把重要或醒目的字眼放置在标题的前部，这样读者就更容易注意到，而更具体的信息或细节在冒号后面。看看下面这个例子："涡分辨模式的翻转环流：两极之间温度梯度的影响（Overturning circulation in an eddy-resolving model：The effect of the pole-to-pole temperature gradient）"。作者也可以把文章标题命名为"在涡分辨模式中两极之间的温度梯度对翻转环流的影响（The effect of the pole-to-pole temperature gradient on the overturning circulation in an eddy-resolving model）"。这也是一个合理的标题。将"翻转环流（overturning circulation）"放在前面，可以看出作者强调的是环流，而不是温度梯度。作者在标题中选用冒号，应该是为了避免标题过长。

3.3 系列论文

系列论文（Multipart papers）（标题为"第一部分""第二部分"等）便于让读者看出属于某一主题的共同论文，通常是由一个研究小组撰写的。系列论文的优势（例如，连接两篇单独的论文）通常被许多弊端所掩盖。

◎系列论文比单篇论文难写。通常情况下，系列论文的稿件太长，包含了太多多余的文字。结果导致一些本该在一篇单篇论文中可能被删除的无关紧要的信息依然被保留。让两篇没有过多交叉引用的文章之间既保持关联又保持各自独立性是一项巨大的挑战。

◎一起提交的系列论文几乎都面临审稿的难题。

◎按照顺序提交系列论文通常会收到较差的审稿意见。即使第一部分稿件质量尚可，也有可能被退稿，因为审稿人还没有看到在第二部分论文中他们所需要的信息。

◎系列论文通过审稿程序的速度可能不一样，倘若第三部分在第二部分之前发表的话，人们该如何解读第三部分呢？如果第一部分被退稿，第二部分被接受，那又该怎么办呢？

◎即使系列论文成功发表，读者也会敬而远之，因为阅读完系列论文的任务过于艰巨。比如，即使是第三部分可以独立成文的情况下，读者是不是也必须熟悉第一及第二部分才能阅读第三部分呢？

◎往往会出现这样的情况，第一部分论文已经发表，而剩下的部分不知道何时才能发表。结果，一些读者可能会花很长时间到处寻找从未出版的第二部分，可能无果而终。

因此，独立发表论文是最好的策略。通过适当的修改，很多由两部分组成的论文往往都能改为一篇更好的单独论文。因此，如果你有一些单一主题的相关论文，并且打算按顺序投稿，最好独立写出来，在标题中不要包括第一、第二、……、第 N 部分。如果你希望提交系列论文，在撰写时要特别注意，并把这些稿件一起投稿，以确保它们能够同时通过审稿程序。

3.4　实例

我们来讨论一下本章所叙述的一些经验。下面列出了一些已经发表或可以发表的稿件的标题，有些读者可能不同意我对这些标题的评价。你会怎么看？

"条件性对称不稳定的使用和滥用"（"The use and misuse of conditional symmetric instability"）。我写这个标题是为了引起你的注意。它清晰、简洁、引人注目，尽管这样做会在某种程度上造成信息的缺失（在什么情况下使用和误用？）。一些评论家认为它很平庸。原标题是"……的使用和滥用（The use and abuse of...）"，并打算在《天气和预报》杂志的预报员论坛专栏发表，但发表于该杂志专栏的文章标题往往极具争议性。同事私下建议，该文章作为一篇综述投到《每月天气评论》反而可能会更合适。这样一来，文章的目的和标题都改变了。另一个问题是，虽然这是一篇综述，但是潜在读者可能无法从标题上看出来。因此，将标题改为"条件性对称不稳定研究综述（A review of conditional symmetric instability）"可能更合适，虽然这个标题不太引人注意。

"热带大气是条件性不稳定吗？"（"Is the tropical atmosphere conditionally unstable?"）。即使我对热带大气不感兴趣，看到这样一个有吸引力又有争议性的标题，我也想去读一读。我喜欢用带问题的标题，但作者不应该养成此习惯。在你的职业生涯中可以使用一次或两次。这个标题的好处是，作者甚至在他们的论文中都不必回答这个问题，只问问题就够有趣了。以此为标题的缺点是，搜索标题为"热带对流（tropical convection）"的论文无法找到这篇文章。另一个缺点是，有些人认为这些标题太稀奇或不科学。通常，使用引人注意的标题要充分了解这样做的后果。

"风预报的诊断检验"（"Diagnostic verification of wind forecasts"）。这个标题需要补充更多的信息，除非这是一本书的一个章节或一篇评论文章。什么是"诊断检验（diagnostic verification）"？"诊断（diagnostic）"是否有必要在标题中出现？是哪种类型的风的预报？500 hPa？地面？是哪个地方的预报？是盐湖城，还是不丹？

"2003 年 1 月 23 日冷空气暴发期间的雪带"（"Snowbands during the cold-air outbreak of 23 January 2003"）。虽然这个标题准确、清晰和简洁，但信息不是特别充分。"雪带（Snowbands）"和"冷空气的暴发（cold-air outbreak）"是标题中仅有的可搜索的单词或短语。标题并未清晰表明雪带是如何发生的或者雪带的独特之处。这些雪带独特之处在于，它们与一种被称为水平对流卷的边界层环流有关，在此之前并未证实水平对流卷可以达到足以在大陆产生降水的程度。一个好的标题应该简洁地包含所有这些信息。以"雪带（Snowbands）"为结尾的标题强调了此特征，因此"雪带（Snowbands）"应保留在重点位置。把上述标题改为"2003 年 1 月 23 日的大陆冷空气暴发过程中与水平对流卷相关的雪带（Snowbands associated with horizontal convective rolls during the continental cold-air outbreak of 23 January 2003）"可能更好。如果读者并不关注日期或与日期无关，可以把日期从标题中删掉。

第 4 章   科技论文的结构

要写好一篇科技论文，文章的结构至关重要。从标题到参考文献，应该让读者知道在哪里可以迅速找到他们要寻找的信息。本章介绍了典型科技论文的各个部分，如何将各部分合理组织成为条理清晰的论文，以及将科技内容准确表达出来的写作方法。

虽然所有的科技论文通常都具有相同的基本结构，但由于作者的意图和研究的性质不同，论文组织方法也有所区别。有些科技写作书籍的作者思想比较保守，认为科技论文应有严格的组织结构。他们认为，科技论文不是文学作品，不应含有作者个人的文学风格。事实上，只有部分类型的研究才需要这样刻板的格式，如需要统一的方法才能使结果可复制的实验室的实验。

在大气科学领域，针对个例研究（case studies）、气候学（climatologies）、野外项目报告（field program summaries）和理论研究（theoretical studies）等不同主题，作者应制定不同的写作策略和组织方法，以形成更灵活的写作风格。本章将介绍科技论文的结构，并阐明如何更好地把各部分有机结合并分别写出来。本章的最后一节介绍了几种替代结构。

4.1   科技论文的组成部分

表 4.1 列出了一般的科技论文的组成部分，但并不是所有的论文都会完全包含这些部分。例如，理论推导的论文可能没有数据这一部分。此外，随着你职业生涯的发展，有可能需要写文献综述、科普杂志中针对外行的文章或者野外项目总结。这些文稿可能需要不同的组织结构。文章的结构将取决于材料涵盖范围、文章长度、读者群及出版格式要求等因素。

表 4.1   一般科技论文的组成部分（ * 代表不需要编号的部分）

组成部分	参考
封面页 * （Cover page）	表 4.2
摘要 * （Abstract）	表 4.3
关键词 * （Keywords）	
引言（Introduction）	表 4.4
文献综述/背景/历史文献（Literature synthesis/background/previous literature）	表 4.5
资料和方法（Data and methods）	

组成部分	参考
结果（Results）	
讨论（Discussion）	表 4.6
结论/多个结论/总结（Conclusion/conclusions/summary）	
致谢 *（Acknowledgments）	表 4.7
附录（Appendices）	
参考文献 *（References）	
图表 *（Tables and figures）	

4.2　非线性阅读

鉴于表 4.1 给出的结构，你可能会认为，读者会像读小说一样从头到尾去读科技论文。其实，读完标题和摘要后，引言往往不是人们接下去要读的内容，也许，他们要先看看图表或结论，甚至是讨论部分。只有对这篇论文很感兴趣的读者，才会从头到尾阅读整篇文章。因此，阅读文章标题的人很多，阅读整篇论文的人只占一小部分。

选取论文的不同部分跳着读，或称非线性阅读（nonlinear reading），是因为科学家们非常忙碌，他们不想花费一两个小时甚至更长时间去读一篇与他们的研究相关程度不高的论文。而且，并不是只有科学家才通过非线性阅读的方式来节省时间的。美国西屋电器公司管理人员的研究结果显示，虽然每个管理人员都阅读了报告的执行摘要（即长摘要），但是只有其中 60% 的人看了引言，50% 的人看了结论，15% 的人看了报告的正文，10% 的人看了附录。这样，书架上大部分内容未被读过的报告与被完整读过的报告的比例约为 9∶1。看过整篇报告的经理说，对整篇报告感兴趣是因为他们对这个主题感兴趣，或想参与该项目，或对结论表示怀疑，或担心项目的紧迫性要求他们注意。科学家对他们选择阅读的文章很可能也持相似观点。你读过全文的文章数与只读过摘要的文章数之比是多少？

我们可从非线性阅读中得到如何写好吸引读者的论文的启示：在人们最可能阅读的部分中，插入最强有力、最生动且最有说服力的语句，以增加论文被阅读的机会。

4.3　封面页

科技论文的第一页应该是包含有关稿件信息的封面页。封面页至少应该包含表 4.2 中列出的项目。

作者名单要包含准确的隶属关系。这对读者和作者双方都是很有必要的。如果读者有问题可以与作者联系，作者也可以授权给出版方将文章提供给专题文摘服务及科学文献搜索引擎。选择一个你职业生涯中长期使用的名字，并尽量不作更改（当然有些人结婚的时候会改名）。

隶属关系应该是作者进行研究的场所或最新地址。如果作者在研究完成后改变地址，大多数期刊可以把当前的单位作为脚注，所以在封面上也要包括这一信息。

表 4.2　封面页的组成

组成部分
稿件的标题(Title of the manuscript)
作者名单和隶属关系(List of authors and affiliations)
文稿类型、目标期刊和稿件状态(Type of document，target journal and status of the manuscript)
最后修订日期(Date of last revisions)
通讯作者姓名、通讯地址、电话、传真和 E-mail 地址(Corresponding author name，mailing address，phone，fax，and e-mail address)

封面页应包括你提交稿件的类型、目标期刊和当前状态。例如：

◎作为论文向《英国皇家气象学会季刊》（*Quarterly Journal of the Royal Meteorological Society*）投稿；

◎作为《每月天气评论》（*Monthly Weather Review*）的图片的修改稿；

◎准备向《大气科学》（*Journal of the Atmospheric Sciences*）的"自发不平衡（Spontaneous Imbalance）"专辑投稿；

◎ATM 495 研究计划；

◎本科生毕业论文的科研经验。

在扉页上注明最后的修改日期，以免与最新版本弄混。注明稿件修改的准确日期，也有助于确保期刊编辑及审稿人在面对多个版本稿件时阅读的是最新版本。最后，注明通讯作者的姓名、通讯地址和电子邮箱。

4.4　摘要

精心准备的摘要让读者能够快速、准确地把握稿件的基本内容，以确定是否与他们的研究兴趣有关，从而决定是否需要通篇阅读。

——ANSI（1979），摘自 Robert Day 和 Barbara Gastel（2006）

稿件的第一部分是摘要（在一些期刊中被称为提要）。因为摘要是一篇稿件的综述，所以它往往是最后完成的部分。只有作者对稿件有一个总体把握时，才会去写摘要。一些作者在撰写稿件过程的早期会起草摘要，就像他们会先起草一个标题一样。在稿件快要完成时，检查摘要的内容与稿件的其余部分是否一致。

摘要概括稿件的内容，并帮助潜在的读者了解稿件是否在他们的兴趣范围内。如 4.2 节所讨论的那样，摘要是大多数读者最先读到的部分，有时是除了标题之外读者读到的仅有部分。因此，引人注目的摘要能引起读者对论文的兴趣，并应包含表 4.3 中的基本信息。

表 4.3　摘要所包含的信息（摘自 Day 和 Gastel（2006））

包含信息
主要目的和研究范围（Principal objectives and scope of the investigation）
采用的研究方法（Methods employed）
研究结果总结（Summary of the results）
主要结论（Principal conclusions）

　　许多期刊对摘要的长度有限制，因此作者通常需要先阅读目标期刊的封面页或网页上的作者指南。大多数摘要不应超过 250 字。当然，毕业论文的摘要可能更长一些。正因为长度有限制，摘要应简明扼要，避免含糊不清、毫无价值的句子出现（例如，"分析了两种数值预报模式之间的差异，并对引起这些差异的原因进行了讨论（Differences between two numerical forecast models are examined，and the cause of these differences is discussed.）"）。像在标题中一样，摘要应避免包含缩写和不必要的术语。摘要不需要过多的介绍性材料，而应把重点放在研究成果上。

　　由于论文的摘要经常单独在网页和专题文摘服务中出现，摘要不应该有任何参考资料：没有未定义的缩写、图、表或外部索引。应避免引用特定的论文。

　　即使你要投稿的期刊不要摘要，最好也写一个。不这样做可能会限制潜在读者的数量，因为他们可能无法通过文献搜索查找到你的文章，也无法仅通过阅读文章标题就判定是否对你的文章感兴趣。

4.5　关键词

　　虽然不是所有的期刊都要求写关键词，但在期刊年终索引中可以根据关键词按其主题来组织，可以为《地球物理和气象摘要》（Meteorological and Geophysical Abstracts）这样的期刊提供专题文摘服务，并可以为一些读者的电子搜索提供帮助。如果作者没有给出文章关键词，编辑会帮他们确定。《英国皇家气象学会季刊》（Quarterly Journal of the Royal Meteorological Society）的编辑约翰·图本教授说："我建议在为自己的文章确定关键词时，设想自己在查询文献，自己试图找到文中材料时会搜索什么样的关键词。"关键词应该是不包含在标题中的关于这篇稿件的具体信息，但也不能过于笼统（如选择"气象"作为你的论文的关键词提交给《气象学和大气物理学》（Meteorology and Atmospheric Physics））。避免不必要的介词和冠词。一些杂志允许使用公认的缩写词（如 CAPE、NWP）。按字母顺序或按杂志要求的顺序列出关键词。

4.6　引言

　　稿件的第一个编号部分是引言。论文中的引言是在标题和摘要后读者最常阅读的部分之一，所以引言的重要性怎么强调也不过分。倘若引言写得好，即使读者并不是文章论题的专家，也能从引言中明白该论文的重要性。如果读者在引言中未能发现该论文的兴趣点，那么读者很可能就不会再往下读了。

　　成功的引言通常由三部分组成：背景信息叙述、问题陈述、问题回应（表 4.4）。背景信息叙述有助于让读者对文中材料有所熟悉，应该依据读者来选择叙述背景的方式。用熟悉的材料让读者有个准备，这些熟悉的材料如何呈现出来，将取决于读者。拿起一篇论文来读时，没有人会想立刻遇到陌生的信息。读者熟悉了大体背景后，问题陈述部分是吸引读者注意力的重要部分，能够让读者愿意阅读你的论文。一旦共同的基础建立起来，好的问题陈述能引起读者的注意，并把读者吸引到你的文章中。正如电影用冲突的情节吸引观众，科技论文也应该围绕冲突来展开。这种冲突可能包含与以前的文献相矛盾或不一致之处，或者之前文献的错误，或包含该学科欠缺的知识，或对该问题的普遍误解。如果你的文章缺乏吸引力，那就思考一下你研究成果的独特性及传播该成果的必要性。为什么读者要关注这篇文章？

表 4.4　引言的三个组成部分（摘自 Booth 等（2003））

三个组成部分
背景信息叙述（Contextualizing background information）
问题陈述（Problem statement）
问题回应（Response to the problem）

　　请看下面的引言：

　　冷锋的经典概念模型通常表现为在锋后的冷空气随高度单调向后倾斜的斜压区。在冷锋前缘，窄上升带有时会产生线状云，如果有降水出现，就会产生狭窄的冷锋雨带。经典冷锋在地面通常以相对最低的海平面气压（气压槽）、气旋性风切变和温度下降为标志。而在某些情况下，冷锋不具备这些特点：它们可以随高度向前倾斜，具有锋前特征（例如，槽、云带），或者两者兼而有之。

　　(The classical conceptual model of a cold front typically is manifested as a baroclinic zone that monotonically tilts rearward with height over the cold postfrontal air. At the leading edge of the cold front, a narrow band of ascent occurs that sometimes produces a rope cloud, and, if precipitating, a narrow cold-frontal rainband. The passage of a classical cold front at the surface typically is marked by a relative minimum in sea level pressure (pressure trough), cyclonic wind shift, and temperature decrease. In some cases, however, cold fronts do not possess these characteristics: they can be tilted forward with height, possess prefrontal features (e. g., troughs, cloud bands), or both.)

　　注意作者在前三句话中首先明确了冷锋的定义，与读者达成了共识，然后，在最后一句给读者提出了几个矛盾：冷锋可以向前倾斜、拥有锋前特征或两者兼而有之。

　　在文中与读者达成共识之后，共识又突然被打破，读者就会期待作者对该问题有一个回应。在引言的这一步，针对问题给读者以合理的回应。你给出的回应可以不那么明确或小心翼翼，但要让读者对论文后面的内容有所期待。然后说明你要怎样解决问题和解决冲突。避免在引言中透露过多关于结论的信息。太早透露关键内容的话，在之后的阅读中就不可能带给读者更多的惊喜。

　　回到前面的例子，在举出锋前槽和向前倾斜的冷锋的例子以后，作者随后对该问题的回答是：

本文的目的是为了说明当 1993 年超级风暴沿墨西哥马德雷山脉的东坡朝赤道方向移动时，与其相关联的冷锋的非典型特征（冷锋的前倾斜和相关的云带）。之前给出的观测数据往往不能提供有关这一个例演变的更多细节，不足以更准确地确定其结构和动态。因此，用中尺度模式模拟可以为诊断分析提供一个高分辨率的四维数据集。

（The purpose of this paper is to address these nonclassical aspects of the cold front associated with [the March 1993 Superstorm] (the forward tilt of the cold front and its associated cloud bands) as it moved equatorward along the eastern slopes of the Sierra Madre in Mexico. The observed data presented previously, although suggestive, were often inadequate to provide additional details about the evolution of this case and, therefore, to ascertain more confidently its structure and dynamics. Consequently, a mesoscale model simulation is used to provide a high-resolution four-dimensional dataset for analysis and diagnosis.）

回想一下你曾读过的论文引言，尤其是那些让你稍稍感兴趣的论文话题。你会发现这三个部分都含在其中，但可能运用的方式不同。虽然这三个部分是论文引言的基本组成部分，但也不要因此让你的论文引言显得过于程式化。每篇论文的引言除共性外，也应该有个性。

再深入一步探索组成引言的三部分，能吸引你去研究该问题的也许就是引言的背景信息叙述部分。想要吸引读者，解释个人动机是最有潜力的方式之一。也许是因为我们在报告中接受了保持公正的训练，我们消除了引言中一个潜在的有趣动机。科学家们喜欢阅读其他科学家关于如何发现、提出，直至解决问题的成功历程。如果你的文章能满足读者这样的要求，应该很容易被认可。

有些人用平淡的开场白叙述背景信息，诺贝尔经济学奖得主彼得·梅达瓦尔称这样的背景信息为"响亮的平庸"："龙卷在平原上频繁出现，造成很多伤亡和破坏（Tornadoes are frequent occurrences across the Plains, causing much death and destruction）"。尽量避免赘述人尽皆知的真理，除非这个真理是你的研究想反驳的。Williams（2004）把这些缓慢的开场白比作音乐会开始前乐队试音。作者可能会需要它们来热热身，"但听众并不一定想听"。

引言中应该叙述清楚论文的意图。在叙述论文意图时可以有略带程式化的表述。具体来说，我建议每篇引言都应含有这样的表述："本文的意图是……（The purpose of this paper is to...）"。这样清楚的表述也有助于作者在论文中用一两句简短的话提炼出文章的目的。

引言中还应提到文章论述的范围，即正文中会涉及和不会涉及的内容。由于引言可能会包含对特定领域的广泛概述，某些读者想从你论文中获取的信息可能比你论文能提供的信息更丰富。清楚叙述论文意图，并指出该论文不会涉及的领域，可以让读者准确定位，以免他们在看完论文因发现自己所期望阅读到的问题并没有给出多少解释而失望。

引言的最后一段通常是对文章其他部分组织结构的描述。这些文字描述向读者指明他们应该抱有什么样的期待来阅读文章。一些期刊要求有这一段，虽然有些作者认为没有必要。如下文中的例子所示："第 2 部分是以前文献的综述，第 3 部分是数据和方法，第 4 部分包含了（研究）结果（Section 2 is a review of the previous literature, Section 3 is the data and methods, and Section 4 contains the results.）"。我曾经听过一位作者质疑说："难道斯蒂芬·金在他的小说引言中会展示他的小说的大纲？"说得好，但科技论文并不是斯蒂芬·金的小说（它们当然不会有一篇小说那么长！）。像"第 X 部分是……"这样结构的重复，尽量说明如此安排文章结构的原因，如下文中的例子。

　　本文的第 2 部分，回顾了有关气旋/锋面的结构和演变归因于大尺度流场的文献。讨论了两个著名的气旋/锋面结构和演变的概念模型：挪威模型和 Shapiro-Keyser 模型（1990）。这两种模型存在着特征差异，因此可以作为所有气旋演变种类的其中两个的代表。在第 3 部分，介绍和比较了两个观测到的气旋个例，两个个例分别代表上述两种概念模型。一种类似于在大尺度气流的分流区发展起来的挪威气旋模型，而另一种类似 Shapiro-Keyser 模型的个例则在大尺度气流的汇合区发展。在第 4 部分，通过用位温作为示踪物，在不同的背景流下对一个理想化的涡旋的模拟把观测到的气旋抽象为非辐散的正压结构。首先针对一个在没有背景流的孤立圆形涡旋，分析初始纬向型锋区的演变，然后再分别讨论初始圆形涡旋在分流和汇合的背景流下的对比的情况。把这些模拟的锋面演变结果分别与观测气旋个例和与它们有关的概念模型作比较。最后，第 5 部分总结全文。

　　（In Section 2 of this paper, previous literature attributing observed cyclone/frontal structure and evolution to the large-scale flow is reviewed. Also, two well-known conceptual models of cyclone/frontal structure and evolution are discussed: the Norwegian and Shapiro-Keyser (1990) models. These two models exhibit characteristic differences from each other and, as such, may be thought of as representing two realizations on a spectrum of possible cyclone evolutions. In Section 3, two observed cyclone cases are presented and compared, each representing one of the conceptual models discussed previously. The case resembling the Norwegian cyclone model developed in large-scale diffluence, whereas the case resembling the Shapiro-Keyser model developed in large-scale confluence. In Section 4, the observed cyclones are abstracted to a nondivergent barotropic framework by placing an idealized vortex in various background flows with potential temperature treated as a passive tracer. The evolution of an initially zonally oriented frontal zone is examined first for an isolated circular vortex in the absence of background flow, and then for an initially circular vortex placed in diffluent and confluent background flows. The resulting frontal evolutions in these simulations are compared to those of the respective observed cyclone cases and their associated conceptual models. Finally, Section 5 concludes this paper. ）

　　在我发表的大多数论文中，我通常不会先写引言，当然也不是全都不写。怎样安排论文主体，我先有一个大纲，因为开始写作的时候，引人注目的引言往往还没有想出来。如果在研究完成之前就开始写作，更是如此。随着研究的继续，我对问题的看法甚至文章的主要观点都可能会改变，即使之前引言写得非常好，我可能也得放弃。最好先列出一些想法，直到论文有了更多的实质性内容后再在引言上下功夫。对于其他的稿件来讲，先写引言可以帮我更好地组织稿件内容。

4.7　文献综述

　　对一个主题了解得越少，这些信息来源就越有权威性。

　　　　　　　　　　　　　　　　　——说话与写作（U. S. Air Force，2004）

　　文献综述可能是文章中最重要的部分之一，因为它可以通过展示问题的研究历史和学术背景来激发写论文的兴趣，可以通过提出需要研究解决的恰当的问题来证明手稿的合理性。因此，文献综述可以证明作者的论文所针对的问题及所做的贡献是否有意义。

最好的文献综述就如同一组乐曲。最好的乐曲不只是将最流行的音乐依照时间顺序组合起来，而是显示音乐发展的演奏曲目，从未发行和遗失的歌曲，未得到正确评价的专辑曲目和单曲，以及现场演出。同样，最好的文献综述包括对以前文献批判性的评价，没有出路的研究方向，现有文献中被遗忘的宝贵文献，未发表的会议预印本和有待解决的问题，为进一步研究指明潜在途径。对前人文献的综述，也让你对你引用的以前的作者进行仔细审查，这些作者都期望自己的论文被正确理解和引用。关注该领域的学生及科学家，可以把学术论文的文献综述当作教科书来使用。因此，应尽一切努力做到完整、准确和公正。

第 12 章讨论何时及如何引用一篇论文，本部分侧重于如何组织文献综述。我把本部分叫作文献综述（而不是传统的名称之一：文献回顾（literature review）、背景（background）或者以前的文献（previous literature）），因为我想强调的是，叙述先前发表的文献应该不仅仅是一个回顾，作者应对过去的文献进行综合和批判，将自己的稿件与之前发表的论文进行对比。

作者在手稿中讨论以往的文献时有很大的灵活性，文献综述没必要作为一个单独的部分出现在稿件中，也没有必需的长度要求。例如，文献综述在评论文章中可能占大部分篇幅，在其他文章中，文献综述可能是一个小节那么长，也可以仅在引言中占用一小部分篇幅来讨论以前的文献。

虽然每篇论文都应包含对先前文献的引用，但在论文的开篇就讨论所有引用文献，可能不是大家都能接受的。作者可能知道在第 6 部分讨论的某篇文献需要在文献综述中讨论，但是直到阅读了大部分论文，读者才可能想去了解这些信息。在需要讨论文献的地方编排文献的讨论（例如，在讨论部分把作者的结果与以前文献的结果进行比较）。

为衡量一篇文献综述的质量，Boote 和 Beile（2005）构建了一个有五大类 12 项标准的列表（表 4.5）。这些标准揭示了经常被审稿人认定的文献综述的四种常见缺点。

表 4.5　确定文献综述质量的标准（摘自 Boote 和 Beile（2005），表 1）

类别	标准
覆盖面	界定论文引用范围标准
综述	把本领域已研究过的和仍需研究的区别开
	将主题或问题置于更广泛的学术文献中
	将研究放在本领域的历史背景中
	了解并增加主题词汇
	阐述与主题相关的变量和现象
	对文献进行整合并对其从新的角度审视
研究方法	确定在本领域使用的主要研究方法和研究技术及其优缺点
	叙述与本领域研究方法有关的观点和理论
意义	使研究问题的现实意义显得合理
	使研究课题的学术意义显得合理
修辞	要求上下连贯,结构清晰

1. **涵盖范围没有明确界定——太宽或太窄**（Coverage not well defined—Too little or too much）。文献综述应明确集中于一个特定的主题。例如，如果作者写的是有关雷达资料同化的某一个特定技术的应用，那么引用发表过的所有有关雷达资料同化的文章就显得过于宽泛。作者需要对文献进行更彻底的研究，从作者的知识背景及教育背景出发，找出其他研究小组同化雷达数据的方式，或者说应该准确界定文献综述的范围，并在一开始就明确提出。涵盖范围的欠缺有两种情况：太宽和太窄（too little and too much）。

◎范围太窄（Too little）。文献综述的撰写可能是既费精力又费时间的工作。因此，一些作者可能只引用自己认为最重要的或最相关的几篇文章。他们在这一部分中很吝啬，也许只引用了他们或与他们关系密切的同事合著的文章。此外，一些文献综述，尤其是刚刚开始科学职业生涯的学者们撰写的那些，可能会倾向于仅引用近10年发表的论文，这种倾向被强风暴专家查尔斯·道斯威尔称之为"暂时性近视"。另一种情况就是作者们不能正确权衡他们的综述，只挑选那些支持他们观点的文献。对不同观点的文献，没有理由把它从你的参考文献列表中排除。讨论一下这篇文献，说说你为什么不同意它，然后把支持你观点的论据和不支持你观点的论据列举出来进行比较。

◎范围太宽（Too much）。相比之下，文献综述并不应该把影响、启发或激怒作者的每一篇文献都列出。否则，文献综述可能会显得冗长，并完全占据稿件的前半部分，这是缺乏焦点和约束的表现。如果读者在读文献综述时就很费劲，那么在读正文时就没有了充沛的精力。

2. **没有对文献总结归纳或讨论方法——"仅提供事实"**（No synthesis or discussion of methodologies—"Just the facts"）。为了写出精彩的文献综述，先前的文献综述必须与读者相关。不幸的是，许多作者探讨背景文献时掉以轻心，引用参考文献时只提供很少的说明或解释。这种"仅提供事实"的做法难以让读者理解列出这些文献的原因及背景。

想要改进这样的综述，那就要屏蔽掉一些不必要的资料，只留下有助于理解稿件的那些，然后将其整合成为一段完整的叙述材料。记得要围绕文章主题进行描述，而不是仅叙述这些文献本身，要按主题或时间顺序去组织文字。在表4.5中的"综述"和"研究方法"这两个类别提供了更具体的建议，其中列出了8种方法，可让作者避免写出"仅提供事实"的综述。

3. **没有讨论重要性**（Significance not discussed）。没有为读者提供研究的实践意义及学术意义，不仅仅是文献综述的不足，还代表着整个稿件的失败。

丹·凯瑟曾问过切斯特·牛顿，为什么大气科学的某些思想在历史的不同时期会被重提。牛顿博士回答说："这就是为什么研究被称为研究，而不仅仅是搜索。"

4. **结构不佳——像列清单**（Poor structure—The grocery list）。"Dunn（1983）提出这一点，Carpenter（1993）也提出这一点，Onton等（2001）证明了以下内容（Dunn（1983）showed this. Carpenter（1993）did that. Onton et al.（2001）demonstrated the following.）"。我把这种文献"综述"叫作列清单，因为将文献逐一列出的方式缺乏上下文的连贯，结构往往也显得不合理。也许作者认为有必要对文章美言一番，但却假定读者了解这些文献被引用的原因，或相信这样简单的陈列足以传达自己的观点。或者更糟糕的是，作者甚至可能没有读过那些文献。购物清单式的文献综述，往往也归属于"仅提供事实"这一类，也需要进一步阐述为什么这些文献被引用及它们与稿件如何相关。

在写文献综述时，要避免含糊不清缺乏具体量化的表述。例如，"很少有人研究欧洲的弓形回波（Very little research has investigated bow echoes in Europe）"。而下面的语句就比较完善："与美国相比，过去 50 年欧洲弓形回波的气候特征研究较少（Compared to the United States, less research on the climatology of bow echoes has been done in Europe in the last 50 years.）"。

最后，即使文献综述是稿件中的一个特定部分，也不应该与稿件其他部分隔离。例如，讨论部分通常与文献综述部分紧密联系在一起。

4.8 数据和方法

科学家们天生具有怀疑精神。实际上，适度的怀疑可以促进科学的发展：一个研究小组取得的成果会由其他小组独立地去检验其真实性。只有通过验证，才可以证明某观点正确与否。因此，为了科学的进步，研究中的数据和方法必须在稿件中描述清楚，因为它们能决定一项研究成功与否。因此，一篇成功的科技论文的要素之一，就是读者能运用论文中的信息来对论文进行再研究。

数据和方法部分一定要完整。只有详细精确地描述数据和方法，或者提供这些数据和方法的引文出处，审稿人和读者才能对你的论文进行评估并想重新研究。不完善的、不正确的或不恰当的方法，一旦出现在文献中，很难消除，常常会被后来的研究者引用。你不需要引用 Excel、MATLAB 或其他软件应用程序作为分析技术，除非采用了特定的计算方法并有必要让大家知道。

与文献综述部分一样，数据和方法并不是单独的部分。比如，如果想要举出一个北美模式（North American Model（NAM））失败的案例，那么就没有必要从观测数据中单独列出一部分来描述 NAM。为可能不熟悉该模式的读者简单描述该模式的基本内容，并在第一次介绍这个模式时提供一两篇参考文献即可。NAM 模式模拟失败可能是模式中物理参数化方案之间复杂的相互影响而导致的例外。在这种情况下，作者不妨用一个单独的部分描述模式的细节，为下面就模式输出展开的讨论作准备。

最后，Day（1995）主张用"方法"来代替"方法论"，认为"方法论"严格意思是"对方法的研究"，这是一个正统的科学学科。《牛津英语词典》（*The Oxford English Dictionary*）只有"方法的研究"这一个解释，而《韦氏美语词典》（*Webster's American Dictionary*）对"方法论"的三个解释之一是"一系列相关方法或技术"，这好像符合它在科学背景下的使用。最终决定取决于期刊和作者，如果你想使用"方法"，为什么不选择更精确和简洁的词语呢？

4.9 结果

结果部分是论文的精髓。虽然这部分不必贴上"结果"的标签，它仍然应该在文中提示，这就是论文的结果。本部分内容大多数应牢牢基于可用的数据，并包含全部或大多数图表。与其他部分一样，根据任务的不同或不同的数据集可以把这部分内容细分成不同的小部分。

结果部分应首先概述结果或叙述结果的重点。描述澳大利亚龙卷的气候特征时，结果部分可能是以龙卷的时空分布和天气学配置开始。随后，结果应以图表和文字的形式描写。读者期望先看到最明显的结果，再一步步阅读到不明显的结果，尽管作者描述论点时可能会偏离读者这种期望。

论文结果部分仅需要描述结果，不需要再展示你采用的所有方法，也不需要展示与本文不相关的结果，无论这些结果好坏。当然，这些结果可以在下一篇论文中展示。所有的叙述都应该符合逻辑，让读者越容易理解越好。

在计算机作图的今天，对稿件中的数据进行全面检查很容易。美国科学促进协会主席约翰·韦斯利·鲍威尔就曾意识到这一点，他也是第一次沿科罗拉多河穿越大峡谷探险的领队。他说："愚者只会收集事实，而智者会加以选择"。用最少的图来说明问题，并且让读者一目了然。读者的耐心有限，不会逐一阅读重复的图表及与主题无关的内容。善待读者，有选择地列出事实。

有些人认为手稿不应该列入负面的结果，这一点我不认同。描述这种负面结果的文字可以很短："风速和气溶胶颗粒增长率之间的关系在 95％ 水平上并不显著（The relationship between wind speed and growth rate of aerosol particles was not significant at the 95％ level.）"。此外，负面的结果也可以起到一些重要的作用。首先，大气并不总是会产生破坏性的风暴，为那些什么都没有发生的天气作出的预报决定同样值得研究。其次，给出的负面结果表明，并不是所有的问题都能通过一定的方法得到解决。最后，你现在发表的负面结果可能会让一些未来的研究生避免在一条死路上花费功夫。

在撰写发表在科技杂志上的文章时，我们有一个习惯，就是尽可能地使工作完美，概括所有的途径，不用担心误入歧途，也不用担心你起先是怎样从一个错误的想法开始的，等等。因此，没有什么地方能够让你体面地发表为了完成某项工作而实际上所做的事情。

—— Richard Feynman，物理学家（诺贝尔演讲，1965 年 12 月 11 日）

4.10　讨论

讨论部分用来探讨不同的解释，讨论尚未解决的问题，引入推测性的资料，提供最重要的主题，让读者能完善、扩展和推断稿件的结论（见表 4.6）。在很多论文中，讨论部分是选择项，特别是较短的论文。但是如果你想放入结果部分的材料太多，并且不是用几段话就能描述清楚的话，最好考虑为这些材料设立一个讨论部分。

请记住，在一篇文章中存在一些猜测和推论是可以接受的，但不要把文章建立在对一些材料的猜测和推论之上。如把这种材料列为一个单独的部分，最好以这样的方式陈述："我推测……（I speculate that...）"，或者"如果我们的研究结果是正确的话，那么，Smith（1996）提出的假设出于以下原因是无效的……（If our results are correct, then the hypothesis offered by Smith（1996）is invalid for the following reasons...）"。这样明确的陈述方式，可以避免评论者指责作者分不清结果与推测之间的差别。

表 4.6　讨论部分中的材料（一些材料摘自 Perelman 等（1998）及 Day 和 Gastel（2006））

材料
提出由结果揭示的或超出结果以外的理论、关系及总结，并对其进行解释。不要重述或总结结果，或只是讨论和解释结果（Present the theory, relationships, and generalizations revealed by the results that go beyond the results, offering explanations for them. Do not restate or summarize the results, discuss and interpret them）
讨论结果中的特殊情况或异常值（Discuss any exceptions to or outliers in your results）
讨论结果的不同解释（Discuss alternative interpretations of your results）
讨论结果中尚未解决的实质性问题（Debate substantial issues that are left unresolved by your results）
比较或对比结果及解释与之前的文献有何差别（Compare or contrast your results and interpretations with the previous literature）
回头看你在文章引言中提出的问题。您是否圆满解决了这些问题？如果没有，原因是什么？解决这些问题还需要做些什么？（Hearken back to the questions you raised in the introduction of the manuscript. Were you able to address these questions satisfactorily? If not, why not? What needs to be done to answer these questions?）
为与前人的研究或与预期结果的不一致提供解释（Provide explanations for your disagreements with previous work or discrepancies with expected results）
阐述研究的理论意义和实际应用。指出这项研究的重要性在哪里？（Expound upon the theoretical implications and practical applications of your research. What is the significance of the research?）
对通常不适合放在结果部分的推测性材料进行详细说明（Elaborate on speculative material that is generally inappropriate for the results section）
明确指出研究结果的局限性并作出解释。论文的假设和研究范围是如何影响你的结果的？（Identify the limitations of your results and explanations. How do the assumptions and scope of your study affect your results?）
讨论超出论文范围的主题（Discuss overarching themes that extend beyond the scope of the paper）

4.11　结论或总结

　　论文的最后部分通常被称为结论或总结部分。对于按顺序阅读的读者来说，这一部分将是他们阅读的最后一个部分，所以让读者把论文最重要的部分记在心目中是当务之急。不按顺序阅读的读者，通常在阅读本部分之后才会阅读其他部分。因此，无论读者怎么阅读，与标题、摘要和引言一样，结论部分值得特别小心。

　　在谈到结论部分时，芬兰气象研究所的吉尔·莱佩尔迈尔说，"我想知道该研究给我们留下了什么（即总结），以及它给我们指引的方向（即这个研究提出了什么问题，得出了什么结论）"。不幸的是，这种理想的情况在实际中却很少见。许多作者写到这一部分的时候，已经耗尽写作的热情，所以结论部分往往是后来添加的东西，有时甚至是从稿件的其他部分逐字逐句地复制而来。起草结论（或摘要）时，必须浏览全文，抓住所有重要的句子，并把这些句子改写成一个精彩的段落。

　　我喜欢对小结/结论部分和总结作一个区分，有时，作者可以选择以稍微不同于复述主要结果的方式来总结一篇论文。在这种情况下，最后部分应该单独命名为结论，因为它向读者表明，本文的小结可能不包含在这一部分中。如果论文篇幅较短，对研究的主要结论进行详尽的复述，可能会浪费篇幅，这一点尤为明显。

　　与此相反，结论/小结部分应该简短，将论文的主要结论以编号或项目列表或以短段落的方式列出。以段落的方式通常是最好的，因为它允许作者简要地陈述每个结论的证据，将结论清晰并合乎逻辑地呈现给读者。结论部分不应包含前文中没有出现的新材料（Geerts，1999）。

许多作者会混淆结果、讨论和结论部分之间的差异。如果你的文章包含讨论部分（不是所有的文章都有），那么结果部分应该关注论文的实验和理论结果。从数据中得出的推论应该留给讨论部分。最后，结论部分应说明各主要结论，对本研究进行总结。

有些作者觉得结论部分有必要用一句话、一段话或更多篇幅来叙述未来要做的工作。然而，大多数的作者写得匆忙或很少考虑这些内容。他们可能只会说研究更多的案例可以揭示更多的科学问题。除此之外，他们只是想用相同或稍加修改的方法做更多的研究。这样的结论未免显得苍白。如果你认为应该叙述接下来的步骤，为什么不依据你稿件中尚未解决的问题提出推动科学进步的具体目标呢？你可以为未来的研究人员提供可验证的假说吗？有没有你本来要回答但没有回答的问题？是没有还是不能回答？以你现在的知识储备，你还会选择什么样的方法？如果你想要在论文中包含关于未来研究方向的讨论，回答上述问题是结束论文的更好方式。

最后，在写这样的句子时要小心："目前正在做的进一步数值模拟将会在以后的研究中阐述，将会提出……（Further numerical experiments，currently ongoing and to be reported in future research，will address...）"因为你可能永远不会完成那份手稿，或它也可能不会被发表。我认为，在大多数情况下要避免这样的描述。

4.12　致谢

致谢常常不是一个单独的部分，而是置于文章末尾的一种声明，对提供帮助或支持论文创作的人表示感谢，但并不把他们列为作者（第 14 章中将有更多讨论）。感谢那些表 4.7 所示的有关人员，是一种礼貌。同时，要感谢对文章提出评论意见的同事，包括提供了实质性评论的编辑和匿名审稿人。你虽不是作者，但对别人的论文有贡献，你不想在文章中得到感谢吗？作为作者，如果对致谢中是否应该包括某些人有疑问的话，最好把他们包括进去，或者去问他们是否想被包括在内，最好不要去伤害别人的感情。

致谢通常要包括资助机构及资助金额。例如，美国国家科学基金会要求所有发表的文献都要致谢："本文由美国国家科学基金会基金项目 X 号资助（This material is based upon work supported by the National Science Foundation under Grant No. X.）"。期刊可能会要求援引所有资金来源（无论是直接或间接的），以解决潜在的利益冲突。例如，接受生产商帮助的人们评价一台从厂商资助的新仪器的效果时，应向期刊披露这一信息，并在稿件中对该资助者进行致谢。更多有关利益冲突的信息，参见戴维·乔根森的咨询专家栏（第 149 页）。

有时候，作者必须承担文章声明的全部责任："本文的任何意见、发现和结论或建议并不代表国家科学基金会的看法（Any opinions，findings，and conclusions or recommendations expressed in this material are those of the author（s）and do not necessarily reflect the views of the National Science Foundation.）"。在撰写本文之时（2009 年 7 月），除了科技期刊和专业期刊（如，会议扩展摘要、网页、新闻发布等），本免责声明应该出现在由美国国家科学基金会赞助的所有研究工作中。

表 4.7　在致谢中列出的人或事

列出的人和事
内部的、正式和非正式的及匿名的审稿人(Internal，informal，formal，and anonymous reviewers)
作出实质性评论意见的编辑(Editors who have made substantive comments)
针对技术方法提供过具体建议的人(People who provided specific suggestions on methods or techniques)
资助机构(Funding agencies)
数据提供者(Data providers)
软件提供者(一般不包括商业机构)(Software providers (Do not include commercial providers，in general.))
免责声明(Disclaimers)

写致谢时，不要写"我希望感谢……""我想要感谢……"或"我要感谢……"（"I wish to thank..."" I would like to thank..."或"I want to thank...."）这样的句子。应考虑用更简单更直接的表述，"我感谢……"（"I thank..."）。

4.13　附录

附录不是论文正文的一部分，而是独立的部分，当论文的解释、理论或推导过程太复杂，且与正文联系不紧密或不适合放到正文中时，才会有附录部分。附录还可以包括表及调查的问题。大多数附录应带有标题，而且应该在稿件的正文中提到。单个附录名以"附录"为标题，但如果有多个附录的话，按字母顺序标注：附录 A、附录 B 等。虽然把不必要的内容塞到附录中并不费力，但附录是否真的需要会受到质疑。

4.14　参考文献

附录之后，就是参考文献。按照目标期刊上的具体说明进行操作。由于不同期刊上参考文献的格式不同，因此要参考目标期刊上的作者指南，以目标期刊最近发表的论文为指导。第 12 章提供了有关参考文献的更多信息。

有些期刊的文稿（包括美国气象学会（AMS）的期刊）要求把每幅图表及其说明或注释放在同一页面，置于参考文献之后。第 11 章会讲到更多有关图表的内容。

4.15　其他组织结构

虽然很多科技论文采用上述典型的结构，但是有些论文并没有采用这种结构。并不是每篇论文都必须有相同的结构顺序。例如，一篇基本论文可以具有以下的组织结构：

1. 引言（Introduction）
2. 以前的文献（Previous literature）
3. 数据和方法（Data and methods）
4. 结果（Results）
5. 讨论（Discussion）

6. 结论（Conclusion）

或者，对以往文献的讨论可以并入引言（或结果或讨论部分）。如果稿件中包含两种不同的任务，可以采用不同的组织方法（比如，气候特征分析和个例分析）。

1. 引言（包括以往的文献）（Introduction（includes previous literature））
2. 任务 1（Task 1）
A. 数据和方法（Data and methods）
B. 结果（与以往的文献的结果作比较）（Results（compare results to previous literature））
3. 任务 2（Task 2）
A. 数据和方法（Data and methods）
B. 结果（与以往的文献的结果作比较）（Results（compare results to previous literature））
4. 讨论（Discussion）
5. 结论（Conclusion）

或另一种不同的结构：

1. 引言（包括以往的文献）（Introduction（includes previous literature））
2. 数据和方法（Data and methods）
3. 任务 1：结果与讨论（Task 1：Results and discussion）
4. 任务 2：结果与讨论（Task 2：Results and discussion）
5. 结论（Conclusions）

论文如何组织取决于哪些研究内容需要传达给读者，以及如何以一种有逻辑的方式来叙述。虽然写一篇论文可以用多种方法，但其中总有一种更好的方法。认真考虑怎样组织论文，才能让你的研究成果最完美地呈现给读者。你在写作时，需要经常向前或向后从论文的其他部分引用图表或文字，这也是论文需要合理组织的原因。如果你认为你的手稿并不能完美呈现你所想表达的内容，那就考虑换一种结构来写。

第 5 章 写作的动机

写作可能是件苦差事，也可能很有趣。最有可能的是，两者兼有。写作态度决定写作的成败。作者可能会缺乏写作的动力，也许会遇到很多障碍，这些都可能会让本该愉快的写作过程变得乏味。本章提供了克服这些障碍的写作策略。

许多科研人员讨厌写论文。事实正是如此。

有些很聪明的人也不喜欢写论文。他们认为写论文太难，或者不值得在写作上花费时间和精力。这种情况很普遍，甚至专业作家也是如此。美国作家兼诗人多萝西·帕克说："我讨厌写作，但写作完成的感觉确实美妙。"恐怖小说作家斯蒂芬·金最害怕什么？他说："在你动笔之前总是最恐怖。"

大部分人对写作的强烈厌恶感可能源自小时候，那时许多人就失去了写作的兴趣。学习词汇和分析句子会严重挫伤一个富有写作创造力的幼小心灵。另外，大部分的写作作业强迫学生写他们并不感兴趣的主题。

这些对我们这些科学家来说，应该不成问题。我们撰写科研项目申请书，以资助那些我们想要做的研究。写作论文的目的，也是想要把我们的研究成果热情地介绍给同行。理想情况下，我们这些职业科学家都应该热爱写作，但有些人并不是这样。

经常会听到有人说，某个人是天生的作家。这种老套的说法嵌入到我们的意识中，让我们潜意识里认为并不是每个人都有写作技能。虽然这种意识并不一定对，但写作不是一个快速的过程。即使作者能很快将脑中的想法组织成笔下的草稿，但对草稿的修改和润色仍然要花费大量的时间。

突破写作障碍

◎明确定义并围绕主题。

◎明确界定读者群。

◎将写作贯穿整个研究过程。

◎制订写作计划。

◎设定一个外部或内部的期限。

◎将文稿提交给某研讨会以激励自己。

◎和自己约定好写作的时间。

◎创造适宜的写作氛围（例如，最佳写作地点、时间）。

◎将整个写作计划划分为几个小部分。

◎不要让"编辑"在写作中占主导地位。

◎尝试使用意识流方法去写作。

◎把未完成的工作留到第二天。

◎冥想。

◎改变写作方式。如果常用电脑写作，试试用手写。

◎做些不同的或有创造性的事情来刺激自己（如，织围巾或吹笛子）。

◎和他人交流你的方案。

◎听取他人对文章初稿的反馈意见。

◎不要拖延——这只会带来更多压力。

◎完成小目标就奖励自己。

有时我们以"写作障碍（writer's block）"作为借口，就好像它是外部传染给我们的某种疾病，但问题完全在我们自身。产生"写作障碍"的一个原因是，要表达的内容很多，却不知道从何说起。在这种情况下，作者需要限制内容，突出手稿的主题。另一个原因是不知道该说什么，也许是因为缺乏知识或缺乏对任务的了解。进一步的研究可能会扩展论文的主题。

任何写作项目都需要具备四种元素：要写的内容、表达它的手段、阅读它的人，以及写作动机。我们已经在第2章中讨论了前三项内容。本章将讨论动机及如何获得动机。一旦你有了动机，提纲、构思、写作和改稿的灵感就会出现。

5.1 写作态度的重要性

积极的态度可以让作品达到最佳效果。如果缺乏积极态度，问问自己为什么。许多潜在的借口都由恐惧引起：产生恐惧的原因可能是害怕写错、害怕占用其他事情的时间、害怕过了项目资金的最后期限或害怕别人评判你的作品。

提醒自己为什么写这篇文章很重要。提醒自己写作可以记录你的方法和观测数据；提醒自己写作有助于充实你的论点并让你把研究做得更好；提醒自己还有其他的事情要做，尽快完成这项写作任务并把它做好，你就有更多的时间做其他事情。要不惜一切代价去做。对一些人来说，即将到来的最后期限是唯一的动力（我们稍后会讨论，在期限的压力之下可能会产生一些有益的想法，但将这些想法付诸行动往往并不容易，因为在写作中对细节的关注需要时间）。

"作者和写作研讨会"讲师达琳·格雷厄姆建议，在写作时要有紧迫感。随身携带一个笔记本或一张草稿纸作笔记。在床头放一沓纸，如果在半夜醒来突然想到好的点子或措辞，可以立即记下来。我们要养成随时随地写作的习惯。

Fairbairn 和 Fairbairn（2005）曾说："写作事实上只是一份工作，像洗碗、修剪草坪或挖地洞等其他工作一样。如果你总在等待理想的时间去做，就什么也做不了。"现在就开始写作吧！不要等到你的孩子们从大学毕业了，才向知名的美国杂志投稿。

5.2 降低门槛

我发现，即使进入较理论化的科技论文的写作阶段，创作过程仍在继续。有条理的写作只可能建立在思路清晰的基础上。撰写论文的过程通常会促使我对这个问题的思考更加清楚，反过来清晰的思路往往会使写作过程顺利进行。

——G. K. Batchelor（1981）

避免产生压力的一种方法就是一次只写一点，在研究完成之前就开始写作。在研究项目开始时，作者常常同时进行文献研究，以及对数据开发和方法的研究。那为什么不在想法刚刚出现时就记录下来，或者至少写出草稿呢？因为这些部分更实际、更具体，它们可能会让你放松，让你慢慢地融入手稿中。事实上，大多数科技论文的作者并不按结构顺序写论文（引言、数据、方法、结果、结论），就像大多数科技论文的读者不按结构顺序阅读论文一样（4.2 节）。

在研究完成之前就开始写作，不仅降低了写作难度，而且随着写作过程的发展，可能会暴露你在论点描述中的缺陷。这并不是一件坏事，因为它可以促使你用更多的文字或图表来阐释你的论点。

另一个策略是制订按小段写论文的计划，避免因过于庞大的写作任务而感受到太大的压力，并可以让你关注于短期目标。这个建议可以帮助那些只注意截止日期或难以完成学位论文这样大工程的人。我写博士论文时，我的导师和我设计了最佳方案：每一章都先写出草稿，写完一章就请导师审阅。在等待导师批评意见时，开始撰写下一章节。这种方式无疑提高了时间利用率。我将论文大致分为七章，开始动笔时是夏末，我计划耗时 7 个月，到次年 3 月份完成论文，每月一章。4 月上旬我将作最后修订，并提交给答辩委员会。我在 4 月下旬答辩，5 月份毕业。花 7 个月完成七章，那就意味着每章都有一个月的期限。我坚持按计划写作，并按时毕业了。这样的方式意味着你有责任实施这一计划，并严格按照时间进度完成。

不要在过短的时间内给自己定太多的目标，特别是要完成高质量作品时，如发表一篇论文或完成一份基金申请。论文的某些部分可能会很困难，需要研究更多的文献，甚至需要重新进行一些模拟来优化论点。因此制订写作计划时在时间上要留有余地，对有写作期限要求的论文，应早点制订写作计划。

大多数人都很忙。如何按时完成写作计划？很简单，时间是挤出来的。如果你的日程安排得太满，那就再给写作定下一个日程。预留出时间（至少几个小时），关上办公室的门，在家里或在图书馆写作。拔掉你的网线，关掉你的电子邮件，选择一天中最能集中注意力的理想时间：早上、晚上、跑完步后或者打完网球后，潜心写作，避免饭后身体反应迟钝时写作。清理你的时间表，你的大脑会让你更好地集中注意力。

此外，想写的时候再写。要抓住机会，让每个想法跃然纸上。这样的机会很宝贵，你可以依据自己的写作激情来重新安排时间表。不要只想着文字的润色。不要只埋头核对事实、查词典、检查拼写或上网，当灵感涌动时，要立即投入写作，不要浪费写作热情。

制订一个每日写作时间表。这是我能提供给任何有抱负的作者最好的建议……坚持依照时间表写作，不出几个月，你的写作能力就会有惊人的提高，除非是计算机编程类写作。

——Patrick McManus（2000）

5.3　准备好写作环境

找到适合你的写作风格。你偏向于用电脑还是纸笔？你偏向于预先写出详细的大纲还是偏向于自由写作的模式呢？个人风格将极大地影响写作模式。应尝试用不同的方法来写作。

写论文的环境对工作效率有很大影响。有些人可以在任何地方写，有些人需要在特定的地方来写。尝试在不同的地方进行写作，看看在哪里写作最具成效。写作环境尽量宜人，让人集中注意力，并高效完成写作。有些作者用旧电脑来写作，除了文字处理软件外，其他所有应用程序都卸载了。这些作者对写作的专注和认真，由此可见一斑。调整房间的温度，穿着合适的衣服，让你自己感觉舒适。准备好你最喜欢的饮料。

把写作想象成音乐创作。立足于传统要求的写作格式固然重要，但正如任何一位伟大的音乐家几乎本能地清楚应该在何时跳出框桎一样，作家也应该如此。

——保罗·罗伯，威斯康星-密尔沃基大学

把写作需要的资料都准备好，放置在你面前宽敞的书桌上。这些资料包括你要引用的所有论文（首选纸质版）和其他参考资料，如字典、辞典、格式指南、《论文写作、科技交流与审稿：成为杰出科学家的必由之路》（当然！）、稿件格式模板和英语－芬兰字典（如果你的母语是芬兰）。缺少这些现成的资源会对写作造成不必要的困扰。

5.4　打开闸门

假定已经有一个星期没有写作，应该怎样让思路涌现出来？要打开创作思路，就需要对大脑的运作方式有一些了解。要写好文章，大脑的两个半球——左脑负责逻辑思维，右脑负责形象思维——需同时受到刺激。左脑主要负责文章的逻辑和细节，如正确的语法和标点符号，但是在构思阶段纠缠于这些细节会妨碍右脑创造性的思维。过分专注于左脑，可能会丧失写出好文章所必需的创造性思维。其结果是，我们丧失了自信，无法成为挥洒自如的作者。

许多作者极度依赖灵感，因为它能让人写出最好、最生动、最令人满意的作品。许多人相信灵感来自外部，只是需要等待；当失去灵感时，大多数人就等于丧失了最有效的援助。不过，许多写作方面的问题都是源于思维问题，而非灵感就能解决的。

——Linda Flower 和 John Hayes（1977）

如果担心左脑妨碍你的写作能力，那就不要使用左脑，只需要拿起笔或键盘开始行动，不要在意语法和拼写，甚至不要强求用完整的句子来写——而是靠意识流（a stream of consciousness）来写。一旦开始下笔写作，思路也就会随之打开。简单地说，就是不要为你不能写作找借口。开始下笔吧，不要害怕，把初稿写在纸上或电脑中，以后总是可以修改的。通常，这种依照意识流将所有想法都列出的方式有两个好处。

首先，意识流的写作可以打开创新的源泉。即使最后期限即将到来，作者也会遇到许多障碍，无论是什么在妨碍你，都只管坐下来去写。即使写下的是不起眼的乏味的想法，只要与你的主题有关，最终都有可能帮你打开思路的闸门。当然，不要因为没有成果而去惩罚自己。有时候，我的一些好文章就是在我最初没有心情写作时写成的。就像一场雷暴一样，如果抑制能量的机制被打破，大量的对流有效位能就会被释放。

其次，如果初稿有缺陷，它也是一个反面示例，告诉你这条路是行不通的。至少你将埋藏在心里的想法付诸了实践。正如一句老话所说："编辑容易创作难（It's easy to edit stuff—it's hard to create.）"将头脑中的想法或多或少地转换为文稿或文字，这是写作工程的第一步，也是最重要的一步。

如果你觉得引言难以下笔，那就试着从论文更容易写的部分着手。如果写文字没有激情的话，那就写参考文献部分或者画图。不要为了手稿有一个良好的开头而浪费时间，从最容易写的部分开始写起。如果论文的某部分遇到障碍写不下去，你可标注"待完成"字样，先写后面部分，待你思考成熟后，再回头完成"待完成"部分。如果在两个词或短语之间纠结，那就将两个都写下，用括号标注，过后再挑出比较合适的。只要能让大脑专注于写作，最终必定会如愿以偿。

你是否还在寻找灵感？如果你写作时陷入僵局，就与朋友喝喝咖啡，谈谈你写作中遇到的问题。谈谈写作的困难，通常可以帮你打开思路。你甚至可以把谈论的关于主题的内容录下来，以便捕捉到将来在写作中可能用得上的精彩词句。与此类似，你可以用通俗易懂的语言给一个朋友写一封有关你文章的信件。

从你欣赏（或最不欣赏）的作者身上寻找灵感。阅读期刊上写得好的文章，能激励你向类似的高水平靠拢。或者，阅读一篇你不喜欢的稿件，不管是否同意他的观点，还是他本身写得不好，对自己也是一种激励，因为你自信可以比他写得好。你甚至可以去阅读自己过去写得最满意的作品，提醒自己曾经的作品很优秀，以激励自己再创辉煌。

为了寻找灵感，你也可以做一些与众不同的事情，去博物馆感受一下艺术的熏陶，到森林里散散步，去游览一些历史名胜。

一天结束了，你可以记录接下来想要写作的主题，也可以写上开头的几段话，然后离开。正如美国作家欧内斯特·海明威所说，"把水留在井里，不要让创作之井干涸（Leaving water in the well）"。这样一来，下次你坐下来写作的时候，你先前的记录，无论是有意识的还是无意识的，已经在为要写的话题作准备了。

最后，当你完成自己设置的目标——写完第 1 章，或初稿交到博士学位委员会的手里，或图已画好——那就庆祝一下。去看场电影或在一个高档餐厅吃顿饭，参加你梦想多年的一日游旅行，用称心的东西奖励自己完成的工作。要记住奖励往往比惩罚要来得更有成效。

第 6 章　头脑风暴、大纲和初稿

写作前通常要进行头脑风暴并列出基本的大纲。头脑风暴让作者思路开阔，主题更深入；拟定大纲使论文主题更明确，条理更清楚，论述更合乎逻辑，更容易被读者理解。本章介绍写作前的阶段及初稿的产生过程。

事实上，写出拙劣文章的作家常常对他们想表达的内容缺乏清晰的思路。

——John Maddox（1990）

回头看看我所写的不能令我满意的论文，其中那些不完美的章节正印证了以上论点。这些章节都是我在意识流状态下的作品，它并不能完美地诠释我本想表达的科学道理。这些论文的部分小节可能与正文的其他部分不一致，或可能只是缺乏实质内容的含糊叙述。文本内容可能曾经在一定程度上服务了其主旨，但距离我所期待的最终版本还相差甚远。

在上初中和高中时，老师曾教导我们，在写初稿之前，先对论文主题进行思考并写一个大纲。现在在我们开始写作之前有多少次照做了呢？我想几乎没有过吧。也许我们认为，在头脑中构思并整合好就可以跳过这个过程。也许我们急于写出文章，认为头脑风暴（指头脑中产生写作新思路的过程）多少会浪费时间。有时我不清楚在我读过的论文中作者是否从头脑风暴和列出大纲的过程中受益。

6.1　头脑风暴

头脑风暴（Brainstorming）是写作之前萦绕在作者头脑中的所有思路和想法的彻底倾泻。如果头脑风暴环节富有成效，来自更深层意识的想法会首次在脑海中产生，并且可能会在研究的各方面之间建立新的联系。头脑风暴之前，写下话题或文章要旨（也称为概括）。写下的这句话迫使你直面这个话题，明确你的写作目标。这样做还能让你在头脑风暴和列提纲的过程中集中精力。

因为头脑风暴是一个非常个人化的过程，它只能以适合你的方式进行。留出至少 90 分钟不被打断的时间。一种方法是先写下在论文中你想解决的所有问题，及时记下与论文有关的所有想法。你可以用图形表示这些想法之间的关系，或者可以列个表。跟随自己的直觉，不要纠结于不好的想法，尽量从中找出隐藏在这些不好的想法中有价值的东西。不是每个想法都必须纳入最终文稿，但识别出潜在有用的想法是必要的，即使它们并不完善或不适用于当前文稿（也许适合未来的某一篇论文！）。思维要开阔，但关注点要集中在当前研究的问题上，要有创意。

头脑风暴有可能远远超出你认为已经写下了你能想到的所有事情的地步。拓展自己的思路，往往可以获得不可思议的洞察力。

在绞尽脑汁之后，看看你头脑风暴的结果。把自己的想法按共同的主题进行分类整理。确保已经提出了自己想要的重要观点。把这些内容从纸上剪下来，摊在桌子上，尝试对其进行排列组合。

一种截然不同的头脑风暴方法可以在较长的时间内进行。常常在这个时段内，大脑的思维活动不是很有组织。有些人在日常生活中记下他们的想法进行头脑风暴，可以通过纸或电脑文件的方式记录他们的新思路或想法。我总是随身携带一个笔记本，当我想到什么，就记下来。定期我会把我的笔记本中记录的想法转移到这些文稿中。

6.2 大纲

应该根据自己喜欢的方式列出论文大纲（outlining）。有些人列出的大纲很细、很具体，涵盖了文章的每一小节。而有些人列的大纲只是论文的基本框架。无论是哪种情况，大纲都应尽可能面面俱到。设定好小节的标题是一个良好的开端，通常大纲需要更多的细节。列大纲不必讲究整洁和条理，只要作者能看明白就好。

文字处理软件和备份

最令人遗憾的事莫过于完美的语句因计算机死机而没有保存。如果遇到过这种情况，即使写的是微不足道的电子邮件，你也会感到沮丧。写论文时，为了避免这样的不幸发生，可以做三件事情。首先，对文字处理软件设置首选项来提高自动保存的频率。为了确保保存完整，也要记得手动保存。其次，保存文件多个版本，以便日后需要时查阅早期版本。例如，将文件用一个新的包含日期（如文件名－080323.tex）或版本号（如 article-v28.doc）的文件名保存。最后，备份一切，将副本存储在多个地方，以防丢失、被盗或失火。如果文件无意中被删除，数据恢复软件也许能够从硬盘中找回丢失的文件。拿《论文写作、科技交流与审稿：成为杰出科学家的必由之路》为例，我一直保存着这本书的三个副本：一个保存在我的台式计算机中，一个保存在我的笔记本电脑上，一个保存在记忆棒里。在每天工作结束前，我会把三个副本同步更新。

列大纲时，起草论文中可能用到的图表。预先列出图表是检测手稿结构的一个好办法。这种方法有几个额外的好处。首先，可以确定哪些图表不用，因为你可以看出哪些材料难以添加进论文中。其次，你的论点可以更侧重于通过图表来说明。当你的论文偏离了由图表奠定的脉络时，可以更清楚地确定什么地方偏离主题。最后，叙述中存在的空缺，可能表明你还需要想出新的图表作为补充材料。

6.3　初稿

动手开始写作吧。你是哪种类型的作者？是"乌龟型"还是"兔子型"？你是那种一点一点地精心构思手稿直至完成的作者吗？如果是这样，那么你就是"乌龟型"。"乌龟型"作者会采取缓慢和整洁的方法去写。他们写作时，要提前准备一个深思熟虑的大纲，尽量不作大的改动。第一稿写作如果顺利的话，仅需要进行几次修改就可以定稿。

你是那种匆匆忙忙完成初步大纲的作者吗？如果是这样的话，你就是"兔子型"的作者。"兔子型"作者第一稿完成得相对较快，需要（或者应该）花更多的时间修改。修订过程需要较多的耐心，这正是"兔子型"作者所欠缺的。

很少有人完全属于这两种极端类型的作者。大多数作者可能采用介于两者之间的写作方式。此外，同一个作者可能根据不同的写作方案采用不同的写作方式。当主题明确、大纲具体、材料充实时，可采用"乌龟型"写作方式；否则，可以采用"兔子型"写作方式。

在组织和写作手稿时，可能会犯错。比如开场白不合适，或是想法不成熟，或某一精彩的段落与主题无关。删除这些内容，可能会使文章重点更突出，但真要删除这些内容，感情上却又不舍。于是，我建立一个弃用材料文件夹，将不会在当前论文中使用的文字材料移到这个文件夹中，这样做在一定程度上可以起到减压的效果。

随着写作的进行，要避免"爱上自己的文字（fall in love with your own text）"。你手稿中的文字并非神圣不可侵犯，经过修改也许会更好。

第7章 无障碍的科技论文写作

对于部分专家而言,科技论文未必一定枯燥冗长。事实上,作者应尽力将自己的科学论点用清晰易懂的语言呈现在读者面前。我们需要运用多种写作方法,并合理组织文章结构,以求读者能够准确理解文中所要传达的信息,但这并不容易。本章将带领大家面对这个挑战。

很多科学家比较刻板,并不具有出色的沟通技能,这不是没有原因的。也许这就是人们为什么如此推崇那些擅长向普通人解释科学道理的人,例如卡尔·萨根揭开了宇宙奥秘,斯蒂芬·金为我们阐释了物理学,以及斯蒂芬·杰伊·古尔德向我们展示了进化论。这些人已经在科学和科技写作上发挥出他们的技能,并已跨界进入到文学创作的领域。

无论是为了放松看小说,为了了解当前时事看报纸,或为了学习读非小说类作品,很多人求知若渴,因此都乐意阅读。我们如何在日常科技工作中使用这一经验呢?为什么不把那些快乐的体验转化到我们的写作中呢?文学创作和科技写作之间有根本区别吗?有,也没有。

7.1 文学创作和科技写作之间的区别

诗歌和散文传达不同于科技论文写作的事实和情感。Perelman 等（1998）将有效的技术交流的特点定义为准确、清晰、简洁、连贯和恰当。在某些方面,文学写作违反了这些规则中的多项。在文学创作中,小说是不需要真实准确的。好的文学写作有时依靠暧昧模糊的开端来展开故事。想要激发读者的想象力,就不能写得太过清晰。简洁当然不是文学创作的标志——詹姆斯·米歇尔的粉丝可以作证!

理想情况下,科技论文作者的目标与文学作家的目标大致相同。我们希望向读者传达信息,并且也希望得到读者的回应。无论内容是信息、情感、说服劝导还是呼吁采取行动。当然,与文学创作相比,我们有更多的术语和具有复杂定义的专有名词,而且我们的作品可以在书店的非小说区找到（我们也希望如此!）。然而,如果我们想让科技作品为大众更易理解（设想一下这本书是为亲朋好友创作的）,那么,让容易理解的科技作品为科学家所接受还有待时日。

7.2 让科技论文更易被接受

在开展研究时,我们不得不阅读许多枯燥乏味甚至拙劣的论文作为研究报告背景。除此之外，我很重视阅读那些写作风格我很欣赏的作者的作品。这些作品类型纷繁复杂，从古典小说到维多利亚时期的科技论文都有，以此作为慰藉。

——凯瑞·伊曼纽，麻省理工学院

既然意识到我们是为读者写作而非我们自己，我们就需要照顾到读者群的想法。下面是一些令作品更易理解的方法提示。

用明确、具体的实例向读者证明你的观点（Demonstrate your points to the audience with clear，specific examples）。例如通过提供证据、引用参考文献、合理推测或提供一种假设，让每个论断都对这篇论文起到积极的作用。读者看到诸如"东北风暴对沿美国东海岸的海滨会造成大范围的破坏。"（"Nor'easters cause extensive damage to beaches along the East Coast of the United States."）之类的句子时，会感到莫名其妙。因为这种说法很模糊，并没有向读者提供具体准确的信息，还需要给读者提供更多的上下文信息，给出关于沙滩损失的面积、冲走的沙量、什么时间段、有多少房屋和建筑物落入大海等更多的细节。

假设你的读者不像你一样了解这个主题（Assume your audience is not as knowledgeable about the topic as you are）。对其中的细微差别、专门术语和假定要有阐释。如果你不确定所传达的信息是否大部分读者已经熟知，那么宁可在文中多提供一些信息，也不要有缺漏。在阅读你的文章时读者要感觉很舒服。开始慢慢地——但不要太慢——让他们放松地融入到文章中。

证明你的假设（Justify your assumptions）。每个研究无论多么精心设计和实施，都要使用假设。因此，最有说服力的论文会预见到反对意见并不加申辩地将其指明。即使你的假设对像你这样的专家来讲很普通，但未来的专家或现在的非专业人士可能不知道这些假设是在表达什么。如果论文中的假设没有得到求证，那么你的论文在同行评审时会受到审稿人的指摘，让作者和审稿人倍感烦恼，延长论文的发表时间。描述假设的时候要注意顺序，从最合理的方面讲到最不合理的方面，或者从最普遍的方面讲到最具体的方面。

阐明你的研究的局限性和其他可能的解释（Explain the limitations and alternative explanations of your research）。论文中可能存在的问题包括：缺乏潜在的重要观测数据，模式中有限的网格距，数据收集的方法问题，或仪器校准问题等。在论文中坦率地说明这些问题是否存在，将提升而不是降低你的信誉。不要自作聪明地掩盖你文中的局限性。精明的读者可能会认识到这种局限，并怀疑你的意图。某些审稿人会辨认出文中局限性及论点的其他解释，并要求你将其列出（或者直接退稿），所以你还不如自己提出来并进行一番讨论。承认和说明局限性可以避免太笼统地概括研究结果。评估你提出的解释的一种方法是采取相反的观点，努力在你的论据中找漏洞。将自己设想为故意对该论文唱反调的人，你会提出什么样的刁钻问题？然而，勇于指出自己论文局限性并对结论提出替代性解释的作者并不太多，这样做并不是示弱，而是展现自己的诚实。

寻找真相的权利也意味着责任，人不能隐瞒任何已经认识到的真理。

——阿尔伯特·爱因斯坦

想想读者会不会接纳你的论点（Consider how your audience will receive your argument）。他们会怀疑或反对你的结论吗？如果会，那么论文就要从提供例证来展开。在这些可能备受争议的想法被例证证实之前不要盲目引入论点，更不要期望读者会赞同。让读者在阅读论文过程中一点点看到结论的出现，即使此前他们会对这些结论嗤之以鼻。

文稿对读者来说要易于理解（Create a document that is accessible to the audience）。你应向读者解释所有内容，包括从文章的结构到段落、句子、词语和图表等所有一切。不要漏掉任何实质内容，但同时要保持简洁。要让读者感觉到你的文字自然流畅且专业。

如果你都觉得无聊，那读者更会这么认为。

——摘自海报"你会用到的仅有的 $12\frac{1}{2}$ 个写作规则"

7.3　构建符合逻辑的论据

就像论文的组织应遵循一定的顺序（例如，数据、方法、结果、讨论）一样，论据也需要按一定顺序呈现，让读者能最大程度地理解。记住你要给读者展示新的研究成果，并且希望他们按照你的逻辑读下去。因此，按如下所述的方式介绍，读者就可以清楚理解：

数据（data）→ 结果（results）→ 解释（interpretation）→ 推论（inference）→ 推测（speculation）

整个环节要从数据开始。正文中呈现的数据和图表将会支持你后面的论证。显示数据之后，读者就可以看到结果，或者数据所描述的内容。特别是在叙述一幅图的时候，作者常常会先给出结果，让读者能够以他们想要的方式来解释图表。

接下来，读者需要了解到数据的解释，因此作者需要对数据作出一个相对深入的分析。在解释之后，作者应呈现给读者的是推论，即目前争论的焦点之外的数据延伸。最后，是推测部分，即对这些数据在不同背景下可能蕴含的内容的猜测。在表明观点或进行推测时，要向读者坦白这并不是事实，而是通过上文中数据而得出的合理推测。

将以上步骤进行重组在某种程度上是可行的，且在有些情况下并不需要逐一实行这些步骤。但如果盲目打乱以上顺序，那么读者可能会感到疑惑甚至疲于阅读你的论文。请看以下示例：

原稿：我们推测，低层锋生区域之上的条件不稳定的释放造成浮力对流，经过对流层中层的惯性不稳定组织成带状云（推测）。在北半球负的绝对涡度意味着惯性不稳定的出现（解释）。用 7 月 20 日 00：00 UTC 的快速更新循环同化模式的输出所做的计算（数据）表明，在带状云形成的地区 500 hPa 绝对涡度为负值（图 5）（结果）。在该区域中的负绝对涡度带的出现表明惯性不稳定可能已被释放（推论）。在先前（图 3）显示的 06：00 UTC 之后负的绝对涡度的消除表明惯性不稳定被释放，大气重新回到惯性稳定状态（推论）。

We speculate that buoyant convection caused by the release of conditional instability above a region of low-level frontogenesis was organized into bands by the midtropospheric inertial instability. (speculation) Negative absolute vorticity in the Northern Hemisphere implies the presence of inertial instability. (interpretation)

Calculations are performed on the output from the Rapid Update Cycle from 0000 UTC 20 July. （data）The 500-hPa absolute vorticity is negative in the area where the bands form (Fig. 5). （results）The occurrence of the bands in the region of negative absolute vorticity indicates inertial instability could have been released. （inference）The elimination of the negative absolute vorticity after 0600 UTC shown previously (Fig. 3) suggests that the inertial instability was released，returning the atmosphere to an inertially stable state. （inference）

文中作者先提出推测，之后才用数据去证明。如果你读后有些反感，恐怕这不是你一个人的感觉，别的读者也有同感。也许作者可能会认为文中已包含了读者所需要的所有信息，事实上，由于在证据之前作出推测，读者常常会怀疑这种观点。作者并没有让全文的结构逐步推进以求读者接受文中的结论。

修改稿：用 7 月 20 日 00:00 UTC 的快速更新循环同化模式的输出所做的计算表明，在带状云形成的地区 500 hPa 绝对涡度为负值（图 5）。在北半球负的绝对涡度意味着惯性不稳定的出现。在负绝对涡度区域中带状云的出现表明惯性不稳定可能已经被释放。在前面（图 3）所示的 06:00 UTC 之后负的绝对涡度的消除表明惯性不稳定已被释放，重新回到大气惯性稳定的状态。我们推测浮力对流造成低层锋生区上空的条件不稳定的释放，通过对流层中层惯性不稳定组织成带状云。

Calculations are performed on the output from the Rapid Update Cycle from 0000 UTC 20 July. The 500-hPa absolute vorticity is negative in the area where the bands form(Fig. 5). Negative absolute vorticity in the Northern Hemisphere implies the presence of inertial instability. The occurrence of the bands in the region of negative absolute vorticity indicates inertial instability could have been released. The elimination of the negative absolute vorticity after 0600 UTC shown previously (Fig. 3) suggests that the inertial instability was released，returning the atmosphere to an inertially stable state. We speculate that buoyant convection caused by the release of conditional instability above a region of low-level frontogenesis was organized into bands by the midtropospheric inertial instability.

同样，恰当组织文稿可能会提升读者理解论点的能力。组织文稿的时候，从普遍到具体，或从具体到普遍，或者从个例研究到气候学研究，反之亦然。要避免在不同主题之间跳来跳去。

7.4 写作就像预测

写科技论文有点像制作天气预报。Snellman（1982）描述了漏斗状的天气预报的制作过程（图 7.1a），通过大气中从行星尺度到小尺度的不同尺度的运动，用漏斗状的结构为预报员提供了一个按顺序可视化分析和预报过程的框架。首先把重点放在行星尺度上，天气预报员要了解可能有利于或抑制某类较小尺度的天气现象的环境。当预报员按照漏斗顺序推进时，更加重视特定天气模式下中小尺度的细节演变。

同样，写作和编辑手稿可以看成像漏斗状的预报结构（图 7.1b）一样，首先，在考虑段落、句子和单词之前，把重点放在最大的尺度（手稿的组织：论文的章节或者文章的小节）上。章节（在学位论文中）或小节（在期刊文章中）类似于行星尺度环流的作用，组织和塑造这篇论文。段落起到天气尺度环流的作用，通过气压上升和下降运动，控制当前的天气状况。句子作为气流中的中尺度成分，字词、标点、语法、拼写等是小尺度的成分。高质

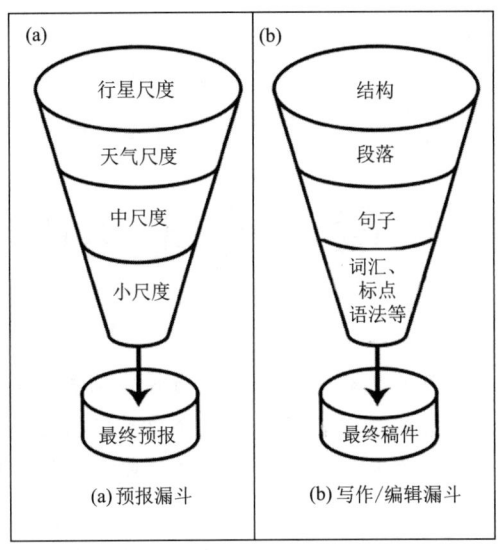

图 7.1　预报漏斗（引自 Snellman（1982））（a）和写作/编辑漏斗（b）

量的科技写作要求写作/编辑漏斗的所有尺度都是高质量的，同样地，需要正确理解所有的气象尺度才能制作一份高质量的预报。

　　在计划、写作尤其是编辑一份手稿时，记住写作/编辑漏斗有助于写出一篇结构更好的论文，并且能最有效地利用时间。例如，倘若在论文的结构（行星尺度）还未固定时就直接从小尺度入手，用意识流的手段来构思并花大量时间选择润色字词和修改拼写错误，可能会写出一个完美的段落但却不知在文中将其置于何地。聪明的作者在小尺度的工作开始前，会先考虑论文的组织结构。

　　本书这样来描述写作/编辑漏斗的组成：第 4 章介绍一篇科学论文的组成，论文的行星尺度的组织到稿件。接下来的三章探讨其余部分，从天气尺度到小尺度的工作。第 8 章的重点是撰写有效的段落，第 9 章着重于合适的句子，第 10 章着重于恰当的字词和短语。这本书并不包括语法和拼写，附录 A 仅给出了一些标点符号的用法。

第8章 构建连贯有序的段落

优秀的科技论文要靠有力且高效的段落支撑。高效的段落需要统一的主题，而所有段落的主题组合在一起则构成了稿件的核心内容。本章介绍如何构建高效有力的段落。重点关注以单一主题为核心的段落的内在连贯性，以及使稿件读起来流畅的段落之间的连贯性。

就像原子是物质的基本组成一样，段落是论文的基本组成单元。段落承担了这个角色，因为每段话只包含一个要探讨的主题。随后的段落提供不同的主题，每个段落的主题组合在一起共同构成手稿的内容。因此，高效的段落将手稿紧紧联系在一起。

高效的段落具有两个主要特点：统一性和连贯性。统一性就是一段话只包含一个主题。该段话中的内容应该与这个主题有关。作为该段落的焦点，主题句确定了该段落的主题。尽管主题句通常是段落的第一句话，但是有时为了额外强调，主题句可能会出现在段落的末尾。如果一个段落有不止一个主题的话，则有三种选项——分段，为每个主题增加一个新段落；修改主题句，使该段的内容包括多个主题；删除一个或多个主题。不能低估主题句的重要性。作为大纲的一部分，在刚开始写作时，一些作者为每个段落写的主题句确保了主题之间的逻辑顺序。

作者对段落有较大的自主权。论文的主要部分在很大程度上由惯例决定，句子的结构由语法确定。但是，段落没有这种形式的约束，主要制约因素是内容。

——Antoinette M. Wilkinson（1991）

段落中的连贯性源于句子之间的顺序和关系。每个段落中的句子应该按逻辑顺序推进，依次引入新的概念（7.3节给出了一个有关不正确的顺序如何影响连贯性的例子）。

8.1 段落中的连贯性

我住在俄克拉何马州诺曼市时，艾奥瓦州艾姆斯市艾奥瓦州立大学的同事邀请我去访问。我以前从来没有去过艾奥瓦州，我想在回来的路上看看其他地方，所以我选择了开车600英里①过去。通过上网我确定了以下到气象课程所在大楼的导航路线。

1. 从诺曼市向北走35号州际高速公路到埃姆斯市。

---

① 1英里＝1609.344 m，下同。

2. 在 111 号出口驶离高速公路。

3. 沿 30 号高速公路向西行驶。

4. 在大学大道右转。

5. 在林肯路左转。

6. 在联和大道右转。

7. 在华莱士道右转。

8. 左转进入农学院的停车场。

试想一下，如果我看错了方向，重新安排指令的顺序，忘记了 8 个步骤中的一步，或者搞错了一步。多费点劲儿，我仍然可能到达农学院大厅。方向改变得越多，浪费的精力（汽油和时间）越多。对于熟悉艾姆斯市的旅行者来说，即使偶尔拐错方向，有这些方向指示也足够了。但是，对我来说，还可能出错、犯迷糊和迷路。

为了对这些来自网络的指示做个补充，我请我的同事比尔·加卢斯教授给我一些指点。这是他提供的路线。

1. 从诺曼市沿 35 号州际高速公路向北到埃姆斯市。

2. 在到艾姆斯市第一个出口，即 111 号出口（30 号高速公路），有标示牌指示艾奥瓦州立大学。

3. 在 30 号高速公路向西行驶，直到第三个出口，即大学大道。

4. 在大学大道上右转，经过大型足球场和大剧场。

5. 过了足球场和大剧场就是林肯路。在红绿灯处左转。

6. 一定要开到右车道上去，因为你再过两个街区就要右转进入联和大道。这条路将带你穿过大学校长的官邸。

7. 大约一个街区之后右转到华莱士路。这个十字路口就在山脚下。

8. 在华莱士路上行驶大约两个街区，直到你看到左边的农学院大楼。它是华莱士路和奥斯本大道交叉口东南角的大红砖建筑。向左拐进停车场。

如果我误解了比尔的指示，重新排列一下它们的顺序，忘记一些步骤，或拐错弯，这些额外的细节会有助于把我送回到我所需的路上。比尔的指示有更丰富的信息，在拐弯处的指示介绍得更详细，因为我可能会在这里犯错误。他提供的指示会重复出现相同的元素。例如，第四步的末尾和第五步的开始提到了足球场。如果我无意中遗漏步骤 4，我可能还会找到我的路，因为我知道我是过了足球场的。由于额外的细节和重复，在我开车时，比尔的指示给了我额外的信心。

我的目标是在太多和太少的信息之间取个折中。我不知道任何可以引导人获得最佳信息量的公式。由于最佳信息量取决于接收者和发出者——我尽量对读者的反应保持敏感，看看什么起作用，什么不行，并作相应调整。

——理查德·罗图诺，国家大气研究中心

写作就像给读者导航。你可以只为读者提供方向，如简洁的第一组，希望读者在阅读你的文章时有好运气，能够完全理解你写的内容，并且没有误解。或者你可以提供清晰、详尽的指示，与比尔的指示一样说明在每个转弯处如何关联到下一个。读者像旅行者一样，喜欢跟着攻略走完所有的步骤。作者的心中可能很清楚有哪些转折，但读者仍需被清楚告知，特别是读者不熟悉的话题，就像不熟悉艾奥瓦州的旅行者想得到详细的攻略一样。预测读者如何解读你写的内容是写作连贯性的一个挑战。

写出一个连贯的段落的秘诀在于认识到读者对他们所读文章结构的预期（Gopen 和 Swan，1990）。读者阅读文章时，脑海中已经有了解过的"旧信息"及他们刚刚获知的"新信息"。就像一个段落的开始有一个主题句，句子的开始有一个主题的位置（图 8.1a）。在主题位置放上旧信息让读者感觉很舒服，提供前后上下文的联系。主题的位置连接文章以前介绍的材料（如前一段）和引入本段的新材料。通过这种方式，按逻辑、自然的顺序写入（图 8.1b），就像比尔指示中的步骤 4 和步骤 5，通过他对"足球场"的重复联系在一起。

一个句子或段落的开端很重要，同样地，它们的结尾也有特殊的意义。要强调的新信息应该出现在最后强调的位置（图 8.1a）。无论是在句子、段落或者小说的结尾，读者自然会重视结尾的内容。一个句子中的次要强调位置也可能出现在冒号或分号之前。

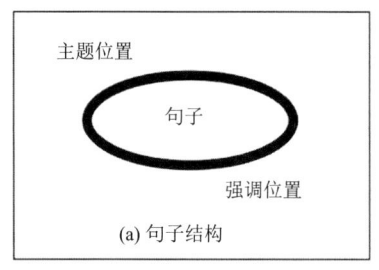

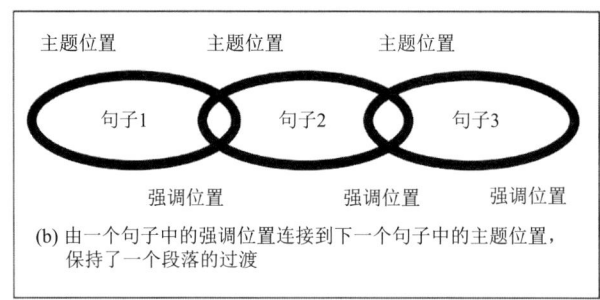

图 8.1　联系中一个单一环节：一个句子开头的主题位置与末尾的强调位置（a），创建联系中的一环：由一个句子中的强调位置连接到下一个句子的主题，把句子联系在一起（b）

大声读一读这一段，注意你是如何自然地把重音放在每个句子末尾的。某些错置于强调位置的内容可能会受到读者的过分关注，因此，作者将无法把最重要的信息表达出来。此外，处于强调位置的内容通常与前面的内容有联系。这种联系会帮助读者推断出一个句子和下一句之间的关系，从而有助于保持这种联系的完整性。

8.2　连贯性的例子

保持段落连贯性的方法很多。下面举了三个例子：重复、列举和过渡。

8.2.1　重复

重复关键词和短语（剑桥大学的迈克尔·麦金太尔称之为清楚的重复）是保持连贯性的最简单的方法之一。单词或短语不一定要完全一样，但其间联系应该很清楚。在下面的一段文字中，主题是气旋的生命周期，它出现在第一句。每个后续的句子通过黑体字与前一句保持联系。

Bjerknes 和 Solberg（1922）定义的气旋，下文称为挪威学派气旋模型，其生命周期始于极锋上的一个小振幅的**扰动**①。这个**扰动**由向赤道输送的冷空气和气旋中心东侧向极地输送的暖空气的气旋性环流组成，并分别形成了**冷锋和暖锋**。因为观测到的**冷锋比暖锋**更快地绕这个系统旋转，冷锋最终**赶上**暖锋，形成锢囚锋。最初，Bjerknes 和 Solberg（1922）认为，这种**追赶**会发生在低值中心之外。

The life cycle of a Bjerknes and Solberg（1922）cyclone，hereafter the Norwegian cyclone model，begins with a small-amplitude *disturbance* on the polar front. This *disturbance* consists of a cyclonic circulation that advects cold air equatorward west of the cyclone center and warm air poleward east of the cyclone center，forming *cold and warm fronts*，respectively. Because the *cold front* is observed to rotate around the system faster than the *warm front*，the cold front eventually *catches up* to the warm front，forming an occluded front. Originally，Bjerknes and Solberg（1922）believed that this *catch up* initially would occur away from the low center.

如果代词具有它所清晰指代的名词，那么它也可用于连接句子。

Galway（1975）发展了龙卷暴发的定义，其中龙卷的暴发有三类：小规模暴发（6～9 个龙卷），中等程度暴发（10～19 个龙卷），大规模暴发（20 个以上龙卷）。**他**发现从 1952 年到 1973 年有 73％的人员死亡都与后两者的龙卷有关，即暴发了 10 个或更多的龙卷。

Galway（1975）developed an outbreak definition that included three classifications of family outbreaks：small（6－9 tornadoes），moderate（10－19 tornadoes），and large（20 tornadoes）. *He* found that 73％ of the tornado deaths from 1952 to 1973 were attributed to outbreaks with 10 or more tornadoes.

上面的两个例子，摘自杂志文章，尽管缺乏上下文，但因为句子连贯，既保持了段落的连贯性，内容也很容易被理解。

8.2.2　列举

通过列举的方式构建稿件段落可以帮助读者理解你的论点。如果每个条目需要好几个句子，每个条目可以开始一个新的段落。在文中尽量让读者明白列表。使用"第一""第二"等，像"firstly""secondly"等副词中，额外的"-ly"是不需要加的。另外，对于较长的列举，主题可以用编号列表、符号列表或表格列出。

---

①　此类中文中的黑体对应英文中的斜体。

这些急流带的风可能在对流的产生中扮演三个角色。**第一**，急流带提供高层天气尺度的上升运动，导致卷云的发展，进而减少太阳辐射并减缓低层盖帽逆温的消除。**第二**，低层天气尺度的上升运动及急流带通过绝热冷却的作用，有利于盖帽逆温的消除，这将会抵消云－辐射的影响，促进深的湿对流的发展。**第三**，风力强度影响深层的风切变和风暴的组织，有利于孤立、旋转、寿命长的风暴的发展。

These jet-streak winds could play *three* roles in the resulting convection. *First*, the jet streak provides upper-level synoptic-scale ascent leading to development of cirrus, reducing insolation and slowing the removal of the low-level capping inversion. *Second*, the low-level synoptic-scale ascent associated with the jet streak favors the removal of the cap through adiabatic cooling, which would counter the cloud-radiative effects and promote the development of deep, moist convection. *Third*, the strength of the incoming winds affects the magnitude of the deep-layer shear and storm organization, favoring long-lived, isolated, rotating storms.

8.2.3 过渡

阅读下面的段落。

原稿：乳状云中心比周围环境暖还是冷，取决于不同的云团及检测温度的高度。实验 M2 模拟的云团中同时存在比周围环境较暖的和较冷的核（图 4a）。云团 1 的核在云团底部附近比环境温度高。云团 2 和 3 的核比环境温度低或与环境温度接近（图 4a）。云团 1 在云底部的较低的高度上，比周围环境温度高；而在较高的高度，因扰动而比周围环境温度低。实验 M3 模拟的云团核的温度在乳状云团的大部分高度与环境温度接近（图 4b）。

Whether or not the center of a mammatus lobe is warmer or colder than ambient depends on the individual lobes and the height at which the temperature is examined. Lobes simulated in experiment M2 have both warmer and colder cores than ambient (Fig. 4a). Lobe 1 has a warmer-than-ambient core near the bottom of the lobe. Lobes 2 and 3 have colder-than-ambient and near-ambient cores (Fig. 4a). Lobe 1 is warmer than ambient at lower heights near the base of the lobe; at higher heights, the perturbation is colder than ambient. Lobes simulated in experiment M3 have core temperatures near ambient for most of the depth of the mammatus lobe (Fig. 4b).

该段似乎是对云团 1、2 和 3 的观测列表，以及 M2 和 M3 两个实验的介绍。为什么这些观测很重要，它们又是如何相互关联的，虽然重复的"云团"和"实验"提供了一些帮助，但还是不能让读者明白其意义。

过渡词就是通过表示句子和从句之间的关系来保持句子连贯性的词或短语。过渡词可以表明相似、对比、顺序、强调、因果或总结（见说明栏）。在段落中插入几个过渡词（119 个字的段落中的 7 个斜体字）后，这些观测之间的关系就更加清晰了。

修改稿：乳状云团中心比周围环境暖还是冷，由不同的云团及检测温度的高度决定。例如，实验 M2 模拟的云团中同时存在比周围环境较暖的和较冷的核（图 4a）。具体来讲，云团 1 的核在云团底部附近比环境温度高。而云团 2 和 3 的核比环境温度低或与环境温度接近（图 4a）。此外，云团 1 在云底部的较低的高度上，比周围环境温度高；在较高的高度，因扰动而比周围环境温度低。与此相反，实验 M3 模拟的云团核的温度在乳状云团的大部分高度接近环境温度（图 4b）。

Whether or not the center of a mammatus lobe is warmer or colder than ambient depends on the individual lobes and the height at which the temperature is examined. *For example*, lobes simulated in experiment M2 have both warmer and colder cores than ambient (Fig. 4a). *Specifically*, lobe 1 has a warmer-than-ambient core near the bottom of the lobe, *whereas* lobes 2 and 3 have colder-than-ambient and near-ambient cores (Fig. 4a). *Furthermore*, lobe1 is warmer than ambient at lower heights near the base of the lobe; at higher heights, the perturbation is colder than ambient. *In contrast*, lobes simulated in experiment M3 have core temperatures near ambient for most of the depth of the mammatus lobe (Fig. 4b).

科技写作中常见的过渡词语

顺序：再一次（again），然后（and），除此之外（还）（besides），然后（then），而且（further），此外（furthermore），接下来（next），再者（moreover），另外（in addition），第一（first），第二（second），第三（third），等（etc.）；（a），（b），（c），等（etc.）；1），2），3），等（etc.）；在此之后（following this），随后（subsequently），列举（to enumerate），也（also），另一个（another），最后（last），加上（plus）

比较和对比：同时（at the same time），相反（on the contrary），相比之下（in contrast），然而（nevertheless），尽管（notwithstanding），尽管如此（nonetheless），相反地（conversely），像（like），与……不同（unlike），即使如此（even so），以同样的方式（in the same way），如同（as），除非（unless），不论（whether），虽然（though），即使（even though），不管（regardless），不考虑（irrespective），否则（otherwise），与……相比（in comparison to），即使当（even when），相反（to the contrary），但是（but），或者（or），也不（nor），可是（yet），由于（inasmuch），与……相反（contrary to），对照（comparing），要不（alternatively），而（rather），尽管如此（despite），具有讽刺意味的是（ironically）

例子：举例来说（for example），例如（for instance），至于（in the case of），一般而言（in general），尤其是（especially），如果（if），特别地（specifically），尤其（in particular），一般地（generally），在这种场合（on this occasion），在这种情况下（in this situation），举例而言（to illustrate），解释（to demonstrate），作为例证（as an illustration），作为示范（as a demonstration），除非（unless），比如（such as），倘若（provided that），再一次（once again），再如（another example），另一个例子（a further example），更复杂的是（a further complication），在这种情况下（in such cases），用这种方法（in this way），在这些情况下（in some of these cases），由于这个原因（for these reasons），一种方法（one way），换个说法（another way），如前所述（as discussed），使用（using），特别地（particularly），换言之（that is），更具体地说（more specifically），除了（except）

时间：当……的时候（while），自……以来（since），同时（simultaneously），不久（presently），与此同时（meanwhile），从那时以后（thereafter），随即（thereupon），以后（afterward），同时（at the same time），接下来（next），有时（sometimes），在这期间（in the meantime），最后（eventually），在此之后（following this），后来（later），通

常（usually），偶尔（occasionally，concurrently），在此之前（preceding this），当……时（as），目前（presently），在撰写本文时（at the time of this writing），常常（often），很少地（rarely），自始至终（throughout），在……期间（by，at），在……的期间（during），连续的（continuing）

因果：因此（therefore），从而（thus），所以（consequently），因而（as a consequence），由于这个原因（for this reason），由此（hence），于是（accordingly），因为（because），由于（due to），尽管（in spite of），不管（despite）

强调：出人意料地（surprisingly），真正地（indeed），有趣地（interestingly），好奇地（curiously），实际上（in fact），一定（of course），自然地（naturally），明显地（evidently），当然（certainly），清晰地（clearly），显然地（obviously），显而易见的（apparently），幸运地（fortunately），特别（especially），意味深长地（significantly），或许（perhaps），从我的角度来看（from my perspective），如果可能的话（if possible），如果是这样的话（if so），主要地（basically），事实上（in reality），本质上（essentially）

结论：最后（finally），因此（therefore），总之（in summary），总而言之（to conclude），最后（in conclusion），简而言之（to summarize），如我所展示（as I have shown），所以（hence），如此一来（thus），换句话说（in other words），正如前面所说的（as said earlier），无论如何（in any case），结果（as a result，at least），如上所述（as mentioned above），正如前面所说（as said previously），从而（thereby），在本文中（in the present article），简言之（simply put）

8.3 段落之间的连贯性

段落通过句子的有序连接才能保持连贯性。而整篇文稿的连贯性必须通过有序连接的段落来实现。段落之间的连贯性是通过8.1节讨论的相同机制实现的。不同的是，在段落规模上要使用句子，偶尔可以用词作为过渡元素。为了举例说明这种连贯性，下面转载了一篇文章前六段中的第一、二个句子和最后一句，并省略了引用。

引言

［1］通常可观测到单个和多个带状（此后都用带状表述）云系和降水量都与温带气旋的锋区有关联……事实上，一些长期的观测研究表明，MSI（湿对称不稳定）的存在与带状降水的斜压系统有相当普遍的联系。

［2］虽然我们不否认倾斜对流可能的存在性或MSI可能会存在于大气中的一些降水系统，但我们认为CSI（条件对称不稳定，MSI的一种形式）经常被当作一种诊断工具被误用和滥用。在某种程度上，对于目前的情况我们认为有以下四种原因。……因此，由于上面这四个原因，我们经常看到CSI被曲解和误解。

[3] 本文有两个目的：通过强调常见的陷阱，试图阻止研究人员和预报员继续误用 CSI 的理念，并鼓励科学家在将来针对 MSI 和倾斜对流的理解的不足进行研究探索。本文的其余部分如下……最后，第 8 小节包含了要点的总结、未来的研究方向和结论性的讨论。

Introduction

[1] Single-and multiple-banded (hereafter, banded) clouds and precipitation are commonly observed in association with frontal zones in extratropical cyclones.... Indeed, some observational studies over extended periods of time show the presence of MSI [moist symmetric instability] in association with banded precipitating baroclinic systems to be rather common.

[2] Although we do not deny the likely existence of slantwise convection or the possible involvement of MSI in some precipitating systems in the atmosphere, it is our contention that CSI [conditional symmetric instability, a form of MSI] is frequently misused and overused as a diagnostic tool. We believe the following four reasons are responsible, in part, for the present situation.... Thus, for these four reasons, CSI is commonly observed yet often misinterpreted and misunderstood.

[3] The purpose of this article is twofold: to attempt to limit further misuse of the CSI paradigm by researchers and forecasters alike by highlighting common pitfalls, and to encourage future research explorations that are directed at the deficiencies in our understanding of MSI and slantwise convection. The remainder of this article is as follows.... Finally, Section 8 consists of a summary of main points, directions for future research, and a concluding discussion.

倾斜对流的配料法

[4] 在本文中，我们要区分大气运动中不稳定的出现造成的**自由对流**和不出现造成的**强迫对流**。除非另有说明，我们使用通称**对流**来表示自由对流（重力或对称）[这一段只有两句话的长度]。

[5] 为了澄清关于 CSI 和倾斜对流概念的一些混淆，我们发现用更熟悉的概念来描述湿重力不稳定和对流是有用的。对这些相似之处的探索始于一种预报深厚湿对流的配料法……"去掉其中任何一种成分[配料]，也可能出现一些重要的天气现象，但过程不再是深厚湿对流。"

[6] 鉴于本文的目的，我们采用和引起湿重力对流相同的三种配料（不稳定、水汽和抬升作用）来产生湿倾斜对流，这里必需的不稳定变成了 MSI 而不是湿重力不稳定……配料法坚持把 CSI 标注成不稳定，与抬升机制清楚地分开。

An ingredients-based methodology for slantwise convection

[4] Throughout this article, we wish to differentiate between *free convection* and *forced convection* as motions in the atmosphere that are associated with the presence and absence of instability, respectively. Unless otherwise specified, we use the generic term *convection* to imply free convection (gravitational or symmetric). [This paragraph is only two sentences long.]

[5] To clarify some of the confusion surrounding the concepts of CSI and slantwise convection, we find it useful to demonstrate parallels with the more familiar concepts of moist gravitational instability and convection. An exploration of these parallels begins with an ingredients-based methodology for forecasting deep, moist convection.... "Remove any one of these [ingredients] and there well may be some important weather phenomena, but the process is no longer deep, moist convection."

[6] For the purposes of this article, we adopt the same triad of ingredients from moist gravitational convection (instability, moisture, and lift) for the production of moist slantwise convection, where the requisite instability becomes MSI, rather than moist gravitational instability.... The ingredients-based methodology firmly labels CSI as the instability, clearly separate from the lifting mechanism.

即使每一段中大多数中间的文字省略掉，剩余的文字大体还是可读的。其原因是各段之间有效的连贯性。例如，段落 2 和 3 中使用了列举法。第 1 段和第 2 段之间重复使用"MSI"和"降水系统（precipitating systems）"，并在第 5 段和第 6 段之间重复使用"配料（ingredients）"。

通过在第 3 段开头重复"曲解和误解"，并稍作修改，已经让第 2 段和第 3 段之间的连贯性得到改善："本文有两个目的：通过强调常见的陷阱，试图阻止研究人员和预报员继续误用 CSI 理念，并鼓励科学家在将来针对 MSI 和倾斜对流的理解的不足进行研究探索（The purpose of this article is twofold: to attempt to limit further misinterpretation of the CSI paradigm by researchers and forecasters alike by highlighting common pitfalls, and to encourage future research explorations that are directed at correcting our misunderstandings of MSI and slantwise convection.）"。这样的修改能更清楚地表明，CSI 的曲解和误解将在本文中得到解决。

小节和子小节

小节和子小节对论文很重要，它们可以帮助读者更清楚地了解论文的组织结构。小节和子小节帮助读者迅速识别出他们感兴趣的话题，并跳过其他的话题。小节标题可以对强加给读者的整页不间断的文字提供了一些调剂。然而，子小节并不能取代段落之间的过渡文字（8.3 节）。以下是用于创建小节和子小节的几个基本规则。

◎总的来说，需要至少两个小节的标题（如，3.1 节或 3a 节后面必须紧接着 3.2 节或 3b 节）。然而，少数作者认为，在一个小节内只有一个子小节也可以。他们认为，硬要创建出的第二小节会显得不自然。

◎一般情况下，在大标题和副标题之间应该有一些介绍性的文字（如，第 4 章标题和 4.1 节标题之间）。这部分内容可以是介绍性的材料或者是将在该节讨论的内容。

◎标题的数量、要讨论的主题的数量和每个标题下文字的长度要保持平衡。标题太少，相应的文字可能太长；标题太多，相应的文字可能太短。

◎尽管标题与文章的题目相比要短得多，但它们应该有相同的属性：有相应的信息含量、准确、清晰、简洁并且引人注意（3.1 节）。

◎使用描述性的标题，避免使用单独一个词作为标题（引言、结论等除外）。

◎如果可能的话，让各级标题保持一致。如果标题是动词词组（如"构建气候（Constructing the climatology）"，"评估模型的性能（Evaluating model performance）"），就不要穿插名词短语（例如，"控制试验的比较和无通量模拟（Comparison of control and no-flux simulations）"）。

◎开始新的一小节后，紧接着在文稿的正文中重复标题可以让读者相信你会解决标题所描述的主题。

投稿之前，专门列出所有小节和子小节的标题（例如，目录、大纲），以便检查标题是否一致（9.4 节），通过大纲判断论文的结构是否合理。参见 4.15 节有效的论文结构的例子。

8.4 长度和段落结构

在科技论文写作中，在多数情况下每段有四到八个句子为最佳。虽然偶尔两三个句子的较短段落可以用来表示强调，但一般情况下要避免单个句子成为一个段落。应删除这样的段落，将其内容与另一个段落合并，或扩展成一个较长的段落。另一方面，长度超过八个句子较连贯的段落也是可以使用的，但是你可能会想将它们拆开。因为印刷页面上段落周围的空白空间为读者提供了视觉中断，长篇的文字可能让读者感受到压力，所以也可以拆分成多个段落。

在段落中，句子的长度和节奏应该有所变化，特别是它们的结构或句子的主语与动词的位置。太多的短句子太过初级，属于唱歌式的语调。而太多的长句会让读者疲劳。同样，手稿中段落的组合也应该在长度和结构上有所不同。

分段需要敏锐的眼力和有逻辑的头脑。

——William Strunk 和 E. B. White（2000）

第 9 章　组织简洁通顺的句子

　　写得好的句子能简洁、准确地传达信息。本章介绍的实例指导作者来改进句子。这些改进包括主语与谓语的位置、被动语态的过度使用、动词时态的不当或不一致和修饰成分放错位置等问题。

　　在第 8 章中，我说过段落是一篇论文的基本组织单元。如果是这样的话，那么句子是传递信息的工具。由一系列单词混乱地组成的句子什么也传递不了。段落结构侧重于信息的连贯和统一，句子的结构侧重于简洁和精确。换句话说，句子应该用尽可能少的文字准确地说明要表达的意思。

　　一只狗走进电报局，拿起一张空白电报表并写道："汪汪汪。汪，汪，汪。汪汪，汪。"
　　办事员检查了一下报文，并礼貌地告诉狗说："只有 9 个字。花同样的钱你可以再多发一个'汪'字。"
　　这只狗困惑地回答道："但这样就理解不了了。"
　　A dog goes into a telegraph office，takes a blank form，and writes："Woof woof woof. Woof，woof. Woof. Woof woof，woof. "
　　The clerk examines the paper and politely tells the dog："There are only nine words here. You could send another 'Woof ' for the same price. "
　　The dog looks confused and replies，"But that would make no sense at all. "

　　就像这只狗的电报，有时候字数太多会让原本意义明晰的句子变成废话。在本章中，我将介绍让句子更加简洁和精确的方法。某些作者运用本章的例子可以将草稿长度缩短 20％，并且，在这个过程中还能提高句子的清晰度和精确度。虽然本章中介绍的很多例子都是关于语法方面的，但本书并不是教基本的语法技巧。然而，一些有关正确的语法用法的提醒可能会很有用。

9.1　主动语态和被动语态

　　科技论文的作者所面临的挑战之一，是尽量减少被动语态的使用，增加主动语态的使用。过度使用被动语态让手稿读起来很费劲并且使篇幅更长，所以多使用主动语态通常会产生良好的效果。
　　主动语态中，句子语法上的主语是动作的执行者，而被动语态中，主语是动作的承受者，这是由 "be" 动词（如 is、was、were）和过去分词（通常是动词加 "-ed"）形式的组合。

主动：为了理解飑线的演变，我用非静力中尺度模式模拟一次飑线过程。

I performed a simulation using a nonhydrostatic mesoscale model to understand the evolution of the squall line.

被动：为了理解飑线的演变，使用非静力中尺度模式对一次飑线过程进行了模拟。

A simulation was performed using a nonhydrostatic mesoscale model to understand the evolution of the squall line.

在科技论文写作中可以使用第一人称代词吗？

　　过去一些老师或教授会教你在科技论文写作中避免使用第一人称（我（I）或我们（We）），导致在科技论文写作中不得不使用被动语态。为了使研究成果显得客观，科技论文的作者往往采用被动语态，以求个人与文章的脱离感。这种迟钝的写作风格并不总是首选。在 20 世纪 20 年代之前的美国，在科技论文写作中使用主动语态和第一人称代词是很普遍的。因为科学是通过个人在设计、实施和交流他们的研究成果时所做的有意识的决策。坦率地说，这样一种与个人无关的惯例很虚伪。我们与我们的研究密切地联系在一起，同时带着偏见。我们至少可以承认这一点。

　　摘要中避免使用第一人称代词——因为许多期刊都不允许。然而，大多数期刊在文章的正文中允许有限地使用第一人称。我认为少量和有目的地使用第一人称效果会更好。但是，注意其他人可能会有不同想法。

　　在描述老套的研究方法时或在手稿的上下文中尽量避免几乎完全使用第一人称或以第三人称作为"作者（the author）"讲述自己的事情。一般来说，可以使用"此作品（this work）"或"本文（the present article）"配合主动语态，避免使用第一或第三人称。

　　草稿：为找到云对地闪的证据，我检查表 1 和表 2 中的事件。［听起来太口语化］
I examined the events from Tables 1 and 2 for evidence of cloud-to-ground lightning. ［sounds too conversational］
　　修改：为找到云对地闪的证据，检查了表 1 和表 2 中的事件。
The events from Tables 1 and 2 were examined for evidence of cloud-to-ground lightning.
　　草稿：我们讨论了犹他州北部降水的空间分布。
We discuss the spatial distribution of the precipitation in northern Utah.
　　修改：犹他州北部降水的空间分布在本文作了讨论。
The spatial distribution of the precipitation in northern Utah is discussed in the present article.
　　修改：本文讨论了犹他州北部降水的空间分布。
The present article discusses the spatial distribution of the precipitation in northern Utah.

　　我有意使用第一人称，以强调对所描述的科学成果有影响的行为或决定。

　　草稿：给定选项 A 和 B，作者选择了 B，更准确地描绘了前者的位置。
Given option A and option B, the authors chose option B to more accurately depict the location of the front.
　　修改：给定选项 A 和 B，我们选择了 B，更准确地描绘前者的位置。
Given option A and option B, we chose option B to more accurately depict the location of the front.

在上面的例句中，研究结果可能很大程度上取决于这种选择。我想让读者明白，做出这个选择并影响论文结果的是我们。这两个句式都可以使用，但是我们选择了 B。

同样，第一人称可准确指出是谁推测，让句子讨论推测时少些尴尬，更明白谁是推测者。

草稿：据推测……

　　　　［是谁？谁在推测？］

It is speculated that... [Who is "it"? Who is speculating?]

草稿：笔者推测……［尴尬］

The author speculates that... [awkward]

修改：我推测……

I speculate that...

如果你觉得读者大都认为以"我"（"I"）开头的句子在科技论文中略显唐突，那么将第一人称代词从句子开头拿掉，附上一个介绍性的短语："由于气溶胶浓度急剧增加，我推测……（Because the aerosol concentration increased dramatically，I speculate that...)"。

最后，讨论一下单一作者稿件中"我们（we）"的使用，或者所谓的无名主义。这种情况下，"我们（we）"实际上是指"作者和读者（the author and the reader）"。有些作者对"至高无上的'我们'（'we'）"持贬低的和不正确的看法。尽管一些作者习惯使用"至高无上的'我们''（'we'）"，别的作者会将这样用法看作是傲慢且富有优越感的表现。如同所有语言辩论一样，在自己写作中用到有争议的字词时，要小心。

使用主动语态的句子的主语是"我（I）"，而用被动语态的句子的主语是"模拟（simulation）"。因为在这种情况下第一人称"我（I）"一般不用在科技论文（见下面的说明栏）中。即使在科技论文中，主动语态作为首选的情况下，被动语态仍占主导。然而在科技文献中，虽然一些作者多使用主动语态将会受益，但是主动语态和被动语态都是可以接受的。

这里有三种方法可以把被动句改为主动句。第一种方法，把执行动作的对象作为句子的主语（如，放在动词之前）。

被动语态：伽玛或对数分布通常被用于模拟液滴的大小分布。

Gamma or lognormal distributions commonly have been used to model *drop size distributions*.

主动语态：液滴的大小分布通常用伽玛分布或对数正态分布建模。

Drop size distributions commonly are modeled with gamma or lognormal distributions.

第二种方法，去掉动词部分。

被动语态：预警的改进被认为是气象雷达的一个重要的安全效益。

Improved warnings *are perceived to be* an important safety benefit of weather radars.

主动语态：预警的改进是气象雷达的一个重要的安全效益。

Improved warnings *are* an important safety benefit of weather radars.

第三种方法，选用不同的动词。

被动语态：一个静止雪带在怀俄明州东南部开始出现。
A stationary snowband *was initiated* over southeastern Wyoming.
主动语态：一个静止雪带在怀俄明州东南部形成。
A stationary snowband *formed* over southeastern Wyoming.

考虑下面的两个句子。

被动语态：小雪持续四个半小时的消息已被罗利市官方报道。
Light snow lasting four and a half hours was officially reported at Raleigh.
主动语态：罗利市官方报道了小雪持续四个半小时的消息。
Raleigh officially reported light snow lasting four and a half hours.

　　这两句都可被接受并在科学论文中备受推崇。究竟使用哪一个，取决于段落中所需的重点、文稿中的位置和上下文（表 9.1）。如果强调"雪（snow）"，被动语态的句子会受到青睐，因为它的主语是"雪（snow）"。如果这段话出现在有关罗利市的天气报道中，则该句子用主动语态可能会更好。

　　《被动语态杂志》（*Journal of the Passive Voice*）的征稿启事：一本新的出版物已经面世。据报道，它是《不可能的研究年鉴》（*Annals of Improbable Research*，AIR）的子刊。新期刊取名为《被动语态杂志》。在已出版的这本新期刊中将会看到完全用被动语态写成的文章。

——《不可能的研究年鉴》

表 9.1　何时使用主动语态与被动语态

语态的使用	情况
最好使用主动语态	强调句子的主语 强调搞研究的人（"我推测……"）（"I speculate that..."） 描述图表或其他工作时 用在陈述句，如主题句 避免以无实际意义的主语开头的句子
最好使用被动语态	当句子的主语不明确、不知道或者无关紧要 强调句子的宾语 在"数据和方法"小节（避免第一人称） 在摘要中（避免第一人称） 为了句子多样性 为了段落的连贯性

　　为了通过重复保持段落的连贯性（8.2.1 节），可能需要改变句子的顺序而选择一种语态。下面的第一个例子中，选择主动语态的句子意味着两个句子有类似结构，对于一些读者来说可能很简单。在第二个例子中，采用被动语态改变第一个句子的顺序，通过在第一个句子的强调位置和第二句话的关注位置中重复"简化的数据集（reduced dataset）"而让句子有了连贯性。或者像在第三个例子中，可以把两个句子组合起来，全部用主动语态。

第一句话主动语态：简化的数据集由至少有 80% 地面观测记录的地面观测站组成。这个简化的数据集包括来自 584 个观测站的 692790 个非冻结毛毛雨的观测记录。

The reduced dataset consisted of stations that reported at least 80% of the possible surface observations. This reduced dataset consisted of 692,790 observations of nonfreezing drizzle from 584 stations.

第一句话被动语态：至少有 80% 地面观测记录的地面观测站的报告被划分到简化的数据集中。这个简化的数据集包括了来自 584 个观测站的 692790 个非冻结毛毛雨的观测记录。

Stations that reported at least 80% of the possible surface observations were separated into a reduced dataset. This reduced dataset consisted of 692,790 observations of nonfreezing drizzle from 584 stations.

句子合并：简化的数据集包括至少有 80% 地面观测记录的观测站报告，共有 584 个观测站的 692790 个非冻结毛毛雨的观测记录。

The reduced dataset consisted of stations that reported at least 80% of the possible surface observations, resulting in 692,790 observations of nonfreezing drizzle from 584 stations.

要阐明每一个从句或句子中动词的作用。

——George Gopen 和 Judith Swan（1990）

　　除了用主动语态写作之外，让句子更有力度的另一种方法就是选择强调动作的动词。避免使用像"出现（occur）""看见（see）""存在（exist）"和"观测（observed）"之类的弱动词，使用强有力的动词，能清楚描述句子之间的关系而非简单陈述这种关系的存在。太多带有系动词、助动词的句子让读者（和作者）厌烦。如前所述，读者关注句中的动词，看看主语在做什么，缺乏动作的被动句限制了他们叙述事件的能力。此外，选择主动的动词会写出更简洁和更准确的句子："简洁就是生动有力的副产品（Brevity is a by-product of vigor）"（Strunk 和 White，2000）。

　　草稿：有利于气流分界的环境是与地面气旋有关的强辐合变形的结果。

An environment favorable for an airstream boundary *is* the result of the strong convergence and deformation associated with the surface cyclone.

　　修改：与地面气旋有关的强辐合变形会产生有利于气流分界的环境。

The strong convergence and deformation associated with the surface cyclone *creates* an environment favorable for an airstream boundary.

　　不要害怕使用同义词词典。当你的意思是"Smith 等（1995）表明（Smith et al.（1995）ostended）"时你不必写成"Smith 等（1995）发现（Smith et al.（1995）showed）"，但偶尔采用多变词汇会令文章增色不少。表 9.2 可以提供一些帮助。

　　选择使用主动动词，而不是其名词形式。当你可以使用"比较、概括、通知、表明（compare，generalize，inform，or indicate）"等更简单的词时，应避免使用像"进行比较、作一个概括、提供信息、揭示一种可能的迹象（perform a comparison，make a generalization，provide information，or reveal a possible indication）"之类的词组。同样，当有更直接的方法足以表达时，我们常常会添加一些多余的字词。变干的行为→干涸（dry out → dries out）；创造一个潮湿的环境→滋润（creates a moister environment → moistens）；用于表示→表示（is used to denote → denotes）；发现是→是（found to be → is）；用于介绍→介绍（serves to introduce → introduces）；进行测量→测量（makes a measurement → measures）。

表 9.2　科技写作用到的一些行为动词（在 Schall（2006）基础上有补充）

确认（acknowledge）	比较（compare）	不同意（disagree）	指导（guide）	列表（list）	推荐（recommend）
承认（admit）	作决定（conclude）	显示（display）	强调（highlight）	保持（maintain）	重申（reiterate）
分析（analyze）	考虑（consider）	争议（dispute）	假设（hypothesize）	意味（mean）	报道（report）
争论（argue）	构造（construct）	区别（distinguish）	启发（illuminate）	测量（measure）	代表（represent）
表达（articulate）	诠释（construe）	引起（effect）	说明（illustrate）	叙述（narrate）	限制（restrict）
确定（ascertain）	对比（contrast）	阐明（elucidate）	暗示（imply）	忽视（neglect）	揭示（reveal）
断言（assert）	演绎（deduce）	避开（elude）	提高（improve）	注意（note）	简化（simplify）
宣称（assert）	界定（define）	采用（employ）	表明（indicate）	获得（obtain）	详述（specify）
评估（assess）	勾画（delineate）	建立（establish）	推断（infer）	提供（offer）	推测（speculate）
归于（attribute）	演示（demonstrate）	估计（estimate）	通知（inform）	组织（organize）	声明（state）
相信（believe）	描绘（depict）	评价（evaluate）	坚持（insist）	假设（postulate）	建议（suggest）
计算（calculate）	推导（derive）	表明（evince）	阐释（interpret）	预测（predict）	总结（summarize）
挑战（challenge）	指派（designate）	展示（exhibit）	介绍（introduce）	出现（present）	支持（support）
表征（characterize）	详述（detail）	解释（explain）	调查（investigate）	提议（propose）	猜测（surmise）
澄清（clarify）	确定（determine）	外推（extrapolate）	援引（invoke）	证明（prove）	综合（synthesize）
分类（classify）	设计（devise）	概括（generalize）	引起（issue）	提供（provide）	放弃（yield）

9.2　主语和动词的间隔

看看下面的句子。

草稿：研究了 1982—1989 年美国中部和加拿大南部两个或多个类似暖锋的斜压带的温带气旋。
Extratropical cyclones with two or more warm-front-like baroclinic zones over the central United States and southern Canada during 1982—1989 were examined.

有 30 多个字把主语"气旋（cyclones）"和谓语"研究（were examined）"分隔开。这个间隔吊起读者的胃口，让读者想知道气旋发生了什么。读者需要了解这个主语正在做什么，而对于中间第二条信息（具体动词）的理解就略有迟滞。主语和动词之间的词被认为没那么重要了。

本句的语序与中文有较大区别（译者注）。

修改：为了（验证）两个或更多类似暖锋的斜压区的存在，研究了 1982—1989 年美国中部和加拿大南部的温带气旋。（Extratropical cyclones over the central United States and southern Canada during 1982—1989 were examined for the presence of two or more warm-front-like baroclinic zones.）

9.3　动词时态

科技论文写作时动词时态的选择也常令人困惑，且不无争议。以下是大多数作者都认可的准则。

◎科技事实报道用现在时态。

◎描述过去的事件用过去时。

◎当提到图、表或计算时用现在时。

◎当动作从过去开始，并持续到现在时，用现在完成时态。

◎当动作从过去开始，持续到现在并且未来还将持续，用现在完成进行式。

◎当提到写完本文后将要发生的事情可以使用将来时，当然，为了简明起见，也可不用将来时而用一般现在时。

考虑以下情况时就会有分歧：你自己的研究（特别是方法和结果部分），以及其他人的研究，应该用过去时还是一般现在时呢？

例1：模拟运行 24 小时，从 1 月 31 日 12:00 UTC 开始初始化。

The simulation is/was run for 24 h, initialized from 1200 UTC 31 January.

例2：Hansen（2005）推导出……

Hansen（2005）derives/derived...

大多数作者选择用过去时写，因为工作是在过去完成的。此外，即使后来的研究得出不同的结论，使用过去时确保这样的说法在未来也行得通。然而，这些总结不是每个人都认可的。一些作者认为，文章是过去发表的，但他们的结论却是事实，因此，应该用现在时来讨论（当用现在时讨论过去的行为时，你可以看到为什么人们会对动词时态感到困惑了吧！）。尽管如此，还有人不同意，认为用现在时报道"未经考证而授予权威性（confers authority without substantiation）"。最终，你必须自己决定在这些情况下你更喜欢用哪种动词时态。无论你选择哪种动词时态，最好整篇文章保持一致。

9.4 平行结构

学校老师会告诉你不要重复相同的单词和句子结构。虽然老师的建议可能适合文学创作，但重复句子结构、单词和短语能对科技论文的读者大有帮助（8.2.1 节），特别是在列表或作比较时。在做实验的过程中，科学家们设法控制尽可能多的变量，一次只改变一个变量。精确的写作也是如此。保持平行的结构将帮助读者跟上你的思路。

草稿：冷输送带的气旋路径由轨迹 21—23 表示，而轨迹 24 和 25 类似于反气旋路径。

The cyclonic path of the cold conveyor belt is represented by trajectories 21—23，whereas trajectories 24 and 25 resemble the anticyclonic path.

修改：轨迹 21—23 类似于冷输送带的气旋路径，而轨迹 24 和 25 类似于冷输送带的反气旋路径。

Trajectories 21—23 resemble the cyclonic path of the cold conveyor belt，whereas trajectories 24 and 25 resemble the anticyclonic path of the cold conveyor belt.

同样，用连词连接的词和词组也要求用相同的形式。

草稿：许多差异的标准统计检验都假定数据点是独立的，且样本的基本分布已知。

Many of the standard statistical tests of differences assume independence of data points and that the underlying distribution of the sample is known.

修改：许多差异的标准统计检验都假定数据点彼此独立，且样本的基本分布已知。

Many of the standard statistical tests of differences assume that data points are independent of each other and that the underlying distribution of the sample is known.

草稿：鉴于我们对地面冷锋的结构、演化和动力学的认识存在差距……

Given the gaps in our knowledge of the structure, evolution, and the dynamics of surface cold fronts...

修改：考虑到我们对地面冷锋的结构、演化和动力学知识的差距的认识……

Given the gaps in our knowledge of the structure, evolution, and dynamics of surface cold fronts...

9.5　对比

另一种形式的非平行结构是不完全比较。

草稿：在得克萨斯州西部地区，这种地面气压型的地面汇合要小得多（读者可能会问："比什么小？"）。

Surface confluence in west Texas with this surface pressure pattern was much smaller. 〔The reader is probably asking, "Smaller than what?"〕

修改：在得克萨斯州西部地区，这种地面气压型的地面汇合在弱干线日比强干线日要小得多。

Surface confluence in west Texas with this surface pressure pattern was much smaller during the weak-dryline days than the strong-dryline days.

对下一个例子，句中存在的局部比较（与理论严格比较的是什么？）和被动语态（"不能被执行"）两个问题，进行修改。

草稿：严格与理论比较是无法实现的，因为对由锋生强迫的这三种不稳定的复杂情况缺乏理论研究。

A more rigorous comparison with theory was incapable of being performed because of the lack of theoretical studies on this complex situation with these three instabilities forced by frontogenesis.

修改：将这些观测结果和数值模拟结果与理论作比较是不可能的，因为理论和理想化模拟研究缺乏对由锋生强迫的这三种不稳定的复杂情况的研究。

Comparing these observational and numerical-modeling results with theory was not possible because theoretical and idealized-modeling studies are lacking for this complex situation with these three instabilities forced by frontogenesis.

由于匆忙，我们有时会误删词汇，缩短句子长度。但这样的疏漏可能会导致信息传达含糊不清，甚至可能会不准确，这样就更糟糕了。接下来的例子告诉我们如何小心措辞。

草稿：在 4 个采用观测到乳状云的探空资料作为初始化的数值模拟方案中，模拟结果都有乳状云形成，而在一个没有乳状云的探空资料的数值模拟方案中，没有乳状云形成。

Mammatus form in the four simulations initialized with soundings taken when mammatus were observed, whereas no mammatus form for the one no-mammatus sounding.

句子的后半部分表明，模拟中乳状云的形成不是由于模拟而是加入探空数据后的结果。

修改后的句子澄清了这种不准确性。

> **修改**：在 4 个采用观测到乳状云的探空资料作为初始化的数值模拟方案中，模拟结果都有乳状云形成，而在一个没有采用观测到乳状云的探空资料作初始化的数值模拟方案中，模拟结果没有乳状云形成。
>
> Mammatus form in the four simulations initialized with soundings taken when mammatus were observed，whereas no mammatus form in the simulation initialized with the one no-mammatus sounding.

　　如果句中出现"than"这个词，检查一下看看，对比是否完整，是不是平行结构。在下面的例子初稿中，句子读起来就像云下空气的静态能与云中空气相比（"高于云中空气"）。这两个修改后的句子明确了是把云下和云层的静态能量作比较。因此，要确保苹果与苹果比较，而不是与花菜比较。

> **草稿**：潜在温暖干燥的云层下的空气静态能高于上方云层中的空气。
> The static energy of potentially warm，dry subcloud air is higher than the cloudy air above.
> **修改**：潜在温暖干燥的云层下的空气静态能高于上方云层中空气的。
> The static energy of potentially warm，dry subcloud air is higher than that of the cloudy air above.
> **修改**：潜在温暖干燥的云层下的空气的静态能高于上方云层中空气的静态能。
> The static energy of potentially warm，dry subcloud air is higher than the static energy of the cloudy air above.

　　使用"两者都（both）"一词会有问题，特别是在作比较时。在下面的草稿中，究竟是非绝热加热项比单独的差动涡度平流项和单独的热力对流的拉普拉斯项大，还是比这两项的总和大，这一点是不清楚的。两种修改后的句子如下。只有作者知道哪个解释代表了正确的含义。

> **草稿**：非绝热加热项支配着涡度平流微分项和温度平流项的拉普拉斯。
> The diabatic heating term dominated both the differential vorticity advection term and the Laplacian of the thermal advection term.
> **修改**：非绝热加热项主要由**两项**控制，**分别为**涡度平流微分项和温度平流的拉普拉斯项。
> The diabatic heating term dominated *the two terms*，differential vorticity advection *and* the Laplacian of the thermal advection，*individually*.
> **修改**：非绝热加热项控制了涡旋平流微分和温度平流项拉普拉斯的**总和**。
> The diabatic heating term dominated *the sum of* the differential vorticity advection term *and* the Laplacian of the thermal advection term.

　　有时为了描述比较，作者选择带括号的词或词组的句子结构。但这样的句子可能难以阅读和理解。通常情况下，这样的句子最好写清楚，即使这样会使句子变得更长。修改也可能完全改写该句的措辞。

> **草稿**：当温度升高（降低）时，相对湿度降低（升高）。
> When temperature increases (decreases)，relative humidity decreases (increases).
> **修改**：当温度升高时，相对湿度降低；当温度降低时，相对湿度升高。
> When temperature increases，relative humidity decreases，and when temperature decreases，relative hu-

midity increases.

修改：温度和相对湿度呈负相关。

Temperature and relative humidity are inversely related.

"前者/后者（former/latter）"这样的一对词会降低读者阅读的速度。这样的词使句子更简洁，但往往要求读者翻看以前的文稿才能记住前后顺序。

草稿：……，其中方程（1）是连续性方程，方程（2）是热成风方程。前一个方程的含义是……

. . ., where equation (1) is the continuity equation and equation (2) is the thermal wind equation. The implication of the former equation is. . .

修改：……，其中方程（1）是连续性方程，方程（2）是热成风方程。连续性方程的含义是……

. . ., where equation (1) is the continuity equation and equation (2) is the thermal wind equation. The implication of the continuity equation is. . .

9.6　否定

否定的信息更难以让人理解，往往造成理解困难和阅读速度降低，因为读者在否定论断之前必须首先理解语句。句子措辞准确可增加可读性，并使句子更短。去掉否定词往往使句子表达有力，如下面的例子中表示的。

草稿：这个模拟研究并没有证明结论。

This modeling study did not prove conclusive.

修改：这个模拟研究没有定论。

This modeling study was inconclusive.

草稿：似乎没有任何特定地区的弓形回波是从特定模式发展的。

There did not appear to be any preferred geographical regions in which bow echoes developed from particular modes.

修改：弓形回波没有从特定模式发展的地理偏好。

Bow echoes showed no geographical preference to develop from particular modes.

此外，在句子中增加否定的数量，尤其是增加带有否定意义的单词（如，避免、绝不、不能、除非、然而）（avoid，never，fail，unless，however），会让人更难理解。

草稿：19:00 UTC，除了还没有雾的地区，整个宾夕法尼亚州出现小雨的区域与高能见度地区没有关联。

At 1900 UTC, areas of drizzle across Pennsylvania were not associated with regions of higher visibility, unless fog was not present additionally.

修改：19:00 UTC，整个宾夕法尼亚州同时有雾和毛毛雨的地区比只有毛毛雨的地区的能见度低。

Areas of simultaneous fog and drizzle across Pennsylvania at 1900 UTC had lower visibility than areas of drizzle only.

9.7 修饰语错位

修饰语错位也称为垂悬修饰语或垂悬分词。如在第 17 页中以 "using" 开头的关于词语的讨论，修饰词或短语应该与它们所修饰的单词或短语靠近，否则读者会感到困惑或者滑稽。若将短语置于句子开头，问题尤其严重。

草稿：在龙卷内部，模式模拟结果显示风速快速下降（模式在龙卷内部？）。

Inside the tornado, the model results show a rapid decline in wind speed. [The model is inside the tornado?]

修改：模式模拟结果显示龙卷内风速急剧下降。

The model results show a rapid decline in wind speed inside the tornado.

草稿：在美国中部上空，预报员发现塔状云可能标志着夜间高空雷暴发展的初级阶段（预报员在美国中部上空？在热气球上？）。

Over the central United States, forecasters have found that castellanus clouds may mark the initial stages of elevated nocturnal thunderstorm development. [Forecasters are over the central United States? In hot-air balloons?]

修改：预报员发现，美国中部上空的塔状云可能标志着夜间高空雷暴发展的初始阶段。

Forecasters have found that castellanus clouds over the central United States may mark the initial stages of elevated nocturnal thunderstorm development.

9.8 韵律和美感

如果句子无法让人理解，那么本章的建议也就没有意义。写完后大声朗读句子，自己听起来怎样？如果你需要看上两遍才能理解这些句子，那么你的读者将不得不看三遍甚至更多遍。写作时找找自然的节奏，在他们阅读你的文章时帮助读者获得舒适的感受。

如果句子听起来不恰当，那就把它改写一下。颠倒一两个词，看看有没有改善。如果没有，尝试对句子作较大的改动，或许可以改变句子的顺序。

在可能的情况下，尽量不要写看起来复杂的句子，那些句子让读者读起来有困难。太多复杂句子会让读者感到厌烦。方程、数字、带括号的短语、太多的短语用逗号和其他标点符号分隔等都会增加视觉上的混乱感。带有句号的缩写词会让读者停顿，就好像读到句子的末尾，这会干扰阅读的顺畅。简称迫使读者要阅读所有的大写字母，这需要更长的时间，因为他们较少练习阅读大写字母。带有许多公式但并没有明确说明的文字，会给读者增加不少阅读的负担。有些作者可以通过穿插文字和方程式来达到视觉平衡，写出很优秀的文章，不妨试着以这些作者的作品为模板来写作。

有时你可能会落下认为必须要包括在文章中的材料，但又不知道如何将这些材料有机地融入文章中。于是你会想："用脚注！"。当然，可以用脚注，但它们不能代替写作中的有效过渡[①]。避免大量附属、联系不紧密或不重要的脚注。如果可能的话，删除脚注部分，或将其包含在正文中。

---

① 读者要花费时间和精力寻找脚注材料。大量的脚注会让读者眼睛疲劳，也会限制前后一致地表达你的观点的能力。

第 10 章 使用准确恰当的词语

选择恰当的词语可以让文章产生截然不同的效果。内容混乱还是清晰，语言丰富还是贫乏，文章平淡无奇还是引人入胜，都取决于词语的选择。删除多余和复杂的词语，精简啰唆和不必要的语句，并选择精确和有意义的词语，能吸引读者。将本章的写作经验应用到你的写作中，将有助于把你的想法简明扼要地传达给读者。

在《开门吧，理查德》（Open the Door，Richard）这首歌中，路易斯·乔丹说道（后面的括号中是人们的反应）：

有一天，我在大街上遇见老齐克。

这家伙肯定是喝酒了。（他怎么啦？）

他没有喝醉。（他怎么啦？）

他被灌醉了。（他怎么啦？）

好吧，他只是简单的醉酒。（好吧，好吧！）

I met old Zeke standin' on the corner the other day.

That cat sure was booted with the liquor.（He was what?）

He was abnoxicated.（He was what?）

He was inebriated.（He was what?）

Well，he was just plain drunk.（Well，alright then!）

乔丹尝试用了一个俚语（开酒）、一个不存在的单词（没有喝醉的）和一个更有品位的词（醉酒），直到最后他才给出一个人们能理解的单词。

与句子一样，表达意义的词汇最好是既简洁又精确，让读者好理解。如果说段落是文章的基本组织单元，句子是传递信息的交通工具，那么词汇就是交通工具外表闪闪发光的新刷的漆，可以让句子熠熠生辉。然而，选择不当的措辞就像挡风玻璃上的污垢，遮挡了视野。

10.1 简洁

我的一位老师说："不要大材小用"。例如，一些作者经常使用"utilize"一词，因为它听起来更加科学，但"use"具有相同的含义并更简单。这一规律适用于下面成对的复杂-简单词：执行（perform）-做（do）、开创（initiate）-开始（start）、促进（facilitate）-引起（cause）、还有传播（propagation）-移动（move）（"传播"这个词的用法较复杂，往往超过它本身的含义而带有"炫耀性"的意思，第 289 页有进一步的讨论）。作者可能会选择更复杂的词语，因为他们希望自己的论点给别人留下难忘（或难以理解）的印象，或许是因为他们想用大词汇量来取悦读者。不管是什么原因，用简单的词就能表达清楚的情况下，使用复杂的词语反而会词不达意。

要让写作简洁，不仅要尽可能减少不必要的词汇，也要尽量降低词汇的复杂性。尽量减少使用多词汇相连的老套短语（例如，有意义的对话（meaningful dialog），一次又一次（time and time again），首要的是（first and foremost））。

有的短语中的字是多余的，比如"在尺寸上小型化（smaller in size）"（"小（small）"已经暗示了尺寸）或"模式模拟（model simulation）"（"模式（model）"和"模拟（simulate）"都是类似的术语）。用"较小的（smaller）"或"模拟（simulation）"（或"模式结果（model results）"）来代替。表 10.1 给出了更多的例子。省掉一些单词会更有创意。

像很多不必要的变化一样，多余的材料会造成降低文章清晰度。它可以激活读者大脑中的无关连接，通过不必要的复杂词语而阻碍知觉处理过程。

——Michael McIntyre（1997）

表 10.1　多余的单词组合

多余的单词组合			
(absolutely) essential	(definitely) proved	(long) been forgotten	simply (speaking)
(already) existing	empty (void)	mix (together)	smaller (in size)
(alternative) choices	(end) result	(model) simulation	(solar) insolation
at (the) present (time)	(fellow) colleague	never (before)	(temporal) evolution
(basic) fundamentals	fewer (in number)	none (at all)	the (color) white
(completely) eliminate	first (began)	off (of)	the white(-colored) noun
(completely) false	(general) overview	(overall) summary	(time) evolution
(continue to) remain	(generally) tend to	past (experience)	variety of (different)
(currently) underway	introduced (a new)	period (of time)	(very) unique

注：括号中的词可以删掉（在此保留英文，供参考）。

同样，表 10.2 列出了要避免使用的词语。有一点要注意，这个表中有大量以"it"开头的短语："有人指出（it has been noted that）""据了解（it is known that）"和"这很清楚（it is clear that）"。这些短语不可取的原因有两个：首先，它们增加了不必要的长度。试着从你的文章中删掉这些短语，句子的意思往往不会受到影响。第二，"it"是不确定的。"假设增强凝华导致更多的潜热释放（It has been hypothesized that enhanced deposition leads to more latent heat release）"。谁假设的呢？如果"it"是已知的，加入引用或用第一人称改写句子。

另一方面，我们应该更多地关注"about"这个不起眼的词（表 10.2）。作者通常用"大约（approximately）""关于（regarding）""就（with respect to）""或多或少（more or less）"或者"在……上下（in the vicinity of）"等啰唆的词来替代这个词。

表 10.2　要避免使用的词汇和表达方式及可替代它们的较短替代词

（部分改编自 Day 和 Gastel（2006）附件 2 和 U. S. Air Force（2004））

避免使用	可替代	避免使用	可替代
a 15-min temporal basis	every 15 min	it should be noted that	(omit)
a greater number of	more	it was found that	(omit)
despite the fact that	although	it was/is noted that	(omit)
due to the fact that	because	more or less	about
for the purpose of	(reword)	note that	(omit)
in a number of cases	some	of particular interest	(reword)
in order to	to	in order to	about
in reference to	about	over the Mongolia region	over Mongolia
in spite of the fact that	even though	summertime	summer
in terms of	by, in	temperature of −30 ℃	−30 ℃
in terms of stability	(omit or reword)	the period 1977−1999	1977−1999
in the context of	(omit)	the result indicates that	(omit)
in the event that	if	the results show	(omit)
in the matter of	about	the smallest values of lapse rate	the least stable
in the spring of 2008	in spring 2008	the southeastern part of Finland	Southeastern Finland
in the vicinity of	near, about	the state of California	California
is equal to	is	through the use of	by, with
is shown to be	is	thunderstorm activity	thunderstorms
it appears that	(omit)	upward vertical velocity	ascent
it is apparent that	apparently	was acting to	was
it is contended that	(omit)	was found to be	was
it is important to note that	(omit)	was noted to	was
it may be expected that	(omit)	was observed to	was
it may be that	I think	with regard to	about
it must first be established that	(omit)	with respect to	about

　　Montgomery（2003）对表 10.2 中短语有不同的观点，他认为这样的短语可以起到如节奏、脉络或过渡一样的重要作用。我认为偶尔或有目的地使用这些词语确实给文章增色不少，但我要提醒大家，这些词语的滥用很容易导致读者失去耐心，这在科技写作中时常出现。

　　我们要描述的是科学本身，而不是图片。如果图片不需要介绍，就不要介绍。这种改变不仅减少了字数，还把重点从图片转移到科学本身，因为科学才是读者应该关注的。这一点将在 11.13 节中作进一步的讨论。

　　草稿：图 5 显示无冰环境及控制试验情况下不同的地表温度图，表明海洋冰层的减少令极地温度升高。

Figure 5 shows plots of surface temperature in the no-ice and control simulations，showing that the elimination of sea ice produced warmer arctic temperatures.

　　修改：相对于控制试验，无冰环境下海洋冰层的减少更能导致极地气温升高（图 5）。

The elimination of sea ice in the no-ice simulation resulted in warmer arctic temperatures compared to that of the control simulation（Fig. 5）.

10. 2 精确

选择的词语应能表达我们的想法。若一不小心选错了词，会让读者放慢阅读速度，感到困惑不解，甚至曲解作者的原意。此外，使用过多的专业术语和比喻，或把无生命的物体拟人化并不能充分描述相关的科学内容，反而会让细心的读者发现我们对科学知识的欠缺。在本节中，我们来看看怎样选词才能更精确地表达含义。

不要对优美的散文嗤之以鼻。就像服装既实用（让你保持温暖和干燥），同时也具有吸引力一样，最好的写作能清楚地传达信息，同时提供审美情趣。你的散文并不需要取悦读者。就像一套经典的礼服或黑色连衣裙，一篇简单的科学论文仍然可以既清晰又准确。

——鲍勃·汉森，美国大学大气研究协会，作家/编辑/媒体关系助理

10. 2. 1 外延与内涵

词有两层含义——它们的外延，字典里的定义或字面含义，以及它们的内涵，相关的或隐含的含义。写作时要注意词的这两种含义。翻看字典以查证你想使用的词汇是否具备你所想表达的确切含义。有时类似的词语的外延略有不同。如果一个词不能准确表达你的意思，查查同义词词库（以及字典），找到一个更准确的词。

这个例子可以清楚解释外延与内涵，作者通常过度使用"state"来表示"say"的意思，正如史密斯等（1996）声称天空是蓝色的（Smith et al.（1996）stated the sky is blue）。"state"在许多字典里的主要定义是在法律程序上"明确宣称"（请说出你的姓名），或在科技论文中（陈述假设或陈述问题）。该词的外延比其内涵具有更强和精确的含义。也许回过头来看"claim"所包含的更强烈的含义是我们在科学中应该争取的东西。同样，"claim"有"say"的外延，但其内涵是一个人不诚实。不恰当地使用"主张（claim）"会导致对这个人隐含的偏见。

有时常用的词语在科学语境中可能会有麻烦。设想一下"显著的（significance）"（另见第290页），如在"显著的温度异常（a significant temperature anomaly）"中，字里行间可能暗示了该统计检验结果十分显著，虽然内涵仅仅是"令人印象深刻的温度异常（an impressive temperature anomaly）"。表10.3列出有不同于其内涵的科学含义的词语。

表 10.3　在科学语境中具有不同内涵的词（详见附录 B）

accuracy/skill	correlate/correlation	severe storms
causing	observed/seen	severe weather
chaos/random	propagate	significance/significant
collaboration/coordination	resolution	theory

10. 2. 2 专业术语

科技写作离不开专业术语，术语经过长期的发展演变，已经成为描述科学的特定语言。一些术语是在科学的参考资料中定义的专业词汇，如气象学术语表（*the Glossary of*

Meteorology）（Glickman，2000），对专家之间简明地交流来说至关重要。有的术语在科学上是错误的、不合适的、含糊不清或口语化，就像在附录 B 中给出的例子一样。在准备论文或报告时，应该对那些读者不容易理解的术语予以解释，或改为读者能够理解的简单语言。

　　有时会出现多个术语来描述相同的事情。例如，所有下列术语指的是同一个现象：向后锢囚（retrograde occlusion）、后弯（back-bent）、循环（loop）、向后折（broken-back），或者后折锢囚（bent-back occlusion）、后折暖锋（bent-back warm front）、向后折锋（bent-back front），以及第二型冷锋（secondary cold front）。想把学问做好，就不要创造更多不必要的术语，而是能辨别和澄清已有术语的差异和混乱。如果存在多个术语，与你的读者沟通的关键是前后要一致。例如，"重力流（gravity current）"和"密度流（density current）"描述同样的现象。在你的论文中首次提到这一现象，引入这两个术语，说明这两个术语可以互换，但是要挑选一个术语并坚持在整篇文稿中使用它。即使我们认为可能很熟悉的词语，也可能用错。例如，"乳状云（mammatus clouds）"是不正确的，因为"乳状的"不是云，而是云的形状。

　　天气迷，热衷于天气的人（看到我如何定义我的术语了么？），是一类独特的人群。网上已经出现了关于风暴追踪的在线讨论小组，每天在天气图论坛（网上）交流，并且参加全国预报比赛获得名次。作为此类人群的一部分，身为天气迷的一员要理解术语。术语也可能会吓走那些不熟悉专业术语的人。但更重要的是，这样的术语助长了懒惰草率的风气，并导致了学者对气象知识及大气过程理解的欠缺。在写作时，要消除口语化或科学意义不清楚的网络术语。例如，不能将急流轴中涡度的极大值称为"能量"。事实上，从天气图论坛，到区域预报讨论、聊天室、天气博客和邮件列表中，到处都有这种误用。提升讲话水平对写作及对科学的理解大有好处。

　　草稿：上层的有利条件覆盖地面低压中心时导致气旋炸弹产生。

Upper-level support overran the surface low center resulting in bombogenesis.

　　修改：气旋性涡度平流随高度的增加与地面气旋的快速加深相关联。

Cyclonic vorticity advection increasing with height was associated with the rapid-deepening phase of the surface cyclone.

　　准确描述这个过程，并确保省略掉那些对你来说很简单，但让读者感到迷惑的词语。

　　草稿：冷平流在得克萨斯州东部上空移动。

Cold advection moved over eastern Texas.

　　修改：12:00 UTC 之后，850 hPa 的冷平流区在得克萨斯州东部移动。

A region of cold advection at 850 hPa moved over eastern Texas after 1200 UTC.

10.2.3　指代不清

　　代词（代词代表名词）的先行词应始终是明确的。代词若没有与名词相邻，会马上被怀疑指代对象不清。为了避免出现此类问题，把名词放在每个单独的代词后面。"this"和"it"是我们平时过分滥用的词汇。在修改过程中，搜索手稿中的"this"和"it"，修改掉那些指代不清的代词。

令人惊讶的是，经常重复使用名词比用"它（it）""这个（this）""它们（them）""那些（ones）"等代词的效果要好；同样惊讶的是，重复的名词很少被读者注意到。

——Michael McIntyre（1997）

草稿：Frederick（1966）通过显示美国各地暖期的东移为**此**提供了进一步的支持，这表明它可能与阿留申低压东移的分支有关。

Frederick（1966）provided further support for *this* by showing the eastward progression of the warm spell across the United States，suggesting that *it* may be related to eastward-moving off shoots of the Aleutian low.

虽然前面句子中的先行词"此（this）"，没有在这里显示出来，重复这个词（8.2.1节）将在一个句子到下一句之间保持连贯性，并可明确指代不清楚的代词。第二，"它（it）"指什么："支持（support）""演变（evolution）""持续（progression）""暖期（warm spell）"，还是"美国（United States）"？这句话可以限定"这种"（演变）和"它（it）"（持续）来改写句子（术语"分支"也同样处理）。

修改：Frederick（1966）对这种演变的方式提供了进一步的支持。他的研究表明美国各地暖期的东移可能与从阿留申低压向东移动的次级低压中心有关。

Frederick（1966）provided further support for this evolution by showing the eastward progression of the warm spell across the United States may be related to eastward-moving secondary low centers developing from the Aleutian low.

下面例句以指代对象不清的代词开始。这样的例子多出现在作者试图将前一句中的一部分作为先行词的时候。不过，读者可能无法识别出作者把前一句的哪一部分作为先行词。

草稿：这种情况导致部分雷达波束的超折射，导致系统的低估量随着径向距离的增加而减小。**这**意味着导出的调整因子将会过大（"这"指的是什么？）。

Such conditions lead to super-refraction of part of the radar beam，leading to the systematic underestimation being less than normal with increasing range. *This* means that the derived adjustment factors would be too large. ［What is "this" referring to?］

修改：这种情况导致部分雷达波束的超折射，导致系统的低估量比正常要小，而且范围越来越大，引起导出的调整因子太大。

Such conditions lead to super-refraction of part of the radar beam，leading to the systematic underestimation being less than normal with increasing range and derived adjustment factors being too large.

修改：这种情况导致部分雷达波束的超折射，导致系统的低估量随着径向距离的增加而减小。这种依赖于范围的低估意味着导出的调整因子将会过大。

Such conditions lead to super-refraction of part of the radar beam，leading to the systematic underestimation being less than normal with increasing range. This range-dependent underestimation means that the derived adjustment factors would be too large.

代词的另一个问题是隐含的"that"，修改可以省略"that"的短语。虽然省略"that"

在写作中很常见，但这样做会使对整个句子的理解受到限制。此外，隐含的"that"对英语是非母语的作者会有问题，因为名词之后的词语不会当作修饰词。为了清楚起见，加上"that"，使其清楚明了。

> **草稿**：云的微物理属性必须通过模式可以分辨的大尺度场来参数化。
> Cloud microphysical properties must be parameterized from the larger-scale fields the model can resolve.
> **修改**：云的微物理属性必须通过该模式可以分辨的大尺度场进行参数化。
> Cloud microphysical properties must be parameterized from the larger-scale fields that the model can resolve.

这个问题不限于"that"；读读下面有和没有"……位置（where）"的句子。

> 通过了解产生暴雪所需的配料，我们可以更好地解释暴雪发生（的位置）。
> By knowing the ingredients needed to produce thundersnow, we can better explain the locations（where）thundersnow occurs.

对于大多数读者来说，包括"……位置（where）"的话，句子更明确和更清晰。

10.2.4　挑选最好的词

不幸的是，在要求精确度的前提下，那些使用频率过于频繁的词，还有定义太过含糊以至于可适用于多种情况的词，都一文不值。看看表 10.4 中的词。这些抽象词汇在许多科学语境中已经失去了它们的意义。当面对更加明确和精准的要求时，它们就成了简单的词汇。改写句子以消除那些含糊不清的词，并选择更精确的词。请看下面的例子：

表 10.4　在某些情况下使用可能是弱名词的词

activity	development	influence	relationship
analysis	dynamics	interaction	role
approach	effect	issue	sense
case	element	level	situation
character	environment	manner	system
concept	event	nature	thing
context	factor	perspective	us

注：在某些情况下使用时可能是弱名词，并不是每次使用这些词都是弱的，但当使用这些词语时其精确性将会丧失。

> **草稿**：对探空资料的分析表明，在地面锢囚锋上空的对流层低层的稳定性较差。
> Sounding analyses indicate the less stable nature of the lower troposphere over the surface occluded front.
> **修改**：探空资料表明，在地面锢囚锋上空的对流层低层不太稳定。
> Soundings indicate the lower troposphere is less stable over the surface occluded front.

> **草稿**：有利于对流活动的情况通常发生在春季和夏季。
> Situations that favor convective activity commonly occur in the spring and summer seasons.
> **修改**：对流性降水通常发生在春季和夏季。
> Convective precipitation commonly occurs in the spring and summer.

草稿：最冷的空气位于槽线的上游，这是进一步发生气旋的有利因素。

The coldest air is upstream of the trough axis，a favorable factor for further cyclogenesis.

修改：最冷的空气位于槽线的上游，有利于气旋进一步生成。

The coldest air is upstream of the trough axis，favoring further cyclogenesis.

草稿：似乎有多种因素对这场风暴如此之广的降水范围产生了影响。

A variety of factors appear to play a role in why the precipitation was so widespread in this storm.

修改：由于以下三个原因，这场风暴中的降水范围较广。

The precipitation in this storm was widespread for the following three reasons…

对词汇选择做过多的变化有时会导致理解上的问题。我们来看一下"作用（role）"这个词（P. A. Lawrence，2001）。如果一个强大的热带气旋重创了日本，可以列出有多少个不同的因素在气旋发展中发挥"作用（role）"？如果发挥了作用，那其他未提及的因素呢？这样一个清单有多长呢？考虑产生热带气旋所需的所有因素，是不是可以适当地认为，任何因素都可以发挥"主要作用"（If a powerful tropical cyclone devastated Japan，how many different processes could be listed as playing a "role" in the cyclone's development? If something plays a role，what about other unmentioned items? How long would such a list be? Given all the ingredients required to produce a tropical cyclone，is it appropriate to say that any ingredient can play "the primary role"?)?

解决这些词不当使用的一个方法，是在首次使用这个词时就精确地定义它，例如"层云的高反照率对入射的太阳辐射量有很强的调节作用。层云的作用……（The high albedo of stratus strongly regulates the amount of incoming solar radiation. This role of stratus...）"。一旦这样定义了，在整篇文章中使用的"作用（role）"，特指层云的高反照率（the high reflectivity of stratus）。

毫无意义的语言并不只有名词和代词。形容词和副词也会空洞和含糊不清（表 10.5）。很明显，对你来说是"显而易见（obvious）"的，可能对其他人并不是。不同的人对于什么是"清楚的（clear）"论据可能有不同的观点，所以避免招惹那些比你的要求更高的人。与其说什么事情"有趣（interesting）"，不如解释它为什么有趣（why it is interesting）。

表 10.5　要避免使用的单词

actually	feel	obvious(ly)	soon
basically	important	of course	still
certain(ly)	interesting	practically	type of
clear(ly)	kind of	quite	various
current(ly)	naturally	recent(ly)	very
extreme(ly)	now	regarding	wish

注意那些含义与时间有关的词。像"最近"一类的词语应该避免。是最近一年前？还是最近 10 年前？"现在"可能也有问题，因为随便使用它会让读者产生迷惑。作者提到的"现在"是论文写作的时间？是作个例研究的时间？还是读到论文的时间？要说"在 2006 年 6 月（as of June 2006）"或"在写本文的时候（2008 年 3 月）（at the time of this writing

（March 2008）"），而不用"现在（now）"或者"此时（at this time）"。

"很（very）"和"相当（quite）"被过度使用，在大部分情况下删掉这些词会让句子更有力度。注意那些只会增加长度而没有具体意义的词语，如"基本上（basically）""实际上（practically）""各种（various）""仍然（still）""真正地（really）"和"有点（kind of）"。在写作中要排除任何形式的"感觉（feel）"（例如，"我们觉得数据显示（we feel the data show）"。科学要讲事实，而不是凭感觉。

给口语或俚语加引号会分散读者的注意力，通常是不必要的。要么找到一个更合适的词，要么避免那些英语是非母语的作者可能无法理解的口语或俚语，或者用斜体的同义词。

10.2.5　自夸和最高级

穆罕默德·阿里说："如果你能做到，就不是吹牛。"虽然拳击手在工作中要保持自负，但科学家如果自吹自擂通常会遭到怀疑、鄙视或者更糟。在你的文章中，即使是真实的内容，也要注意别吹嘘。例如，一些作者喜欢宣称自己是第一个做某项工作的人。在决定炫耀之前，想想看是否真的有必要去炫耀，想想别人会怎么看。避免使用如"第一（first）""新的（novel）""开拓者（pioneering）"等用语。撰写经过时间考验的研究的评论文章或者在指定的研讨会上提到受人赞誉的人时，作出这样的声明才可能是合适的。但是当讲到自己的文章时，一般都认为这样做是不合适的。

在科学上，我们期待支持主张的论据。高质量的文章需要包含类似的支持性论据。如果你说一个特定的气旋很强，那就提出证据表明它有多强。是否有充足的信息能将此次过程与其他过程相比较？

咨询专家

创造新的科学术语

马克·斯托林加，3TIER 公司资深科学家

从 1989 年到 2003 年，我是华盛顿大学彼得·霍布斯（Peter Hobbs）教授领导的研究小组的成员，记录了美国中部的锋面结构和相关的降水系统的一组特征。总的来说，这些结构成为落基山脉以东气旋新概念模型的一部分，作为高空冷锋的概念模型，最初是由 Hobbs 等（1990）提出的，后来由 Hobbs 等（1996）发展为由地形引起的结构转化模型 Hobbs（STORM）。

在这项研究的初期，霍布斯小组曾明确表示，他们记录的锋面结构不符合现有概念模型和天气尺度结构术语。所以部分研究过程面临要么符合现有条件下的新结构，应用已经废弃的旧术语，要么根据观测到的一些特征开拓全新的术语。作为这个小组的成员，从事后诸葛亮的角度，我告诉大家以下在科学上开发新术语或修改概念时，做得对或不对的四项准则。

1. 尽量使用现有的术语（Use existing terminology whenever possible）。

在科学上，有时我们相信我们已经找到了一种新的方法，或描述了一个以前尚未记载的新现象。仔细搜索文献会发现，以前已经有人描述过基本相同的现象，并且现有的术语足够用了。即使同样的现象在先前的文献中没有出现过，许多现象也可以使用现有的术语

进行说明。

例如，Hobbs 等（1990）在选择"高空冷锋"术语过程中，适当地承认这个词不是新的，它是在 20 世纪 30 到 50 年代在美国业务预报圈子中被广泛使用，用来描述我们小组 50 年后才看到的相同类型的结构。因此，Hobbs 等（1990）重新引入这个已很久不用的词。

2. 遵循现有的习俗和惯例（Follow existing customs and conventions）。

如果一个概念与现有的术语有一些相似之处，或对应于现有的概念，最好选择现有类似的术语。例如，为了描述雷暴引发的直线大风，Hinrichs（1888）提出了一个西班牙语单词"derecho"，意思是"直接"或"笔直向前"。Hinrichs（1888）选择了作为与"龙卷（tornado）"相对应的直线大风，"龙卷（tornado）"源于西班牙单词"tornar"，意思是"旋转"（Hinrichs，1888；Johns 和 Hirt，1987）。

3. 术语一定要科学精准和以事实为基础（Terms must be scientifically accurate, precise, and descriptive）。

如果要创建一个新的术语，创造者的主要任务是定义一个科学精准和以事实为基础的术语，虽然非常简要但却实用的概念。这是一个定义不明确的术语："后弯暖锋（bent-back warm front）"，因为这样的暖锋很少有暖锋最典型的特征。此外，起一个吸引人的名字是创建一个新术语技能的一部分。名字太长，即使准确也可能会减少被接受的机会。很多时候，必须要在简洁、精确和有吸引力之间取得平衡。

4. 尽量第一次就给出恰当的术语，以避免以后更改（Try to get terminology right the first time, and avoid subsequent changes）。

也许造成研究界最大恐慌的 CFA 概念模型的发展方向是 CFA 代表的含义的改变，而随后又废除了这种改变。CFA 代表的潜台词——非常恶劣地违反了这项指南。由于使用的一个锋面可以在地表发展的术语，我们的小组受到了批评。而经典的锋生理论认为出现在刚性或半刚性边界如地面或对流层顶的锋面是最强的（例如，Hoskins 和 Bretherton，1972）。针对这一批评，在 1995 年发表的 3 篇文章中，我们小组把未缩写的术语改成了"高空冷锋锋生（cold frontogenesis aloft）"。但是，这 3 篇论文的审稿人和读者都对新的定义很困惑并感到不满。对此，我们小组又在 1996 年很快恢复到"高空冷锋（cold front aloft）"。事后看来，如果不改变的话，最初的批评很可能已经解决。尤其是从后续研究来看，确定了在背风槽东部的稳定层中，冷锋会在没有下边界的高空发展。

创造新术语的主要挑战之一是预测它如何被学术界接受和使用，以及如何在将来对其定义进行调整。通常在研究小组开始初步研究的时候，为了方便，可以非正式地创造一些术语，便于小组成员之间的交流沟通。这样的术语在科技论文发表之前，还可以很容易地进行修改。但是，这些术语在提交发表之前必须仔细审查（多考虑考虑这里给出的指南）。一旦术语被文献发表，要修改或撤回已不可能了。

特定词的选择可能会加剧麻烦。使用"总是（always）""从不（never）""最佳（best）"和其他绝对的词语会使读者去考虑有没有例外的情况。同样，研究很少能做到

"全面彻底"，你所说的"详细"研究的详细程度只能由读者判定。（我们所有的研究不都应该是具体吗？）你可能会说，"很多（numerous）"或"数量有限（a limited number）"的文章出现在有关特定主题的文献中，但你有没有一个具体的数量？如果有，请提供一下引文清单。

10.3　正确形式

要避免缩写、陈词滥调、口语化和拟人化的词。一个原因是帮助英语不是母语的读者。另一个原因是，有说服力的科技论文写作一般不采用这些风格。本节要讨论缩写和简称、数字和单位的正确表示方法，以及形容词-名词的一致性。

10.3.1　缩写和简称

如果词组过长，每次都拼写出来略显麻烦的话，那么可以选用首字母缩略简化。首次使用时要先定义缩写和简称，写全词组，并在括号中写出简称。

正确：对嵌套网格模式（NGM）的输出经过模型输出统计（MOS）的处理后表明，在靠近地面的逆温层存在时的地面温度有 1.4 ℃ 的偏差。

Model Output Statistics (MOS) surface temperatures from the Nested Grid Model (NGM) had a 1.4 ℃ bias during near-surface temperature inversions.

然后，在手稿的其余部分使用首字母缩略词——不要再用原来的词组。如果你必须引入很多简称，需要列一个单独的表，在表中定义所有的首字母缩略词和变量。通常相对常见的简称不需要再引入。一些缩写比其扩展形式（例如，DNA，CAPE，NASA）更为人所知，在正文首次使用时应该作个说明，但在摘要和标题中可以使用而不用说明。一些期刊会提供可以在不需定义的情况下使用的简称和缩写的词组列表。

通常人们会为了速记而引入简称。"Jones and Stewart（2006）"简写成"JS06"。虽然为方便避免写出"Jones and Stewart（2006）"，读者阅读时可能会感到疲劳，特别是引入的简称比较多的情况下。其实，大多数缩写都没必要。如果某个简称在整篇文章中仅用几次，请考虑是否有必要引入缩写。

最好避免创建新的简称。如果引入可能需要首字母缩写的长术语，可以通过使用代词或较短的词组来代替术语（例如，"这种云（the cloud）""该相关变量（the dependent variable）""该模式（the model）"）。例如，在介绍一种新类型的双参数云微物理参数化方案之后，可使用"这个新方案（this new scheme）"代替"新类型的双参数云微物理参数化方案（a new type of two-moment cloud microphysical parameterization scheme）"。

10.3.2　数字和单位

尽管不同期刊对数字和单位的使用有不同的风格，但是以下关于数字和单位的规则在许多期刊中是一致的。

1. 作为计量单位，金钱或小数的数字应使用阿拉伯数字。
2. 小于或等于 10 的数字通常应该用文字写出来，除非它们是图或表中的一部分。

3. 如果句子以数字开头的话，则要用文字写出数字。因此，避免把大的数字放在句首。

4. 当以类似的方式使用数字时，不要把数字形式和拼写形式混用，如下例所示。

正确：……是用 2 层、10 层、还是 100 层模式……（"2"通常会在描述"两层模式"时使用汉字。）

... whether using a 2-layer，10-layer，or 100-layer model... 〔The "2" would normally be spelled out when describing a "two-layer model."〕

尽可能使用国际单位制（SI）。如果是用非国际单位制进行测量并且测量值很重要时，则在测量值后将国际单位放在括号中。

纽约奥尔巴尼 12 小时累计雪量测量值为 2 英寸（51 mm），液体当量为 0.11 英寸（2.8 mm）。

The 12-h accumulation of new snow at Albany，New York，measured 2 in.（51 mm）with a liquid equivalent of 0.11 in.（2.8 mm）.

如果您已经用统计检验来评估重要性，要包括以下信息：检验名称、统计量（例如，t 检验或 F 检验）、自由度和统计概率。如果 p 非常小（例如，0.000056），写成 $p < 0.001$ 就行了。此外，最常见的统计检验都假定数据是独立和相同分布的，但气象数据往往在时间和空间上都不满足。因此，是否已经检查了时间序列以确保样本具有不相关的误差？如果有相关性，这是不是在检验中已经考虑了（Wilks，2006）？

10.3.3　形容词-名词一致

正如 Lipton（1998）所说，温暖的是小狗，而不是温度。温度是空气热含量的定量测量，而"热""暖""凉"和"冷"是指定性感觉，因此"暖的温度"是不对的。

10.4　消除偏见

有时可以知道哪些人会阅读你的文章，有时无法确定。了解目标读者并为他们服务，可以增加论文的可读性。例如，如果你在作南美洲寒潮的研究，那么来自南美洲的许多作者可能会读你的论文。在北半球（北美、东亚）研究寒潮的人也可能会读你的论文。因此，要避免使用这些读者不太可能知道的字和词组。选择更简单的字眼，而不是更复杂的词，这也可以增加论文的可读性。另一种观点来自一些读者，他们认为作者不应为迁就非英语母语的读者而改变自身的写作风格。尽管这种观点无可厚非，我仍愿更仔细地选择我认为合适的字眼来减轻读者的负担。

10.4.1　性别偏见

英语，像罗曼语系一样，源自拉丁语，有用来区分男性和女性的词：他（he）和她（she）。当一个人的性别是未知或不重要的时候，英语没有特定的词，不像西班牙语和德语有一个中性的性别。相比之下，芬兰语言没有性别的差异，可以用一个"han"来指代"他"或"她"。然而，在英语中，我们必须更小心，避免使用带有性别偏见的词语。那么，我们如何处理像下面这样的情况呢？

性别偏见：一位真正懂生活的大师并不严格区分工作与娱乐。他的工作和休闲，心理和生理，教育和娱乐，他几乎不知道如何区分。他只是通过自己的所作所为来追求卓越的愿景，关于自己是在工作还是娱乐就由他人来判定。对他来说，他似乎总是工作娱乐两不误。

——威尔弗雷德·彼得森

  A master of the art of living draws no sharp distinction between work and play. His labor and leisure，his mind and body，his education and recreation，he hardly knows which is which. He simply pursues his vision of excellence through whatever he is doing and leaves others to determine whether he is working or playing. To him，he always seems to be doing both.

—Wilfred Petersen

  下面是让你在写作时保持性别中立的最佳方法。

  ◎如果可能，选择中性性别的词。

  ◎使用男性和女性："他或她（he or she）""他的或她的（his and hers）"（虽然这会带来不便，特别是在正文中多次使用的话）。

  ◎使用代词复数："他们（they）"，并进行相应的其他更改。通过确保主谓一致，保持句子语法正确。

  ◎重写句子以消除代词。

  因此，结合以上方法，可以重写该段落。

  性别中立：真正懂生活的大师并不会严格区分工作与娱乐。工作和休闲、心理和生理、教育和娱乐，他们几乎很难弄明白哪个是哪个。这些大师只是通过他们自己的所作所为追求卓越的愿景，关于自己是在工作还是娱乐就由他人来判定。对他们来说，他们似乎总是工作娱乐两不误。

  Masters of the art of living draw no sharp distinction between work and play. Labor and leisure，mind and body，education and recreation—which is which is hardly known. These masters simply pursue their vision of excellence through whatever they are doing and leave others to determine whether they are working or playing. To themselves，they always seem to be doing both.

  另外，建议的不太令人满意的其他办法如下：

  1. 以下结构虽然方便，但是很累赘："他或她（he/she，）""他/她（s/he，or（s）he）"。

  2. 你可以使用"个人（one）"，但结果通常读起来不自然，就像用"作者（the author）"以避免出现第一人称一样。

  3. 在某些情况下，你可以将代词改为"你（you）"，但这在科技论文中很少使用。

  4. 一些作者在例子中交替使用"他（he）"和"她（she）"，特别是在像书一类的长篇文章中。我主张要精准。如果不知道性别，就不要强迫一个不知情的人。

  作者有可能犯的另一个错误是将被引用作者称为"他（he）"，但事实上，作者可以是"她（she）"，反之亦然（例如，帕特和凯利可以是他或她，作者可以只使用其首字母缩写；

金伯利·埃尔莫尔是男性；来自其他国家的作者的性别从姓名上可能看不出来）。

10.4.2　地理偏见

尽管全球化的大潮不可逆转，我们依然生活在一个庞杂的世界。虽然美国人可能知道中国在地图上的位置，可有多少人可以说清楚中国的河流和山脉在哪里？期望中国气象学家知道俄亥俄河谷或奥林匹克山的位置，这样公平吗？为了帮助非本国读者阅读稿件，要在地图上标出位置。一些作者将地名地图作为他们的第一批图片。或者，在文中注释或提供更多的有助于其他人理解的地点描述。即使你是为国内读者而写，除非你给出定义，否则要避免包含对外国人来说（例如，金三角、大都会区）没有意义的一般描述。要让你的写作更精确。至少在第一次叙述时，要写为"美国东海岸（the East Coast of the United States）"而非"东海岸（the East Coast）"。

你曾试过阅读关于南半球天气的文章吗？阅读"北边来的气流（northerly flow）"让我想起冷空气。事实上，南半球的"北边来的气流（northerly flow）"通常是温暖的，它来自赤道，而不是极地方向。因此，对于我们的南半球同行，我建议分别用"半球（poleward）"和"赤道（equatorward）"代替"北（northward）"和"南（southward）"。另一个例子是将"正涡度（positive vorticity）"替换为"气旋涡度（cyclonic vorticity）"。对于读者而言，这些许的努力是会产生良好效果的。

10.4.3　文化偏见

美国人（我是其中一员）倾向于认为世界上其他国家的人都理解我们，或者至少我们喜欢这样认为。有时，我们选用的词对其他国家的人来讲可能不熟悉。对句子进行重组或提供注释总会有些帮助。我不建议直接将那些其他国家的人不熟悉的词删除，而是建议仔细和有目的地选择词汇。要避免用隐喻和其他口语表达，特别是那些对英语非母语的读者来说可能难以理解的词，例如"将婴儿与洗澡水一起倒掉（throwing out the baby with the bathwater）"。

10.5　最小化误解

科技论文写作的目标是准确地传达科学内容。结构不好的文章会把读者的注意力吸引到文字内容上去，而非文章里包含的科学内容。通过用本章和前面章节中的指导，你可以改进手稿的可读性。

然而，尽管你尽最大的努力做到尽可能的准确和清楚，其他人可能仍然会误解你的文章。我曾看到我的研究被他人误引或误解，一年就有那么一两次。有时他们完全误解我的观点，甚至与我的摘要中的句子矛盾。这些情况中，有些可能是由不仔细阅读造成的。没有正确引用我的文章，其他情况可能是由于科学界的多样性引起的。具体来说，同样的文字，不同的读者可能会有多种解释。事实上，Gopen 和 Swan（1990）认为，你永远不能完全消除其他解释。你只能通过仔细遣词造句并考虑所有可能的解释（和误解）来最大限度地减少误解。选择不被误解的词语需要实践和经验；而对不可避免的误解，需要持开放的心态。

写作的目的不是为了让人理解，而是为了不被误解。

——爱比克泰德

第 11 章　图、表和公式

过于简单的写作，无法将科学知识有效地展示出来。构建合理并且解释清晰的图表及公式，可以既简洁又准确地传播科学知识。但是制作一张有效的图表，仅仅把商业软件绘制的图表拷贝到手稿上是不够的。要使图达到出版要求，还需要提炼和修改。过多使用没有清晰解释的图表，会导致数据及相应科学内涵无法充分得到展示。本章指导大家设计制作并描述高效实用的图、表格及公式。

我们科学家所创造出的图表虽然不会在画廊或博物馆里陈列，但它们在科技论文中也似艺术品一般的存在。虽然不会陈列在雷诺阿、奥基夫或毕加索的作品旁边，但这些图表也有可能会在与他人的交流或学生课本中出现。此外，自然科学属于图形最密集的科学，一篇文章平均有 1/3 都是图表。以下是两个高质量图表的例子。

例 1：在 20 世纪初，来自风筝或上升气球得到的数据通常被绘制在温度、相对湿度、风速和风向随高度变化的笛卡儿坐标图上（图 11.1）。笛卡儿网格意味着，即使温度或相对湿度廓线的差异很大，也不会

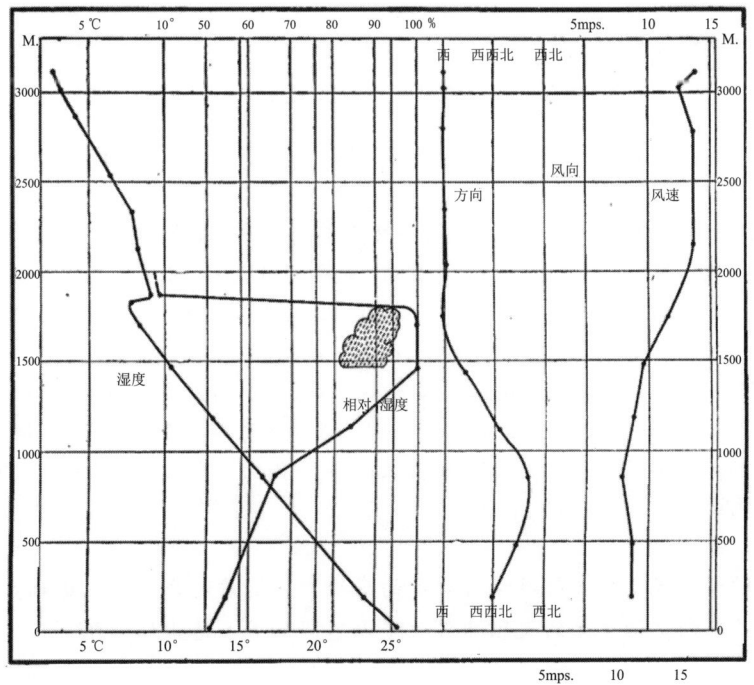

图 11.1　热力学图广泛采用之前的温度、湿度和风的典型垂直廓线图（摘自 Clayton（1911），图 1）

令人印象深刻。即使当格奥尔格·施蒂韦开发了第一个类似的热力学图（施蒂韦图），仍然保留了笛卡儿网格。从经典热力学中的压力－容积图移植到大气中，得到了创新的斜交 T-$\log p$ 图。其明显优点是，温度廓线和纵坐标轴斜交、压力的对数，并叠加有位温、相当位温和混合比的等值线，可以在一幅图上显示出温度和湿度的廓线，通过倾斜度可看出廓线之间的微小差异（图 11.2）。此外，其他的量（例如，湿球位温、抬升凝结高度、自由对流高度、对流有效位能）也可以从图中计算出来，而这些量很难从图 11.1 中计算得到。因此，热力学图不仅可以直观地表示大气廓线，而且还可以通过计算得到诊断量，从而推动科学的发展。

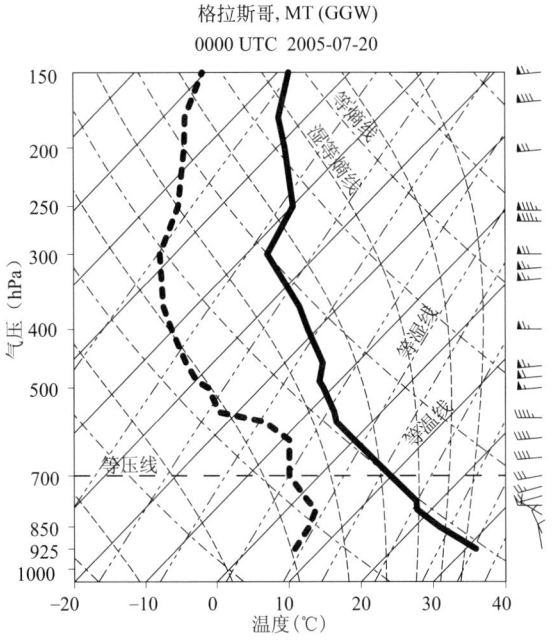

图 11.2 带有标记线的斜交 T-$\log p$ 热力学图。2005 年 7 月 20 日 00 时（UTC）美国蒙大拿州格拉斯哥市探空资料，温度（实线），露点（虚线），以及水平风（三角旗、全羽和半羽分别表示 25、5 和 2.5 m·s^{-1}）

例 2：1919 年之前，人们只是粗略地知道典型的温带气旋的结构（图 11.3）。挪威卑尔根的气象学家热衷于开发基于观测的科学预报方法，组建了一个密集观测网，构建了与温带气旋有关的温度、风、气压、云和降水的模型。图 11.4 是卑尔根气象学家根据众多气旋的观测结果凝练而成。图 11.4 的中间图是冷暖空气、风场、降水及气旋中心移动方向的温带气旋的水平面图。下图是通过气旋中心南部的冷锋与暖锋的剖面图，显示了热力结构、气流、云的类型和降水。上图是通过气旋中心北部被抬升的暖空气的剖面图。图 11.4 中这三个板块合成图第一次集成了温带气旋的水平和垂直结构，是卑尔根气象学家培训预报员有关气旋典型结构的一种工具。该气旋模型已被世界各国接受。该模型成文并面向国际读者出版时，为了简便起见，很多的细节和各种各样气旋结构没能在他们的概念模型中展示出来。卑尔根气象学家哈尔沃·索尔伯格写道："对口渴的人来说，晶莹剔透的水滴比满是泥水的洪流更令人向往。"

视觉语言增加了视觉的多样性和对心灵的感染力。这看起来微不足道吗？应该不是：阅读心理是较为复杂的。活生生的大脑非常欣赏以不同形式表达出的智慧。

——Montgomery（2003）

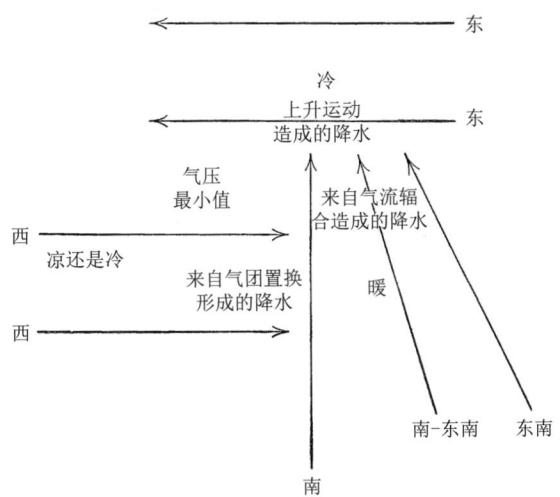

图 11.3　温带气旋的结构（摘自 Shaw（1911），图 96）

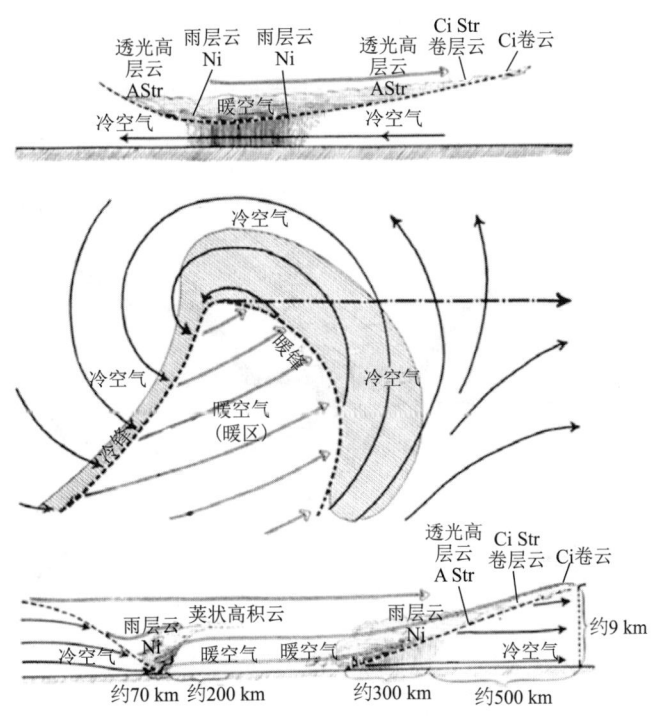

图 11.4　温带气旋的结构（摘自 Bjerknes（1919），图 1），阴影区表示降水

　　这两个例子说明科学知识的传播得益于高质量的图形，高质量的图形为有效的科学交流提供了支撑。带有坐标的图中，坐标轴无标记或标记不清，图中线条不明确，甚至无标题（图 11.5），可能会让读者不愿意花时间来阅读你的手稿。而下功夫设计的图和标记清楚的图（图 11.6），会引起读者的注意，并鼓励读者进一步深入阅读这篇论文。

　　但是，要设计出引人注目的图形可能花费的时间比预想的要多。一些图形可能需要半天或更长时间才能做出来，可能有必要反复做几次。由于一幅图片能胜过千言万语，因此这种

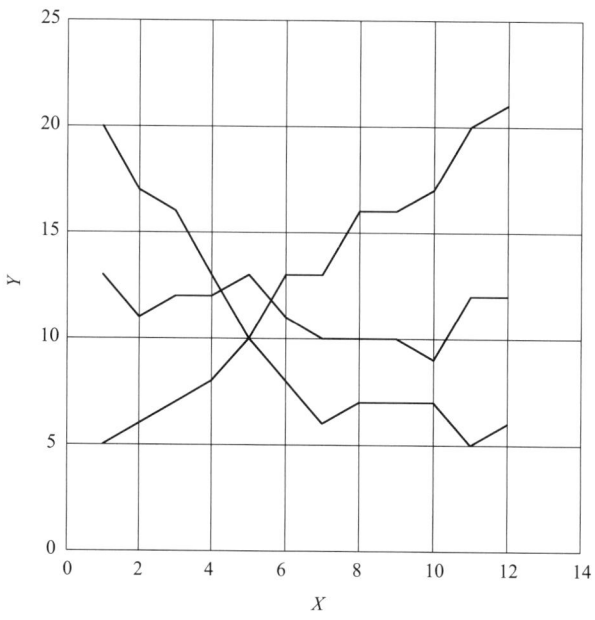

图 11.5　由商业软件使用默认设置生成的最简单的曲线图，该图需要进一步修订和注释

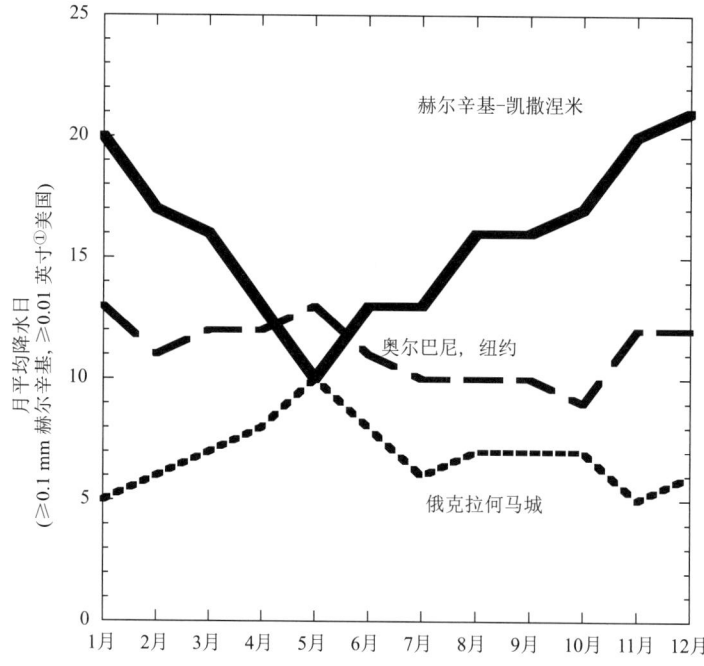

图 11.6　将图 11.5 修订并加注释后的曲线图。该图为芬兰的赫尔辛基、美国纽约州的奥尔巴尼市和
俄克拉何马州的俄克拉何马城的月平均降水日数图

努力可以说是相当值得的！另外，若图省事，用电脑作图，即使一篇论文有 50 幅图，也不
意味着有 5 万字的影响力。

　　用计算机制图不仅快速，而且容易修改。但是在研究过程中做的图（由软件应用程序使

———————————

　　① 　1 英寸（in）＝2.54 cm，下同。

用默认设置画出的原始图，即所谓的工作图）和提交出版的图（达到出版质量的图，或者简称为出版图）有很大的区别。

工作图的产生可能是让人体会"找到了！"的那种兴奋，让研究变得很过瘾。工作图可能会出现在早期手稿中，并作为最终出版图的占位符。工作图中的问题是，它可能不是在发表时展示数据的最佳方式。构造出版图往往会把工作图上除了数据以外的一切剥离掉，并重建图形。在写作、修改和同行评审过程中，图可能要修改多次。

图 11.5 和图 11.6 显示了一个从工作图到出版图的演变过程。在工作图（图 11.5）中，3 条数据线没有区分，坐标轴用变量而不是文字标记，标记的刻度太小，刻度线太少，图的边界线太细，有不必要的网格线与数据混在一起，并且数据没有填满图的整个区域。修改后的版本（图 11.6）更容易理解、更美观。

从工作图到出版图的演变涉及 5 项检查，一般按照以下顺序执行。

1. **设计**（Design）。类型、形状和图形布局的设计。
2. **尺寸**（Size）。图形发表时的尺寸。
3. **美观**（Aesthetics）。构造一幅紧凑、自成一体和美观的图。
4. **一致性**（Consistency）。与文章、其他图和期刊的风格一致。
5. **注释**（Annotation）。通过注释增加可读性。

本章接下来的 5 个小节就讨论这 5 项检查。

11.1　设计

在初始阶段，决定要做的图的类型（例如，散点图（scatterplot）、线图（line graph）、水平图（horizontal map）），本章后面将讨论图形类型的选择。决定图的样式和布局，图是彩色的还是黑白（灰度）的（11.6 节）？

为方便显示数据，有时需要调整图的形状。例如，方形图适用于两个坐标轴是相同的数值并且单位相同的图形（例如，两个轴都是 0% 至 100%）。如果可能，适当缩放具有相同单位的坐标轴。

如果折线上某一段接近垂直或接近水平，该线段斜率小的变化就不易被察觉到。因此，图的纵横比应当尽可能使绘制的线段和水平轴的交角接近 ±45°（称为倾斜 45°，Cleveland（1994），第 70 页）。图 11.7 显示了两种不同纵横比（different aspect ratios）绘制的同一种折线图。图 11.7b 中，尽管短的垂直轴上读取各个峰值和谷值更困难，但是可以清楚看出 1997—1998 年冰盖面积下降最快。

如果你有多幅相同设计的图，将它们组合成一幅多图（a multipaneled figure）形式的图是否有助于比较结果呢？这样的组合也减少了论文中图的数量，既方便了读者，也方便了图表排版的人。在一幅多图中，图板〔(a)、(b)、(c)……〕应该从左到右排序，然后向下翻页，就像读一本书一样。在每幅图的左上角、图上方的标题或在图板下方居中的位置，用较大字号来标记图板。

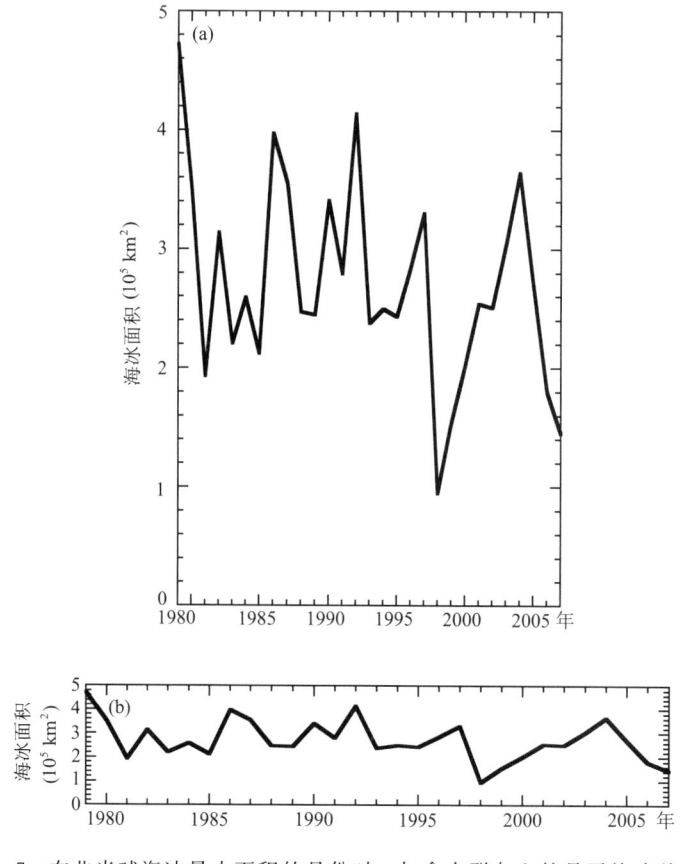

图 11.7　在北半球海冰最小面积的月份时，加拿大群岛上的月平均冰盖面积。
（a）和（b）是相同的折线图，只是二者是用不同的纵横比绘制的

11.2　尺寸

出版图的尺寸大小应根据它们在期刊中所占面积来设计。工作图可以占一整张纸（约 27 cm 宽），同一幅图的出版图可能只有几厘米宽。因此，应了解打算投稿的期刊。如果期刊是两栏排版格式（如美国气象学会期刊），确定该图出版时能否跨两栏。期刊中栏宽规定了图的最大尺寸：美国气象学会期刊中，单栏图的宽度为 7.9 cm，双栏图的宽度为 16.5 cm。当创建一幅包含多图的图时，应将两幅或三幅图垂直排列在一起，便于排版人员将图排成单栏图。

一旦确定了最大尺寸，通过编排，使图的各方面（例如，文字、数字、符号）都很清晰。由于大多数图形程序中缩放调整很方便，这个任务会相对简单。在同意发表后，大多数期刊建议重新调整尺寸，把图中文字的字号调为至少 8 磅（1 磅等于 1/72 英寸，译者注）。图中有虚线时要特别小心，因为虚线缩小时往往会看不清楚。使用复印机做多种缩放试验，选择发表期刊要求的尺寸，把图复印出来。

在图中使用**无衬线字体**(sans serif fonts)（如微软雅黑，译者注），会增强缩放过程中的易读性（Sans 是法语"无"的意思，serifs 是在字母笔划末端的小修饰，例如，在"S"的

两端的垂直线）。无衬线字体（如 Arial、Geneva、Helvetic）比衬线的字体（如 Palatino、Times）更粗并且缩放后保持完好，主要是因为字符线条的宽度均匀。此外，无衬线字体在多次复印时，有保持完好和从远处看（如会议室）更清晰的优势。

11.3　美观

这一节的副标题应该是："利用自动化软件来画图"。我开玩笑说，GEMPAK（用于存储、计算及显示气象数据的软件）让我的科研和写作更为顺利。没有 GEMPAK，我会花更多的时间去计算、编写代码画图，而不是作科学研究。GEMPAK 和其他应用软件让我们的科学家如虎添翼。但是，正如彼得·帕克（蜘蛛侠）的叔叔本告诉他："能力越大责任就越大。"我们科学家也有很大的责任，不能滥用这种能力。

尽管计算机作图方便且功能强大，但对计算机做的图还需调整和修改（18.4.1 节），以最大限度地提高读者理解图的能力。图中的每个元素都不多余，都有一个明确的目的。要避免 Tufte（2001）所说的图形垃圾——外部网格线（extraneous grid lines）、注释（annotations）、波纹状效果（moiré effects）和其他不必要的图形修饰（unnecessary graphical flourishes），这些修饰会减损、影响或弱化数据，而不是补充或加强它们。

本节将介绍如何提高图的清晰度、易读性和美观。建议如下。

◎突出图中数据。为了让数据清楚可见，在折线图中的数据线应该比边界、网格线等要粗一些。数据线用黑色，网格线用灰色。大多数默认的网格线没有必要。推荐下面的宽度比率：背景网格线、坐标轴、数据线之比为 $1:\sqrt{2}:2$ 或 $1:2:4$（Ebel 等，2004）。例如，图 11.1 和图 11.5 中的数据线和网格线几乎无法区分。

◎尽量减少图中的空白。如果数据的最大值是 34，把坐标轴的最大值设为 35 可减少图形中的空白空间。如果散点图上数据的范围在 31～34，那么坐标轴没有必要从 0 开始。

◎在图中要有图号标记［例如，（a）、（b）］，将确保图能以最大尺寸复制并且确保不会浪费图外的空间。

◎避免使用很多商业软件为条形图或饼形图做不必要的三维效果。

◎使用的字号大小与图的尺寸成正比。

◎大段的英文文字，写成小写字母比写成大写字母更容易读。改变文字的大小，并使用斜体、粗体和颜色，可以增加图的清晰度。但是，变化太多会分散读者的注意力，因此仅保持少许的变化。

◎坐标轴标注应当准确、简洁，并包括单位。尽量避免使用符号。例如，"2 m 温度（℃）"要比"T"更好。如果坐标轴代表的量的英文字母较少的话，字母全部使用大写，也可以仅用首字母大写，或使用标题格式。也就是说，第一个词和其他主要词的首字母用大写。无论你选择哪一种，所有的图都要保持一致。

◎使用适当数量的刻度线：不能太多，太多会让图很乱；也不能太少，太少的话，从图中仅能得到近似的定量的信息。刻度线可从图内指向外，这样不扰乱图的内部；也可以指向图内，以得到更紧凑的图。

◎尽量把一些表示基本数据的刻度线和标记放到图中（比如，24 小时期间每小时数据的 3 小时标签）。不要对非物理值用刻度标记（例如，一个显示 20 年的年平均气温数据折线图中，在 1987 到 1988 年间用 5 个副刻度标记）。要避免坐标轴上由作图软件自动产生的异常的刻度间隔或最大值（例如，刻度线间隔是 1.292 ℃，而不是 1 ℃）。

◎确保刻度线记号按照刻度线正确定位。当刻度表示类别而不是边界值时，可能必须相对于刻度线而不是相对于起点值移动刻度线记号。

◎使用标准的单位。虽然多数画图程序可以自动确定单位的大小和缩放单位的数量级，最好选择实际中的常见值（例如，位势高度用位势十米而不是位势百米，锋生用 K・（3 h)$^{-1}$・（100 km)$^{-1}$，而不是 10^{-8} K・s^{-1}・m^{-1}）。

◎坐标值用指数时需要特别小心。在坐标轴 "单位" 后面缀上 "m×10^{-3}" 可能会让读者迷惑，因为一个值为 "5" 的含义可能并不太清楚。它表示 $5×10^{-3}$ m 还是 $5×10^3$ m？省略 "×" 写为 "10^{-3} m"。这种约定明确地得到 "$5×10^{-3}$ m"。另外，在图例中可以写 "等值线每隔 10^{-3} m 作标记"。

◎坐标轴的缩放可以掩盖甚至歪曲数据之间的关系。使用非线性坐标（如对数坐标）有助于达到目标，但也会带来问题。对数刻度可以避免坐标轴中断或有许多大的数值时让图形的横纵比失调。为清楚起见，当使用对数刻度时，用 10^4、10^5 和 10^6 而不是用 4，5 和 6 标记坐标轴。

◎不要使用模棱两可的日期标注。如 10/12/04 或 10.12.04，它是表示 2004 年 10 月 12 日还是表示 2004 年 12 月 10 日？

◎如果画风场，要让风速的单位和绘图约定清楚明白。例如，"三角旗、全羽和半羽分别表示 25、5 和 2.5 m・s^{-1}"。

11.4　一致性

随着论文写作的进展，工作图也应该提炼，既与通篇文稿在变量名、变量符号、单位和专业术语等方面保持一致，又要符合拟要发表的期刊格式。审稿人可能发现，文稿中最糟糕的地方就是正文中的文字描述和图表中的数据不一致。这种错误较为常见。由于早期的工作图与修改后的新图数据不尽相同，作者可能是根据自己对旧图的记忆而不是依据新图来写的，也可能是由于作者的粗心。

对图中其他要素与正文描述一致性也需一一核对。例如，图中的变量名、变量符号、单位和专业术语应该和正文中的文字描述一致。虽然计算机作图很方便，但在表示日期的坐标轴上若用一年中的第几天表示日期（不是儒略日，见第 287 页），无疑将增加读者的阅读难度。为了使图显示的信息和正文中的文字描述一致，把一年中的第几天转换为月日格式，可让读者一目了然。

类似的图可能在手稿中出现多次。对于这样的多组图，尽可能让每幅图与其他图一致。具体来说包括图的大小和形状，坐标轴的范围、线型、线宽、线条间隔和符号都要保持一致。

要符合期刊的风格。不要使用非正式或滑稽的字体（如漫画字体、无衬线字体）、修饰、阴影效果和粗体的注释。另外，很多期刊在题注和正文中用斜体表示标量，用粗体表示向量，因此在图中也应保持这种对应关系。如要与期刊的格式一致的话，"m/s" 改为"m·s^{-1}"。

11.5　注释

即使在完成了图形设计的前四个步骤之后，大多数的图仍然可以通过必要的注释，让读者更容易理解（表 11.1）。正如我们前面所看到的（图 11.5），最基本的折线图没有给读者解释。读者更容易看明白修改后的图（图 11.6），部分原因是注释给读者添加了说明。

其他注释包括添加误差线，在地图上标记正文中讨论的重要地理特征，在折线图上标出重要线条（例如，图 11.6），或用"X"标明 500 hPa 上造成气旋生成的涡度最大值的位置。例如，绘制观测与模拟降水量的散点图时，以倾斜 45°的基准线为参考会有较大帮助，这个基准线即所谓的 1∶1 线，它显示了理想的关系，即使数据并没有沿着 45°这条线分布（图 11.10）。在图注中说明所有的注释。

注释的另一个原因是使图具有自明性，让读者无需再查询相关信息即可理解图中内容。例如，如果直接在折线图上标注不同的线条，那就不必增加图例。具有自明性的图形的另一个优点是图更容易改用在（你的或别人的）电子演示文稿、手稿，甚至是一本教科书中。在具有自明性的图形与正文分开的情况下，读者仍可理解图中表达的内容。

表 11.1　可以强化图表的注释

注释
水平尺度(Horizontal length scale)
向量长度尺度(Vector length scale)
参考线(例如,0 ℃线、锋面过境时间)(Reference lines (e. g. , 0 ℃ ,time of frontal passage))
正文中提到的地理特征(Geographical features cited in text)
观测站、雷达站或其他仪器的位置(Locations of observing stations, radar sites, or other instrumentation)
显示数据、参考信息等细节的插图(Insets to show detail to data, reference information, etc.)
灰度或彩色的图例(Grayscale or color legend)
如果需要的话,给图加个标题(Title of the figure, if needed)
数据符号或折线的图例(Legends for data symbols or lines)
如果可能的话,标明每个线条或符号(Labels for each line or symbol, if possible)
用字母标记一幅多图的每幅图:(a)、(b)、(c)、……(Figure-panel letters：(a), (b), (c),...)
误差线、标准差或置信区间(Error bars, standard-deviation bars, or confidence intervals)
用圆圈、线条、箭头或标记标明正文中描述的重要特征(Circles, lines, arrows, or labels for important features described in the text)

计算机生成的图经常会带有默认图例，虽然这个图例可能经常会出现在图的不同位置。把图例放到什么位置更合适，见仁见智。有些人喜欢把图例放到绘图区外面（为了不扰乱数据区域），而有的人喜欢把图例放在绘图区中的空白区内（因为图例可能会占用太多绘图区外的空间）。

制作清晰电子图形的技巧

在这个用软件作图的时代，用软件可以作出清晰的图形，也可以生成像素化或模糊的图形。不同的软件可能会作出不同质量的图形。即使使用图形格式转换软件，也不能做出最佳质量的图形。尝试不同的方法获得质量上乘的图形。

如果你需要数字化扫描摄影照片或没有数字信号源的其他图片，对彩色、灰度或连续色调的图要用 300 ～ 600 dpi 的分辨率扫描，对位图或艺术线条要用 1200 dpi 的分辨率扫描。应按照你希望看到的相同尺寸扫描图像，裁剪掉图像周围的空白区域。大多数电脑显示器有 72 dpi 的屏幕分辨率，因此，打印或投射到屏幕上的图，看起来并不像在显示器中那么清晰。

在作图时，要了解期刊接受的图的格式。一些期刊只接受 EPS（可以有效地扩展的）格式的折线图和 TIFF 格式的照片（最高的分辨率）。有的期刊则灵活得多。期刊会把红、绿、蓝（RGB）格式的图片用于网络或者用青色、品红色、黄色、黑色（CMYK）格式用于商业印刷。坚持使用标准字体（Times、Arial、Helvetica 和 Symbol）。大多数出版机构会在网站上提供期刊作图的更多细节。

图中插图是另一种形式的注解。它可以对图中的数据进行补充说明，或放大图上可能看不清的细节。例如，图 11.8 使用图中插图，放大了与锋面过境有关的风速时间序列的细微特征：风速时间序列有两个峰值（插图中的注脚 1 和 2）。为此，原文中详细描述了出现峰值的原因。

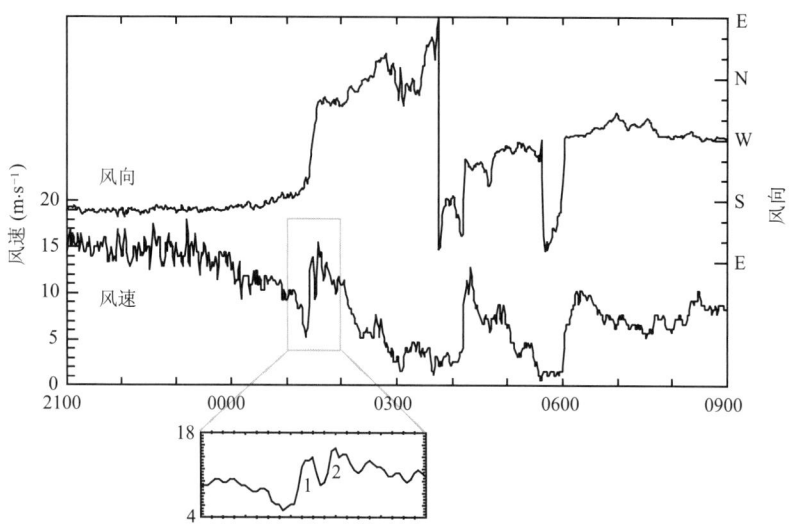

图 11.8　图中插图显示风速的详细信息。此外，图中注脚 1 和 2 可以引起读者对感兴趣的特征（在风速中的两个峰值）的注意，在文章正文中这些特征通过这两个数字来描述
（摘自 Schultz 和 Trapp（2003），图 11c）

如果使用了多种类型的注释（例如，一张附加有城市名和观测站名的地图），可用不同的字体、字号或格式区分。在不弄乱图的情况下，可以对图的多个方面进行注释，以便读者

更容易理解图中提供的信息。绝不允许注释覆盖图中数据——如果有必要的话，要把这么重要的信息放在图例、图注或正文中。这样做的目的在于尽可能将注释离被注释的目标近一些，注释离目标太远可能会增加读者的阅读难度。

11.6　灰度图和彩色图

图需要灰度图还是彩图，应视情况而定。等值线图上会有很多高值区和低值区（如地形、云顶温度、雷达图像），若用彩色展示的话，会看得很清楚。而灰度图更容易制作，许多期刊上也更通用，并且灰度图的印刷成本更低。彩色图印刷成本非常高，为降低印刷成本，可把一组不同的彩色图组合在一个版面上印刷。

虽然不少作者在学术期刊上使用彩图，而且彩图确实对于展示数据效果更好，但仍然建议大家坚持使用黑白图，或至少做两手准备。彩图非常适合多种类型的图，但一些读者会用黑白打印机或复印机打印你的论文和其中的彩图。彩色图中非常清晰的特征在黑白图中可能无法展现。因此，你可以在网络版期刊上免费使用彩图，并不意味着你就应该这样随意地绘图。使用彩图，旨在使图中信息更清晰及强调重要信息，而不是用来作装饰。彩色的平面图或折线图绘制在一个浅灰色或柔和的背景下时，彩色最容易突出数据。绘制在灰色等压线背景下的彩色雷达图就是这样的例子。

灰度和彩色色调层次可以是连续的（成百上千的色调或色彩在灰度之间有效地呈现为平滑过渡），也可以是离散的（几种色调或颜色与不同灰度之间有明显的区别）。连续彩色色标对诸如连续的卫星图像更适用。而离散彩色色标通常适用于等值线图（如 500 hPa 位势高度场）。避免在读者可能希望获得定量信息（如降水）的平面图中使用连续彩色色标。具体来说，灰度分辨率间隔不应低于 20%，因为超过 5 个灰度就会限制读者获取定量信息的能力（图 11.9）。

尽可能使用标准配色方案（如雷达图像）。在大多数情况避免使用彩虹配色方案。图的颜色可能过于强烈，色彩中明显反差会分散读者注意力。生成彩色色标的方法有许多种。

◎灰度和彩色的色标可以在强度上均匀地增加或减少（例如，从最高反照率的白色到最低反照率的黑色的可见光卫星图像）。对一个特定的颜色过渡来说，这样的方案对读者不太友好，如从红到紫的彩虹配色方案（例如黄色到绿色的过渡可能就显得太突然）。

◎色阶的突变主要用在物理上的显著性水平。

◎第三种方法可用于显示具有正值和负值两者的异同，从浅红色到深红色表示增加（正值），从浅蓝色到深蓝色表示减小（负值）。

无论是灰度图还是彩色图，均需要有关色标的图例。可借鉴他人作品中的色标，找出你喜欢的最佳配色方案。

颜色也可用于注释图形。通过选取图中不存在且与图中颜色有明显差别的颜色用于注释，可以在数据和注释之间产生清晰的视觉差别。

与冷色调（紫色、蓝色和绿色）相比，暖色调（红色、黄色和橙色）在浏览器页面中会很明显。因此，构图时要把暖色作为前景色，把冷色作为背景色。如果两个不同颜色的线交

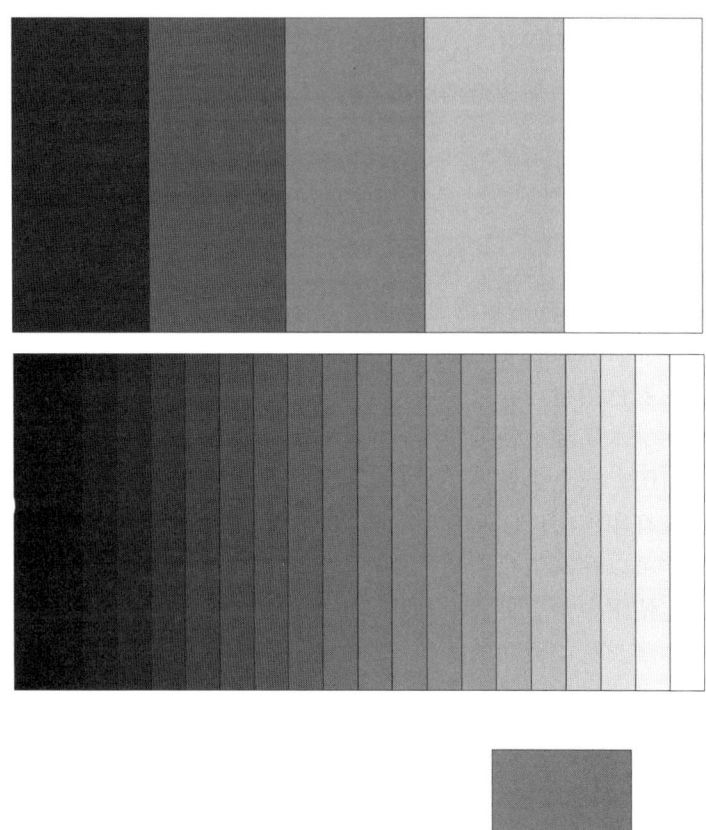

小方框中的灰度在上面的两种图中是什么色调？

图 11.9　较少的色调通常更好地用于从图中提取定量信息（上图 5 种色调，下图 20 种色调）

叉，要确保暖色线覆盖冷色线。

对自动配色方案犹豫不决的另一个原因，是如何让色盲读者解读彩色图形。大约 10％ 的男性和 2％ 或更少的女性都是色盲。最常见的色盲很难区分红色和绿色（红绿色盲）。不幸的是，许多常见的雷达图使用红绿配色方案：反射率因子（红色和绿色分别对应高、低反射率）和多普勒风场（红色和绿色分别对应沿径向向外和向内的风速）。把图片上传到 www.vischeck.com，可以让色盲人士查看这些图片。这样的检查可以帮助你避免做出让色盲读者可能无法理解的彩色图形。

最后，要小心灰度图或彩图在不同的电脑屏幕（包括投影仪）和不同的打印机上可能会产生的差异。特别是在白色背景下，黄色和绿色易褪色，深灰色表现为黑色。有时文稿发表时，也可能会加深或减弱你最初预计的图的灰度。因此，在文稿清样阶段要小心，仔细检查图的质量。

11.7　图的常见类型

图的类型多种多样，什么形式的都有。但是，在大气科学研究中，常常会看到几种基本类型的图。下面就常见类型的图的制作和使用，提供一些建议。

11.7.1 折线图

折线图可以说是最简单的图形类型，仅仅包括横轴、纵轴和一条表示数据的折线（例如图 11.6 和图 11.8）。折线图表示两个量之间的关系：自变量（可以选择改变的量、预报因子或输入变量，绘制在水平轴上，通常向右增加）和因变量（预报量或输出变量，绘制在纵轴上，通常向上增加）。

如果折线图是通过把数据点连接在一起绘成的，则使用标记显示数据点的位置，有助于读者用已知数据通过内插或外推得到曲线上其他点的值。在折线图中，若有不止一条折线时（如图 11.6 和图 11.8），可通过不同的符号、线宽、线的颜色（即使是灰度）、线型（实线（solid）、虚线（dashed）、点线（dotted）和点划线（dashed-dotted）），在图上进行区分。说明折线图上多条折线的相对独特性的一种方法就是，在折线图上加上置信区间或误差线（当然要在图例中定义一下，这样读者知道误差线是什么意思）。此外，要注意这些线不能重叠太多，以免这些折线不能被区分开。集合预报产品中的面条图或烟羽图是个例外，重叠的线条很常见，旨在显示各个预报成员的一致性。

若有多条折线代表不同的变量，可以为左轴和右轴或上轴和下轴设定不同的刻度。这种图可减少图的数量，并方便对比两种不同的图。例如，图 11.8 中设定的双重轴绘制了从 0 到 40 m·s^{-1} 的风速（即使最大值小于 20 m·s^{-1}）和绘制 $-90°$ 到 $450°$ 的风向（所有风向大于或等于 $0°$ 和小于 $90°$ 要加上 $360°$），两个坐标轴都适当地重新标注。这些重新调整使风向线和风速线不会重叠，并且风向线显示为一条连续的线，取值范围在 $0°\sim360°$ 之间时，避免在 $330°\sim30°$ 之间会发生急剧跳跃。

11.7.2 散点图

与折线图一样，散点图可以显示一个大型数据集的两个量之间的复杂和非线性的关系（图 11.10 和图 11.11）。散点图的质量与选择的代表数据的符号（点）的大小有关。符号的大小和颜色由作者选择，而不是接受默认的设置。首先考虑带有一种符号的散点图，如图 11.10。在这幅图中，点的大小要适当，既大到清晰可见，又不能因太大造成重叠而掩盖数据。只有几个稀稀拉拉数据的散点图，可以比有大量重叠数据点的散点图用的符号大。散点图中数据点不应该太大并遮盖图的信息，也不能太小，几乎看不到（或更糟的是，在发表时会因图缩小使数据点看不见）。

带有实心符号（例如，●，■，▲）的散点图，通常比带有空心符号（例如，○，□，△）或带有边缘（例如，＋，＊，K）的散点图好看。空心符号经常在打印缩小时变成实心符号，并且圆点（如周期）甚至可能看不见。当数据点重叠时，实心符号会掩盖部分数据。因此，在数据出现大量重叠的地方，使用空心符号能更好地反映出整个场的数据密度变化。如果由于数据重叠，空心符号不能让图形清晰地展示数据分布的话，或许点的密度等值线图将会弥补这一缺陷。

对于带有多个符号的散点图（图 11.11），不同符号的大小应该大致相同，以避免散点图产生视觉偏差。例如，正（＋）、负（－）符号在散点图或地图中代表不同符号的云对地闪会更直观一些，但是加号所占的区域比负号所占的区域大，让读者产生潜在的偏差，相信有更多的正闪或正闪发生的区域比负闪大（也许可以用一个垂直线段来代替加号？）。此外，多个符号必须彼此有明显差别（如着重号和方框在印刷缩小时几乎没有区别）。图 11.11 显示了不同的符号的合理使用，它们的大小和灰度相似，来区分大气波涌（the bores）、密度流（density currents）及两者混合的情况。

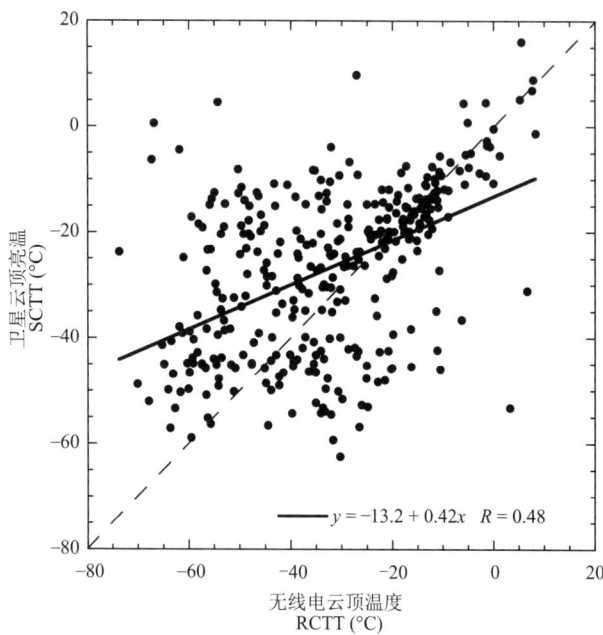

图 11.10　从无线电探空仪数据确定的云顶温度与从卫星的降水云数据集得到的云顶亮温相比较的散点图。
粗实线是数据的线性回归线，虚线表示完美的关系（摘自 Hanna 等（2008），图 5）

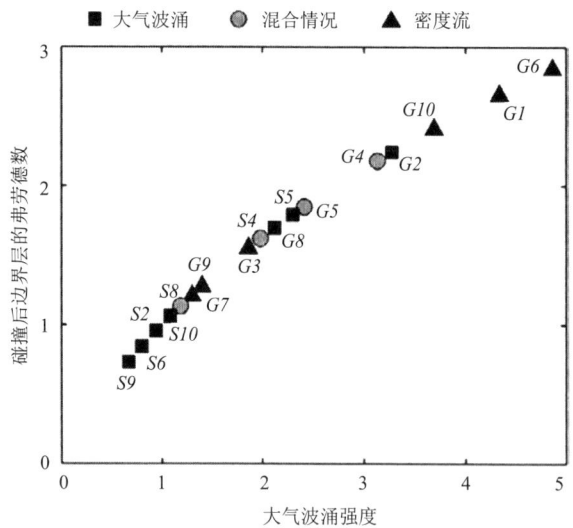

图 11.11　从碰撞密度流得到大气波涌的形成的数据散点图（图中大气波涌是黑方框，密度流是黑色三角，
混合情况是灰色圆）。每个绘图符号旁边的标识符表示碰撞后边界的类型（G 表示阵风锋激发，S 表示海
风锋激发）和个例编号（1～10）（摘自 Kingsmill 和 Crook（2007），图 7）

　　有时散点图会用显示 1∶1 的线条、理论关系、相关性曲线或其他帮助读者更好地理解
图（例如图 11.10）中数据关系的派生量来补充说明。这些线条除了要在正文中说明外，还
应该在图中或图例中说明。

线性相关的误用

常见的诊断工具是将散点图中数据拟合为最小二乘法回归线。衡量这条拟合线的程度的度量，称为皮尔逊积差相关系数（简称为相关系数）r，r 为 1 表示有正斜率的完美相关，r 为 -1 表示有负斜率的完美相关，r 为 0 表示没有相关性。线性回归决定系数 r^2 代表线性拟合的解释方差的百分比。不要把 r 和 r^2 弄混了。

为了说明线性回归可能的误用，Anscombe（1973）讨论了 4 个统计数据的例子。每个例子都有 11 个点，并且有相同的回归线和相关系数（图 11.12）。其中只有第一个例子中（图 11.12a）得到的回归线是正确的；其余三种情况都是线性回归中常见的误用。在决定分析数据线性关系之前，首先应确定数据是否具有明显可能或不可能的线性相关关系（图 11.12b）。更重要的是，你是否希望从数据中得到线性关系！例如，一幅图显示的平均雨滴大小和雷达反射率因子之间的线性关系可能是错误的，因为有关这两个量的方程中是 6 次方，而不是线性的。

要注意异常值，这可能会严重影响线性相关。例如，由于一个异常值，原本完美的相关性被破坏（图 11.12c），而没有相关的数据集因为一个异常值变成了高度相关（图 11.12d）。如果数据集有异常值，你可以通过用完整的数据集和剔除异常值后的数据集计算线性拟合，并如实地告诉你的读者这些异常值的影响。

如果你在数据集中发现有高度相关性，避免在不明显的物理关联之间强加物理联系。正如人们所说的，"统计学相关并不意味着有因果关系"（在第 290 页进一步讨论）。

最后，语言上要注意。将"相关性"一词的使用限制在已计算相关系数的情况下。请勿将"相关/相关性"作为"有关/关系"或"相应/对应"的同义词（第 283 页）。

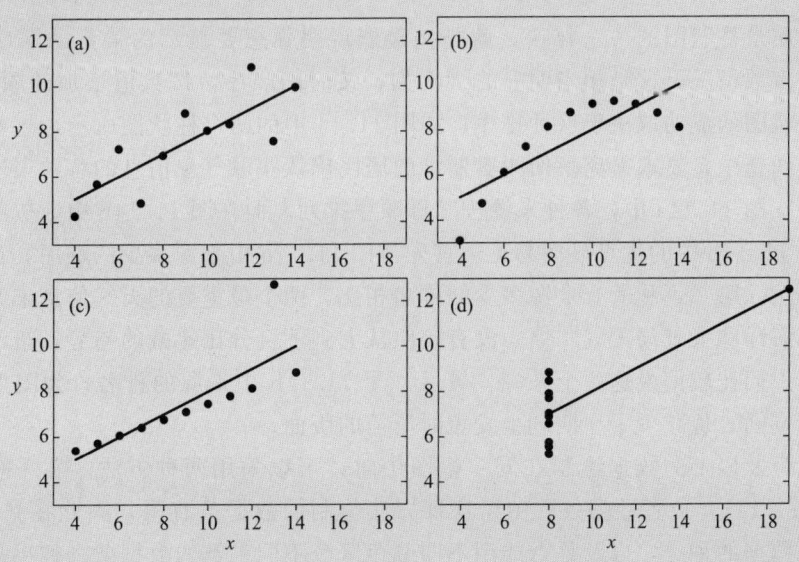

图 11.12　Anscombe（1973）的 4 联图：有相同的平均值（7.5）、同样的标准差（4.1）、相同的线性回归线（$y = 3x + 0.5$）和相同的相关系数（0.82）的 4 个数据集的例子。只有（a）是正确使用线性回归的例子

11.7.3 柱状图

柱状图能显示数据集的分布，可用于将一组数据与另一组数据进行比较。一种特殊类型的柱状图——直方图显示了数据集的分布，作为数量的函数，可绘制数量、频率或百分比（图 11.13）。柱状图可以竖直（图 11.13）或水平（图 11.14）条状绘制。如果因变量是数量、数字或百分比的话，选用垂直方向柱状图；如果因变量是时间、距离或长度，选用水平方向柱状图。图 11.14 为水平方向的柱状图，使数据来源的名称更容易阅读。

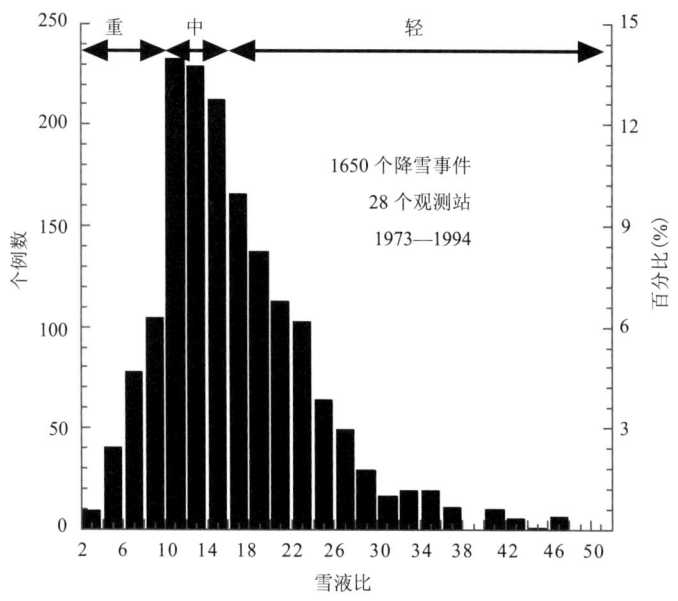

图 11.13　垂直柱状图（摘自 Roebber（2003），图 2）

创建高质量柱状图的一个秘诀，就是按最能说明你想要显示的关系的顺序来展示柱状图。对于大多数情况，这是相当明显的（例如，按时间顺序，按数值增加的顺序）。在其他情况下，柱状图的成功取决于这种排序。如图 11.14 中的两个柱状图所示，这些数据来自一项调查，在调查中，要求得克萨斯州奥斯汀的居民确认获取气象信息的各种渠道及最重要的信息来源。在图 11.14a 中，各种来源按字母顺序排列。而在图 11.14b 中，按照确认次数降序排列。图 11.14b 中的优点显而易见。首先，图 11.14b 中来源多少的顺序，让读者对来源分布一目了然。第二，和所有来源多少的排名相比，两个最重要的天气信息来源（天气频道和美国国家海洋和大气局天气广播）没有按照从上到下百分比递减的趋势，暗示与其他排名来源相比，人们比较偏爱这两个来源。最后，图 11.14b 中来源的排名，为图例框移到图中提供足够的空间，也减少了在期刊上发表时所需的版面。

当把两个及以上的数据绘制在同一幅图中时，可以采用两种方法。第一种方法是并排（例如，图 11.14b）放置数据条。由于这种方法绘制的数据条有限，因此在并排数据条时，应首先考虑数据的种类，以及是否能用不同颜色区分不同种类的数据条。如果需要绘制更多种类别的数据条，那就要考虑使用多个柱状图，或使用折线图。

第二种方法是采用堆叠柱状图（图 11.15a 和图 11.15b）。堆叠柱状图最好用于有一大组子集的种类（例如，F0，F1，F2，...，F5 级龙卷作为龙卷总数的一个子集）。这种方法就是以某种逻辑顺序排列堆叠的类别（例如，按上大下小的类别堆叠）。堆叠图可直观看出

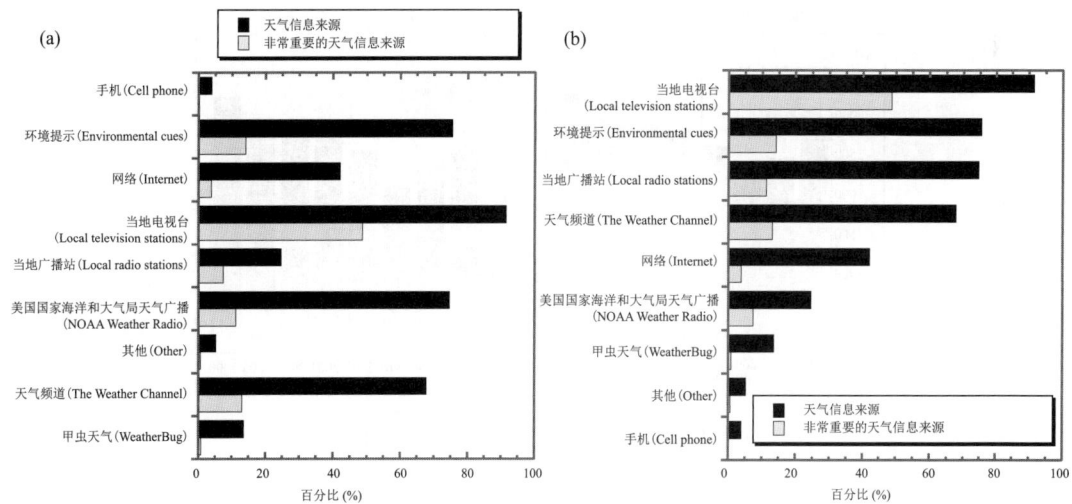

图 11.14　为了得到有效的柱状图而仔细做好数据条排序的重要性。(a) 按照字母顺序排序的来源得到的柱
状图。(b) 按来源百分比递减的排序得到的更直观的柱状图。详见正文
（甲虫天气是一个针对美国的天气预报网站和手机 APP，译者注）

不同类别之间的相对比例及同一类别随时间的变化趋势，但若每个堆叠图都有太多的小类别
时，可能妨碍对结果的简单解释。在这种情况下，折线图可能比较好用。

　　图 11.15a 是按照最大的类别从底部开始向上减少的顺序的堆叠柱状图，而图 11.15b 是
按照最小的类别从底部开始向上增加的顺序。图 11.15b 中最小类别在底部（也是随着时间
的推移很少变化的类别），顶部的来自大学科研人员的参会人数随着时间变化的幅度明显大
于其他类别的变化幅度（约为 2 倍）。与此相反，最大类别在底部的图 11.15a 中，2001 年
之后最大的类别有随时间增加、最小的类别有随时间越来越小的趋势。

　　做一幅柱状图时，数据条应该占主导地位。用与背景色最大对比度的黑色或灰度填满数
据条。对于多种类别的数据条，要确保它们之间的颜色或条纹的色调有区别。为了尽可能地
方便阅读，堆叠柱状图的色调应该从最浅到最深。应避免画交叉线和其他分散注意力的填充
模式。数据条不能太细或太粗——数据条应该比数据条之间的间隔宽。如果柱状图显示一个
连续的量（如温度、风速、涡度），数据条可以彼此相连。数据条之间有间隔的柱状图更适
合用来表示离散的量（例如，一个现象的发生量）。

　　在两种情况下柱状图的顶部可以标上值。第一，数据集要求额外的精度。第二，一个或
多个数据条可能比较高，并占主要地位。要显示较小的数据条的细节，重新缩放坐标轴来缩
小最大的数据条，并在被缩短了的数据条顶部标注它们各自的值。

　　对于自变量（沿 x 轴绘制垂直柱状图）应注意如何在刻度线下标记分类。在图 11.15a
和图 11.15b 中，年份在柱状图刻度标记之间标注，而在图 11.15c 中，年份标注在折线图的
刻度标记处。例如，冰雹直径标记为 2，3，4，…，8 cm 的柱状图应该如何理解？标记为
"2 cm" 的类别意味着冰雹直径仅为精确的 2.0 cm 还是冰雹直径从 2.0 到 2.9 cm？为了避
免这种歧义，要么恰当地标注坐标轴，要么在图例中作说明（标注 "2" 的数据条包含了直
径为 2.0～2.9 cm 的冰雹）。避免类别的重叠（如 0～5、5～10、10～15）。

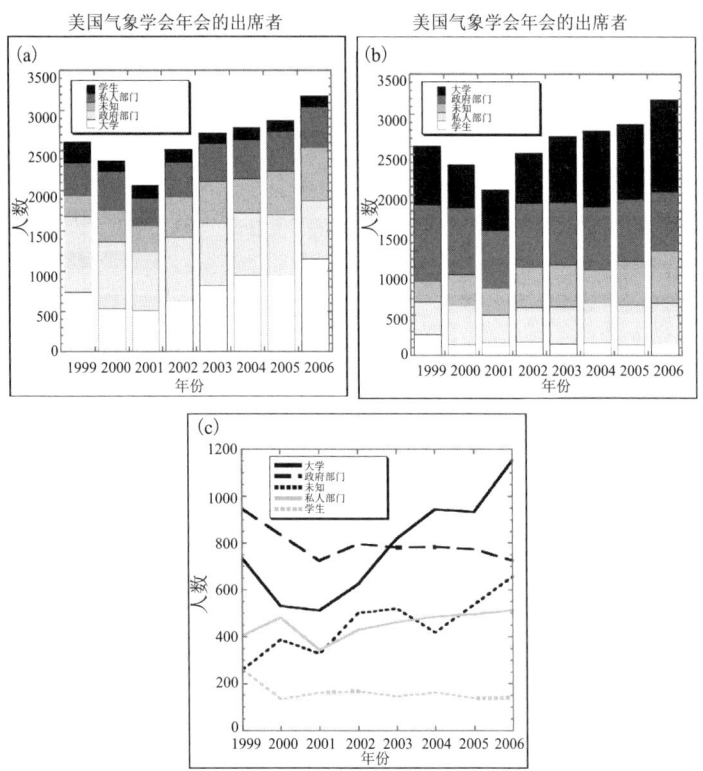

图 11.15 堆叠柱状图：（a）堆叠顺序一般是最大的部分在底部（来自大学的科研人员参会者），最小的部分在最上面（学生参会者）；（b）堆叠顺序一般是最小的部分在底部（学生参会者），最大的部分在最上面（来自大学的科研人员参会者），这也恰好是 2001 年以来增长最大的参会者来源。由于从（a）中很难获得发展趋势，把最大或增长最快的柱放在最上方更清楚。（c）把与（a）和（b）相同的数据画在一张折线图上，比柱状图能更清楚地显示出这五种参会者来源的时间变化趋势

对于因变量（沿 y 轴绘制垂直柱状图），标注为"频率"，即单位时间内的事件。在大多数情况下，坐标轴标注的数字为"事件的数量"。

对折线图和柱状图的使用，应视情况而定，若表示连续数据，宜使用折线图和散点图；若表示不连续数据，宜选择柱状图。图 11.15b 和图 11.15c 用不同类型的图展示相同的数据。比较两类图，堆叠柱状图（图 11.15b）有几个优点：表示的数据比折线图（图 11.15c）更加清晰，不同类别参会人数的合计也容易确定，并且总参会人数的趋势更为明显。相比之下，折线图（图 11.15c）更容易显示不同部门定量信息和更容易看到各部门（在堆叠条形图中可以看到，但并不清晰）的变化趋势。因此，在图 11.15c，我们不难看到，自 2001 年以来，来自大学和未知部门的参会人数增加，来自大学出席的人数增加最多。自 2001 年以来，其他三个部门（政府、私人部门和学生）出席的人数随时间的变化相对较少（图 11.15c）。因此，折线图比柱状图可以更清楚地看到趋势，特别是微妙的趋势。

11.7.4 箱线图

虽然柱状图可以很好地说明单个数据集的分布，但是在比较几个数据集时，柱状图就不太好用。具体来说，一个常见的问题是两个分布的相似性如何（即这两个分布可能都是从同一人群中取样的吗?）。箱线图，也叫盒须图，是紧凑形式的柱状图，它可以显示一组数据的中位数、下四分位数、上四分位数、四分位范围（上下四分之差）和异常值（图11.16）。箱线通常代表最小和最大的观测值，并不是异常值，超过四分位范围1.5倍的值为异常值。因此，采用箱线图的作者应在图例中或作为插图定义箱线的特征。

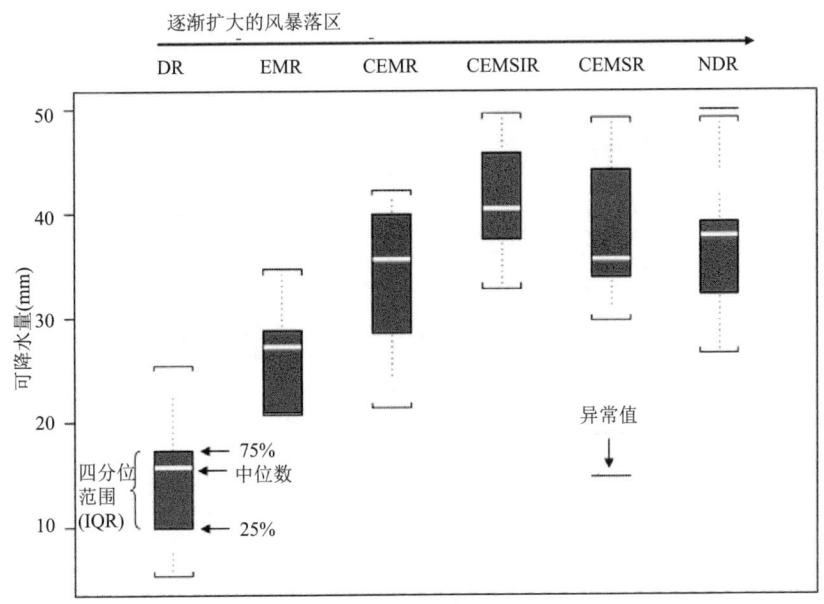

图 11.16　北羊季风区夏季 6 种天气系统（DR，EMR，CEMR，CEMSIR，CEMSR 和 NDR）的可降水量的箱线图。IQR 为四分位范围，最外层的方括号的值在 IQR 的 1.5 倍以内（摘自 Heinselman 和 Schultz（2006），图 16）

箱线图比柱状图更容易比较不同的分布（例如，四分位数、中位数）。其中箱体大量重叠时，分布不能在统计上彼此区分。中位数和四分位数间分离的越大，分布之间的差异越显著。如在图 11.16 中，DR、EMR 和 CEMR 的可降水量的中位数和四分位数之间大的间隔意味着这些分布之间有显著的差异，而 CEMSIR、CEMSR 和 NDR 的可降水量的四分位数间距有大的重叠意味着这些分布在统计学上更加难以区分。

一些绘图软件在箱体的中位数附近显示凹槽。这些凹槽代表来源于全体抽样的中位数的变化。如果来自两个箱线图的凹槽没有重叠，则这两个分布在 5% 的显著性水平具有不同的中位数。

11.7.5 平面图

平面图显示来自观测资料或模式的量的水平（或准水平）分布。通常将这个量绘制在等高度面、等压面、等熵面或动态对流层顶上。例子包括地面图（图 11.17）、500 hPa 位势高度图、美国降水异常图、气团后向轨迹图、锋或对流系统的等时线图及卫星图像。雷达平面位置显示（PPI）图也是平面图的一种形式，虽然准水平面是由于雷达扫描的几何形状和地球的曲率而形成的一个略呈球形的锥面。通过在直角坐标系中把雷达数据内插到固定高度面上，可以将雷达数据重新映射到固定高度的 PPI（CAPPI）上。

对于基于观测数据的传统天气图（图 11.17），需要考虑数据的可读性和足够大的范围这一对相矛盾的因素的影响。对于像美国这样大的范围，并不是所有的地面数据都可以绘制在期刊论文的图上，并保持可读性。一种解决方案就是裁剪图片，只显示感兴趣的相关区域。裁剪时要小心，以便以后可能移动到该区域的相关特征可以被看到。或者过滤观测数据，只绘制数据集中与论文有关的部分。由于需要越来越多的数据显示中尺度和小尺度的特征，因此，无论分辨率大小，都需要在绘图尺寸、可用的数据密度和区域的大小之间达成一个适当的平衡。

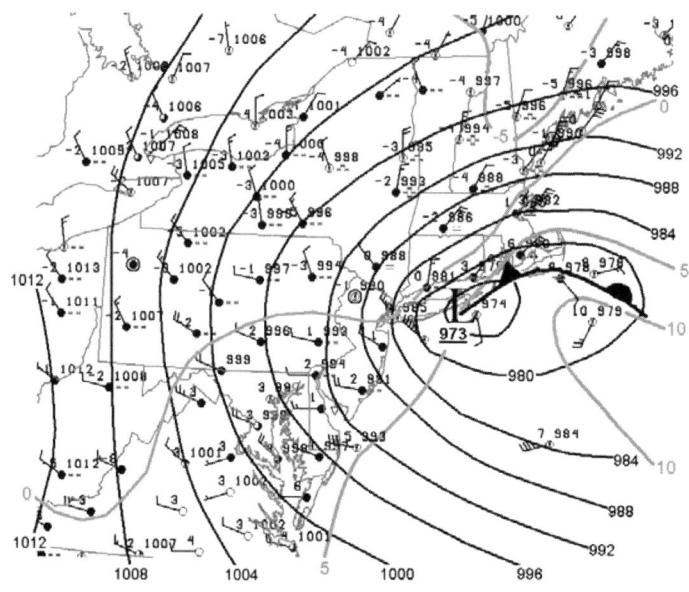

图 11.17　平面图的一个例子（摘自 Novak 等（2008），图 3e）

咨询专家

科技论文中的照片

罗杰·瓦基莫托，美国大气研究中心地球观测实验室副主任

大气科学以视觉图像为主。在论文中有策略性地放上照片可以明显增强展示效果。从文献中的很多类照片中，我只选择一些我认为特别有效的照片。与遥感数据分析结果配套的照片，可以增加对一种物理现象的洞察力（例如，图 11.18）。将卫星和多普勒雷达分析与雷暴、飓风、龙卷的照片相结合就是一个很好的例子。激光雷达资料分析的污染与烟羽或分层的视觉图像相结合，会很醒目。

另一个有效的方法是前后照片对比。在气候研究中，前后照片对比可能是冰川急剧退缩或海平面上升的一个例证。在强风暴研究中，一座楼房或建筑物在一场毁灭性的事件前后的两张照片的对比，可彰显事件的破坏性，有时最好把记录的事件显示在一张照片上（如，最大的冰雹、最大的降雪量、洪水记录、干旱）。照片的时间序列可以揭示事件的演变，如建筑物被大风损坏，一系列卫星图像观察到的飓风登陆，还有强风暴的迅速发展。

最后，照片还经常用于与设计图以互补的方式展示仪器或观测平台。在出版物上展示完整照片是一种自然的趋势，但应考虑合理裁剪图片，以便尽可能地减少空间的浪费。

大多数照片都以定性的方式使用。然而，摄影测量技术可以提供丰富的定量信息（图 11.18）。摄影测量除了确定长度尺度之外，还允许在图片上面标记仰角和方位角。在照片上叠加一个角度网格并不是新想法，因为它类似于在卫星图像叠加上经纬度网格。事实上，如果没有摄影测量信息，很难想象用户是如何解读卫星图像的。

在照片上叠加摄影测量网格需要具备有关照片的定量信息的知识：相机镜头的焦距，离感兴趣现象的距离，抓拍照片的精确时间，还有相机的确切位置。拍照片时，这些信息应记录下来。最后，为准确叠加网格，照片中的地平线必须可见。这些额外要求，无疑解释了为什么这种技术在文献中还未得到充分利用。

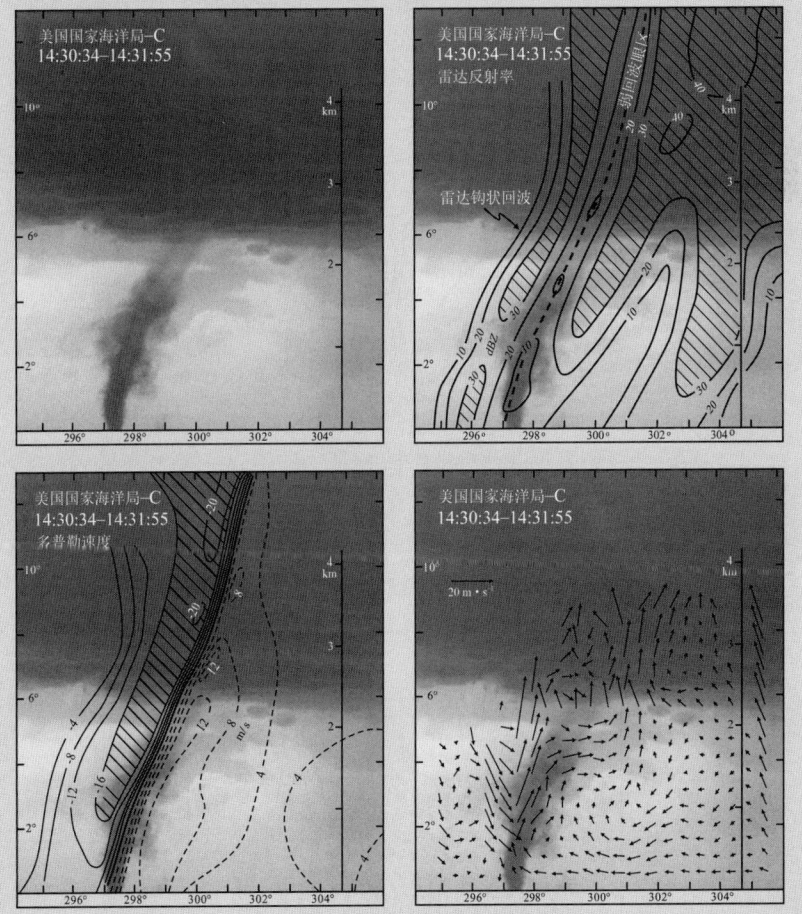

图 11.18　在龙卷的照片上叠加雷达数据（摘自 Wakimoto 和 Martner（1992），图 9e）

如果在正文中描述了地理区域、观测站和仪器的位置，请确保至少有一张标注有区域和观测站名的水平面图，并包括水平长度比例尺。带有日期/时间、物理量、模式试验的名称等结构合理的标题，有助于读者不用阅读详细的图例就能理解图的内容。

11.7.6 垂直剖面图

垂直剖面图（图 11.19）是在一个 y 轴代表垂直维度（如地表以上的高度、气压）的平面上显示数据的一种图。虽然时间-高度剖面（图 11.20）在显示大气的垂直结构的演变上经常使用（如一系列的探空，多普勒雷达的垂直风廓线），但是 x 轴通常还是取一个水平维度，雷达距离高度显示（RHI）图也是垂直剖面的一种形式。

垂直剖面经常与显示剖面位置的水平地图一起出现。应清楚地标记出剖面的起始位置。如果剖面图上表示的水陆边界、州或国家的边界或高山位置能帮助读者在水平地图上定向，那么就需要予以注解。要给出一个水平长度比例尺（即图 11.19 中表示 200 km 长的线段），让读者了解剖面图中的特征尺度。

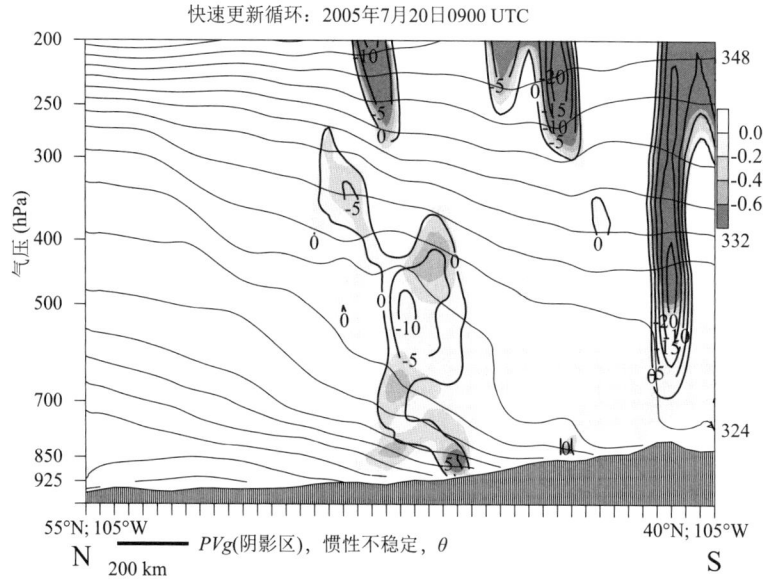

图 11.19　垂直剖面图（改编自 Schultz 和 Knox（2007），图 12）

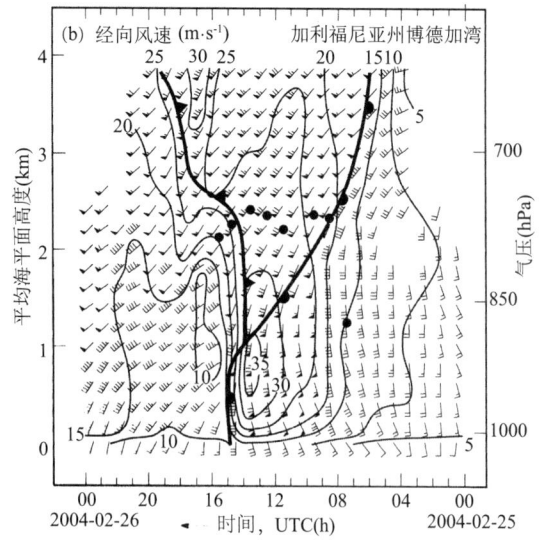

图 11.20　时间-高度的剖面图（摘自 Martner 等（2007），图 2b）

11.7.7　热力学图

热力学图是以图形方式表示大气中气压、温度、质量和作为高度函数的水汽之间的关系（如图 11.20）的工具。热力学图有几种不同的类型，但最常用的是那些图中面积与能量呈现正比关系的图（例如温度对数压力图（T-$\log p$ 图）、温熵图（tephigram）、埃玛图（emagram））。要确保出版时图被缩小后网格线依然清晰可见，并且数据线要比网格线更明显。

11.7.8　Hovmöller 图

一种时间-经度图，用来显示在某一纬度带内的平均特征的纬向移动，最初由 Hovmöller（1949）提出，用于在急流中追踪槽脊。为了适应沿弯曲的急流追踪对流层顶的特征（那里的特征不易在一个纬度带内被追踪），Hovmöller 图（图 11.21）已被 Martius 等（2006）作了改进。在该图中，正（实线）和负（虚线）的经向风速显示了 2001 年 1 月在北半球沿 320 K 等熵面 2 个位涡单位（PVU）等值线的短波槽的移动。

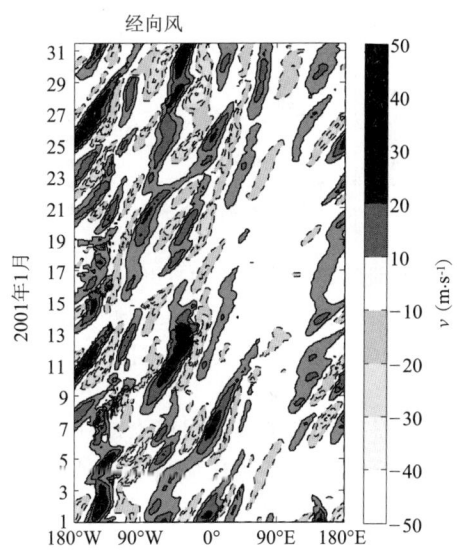

图 11.21　Hovmöller 图显示沿 320 K 等熵面上 2 PVU 等值线的经向风速剖面
（y 轴是 2001 年 1 月的日期）（图由奥利维亚·马蒂乌斯提供）

11.7.9　饼图

饼图是把整个圆饼分成几份的相对百分比的圆形图。一般来说，饼图应该避免出现在科技论文中，因为定量信息更容易从柱状图或其他图获得。此外，一个饼图中的数据可以用表或在文章中更简单地展示出来。饼图的简单性在一种情况下有独特的优势，就是展示地图上多个站点（例如，小幅多图）的某种量的数值（例如，多云日数的百分比）。

11.7.10　一幅多图

多幅几乎相同的图组合在一起被称为一幅多图（图 11.22）。一幅多图可利用数据显示模型，使时空特征的演变一目了然，如在这个例子中，3×3 的自组织图揭示了印度夏季风期间，印度中部地区区域平均的降水异常的季节内振荡的时空演变（图 11.22）。

11.7.11　仪器图

仪器图是用来展示特定仪器或非标准的实验室设备，可以是照片或线绘图。照片有两个

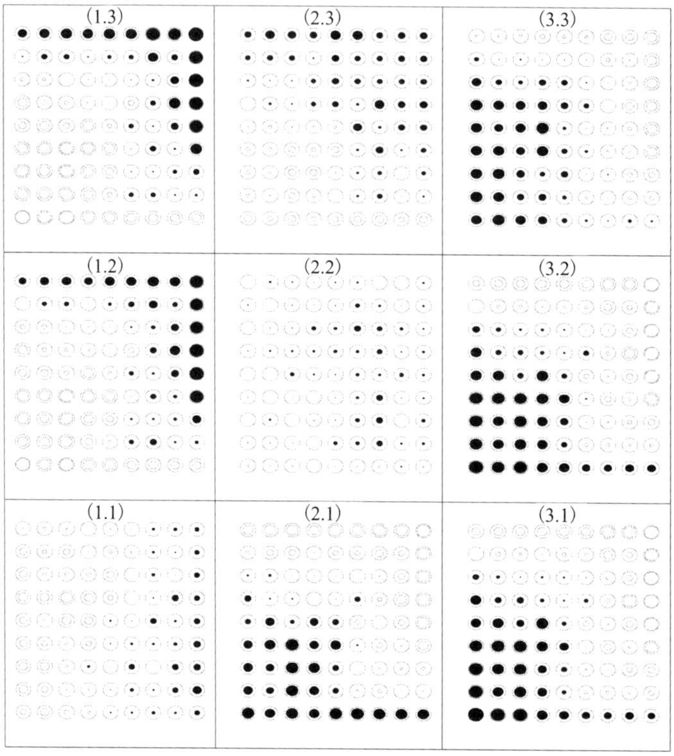

图 11.22　一个一幅多图的例子。图中设计了一幅 3×3 的自组织图（Kohonen（1990）），用大尺度环流参数显示了印度中部地区夏季风区域平均的降水异常的季节内振荡的不同时空演变。图中通过使用高阶的 9×9 平面图，可以探索每 3×3 的图中的事件到事件的变化（摘自 Chattopadhyay 等（2008），图 8）

缺陷。首先，照片可能会显示仪器与其他仪器一起被安放在混乱黑暗的实验室内。这样的图片中有不可避免的阴影，以及缺乏对比，不能让读者把重点放在仪器的重要组件上。其次，大多数照片都没有注释，让读者进一步感到困惑。许多期刊不使用仪器照片，而是使用相关仪器的线绘图。线绘图剥离了照片中的无关细节，并通过说明让读者了解仪器各部分的功能，还可以显示剖面和内部的分解图。与支付数千美元的版面费相比，支付一个画家绘制的仪器图的费用还是微不足道的。如果觉得不值，那就要再考虑考虑这幅图有没有必要出现在文章中。

11.7.12　示意图和概念模型

概念模型图是把论文的结果综合成一种简单理想化图形（图 11.4 和图 11.23）。描述复杂现象的论文，总结了大量的个例，介绍天气合成分析，或开发一个符合这种示意图的概念模型。一幅绝佳的示意图可以让他人在评论文章和教科书中进行复制，因此确保对图的描述要翔实、准确、清晰、美观，更令人赏心悦目。记住，要让示意图代表论文的数据。不要过度概括或简单化。为了确保高质量的图形，最好聘请一位有经验的平面设计师。

11.8　其他来源的图片

有时最好的图是别人以前发表过的。例如，一篇综述文章的图可能几乎完全是来自他人

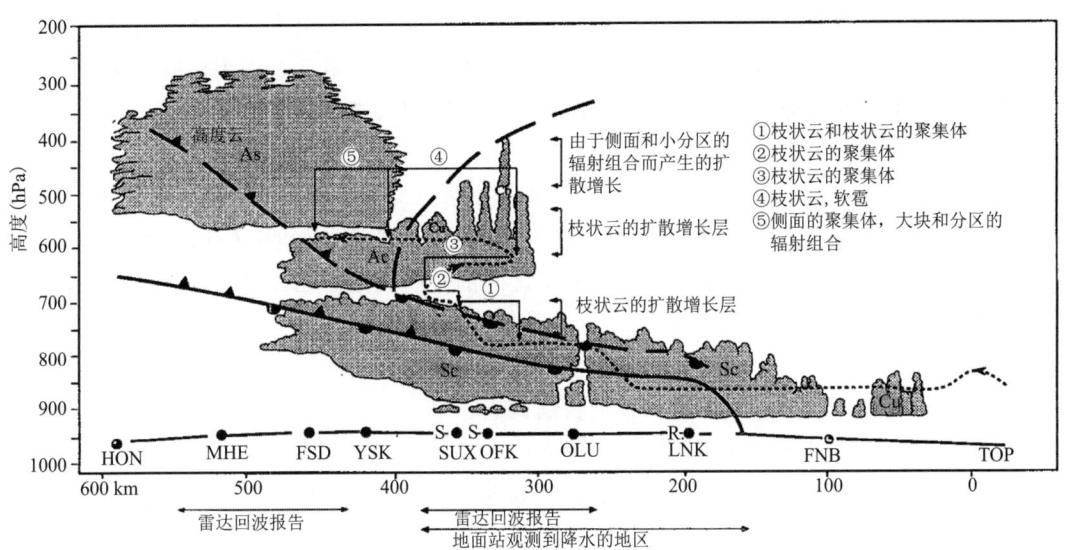

图 11.23　结合穿越北极锋面的天气、飞机观测、微物理过程和可观测到的云的信息的示意图
（摘自 Wang 等 (1995)，图 9a）

的。为了得到质量上乘的图，尽量从原作者那里取得图形文件的电子版。如果无法取得，从出版的期刊上用数字扫描仪采集图像。尝试不同的设置和不同的扫描仪，以获得质量最佳的图像。如果是网上期刊的话，可以用屏幕截图的方法得到图像，将图形放大到没有像素化的最大可能尺寸，以获得最佳分辨率的屏幕截图。

扫描或屏幕截图得到的图像质量可能较差，或者原始图可能带有无关材料。如果是这样，可能需要重新绘制，以便让以前期刊的图形得到简化或变得清晰。

在发表他人的图之前，需要获得版权持有人的许可，不一定是作者的许可。如果已经获得复制图的许可，请确定图的来源，并在图例中加注版权声明 "（图 5，摘自 Ackerman (2009)，© 2009 年美国气象学会）（Fig. 5 from Ackerman et al. 2009，© 2009 American Meteorological Society）"。

最后，如果图或表来自其他来源，应在图例中正确引用来源："摘自 Jone (1995)，图 5 (From Jones (1995，her Fig. 5))"。如果这幅图重新起草或修改过，那就这样写："改编自 Jone (1995)，图 5 (Adapted from Jones (1995，her Fig. 5).)"。如果图的改变很大，有可能对数据有影响，那就要全面说明："重绘 Jone (1995)，图 5，强调云顶温度低于 −45 ℃ (Redrawn from Jones (1995，her Fig. 5) to emphasize cloudtop temperatures colder than −45 ℃.)"。如果这幅图以前没有发表过，且图的提供者也不在作者名单上，应在致谢中列出 "图 7 由莎拉·琼斯提供"，并将 "由莎拉·琼斯提供" 放在图例中。

11.9　表格

如果选择论文中的图需要用心的话，那么在决定要用哪些表格（如果有的话）时要更加小心，其中一个例子如表 11.2 所示。用图和表格的形式反映数据都占用空间。如果要选择一种的话，还是选择图。虽然有些表格，特别是那些带有文字的表格，做成图并不容易，但是发表的文章中许多表格的信息还是可以通过精心设计的图反映出来。此外，表格需要版面设计师花费更多的时间去设计，这也增加了文章发表的成本。最后，用表格或只是将数据在正文中罗列出来，读者要花费比理解一幅图形更多的时间去理解。

因此，稿件是否采用表格取决于：a）表格是否确有必要；b）数据用表格能不能比用一幅图或多幅图更好地表示；c）如何在表格中呈现数据。本节中将要讨论这三个议题。

第一步要决定是用表格还是用图形（或直接在正文中罗列出这些材料）。如在本章前面中所讨论的，图形最好用于介绍趋势或不同量之间的空间关系。相比之下，表格最适合用于以下几个方面。

◎显示精确的定量信息或数字和字母数据列表。

◎用简洁的格式显示数据，否则会在正文中重复出现（例如，列出事件的时间轴）。

◎要展示的数据集太大，以至于不能在一幅图或者一组图中传达出来（比如，天气事件的日期和地点列表）。

◎强调或组织正文中可能不是很明显的要点。例如，本书中的许多表格总结了分布在正文中多个页面的信息。把这些信息收集起来，提供给读者一个易于查看的列表。第91页的表11.1就是一个这样的例子。

在下面的两种情况下，可能不需要用表格。如果数据展示的结果是否定的，或者统计学检验不显著，那么就需要考虑数据是否需要出现在手稿上。可以用一两句话来讨论一下结果吗？其次，如果在正文中没有讨论这些数据，只是为了完整性考虑而提供，那么你可能要考虑这些数据是否应该列在手稿中。

表 11.2　示例表：700 hPa 的雨滴参数的示例（改编自 Shapiro（2005），表 1）

D (mm)	w_t (m·s^{-1})	Re	C_D	λ(s^{-1})
1.0	−4.5	240	0.71	2.18
1.5	−6.3	510	0.55	1.58
2.0	−7.7	820	0.48	1.26
2.5	−8.7	1160	0.44	1.05
3.0	−9.3	1490	0.42	0.8

如果已选择用表格展示数据，那么就要按照有关表格设计的一些通用规则，创建一个规范的表格。

1. 用于数据对比的表，几个较小的表比较大的表更受欢迎，或者用带有（a）、（b）、（c）的多个表组合在一起，是展示具有相似结构的表的有效手段。

2. 表中数据的排列，应有助于读者对数据的阅读理解，例如，大多数数据，尤其是数字，排在一列比排在一行看起来更好。

3. 行和列的设计要尽量科学。如，按字母顺序、大小或重要性顺序。如果排序方案不清楚，请在表格下加注说明。

4. 设计表格时，应避免在行间和列间留很大的空白。

5. 要把具有太多列的表格适当地放在整个页面上，可以在期刊中以横向方式打印。

创建一个规范的表的最后一步是设置表元素（即每列数据表示的量和单位），让数据表更具可读性。创建表要遵循的准则如下。

1. 一般而言，我更喜欢用开放式布局来突出显示数据，而不是用表中的垂直或水平线条来隔开。多数期刊在表中不使用这样的线，除非是为了在列或行的组之间进行区分。

2. 每列都必须有一个列标题。由于列标题一般不允许占太多的空间，所以一定要简明扼要、缩写或分成多行来写。让所有的列标题都具有并行结构（9.4 节）。仅标题中的第一个词要大写。

3. 如果一个行或列有重复的值，可以考虑保持这些单元格为空。设计表用来强调有变化的条目，而不是保持不变的条目。

4. 与图的坐标轴一样，在列标题中指定单位。

5. 每列数字的小数点要对齐。小于 1 的所有小数前面必须有零（例如 0.23）。

6. 要向读者表明哪些数据最重要，特别是在大型表中。例如，您可以使用粗体、斜体、灰度调节或其他注释（例如星号）来强调统计上显著的结果。或者，如果读者不太明白，你可以在正文中对重要数据进行说明，并在这些数据旁边打上星号。

7. 避免为了显著性水平或其他注解创建一个全新的列，可以用星号或作为脚注注明。最好使用字母而不是数字作为脚标，避免脚标作为指数出现（如 2^2 与 2^a 对比，后者更可行）。

8. 表中的缩写必须在图例、正文或脚注中定义。

11.10 图例和表注

在科技论文写作中，正文要讨论图或表的结果，并且图例（表注）应该针对如何解读图（表）为读者提供说明。每个图例和表注都以一个能抓住图或表本质的词开始。让它成为文中独特的图例说明。读者可以单独从图例中理解图的含义。由于许多期刊喜欢在正文而不是图例中讨论图，所以对期刊的特定格式要了解清楚。

图例最重要的特征是它们必须完整说明图中信息，千万不要惜字如金。图中的每个成分和一幅多图的每个组成部分都必须在图例中说明，即使你认为这是不言而喻的。这种完整性会提高读者对图的解读能力。当写完初稿后，小心地写清楚图例，然后再仔细检查一下，并设法让图例更加简洁。当你非常疲乏或快完成论文时，不要忘了图例。图例太重要了，千万不可忽视。

在完成一个完整、清晰且简明的图例之后，要把手稿中类似的图表的格式统一。如果从之前的手稿中发现你喜欢的格式，可以在本手稿中重新使用这种格式。作为最后检查，将图例（和图）中的信息与正文中的信息进行核对。

11.11 正文中图表的讨论

一旦完成了图和图例，许多作者认为他们的工作已经完成了，一个精心构造的图应该不言而喻。错了！直到在正文中充分描述该图之后，这项工作才算完成。

在讨论图时，要讨论图中最明显的方面：美国春季龙卷（出现）的最大频次，加利福尼亚州西部宽广的层积云，还有散点图上的正相关关系。因此，要让读者一目了然，即使这不是你想说的重点。然后，再讨论图的细节点或异常点：在 11 月龙卷出现频次的第二极大值，船在层积云覆盖下的航行轨迹，还有在散点图的右下角的异常值。这样处理满足了读者的需求，无疑是明智之举。当然，并不是所有的图都需要这样处理。

图中的详细程度应该在相应的正文中合理地复制。如果是一幅有几十个节点的复杂流程图，充分讨论这样一幅图可能需要几个段落。相比之下，一个简单的折线图仅用一句话讨论足矣。不要在正文中浪费笔墨去解释如何看图（如 "图 4 给出太阳入射辐射和新气溶胶粒子的增长率之间的散点图。降水日数由实心圆表示，无降水日由空心圆表示。"）。如果图和图例都完善的话，正文中照搬图例的文字说明实在没必要。表也需要讨论，但表中所有单元的数据没必要在正文中被重复。

11.12 过于简单化的比较

在正文中讨论图时，作者所犯的一个常见的错误就是过于简单化的比较。例如，比较模拟与观测的降水的论文中往往用 "观测和模拟的降水场之间的对比显示有明显的相似性" 这样简单的句子去概述对比。事实上，这些图在最根本的点上可能并不相似。许多审稿人被这样的文字所困扰，说这些话的作者要么太天真，没有批判性地讨论结果；要么不认真，试图把一个不太令人满意的比较当成令人满意的，这是不道德的。那些忽视或混淆明显差异的作者，会冒着被合理质疑的风险。

例如图 11.24，为观测的降水量和模拟的降水量之间的比较。初看上去，这个模式模拟的结果确实非常好，尽管在密苏里东部的最大值有点偏小（观测是 342 mm，模拟是 300 mm）。但是，研究论文不应过于简化这样的比较。实际上，进一步的分析揭示了模拟可能出现问题的地方。因此，公平的比较应该看起来是这样的。

虽然模拟的降水量（图 11.24b）大体上与观测的降水量（图 11.24a）相似，但是，仔细分析发现这两个场之间确实存在一些差异。例如，模拟的最大降水量与观测的最大降水量相比，不仅位置偏西南，而且值也偏小，模拟的降水落区比观测降水落区向西延伸，伊利诺伊州中部的大部分观测降水没有模拟出来，模拟出来的在伊利诺伊州北部的风暴路径是虚假的。尽管有这些差异，但是为了了解密苏里州东部强降水最大值的天气尺度和中尺度特征，我们认为，模拟还是令人满意的。

虽然用了更多的词语来描述，但用这种方式进行比较，对图的描述会更客观。如前所述（7.2 节），诚实地评价研究成果的质量，是一名科学家获得尊重的关键。

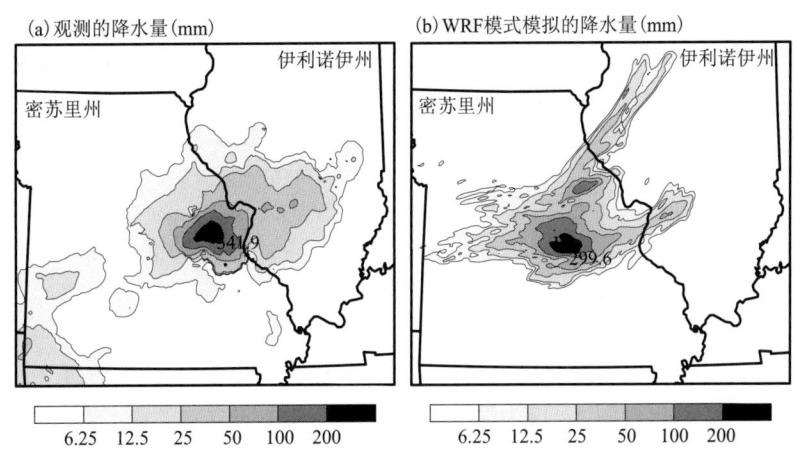

图 11.24　观测和模拟的降水量对比———一种公平的比较（见正文）。第 4 阶段的产品观测的降水量（UTC 2000 年 5 月 6 日 12 时—5 月 7 日 12 时）(a)，3 km WRF 模式模拟的降水量（UTC 2000 年 5 月 7 日 00—12 时）(b)。(a) 中区域西南角的降水发生在 (b) 中模拟的初始化时间之前（图由拉斯·舒马赫提供）

11.13　直接引用和间接引用

可以用直接或间接的方式在正文中引用图或表。直接的方法是在正文中描述该图："图 2 显示了 1973—2008 年每年美国龙卷数和每年龙卷天数的分布（Figure 2 shows the annual distribution of the number of tornadoes and tornado days per year in the United States based on data from 1973—2008)"。而间接法是在总结结果的结尾以括号方式引用该图："美国春季龙卷数和龙卷日数最多（图 2）(The numbers of tornadoes and tornado days across the United States are maximum in spring (Fig. 2))"。直接法用于可能需要一大段话来解释的复杂图形，而间接法适用于需要很少的话来解释的图。许多作者喜欢间接的方法，即在正文中分析讨论而不是用图形说话。间接法是通过括号中的图序，把图引用到正文中。间接法比其他办法更简洁（例如"图 2 显示，……（As shown in Fig. 2,...）"）。

"表 3 是……的列表""表 4 所示"，或更糟的是，"表 6 说明……"是不必要的或不正确的（表是无生命的，从来不会表现出任何东西）。[①]

——Valiela（2001）

使用间接方法时，应将图序的括号放在涉及该图信息的句子末端。句子所述内容与图无明显关系时，不采用这种方法。看看下面的两个例子。

例 1：地面气旋快速发展加深到 971 hPa，对流线延长，范围从伊利诺伊州北部到得克萨斯州的几乎整

---

① 由于中西文化差异，上述""中的语句并非不正确，译者注。

个墨西哥湾地区，并与雷达反射率因子超过 50 dBZ 的窄轴有关（图 1d）。

While the surface cyclone explosively deepened to 971 mb，the convective line lengthened，ranging from northern Illinois to nearly the Gulf of Mexico in Texas，and was associated with a narrow axis of radar reflectivity factor exceeding 50 dBZ（Fig. 1d）.

例 2：当地面气旋快速发展加深到 971 hPa（图 1d）时，对流线延长，范围从伊利诺伊州北部到得克萨斯州几乎整个墨西哥湾地区，并与雷达反射率因子超过 50 dBZ 的窄轴有关。

While the surface cyclone explosively deepened to 971 mb（Fig. 1d），the convective line lengthened，ranging from northern Illinois to nearly the Gulf of Mexico in Texas，and was associated with a narrow axis of radar reflectivity factor exceeding 50 dBZ.

例 1 中的句子与引文图读起来更顺畅。图 1d 出现在句尾意味着海平面气压场和雷达图像都包括图中。例 2 意味着图 1d 仅为海平面气压场，并不包含雷达图。

选择图形时，好像我是一名在法庭上介绍案件的律师。这些图有 A、B、C 等。我的开场陈述告诉陪审团我要证明什么。这些图是案件所需的证据。我的结论部分是面向陪审团的结案陈词。他们除了相信我，别无选择。

——罗伯特·豪泽，华盛顿大学

11. 14　给图和表编号

描述正文中的图和表有几个基本准则。虽然以下所有指导准则也适用于表，为简单起见，这里重点讨论图。

◎按照正文中出现的顺序给图编号。正文中提及已经展示的图肯定是合理的，在将图组合在一起的情况下，提及后面将展示的图也是允许的，在某些情况下也许会更有意义，或者为下文解决图中的一些问题留下伏笔。不管怎么说，在正文中讨论图时，避免过度跳跃。试着以有组织的线性方式提出你的论据。对前面的图引用太多，可能会让更细心的读者疲倦。

◎论文中的每一幅图都应在正文中被引用。否则，该图是不必要的，应该被删除。

◎无论哪一幅图，只要正文中提及从该图中分析得出的结果，这些图都应该在正文中被引用。在一些稿件中，用大段文字描述从图中得到的结果，却没有举出具体的图的编号。这样的情况，很难让读者将正文中描述的结果和图中反映的信息进行对比分析和鉴别。作者在正文中可以通过频繁引用相关图，来帮助读者阅读和理解论文。虽然这样的引用对作者来说似乎有些过度，但是，与引用太少相比，可能少了许多读者抱怨，因为读者很少抱怨引用太多。

提交的稿件中另一个常见的错误是图的数字序号不正确。无论这些错误是由于编辑过程中的疏忽，还是由于修改期间增删图过程中的疏忽，在审稿过程中这种错误可以考验一下即使是最有耐心的审稿人的耐性。在提交手稿之前，花短短的几分钟找到所有的图形，确保它们对应着正确的数字序号。在检查图的序号同时，要确保"图"和"表"的首字母用大写，其他都用小写。

作为最后的警告，无论本章如何强调图表的作用，我仍要提醒你，即便没有图，论文也能将需要说明的问题说明白。正文内容在不看图的情况下，应能被读者看懂。这并不意味着图是多余的，通常借助于图，可以更明白地说明论文的内容（如在第 136 页第 13 章罗伯特·豪泽所说的那样）。在一篇写得很好的论文中，正文文字和附图应当都能够或多或少地独立地说明论文的内容。因此，图或表（连同图注文字）应该是独立的。

11.15 在文稿中安排图和表

如何处理文稿中的图形，请参阅格式指南或针对作者的投稿须知。一些期刊要求把图放在正文中，而有些期刊则要求把图附在手稿后面。图附在手稿后面时，大多数期刊期望每幅图都是在一个单独页面上。

一幅多图的每个图板必须用一个文件名连接在一起。有些期刊不接受单独的版面，或可能会向你收取排版费。尽量避免把图或表格拆开在两页上。如果一幅图或表太大，期刊单独页面上放不下时，应把图合理地分开放在两个页面上。

11.16 方程式和化学反应式

方程式表达了复杂的数学关系。作为共同的科学语言，方程式（这里还包括化学反应式）同样重要，但一篇手稿不能单独依靠公式。在展示推导每个详细的步骤和省略太多步骤之间找到合适的平衡。使用文字说明对公式做了什么变换，然后给出最终的方程式。避免过度使用"这可以表明……"之类的说法，这常常伴随着步骤的细节太少。

方程式应附带提供物理上的观点、数学方法的描述，甚至还有方程每一项的解释。列出方程之后，有时举一个简单的例子，通过插入典型值或采用尺度分析的方法，可以帮助读者对方程式的理解。此外，很多方程都是根据一组假设推导出来的。这些假设应该很清楚，特别是如果相关方程只列出了部分推导过程。

方程的展示与实际方程本身一样重要。应该将方程与正文文字一起列出，就好像它们是正文中不可或缺的一部分。一般都把方程看作独立的项，这意味着它们可以作为完整的句子单独存在，但从来没有这样做。大多数方程都列在单独的行上，与文稿的文字部分分开。简短的方程可包括在正文文字中。与首字母缩写词一样，句子开头不要用符号或公式。在方程后标上标点，就好像方程是句子的一部分。清晰的表达和变量之间适当的间隔必不可少的。几乎所有的标量用斜体，矢量用粗体，即使在正文中也是这样。运算符（例如，正弦、对数，求余函数）一般都用罗马字母。如果你想知道方程如何排版，那就从目标期刊或其他高质量的科学出版物中找出例子来了解出版的样式。

与使用缩写词与缩略语一样，在第一次使用时所有变量都要介绍一下。用等号把一个符号与它的文字描述连起来在数学上是不合适的（例如，"$C=$相速度"是错的，"C 代表相速度"是对的）。尽可能选择标准符号。在文中用到的符号列表可以放到附录中或符号表内。简单或普通的化学符号（例如，CO_2、NH_3）一般不需要在正文中定义。其他化合物可以用它们的名称或首字母缩写词代替。例如，$(CH_3)_2S$ 是二甲基硫醚或 DMS。

　　把方程式和反应式按顺序编号，并通常放在页面右边。这些数字可用于指定正文中的一个特定的方程式。例如，"式（6）给出了准地转垂直速度 ω 方程"。由于不同的期刊采用不同的格式，按照目标期刊的格式去做。只要有可能，把方程式编号与文中方程的具体的名称相联系：最好用"由于连续性方程（3.1）"而不是"由于方程（3.1）"。

第 12 章　引用和参考文献

引用以前发表的文献，是向那些让我们站在他们的肩膀上的人致敬（或者，对于有分歧的科技论文，我们希望能踏过那些作者的肩膀）。这一章讨论了引用文献的机制，如何确定哪些文献可以引用，以及引用的技巧。

鉴于以前的文献对作者手稿内容的重要性，作者应该在引用来源方面展现高超的技能。为了更好地理解本章所述的引用和参考文献，首先要弄清新闻六要素，何人、何时、何地、何事、为何、过程如何，换句话说，就是人物、时间、地点、事件、原因、发生过程。

12.1　为什么要引用文献

科学家在其职业生涯（如教师、合作者、作者）所扮演的众多角色中，首先是学者。学识，一方面表现在阅读、评价、解释和评论以前发表的文献的能力，而且也通过撰写论文并在论文中引用文献来展示我们的学识。引用他人发表的文献的目的在于：

◎向读者表明，我们了解自己的研究领域（convince others we know our field, and we possess both breadth and depth）；

◎叙述该领域的研究历史（describe the history of the field）；

◎相信其他作者先前发表的观点、研究、假设和推测（credit other authors for previously published ideas, research, hypotheses, and speculation）；

◎展示创新思想的历史或理性的发展（show the historical or intellectual development of our original ideas）；

◎将我们的研究与之前发表的文献区分开来（distinguish our research from previously published work）；

◎评论之前发表的文献（critique previously published work）；

◎直接引用文献的原文或图形（cite direct quotations or figures from other sources）。

引用以前文献的一个更直接的原因，就是避免审稿人和读者怀疑你的论点。如果你通过引用精心挑选的相关文献来支持你的论文，那么挑剔的审稿人质疑你的论点时，必须证明你所引用的文献不正确或与你的论文毫不相关。因此，大量精心挑选的引文，可以说是保护你论点的盾牌。

12. 2　如何引用文献

　　现在普遍使用的引文和参考文献主要有两种格式。第一种格式是著者-出版年格式或哈佛的参考文献格式，这也是美国气象学会和本书所使用的格式。在正文中引用作者姓名和年份，文后参考文献按字母顺序排列。第二种格式是顺序编码格式，或温哥华参考文献格式。其参考来源根据手稿中的引用顺序进行编号。这两种格式的混合，就是著者-编码格式，也称为字母编码格式。这种格式在正文中通过标号引用参考文献，类似于引用-顺序格式；文后列出参考文献时，类似于著者-出版年格式，按字母顺序列出。下面分别介绍著者-出版年格式和顺序编码格式。

　　正文中著者-出版年格式如下。

　　阻塞也已被证明在南半球分裂急流强度的调节中发挥了作用（例如 Trenberth 和 Mo，1985；Mo 等，1987；Trenberth，1986，1991）。van Loon（1956）的早期研究表明，在西南太平洋和澳大利亚的东南面，有利于生成南半球冬季的阻塞。更多最近的研究（例如，Marques 和 Rao 1999，Renwick 和 Revell 1999）已证实了早期的研究结果，并确定南美洲附近区域在冬季和春季是重要的二级阻塞区域。

　　Blocking has also been shown to play a role in the modulation of the intensity of the Southern Hemisphere split jet（e. g.，Trenberth and Mo 1985；Mo et al. 1987；Trenberth 1986，1991）. An early study by van Loon（1956）demonstrated that blocking in the Southern Hemisphere winter was favored in the southwest Pacific Ocean and to the southeast of Australia. More recent studies（e. g.，Marques and Rao 1999；Renwick and Revell 1999）have confirmed the earlier findings and have established that the area near South America is an important secondary blocking region in winter and spring.

　　文后参考文献的排列：

Marques，R. F.，and V. B. Rao，1999：A diagnosis of a long-lasting blocking event over the southeast Pacific Ocean. *Mon. Wea. Rev.*，127，1761-1776.

　　Mo，K. C.，J. Pfaendtner，and E. Kalnay，1987：A GCM study on the maintenance of the June 1982 blocking in the Southern Hemisphere. *J. Atmos. Sci.*，44，1123-1142.

　　Renwick，J. A.，and M. J. Revell，1999：Blocking over the South Pacific and Rossby wave propagation. *Mon. Wea. Rev.*，127，2233-2247.

　　Trenberth，K. E.，1986：An assessment of the impact of transient eddies on the zonal flow during a blocking episode using Eliassen-Palm flux diagnostics. *J. Atmos. Sci.*，43，2070-2087.

　　Trenberth，K. E.，1991：Storm tracks in the Southern Hemisphere. *J. Atmos. Sci.*，48，2159-2178.

　　Trenberth，K. E.，and K. C. Mo，1985：Blocking in the Southern Hemisphere. *Mon. Wea. Rev.*，113，3-21.

　　van Loon，H.，1956：Blocking action in the Southern Hemisphere. *Notos*，5，171-177.

　　正文中顺序编码格式如下所示：

　　阻塞也已被证明在南半球分裂急流强度的调节中发挥了作用[1-4]。一项早期的研究[5] 表明，在西南太平洋和澳大利亚的东南面，有利于生成南半球冬季的阻塞。更多最近的研究[6,7] 已证实了早期的研究结果，并确定南美洲附近区域在冬季和春季是重要的二级阻塞区域。

Blocking has also been shown to play a role in the modulation of the intensity of the Southern Hemisphere split jet. [1, 2, 3, 4] An early study[5] demonstrated that blocking in the Southern Hemisphere winter was favored in the southwest Pacific Ocean and to the southeast of Australia. More recent studies[6, 7] have confirmed the earlier findings and have established that the area near South America is an important secondary blocking region in winter and spring.

文后参考文献的排列：

［1］Trenberth，K. E.，and K. C. Mo，1985：Blocking in the Southern Hemisphere. *Mon. Wea. Rev.*，113，3-21.

［2］Trenberth，K. E.，1986：An assessment of the impact of transient eddies on the zonal flow during a blocking episode using Eliassen-Palm flux diagnostics. *J. Atmos. Sci.*，43，2070-2087.

［3］Mo，K. C.，J. Pfaendtner，and E. Kalnay，1987：A GCM study on the maintenance of the June 1982 blocking in the Southern Hemisphere. *J. Atmos. Sci.*，44，1123-1142.

［4］Trenberth，K. E.，1991：Storm tracks in the Southern Hemisphere. *J. Atmos. Sci.*，48，2159-2178.

［5］van Loon，H.，1956：Blocking action in the Southern Hemisphere. *Notos*，5，171-177.

［6］Marques，R. F.，and V. B. Rao，1999：A diagnosis of a long-lasting blocking event over the southeast Pacific Ocean. *Mon. Wea. Rev.*，127，1761-1776.

［7］Renwick，J. A.，and M. J. Revell，1999：Blocking over the South Pacific and Rossby wave propagation. *Mon. Wea. Rev.*，127，2233-2247.

著者-出版年格式的优点在于，作者（编辑）对稿件每修改一次，不需要对参考文献重新编号。顺序编码格式用数字替换姓名和年份，可减少文章的长度。有的读者认为使用顺序编码格式的文章更容易阅读，有的读者因不得不频繁查阅文后参考文献才知道哪个编号对应哪篇文献而恼火。因为每个期刊都有自己的格式，要求作者遵循它的格式，确定好目标期刊后将你的手稿按照期刊要求的格式锁定相应的参考文献引用系统。

定义

参考源：提供信息、素材或上下文的文献。

引用：正文中来自外部文献的内容。

例子：（Smith 1990，P. 303）

参考文献：在正文中引用的参考文献，均列入文后参考文献，并附有如何获取参考源的信息。

例子：Wernli，H.，and H. C. Davies，1997：A Lagrangian-based analysis of extratropical cyclones. I：The method and some applications. *Quart. J. Roy. Meteor. Soc.*，123，467-489.

文后参考文献：所有在正文中引用的参考文献均完整列于文后。

参考书目：通常认为是对一个特定的主题的所有参考来源的完整列表，其中的一些可能未在正文中引用。

注释书目：附带每个参考文献的书面摘要或提要的参考书目。

12.3   引用什么文献和何时引用文献

什么是合法引用？对此，目标一致的人也可能会有分歧。我希望在这一节中展示一些细微之处。不过，必须引用什么样的信息是非常清楚的。引用沙尔（2006）的话：

- 语录、意见和预测，无论是直接引用还是转述（quotations，opinions，and predictions，whether directly quoted or paraphrased）
  - 由原作者得出的统计数据（statistics derived by the original author）
  - 原始视频资料（visuals in the original）
  - 其他作者的理论（another author's theories）
  - 个例研究（case studies）
  - 另一作者的直接实验方法或结果（another author's direct experimental methods or results）
  - 另一作者的专业研究过程或结果（another author's specialized research procedures or findings）

使用长的带括号的引用时要小心。通常，作者展示针对某个主题已进行的研究时，可以用括号列出五个或更多的文献。当这些文献的研究内容密切相关时，这种做法无可厚非。若这些文献内容毫不相干（例如，观测和模拟研究的混合）时，最好把这些参考文献分为不同的组。

虽然没有统一的规定，标准的做法是按文献在文章中出现的先后顺序在文后列出文献。不这样做会让读者疑惑为什么不按时间顺序排列。如果你想从列表中强调某篇论文，添加几句话说明为什么这篇论文值得特别对待。简单地说，不要让读者认为你没有合理解释。

如果评论文章与你的论文相关的话，可以而且应该在手稿中引用它。如果一篇写得很好的评论文章总结了作者想要提出的要点，作者可以这样写，"由 Keyser 和 Shapiro 的综述（1986）总结了……（A review by Keyser and Shapiro (1986) summarizes...）"。如果为了一般主题而引用到一篇评论文章，可以这样写，"Keyser 和 Shapiro（1986）及其中的参考文献（Keyser and Shapiro 1986，and references therein）"，"Keyser 和 Shapiro（1986），特别是在第 4 节提到的参考文献（Keyser and Shapiro 1986，especially references within Section 4）"，或类似的内容。然而，这样的引用仅在笼统地讨论话题时使用——例如，当有许多相关的参考文献时，没必要列出全部参考文献或超出论文范围的参考文献。

虽然评论文章或专著可以提供全面的文献综述，但是还是请引用原始材料。根据黄金法则或互惠原则，用你想要被对待的方式去对待别人。如果你的研究被引用在评论文章中，别的作者在随后的文章中仅引用评论文章而没有引用你的原文，你会觉得受到了轻视。

别人研究论文中引用的文献将有助于发现自己论文的新文献信息源。但是，最好还是做自己的文献检索，找出以前没有被引用的相关文献。不管你搜索得有多么彻底，仍可能会在不经意间遗漏掉一些参考文献，这是很正常的。但是，公正、全面、准确是避免可能遗漏的最可靠的方法。

12.4   引用哪些人的作品

不要过度引用自己或同事的文章，特别是当其他来源可以而且最应该被引用的时候。不过，如果你所专注的话题很少有人了解时，很容易掉进这个陷阱。出于个人原因，没有引用特定作者或研究小组的文献也不合适。在几个研究小组一直在研究某一特定课题的情况下，至少从每个小组中引用一篇代表性的参考文献是没有偏见的一种方式。对忽视不同观点的文献的单方面评价，很容易被读者看出来。由于存在偏见和可能会冒犯被忽视的作者（也可能是你的审稿人！），导致对你的工作产生质疑。

一类文献、二类文献和三类文献与同行评审和灰色文献

根据文献贴近信息来源的程度，将文献进行分类。一类文献是信息的原始来源，包括科学期刊论文、技术备忘录、学位论文和原始理论、实验或模式结果的数据集。二类文献是来源于原始的工作，包括评论文章、传记、参考书目、专著、教科书。三类文献是那些进一步推导出来的，大多来自二类文献的信息：百科全书、年鉴和源于发表文章的报刊新闻稿。二类文献和三类文献之间的区别有时是模糊的，特别是对于书来说，更是如此。幸运的是，这种差别并不总是至关重要的。

尽可能引用一类文献。如果无法得到原始文献的副本，但在有关文章引用中看到过，可按照下面的惯例使用："Sanders（1967），引自 Kessler（2008）（（Sanders 1967, cited in Kessler 2008）"。针对基于你无法访问的消息来源的其他人的意见，按照下面的惯例使用："Kessler（2008）讨论了 Sanders（1967）（Kessler 2008, discussing Sanders 1967）"或"Kessler（2008）在对 Sanders（1967）的讨论中说……（Kessler（2008），in discussing Sanders（1967），said...）"。

可以引用一类文献时，避免引用二类文献和三类文献。虽然二类文献和三类文献可能有助于验证事实，你的读者可能会把此类引用视为基本的材料。然而，这样引用对展示现状或普遍接受的知识是相当有效的。例如，"虽然 Holton（1992）所述，'大面积的惯性不稳定的发生将会立即触发惯性不稳定运动，'新的证据表明，这句话需要重新审视"。不过，一些教科书可能是某些论文的主要文献来源，或提供对论文主题最清晰的解释。如果是这样的话，引用这些教科书可能是最合适的。

尽可能引用公开出版的期刊中的文献。一般认为，经过公开出版的文献具有更大的权威。例如，如果同一文献同时出现在会议扩展摘要和公开发表的文章中，那就引用发表的文章。非公开出版的一类文献，如论文、会议扩展摘要和技术报告等，被称为灰色文献。应避免引用灰色文献，有些期刊可能禁止引用灰色文献。有些期刊可能要求对引用的灰色文献加脚注或加括号，并不出现在文后排列的文献中。倘若需要引用灰色文献却又被期刊政策所禁止，像"（B. A. Colle 2006，个人通信）（B. A. Colle 2006, personal communication）""（Colle 2006，未发表的手稿）（Colle 2006, unpublished manuscript）"或"由 Colle（2006）未发表的研究结果显示……（unpublished research results by Colle（2006）show...）"等这样的引用是可以接受的。正在进行同行评审但尚未被接受的稿件，也可以这样处理："（Colle 2006，稿件已提交到每月天气评论）（Colle 2006, manuscript submitted to *Mon. Wea. Rev.*）"。一般下面这几种情况下可以引用二类文献：二类文献做出了实质性的或新的贡献，作为"权威"已经被认可多年，或对某一学科的历史做出过贡献。

12.5　在哪儿引用

　　与图和表的引用（11.11 节）一样，由正文中的文字叙述，决定文献出现的位置。为了避免打断句子，通常将引文的文献放在句尾。看看下面两个例子。

　　例 1：雨量计采集到的雪量比实际下的雪量少，会产生比从滑雪板上收集并融化成雪少 40%～70% 的液体当量，这将导致更大的雪-液当量比的偏差（例如，Peck 1972，Goodison 1978，Groisman 和 Legates 1994）。

　　Precipitation gauge undercatch, which can produce liquid equivalents that are 40%－70% less than snow collected and melted from snowboards, will introduce a bias toward larger snow-to-liquid-equivalent ratios (e. g. , Peck 1972, Goodison 1978, Groisman and Legates 1994) .

　　例 2：雨量计采集到的雪量比实际下的雪量少，会产生比从滑雪板上收集并融化成雪少 40%～70% 的液体当量（例如，Peck 1972，Goodison 1978，Groisman 和 Legates 1994），这将导致更大的雪-液当量比的偏差。

　　Precipitation gauge undercatch, which can produce liquid equivalents that are 40%－70% less than snow collected and melted from snowboards (e. g. , Peck 1972; Goodison 1978; Groisman and Legates 1994), will introduce a bias toward larger snow-to-liquid-equivalent ratios.

　　虽然例 1 在句末的引用读起来更顺畅，但我们对引用的位置进行了解释，以表明三篇参考文献都报告说，采集的雪量偏少导致雪-液转化当量比的偏差，这将是错误的。例 2 更为准确，因为这三篇参考文献仅量化了降水的采集偏少，而没有量化雪-液体当量比率。

　　下面的例子展示了如何通过避免一长串括号引用来表示特定的属性，这一点在 12.3 节中已提到。在这个例中，三种不同类型的研究（即，观测、数值模拟和理想化通道模型研究）均显示了沿所谓"后弯暖锋"的冷平流的盛行。为了避免与暖锋（与暖平流有关）弄混，使用了"后弯锋面"这一术语。

　　因为冷平流可与后弯暖锋一起出现【例如，如海洋气旋的观测研究（Shapiro 和 Keyser 1990，Neiman 和 Shapiro 1993，Blier 和 Wakimoto 1995）、海洋气旋的数值模拟研究（Kuo 等 1991，1992；Reed 等 1994）以及斜压发展的理想化通道模型研究（Hoskins 1983）所述】，因此，把后弯暖锋称为后弯锋面。

　　Because cold advection can occur in association with bent-back warm fronts [e. g. , as noted in observational studies of oceanic cyclones (Shapiro and Keyser 1990; Neiman and Shapiro 1993; Blier and Wakimoto 1995), numerical modeling studies of oceanic cyclones (Kuo et al. 1991, 1992; Reed et al. 1994), and an idealized channel-model study of baroclinic development (Hoskins 1983, p. 18)], we refer to bent-back warm fronts as *bent-back* fronts.

　　若引文适用整个段落，且段落以一个精心编写的主题句（第 48 页）开始，那么紧跟这个主题句的引用将表明后面的材料与该引用相关。如果需要，可以清楚地说明该段的主题通过引用参考源展开更详细的讨论。

12.6　引文

　　在科技论文中谨慎但应适当使用直接引语。没有上下文或解释的引用，在科技论文中是不能接受的。避免使用常识性的引文。要记住，有些引用可能需要从著作权人那里获得许可。

咨询专家

将文献与你的工作融合

乔·沙尔，国家职业安全与健康研究所健康传播专家

将文献融入你自己的研究工作，是一种最佳的文献引用方式。从原始出处提取文献，并将其与你自己的工作一起展示，旨在支持自己的观点，而不是篡改文献的原意。你的论文必须避免让读者产生简单照搬别人创造的想法，要提出你自己的结论、组织自己的材料，让自己的想法成为论文的主旨，并注意不要过分依赖任何一个参考文献，或者让你的内容被某个参考文献过度控制，这一点很重要。

可采用下列方式，提出论点和组织材料。

◎在写作过程中，有意按某一主题对参考文献进行分组，并将它们自然融入段落。论文在整体和段落层面，都应显示与参考文献之间的关系。

◎让论文引言和结论展示自己的思想和观点，或通过研究展示自己的综合观点。在引言和结论中，使用最少且最重要的参考文献，并使其融入这些章节。

◎一般来说，在段落的开头和结尾，要展示自己的研究工作，让表述自己研究工作的句子成为主题句和段落的总结句子。注意措辞，让读者凭直觉知道哪些词句是属于你的。

◎在适当的时候，练习一下诸如分析、综合、比较、对比、总结、描述、定义、层次结构、评价、假设、概括、分类，甚至叙述等常见的修辞手法。即使是文献综述，也应该让读者意识到是作者在组织文献，而不是文献在控制作者。一个恰到好处的过渡、观点的简单罗列或由作者下的简要定义都将加强作者对论文的掌控。简而言之，向读者证明，你在写作时进行了思考。

为了把文献与你自己的工作有效地融合，还必须弄清在论文的何处引入文献。实际上，巧妙的措辞为引用信息创建了合适的环境。如"2002 年的研究表明（A 2002 study revealed that）"是一个引用开始的明显标志。另一种常见的方法是把作者的名字直接插入正文，显示引用资料的开始，特别是如果作者很杰出的话，值得反复引用。最后，当你比较两位作者的工作时，可以通过致力于推进你正在讨论的主题的一个简单措辞，为你的叙述创建上下文。如"Watkins 等的后续论文（2002）通过研究……，深入探讨了云对气候的辐射效应（A follow-up paper by Watkins et al.（2002）expanded on the radiative effects of clouds on climate，by investigating...）"。

直接引用必须始终要对引文使用引号。除了为了强调用斜体（比如"*强调*"），删除文字（使用省略号"……"），或添加文字（为澄清代词，"它［气旋］在径向速度场有一个显著的标志"）以外，引文必须与原始内容相同。一般页码应包含在引文中，以使读者在原始语境中阅读引文。

当原文有错误时，在直接引用时加上"［原文］"（拉丁语"原文如此"）两字，给读者一个信号，说明错别字或当前使用情况的措辞是原文中的错误。以避免让读者产生自己犯了错误的印象。

12.7 引用规则

句法是构建语言的一套规则。美国幽默大师威尔·罗杰斯曾经说过，规则"一定不好，里面既有罪恶也有税收"。下面是一些有关正确引用规则的建议。

文章简称。如果文章在稿件中被引用多次，有些作者选择通过作者姓名中的大写字母和年代来简称文章（比如，McKay 和 LaTour 2007 缩写为 ML07）。与第 79 页的讨论一样，除非绝对必要和整篇手稿多次使用，否则要避免这样的缩写。

文章/论文/研究。引用文献时，删去句子中经常出现的不必要的文章、论文或研究等字眼，让文章更简洁。如下所示："Johnson（2001）的文章证明……（The Johnson（2001）article demonstrated...）"或"Johnson（2001）的研究证明……（The study by Johnson（2001）demonstrated...）"。这些都可以更简单地写为"Johnson（2001）证明……（Johnson（2001）demonstrated...）"。

e. g. 这是拉丁语 exempli gratia 的缩写，意思是"例如"。许多格式指南建议只在括号内使用这样的表达。例如，"层云是控制大气辐射平衡的重要因素（例如，Harrison 等 1990，Stephens 和 Greenwald 1991，Hartmann 等 1992，Klein 和 Hartmann 1993）（Stratus clouds are an important control on the radiation balance of the atmosphere（e. g.，Harrison et al. 1990；Stephens and Greenwald 1991；Hartmann et al. 1992；Klein and Hartmann 1993））"。若列出 2 个或以上的参考文献，需要加"例如"二字。显然，上述简单的一句话，列出每一篇持有这种观点的文献是不可行的。但还是需要一些参考文献，也许是最重要的相关的评论文章或教材。如果只需要一篇参考文献，那么"例如"是不需要的。英国纽卡斯尔大学的理查德·泰森博士关于在参考文献前使用"例如"时说了下面的话："除非认真考虑、谨慎并且适当使用，否则它肯定无用。"在美式英语中，在"例如"之后总是加上一个逗号。在英式英语中，后面的逗号可以省略。

et al. 来自拉丁语 et alia（等其他），"et al."表示参考文献有多个作者（如，Garrett et al. 2005）。在"al"后面的句点是必不可少的，除非你的意思是指合著者名叫 Al。根据该期刊的风格，在"et al."后可加或可以不加逗号，并且"et al."可使用斜体。

图和表。如果稿件引用了其他来源的图或表，在括号中要把具体图号或页面包括进去。如果你复制图的说明文字，也把它放在引文中引用："（图和图注引自 Hakim 等，2002（Figure and caption from Hakim et al. 2002））"。如果你以任何方式对图做了改动，在引用前需增加"改编自"："（改编自 Hakim 等，2002（Adapted from Hakim et al. 2002））"。要确保把引自其他来源的图和你当前论文中的图区分开。［例如，"（Parker，2000，图 10（Fig. 10 in Parker 2000）"或"（Parker，2000，其中的图 10（Parker 2000，his Fig. 10））"比"（Parker，2000，图 10（Parker 2000，Fig. 10））更清楚"］。

脚注。虽然脚注在艺术、人文学科和一些社会科学中是首选，但是在科技写作中，不要使用脚注列出引文。

i. e. 这是拉丁语 id est 的缩写，意思是"就是"。许多格式指南建议只在括号内使用这种表达，意思是"换句话说"，以扩展单词和短语。当你的意思是"例如"时，不要为了引用使用"i. e."。在美式英语中，在"i. e."后总是加一个逗号。在英式英语中，后面的逗号可以省略。

必要时要使用缩写名。有时候，你可能希望引用两篇同一年发表的论文，作者是两个不同的同姓人。引用时，使用第一和中间名字的首字母来区分：C. Schumacher 等（2008）（C. Schumacher et al.（2008））和 P. N. Schumacher 等（2008）（P. N. Schumacher et al.（2008））。

页码。论文若非引用整本书时，应提供引文在书中或其出版物中的页码。你可能还希望在引用出处不明显的地方（例如，引文）包括页码。页码应加在引文的年代后"（Martin 2006，第 123 页)。"单页码用"P. 34"，页面范围用"pp. 1－45."表示。当指定页面范围时，在数字之间经常使用连字符（第 280 页）（在 LaTeX 中输入两个连字符；Mac 系统的 Microsoft Word 用连字符（Option-hyphen），或在 Windows 系统的 Microsoft Word 中，选择插入从符号键中选短破折号（短划线），建议为自己创建一个键盘快捷方式）。

个人通信。美国气象学会（2008）把个人通信定义为"从没有发表过的一篇完整稿件，或者非正式的讨论，或与研究人员的书面交流"，像这样引用："（L. Wicker，2006，个人通信（L. Wicker 2006，personal communication））"。要避免用这种方法引用观点或常识。如果被引用文献的作者姓名缩写在正文中不够明显时，在致谢章节中，作者姓名和隶属关系要用全称。如果可能的话，以书面形式获取信息，而不是口头交流的形式，以保护你和被引用人的权益。通过展示作者的姓名和准确的文献源，来获得文献作者对发表论文的许可。

重复年份。在一个段落、一个小节或整篇文稿中多次讨论到同一篇文献时，应该在作者姓名之后标注上年份。我宁可一直在作者姓名后列出年份，即使这显得有点重复。这样一来，读者就会清楚我意指的是这一本书而非这个特定作者的名字；此外，标注年份有助于避免将参考文献中某个特别作者的多篇论文混为一谈。

见。引文前不需要用"See"，如"（See Mudrick，1974）"。

12.8　参考文献目录

电脑出现之前，许多作者在索引卡片上记录、注释并存储参考文献。在电脑时代，许多作者使用电子数据库处理参考文献。这样的数据库可以方便地从作者已经准备好的条目中创建引用列表。许多期刊网站会导出他们期刊文章的各种格式的参考文献，从而方便你建立个人数据库。

不管参考文献目录是如何产生的，要按照目标期刊的格式指南，在正文和文后标注参考文献。对于格式指南中未提供格式的参考源，请对照参考文献格式指南，如最新版本的《芝加哥手册——写作、编辑和出版指南》（*The Chicago Manual of Style*）。对于无明文规定引用格式的期刊、课程项目或其他书面作业，请选择一种标准引用格式（例如，著者-出版年系统、顺序编码系统），并在整篇文稿中保持格式的一致性。

不完整和不准确地引用文献会让读者沮丧。准确的引用也是引用服务和在线数据库的链接的要求。在投稿之前，作者应该检查两次，以确保引文和参考文献目录的完整性和准确性。

第一次检查是在正文中所有引文后都标注有参考文献，并且文后列出的所有参考文献在正文中都有引用。打印出文后排列的参考文献，然后通过电子搜索，搜索文稿中以"19"或"20"开头的所有年份的文献（这些数字几乎是我的所有文稿引用的文献出版年份的前缀）。如果找到，在参考文献目录中标出来。通过这种方式浏览整篇文稿，可以确保参考文献目录的完整性，并识别出引用和参考文献目录之间的任何不一致（比如年份错误，作者姓名拼写错误）。

其次，对参考文献目录中的每篇文献都要通过查找参考源（例如，页码、卷数、作者姓名的拼写）的纸质或电子版，验证其准确性。建立一个已验证参考文献目录的文件，可加快这一验证进程。许多花费在期刊编辑上的时间被错误地浪费在格式订正和验证参考文献目录上，因此，作者可以通过提供准确的参考文献来降低版面费。虽然期刊经常会对不完整或不准确的参考文献进行澄清，但作者还是不应该依靠编辑人员完成这件事。

12.9 数字材料的引用

科研工作正越来越多地引用数字材料，如光盘、公开发行的电子期刊和在线的政府文件。这些都是主要的参考文献，应在适当情况下引用。但是，应注意许多在线文档，如网站和在线电子演示，这属于灰色文献，一般不应该在公开出版物中被引用。数码文献引用格式取决于采用期刊的引用格式，如在格式指南或投稿须知中列出的。表 12.1 列出引用数码信息或在线资源时包含的信息。当任何信息都得不到或不知道时要注明："出版商未知"。

表 12.1　引用数字或在线资源时包含的信息（改编自莫纳什大学语言与学习在线网站）

作者或编辑（Author or editor）
该网站的标题（如果有的话）（Title of the Web site (if one exists)）
网站主机的标题（Title of the host Web site）
网页最后更新日期或版权日期（如果知道的话）（Date that the page was last updated or copyrighted (if known)）
数据库的名称或介质的类型（例如,CD-ROM）（Name of database or type of medium (e. g.，CD-ROM)）
访问资料的日期（Date the information was accessed）
URL 页面或运营商（URL of the page or the distributor）
识别号（Identifying number）：
DOI,书号 ISBN,引文数,文件识别号或在线存档接入号码
(DOI，ISBN，citation number，document identification number，or access number from an online archive)

12.10 最后的忠告

作者应该经常阅读自己参考文献目录中的文章。事实是，大多数作者都没有读过他们引用的论文或是由于其他原因引用了这些论文。Simkin 和 Roychowdhury（2003）估计，只有20％的文献被引用的作者读过。这项研究有非常实际的原因。你会相信 Smith 等（1988）

谈到 Sanders（1955）的工作时所说的话，还是你愿用自己的方式解释 Sanders（1955）？第一次阅读那些文献距今已有 2 年，10 年，还是 20 年，已记不清楚。也记不清楚那些文献中的重要段落，以及对文献的不同看法。重温以前读过的文献，不仅对我们的专业发展有价值，也可以确保我们引文的准确性。此外，获得每篇被引论文的副本并确认引文，可确保参考文献目录中的年份和页码准确无误。

第 13 章　编辑和润色

初稿一旦完成，重点将转移到编辑上。编辑已有的文稿通常要比写作容易些。最终发表的稿件，要经过一改再改。长时间专注于稿件也许会令人精疲力竭，但看到自己的稿件终于完成，并即将出版，也是一种巨大的欣慰。本章将讨论从初稿到定稿的编辑（修改、加工）过程。编辑过程，就是对初稿进行修改、加工的过程，其中包括修改病句及不准确的用词等。

除了文章被发表外，写完第一稿可能是你写作中最惬意的时刻。我把此刻叫作关键时间点。如果在回家的路上，被车撞了，只要单位电脑上的稿件在，我的合作者就能检索到该稿件，作适当修订，在我死后替我投稿。关键时间点，是稿件发表过程中的一个重要里程碑，应该庆祝一下。

在论文完成之前，为了避免给合作者增添完成论文的负担，在过马路之前（尤其是在英国!），切记要左右环顾。下一节将介绍修改文章的方法。

13.1　修改的过程

电影里，作家旁边常备有一台手动打字机，而不是文字处理机。作家不停地打字，完成一页又一页，直到书稿全部完成。我想知道，这到底是不是好莱坞的作者臆造出来的情节。难道真的有天赋异秉的作家，不作任何修改就能创作出完美的散文？至少在这种情况下，我找到了解答——杰克·凯鲁亚克宁愿把《在路上》(*On the Road*) 的书稿打在 36 m 长的卷纸上，也不肯换纸，因为换纸将打断他的创作思路。对于其他几乎所有的作者，经常需要反复修改，才能得到完美的文稿。

编辑文稿的确很耗时。编辑包括仔细检查文稿并以比写作慢得多的速度仔细推敲细节。为了确认所有修改之处，作者通常需要多次检查稿件。事实上，我认识并佩服的大多作者在准备投稿之前，都写了几十次修改稿（50 次修改稿也不过分）。

大多数的期刊来稿受益于更严格的修改程序。我相信作者对自己的初稿欠缺修改、加工，不是这些作者偷懒，而是他们把精力都花在写作上。一旦到达关键时间点，他们就会认为稿件已完成，立即投稿。其实，从第一稿到出版稿是提高稿件质量的重要时间段。到了关键时间点后，作者的工作重心将由写作转为编辑，即修改、加工。写作时，作者考虑的是提出有说服力的科学论点，合理组织文章的章节，绘制文中必要的图（至少是草图）。编辑时，作者关注的是语言的结构、句子的精简及措辞的准确。

下面提供一些方法，可能有助于作者顺利完成初稿的编辑。也许有人认为这种方法过于死板，可能也有人喜欢这种形式主义。如前所述，在完成论文初稿后，将面临对初稿的编辑（图 7.4）问题，如段落之间和句子之间的联系，词语的选择，错别字问题。在编辑过程中，先解决诸如结构、段落等问题，再解决措辞、错别字一类的小问题。

Schall（2006）建议将修改过程分为三个阶段，他称之为 CPR：简洁（concision）、精确（precision）和修改（revision）。在简洁阶段，去掉不必要的文字。在精确阶段，让措辞更准确。最后，根据 8.2 节中讨论的一致性技巧，实现段落之间和句子之间的完美过渡。编辑文稿时，首先通过应用写作/编辑漏斗来组织文字，然后按照 CPR 技术，对手稿进行严格的自上而下的编辑。在用实例说明这种编辑方法之前，需要介绍另外两种技术：一种有助于组织杂乱的文字，另一种有助于删掉乱七八糟的文字。

13.2　迷失方向

在稿件写作和编辑过程中，你可能会迷失方向。你心里明白想说什么，但写出来的东西却并非你所想。也许你写的东西看起来像 Strunk 和 White（2000，第 25 页）所说的那样："一连串结构松散的句子"。当作者心中还没有一个结构完善的大纲就直接动手写作，常出现这种前言不搭后语的情况。此外，手稿不是一天内完成的，后面写的和前面写的思路可能不一致。或者，作者因对手稿内容太熟悉，而忽略了文章的不合理性。有些作者的文稿可能包含伟大的思想，并有可能成为一篇有影响的文献，但如果缺乏完善的结构和组织，很难写成一篇合乎逻辑的文稿。

如果你有这样的担心，那就将稿件搁置一晚或更长时间。如果搁置一段时间还不行，那就看看文章所写的重点。文章围绕论点的论述是否合乎逻辑？是否先给出模式模拟结果，然后再给出相应的观测？先给出观测是否会对后面模式模拟的论述有帮助？是否在运动尺度之间来回转换，在天气尺度的讨论中穿插着中尺度和小尺度的分析？是否因不合逻辑（7.3节）而导致语无伦次？

为使文章结构更合理，编辑时应在每一章节上标上主题，然后将反映共同主题的章节有机地组合起来。这种方法，使文章结构更紧凑、更合理。如果需要，可把文稿打印出来，把不同的章节从手稿上用剪刀剪下来，并试着在桌子上拼起来。

写作/编辑漏斗的段落层次的组织，可能是撰写科技论文中最困难的阶段。一旦段落（由主题句明确规定）确定，写句子和措辞会容易得多。

13.3　通过摘要压缩文稿

下一步就是使文字更简洁。写作时，尤其是在写第一稿时，经常会写自己所想或所说的，常出现一些不必要的口语、重复的词语、俗语，甚至出现一些发散性思维所产生的与主题不相干的想法。我们可能因太熟悉自己所写的东西而看不到文中的缺陷。

文章摘要有助于去掉文中的口语和不相干的内容。摘要是论文内容的高度浓缩，即用最简练的文字，准确概括论文的主要内容。摘要不同于改写，原文中的语句仍可以用在摘要中，而改写需要用不同的词语来表达原文的精髓。

　　你好！我的朋友。我们都对未来感兴趣，因为那是你和我将要度过的余生。我的朋友，你要记住，未来这样的事件会影响到你的未来。

　　——克里斯韦尔，电影《外层空间第九号计划》（*Plan 9 from Outer Space*）中的预言家

　　即便写得很好的文章，也可以成为精简的目标。例如，对摘要进行精炼，可以有效地满足摘要所需的字数要求。下面列举一段发表的文字，通过精炼摘要来减少字数。

原文：

　　美国国家气象局（NWS）现在处于预报制作和分发的主要模式的转变过程中。预报员不是制作大量的文字产品，而是采用交互式预报辅助制作系统（IFPS），制作 5 km 或更精细的 7 d 天气的网格图形产品（Ruth，2002）。为了制作这些预报产品，预报员开始用较粗分辨率的模式，把"模式释用"和"智能"工具结合起来，并且把模式输出降尺度到高分辨率的交互式预报辅助制作系统（IFPS）网格上，然后使用图形预报编辑器作主观订正。之后再把这些格点场收集到一个可供分发和使用的国家数字化的预报数据库中。利用自动文本格式化转换，把该格点预报最终转化为各种文本产品。

　　毫无疑问，如果美国国家气象局要保持预报产品的有效性和相关性，必须倾向于制作图形预报产品。首先，随着模式分辨率的提高，对当地天气特征的了解，以及观测系统的完善，图形/网格产品可以提供详细的时空分布信息。其次，格点预报满足在网上和通过媒体发布的需要。第三，许多新的预报应用（如交通运输应用和自动报警系统）都需要数字/网格点预报输入。

　　虽然图形工具会在未来的预报中占主导地位，但当前实施的美国国家气象局交互式预报辅助制作系统在概念和技术上存在的不足，将削弱该机构为公众和其他用户提供精准预报的能力。本文将探讨其中的一些问题，并对有关未来的预报制作系统提出一些建议。

The National Weather Service (NWS) is now in the midst of a major paradigm shift regarding the creation and distribution of its forecasts. Instead of writing a wide array of text products, forecasters will make use of an interactive forecast preparation system (IFPS) to construct a 7-day graphical representation of the weather that will be distributed on grids of 5-km grid spacing or better (Ruth 2002). To create these fields, a forecaster starts with model grids at coarser resolution, uses "model interpretation" and "smart" tools to combine and downscale model output to a high-resolution IFPS grid, and then makes subjective alterations using a graphical forecast editor. Such gridded fields are then collected into a national digital forecast database that is available for distribution and use. The gridded forecasts are finally converted to a variety of text products using automatic text formatters.

There is little question that the NWS must trend toward graphical forecast products if it is to remain effective and relevant. First, only graphical/gridded distribution can effectively communicate the detailed spatial/temporal information that is becoming available as model resolution increases, knowledge of local weather features advances, and observing systems improve. Second, gridded forecasts are required for effective distribution over the Web and through the media. Third, many new forecast applications (such as transportation applications and automated warning systems) require a digital/gridded forecast feed.

Although graphical tools clearly have a major place in the forecast office of the future, the current implementation of IFPS by the NWS has major conceptual and technical deficiencies that threaten to undermine the institution's ability to provide skillful forecasts to the public and to other users. This paper will examine some of these problems and will provide some suggestions regarding the forecast preparation system of the future.

内容提要：

　　国家气象局（NWS）的预报员将采用交互式预报辅助制作系统（IFPS），制作高分辨率天气预报的图形产

品。预报员通过把模式输出产品降尺度化，主观订正到高分辨率的交互式预报辅助制作系统的网格上，再把这些格点场汇集到一个国家数字化预报数据库中，并自动转换为文本产品。为了保持预报产品的有效性和相关性，国家气象局必须倾向于制作图形预报产品。预报图形/格点分布可以通过网络和媒体发布，显示预报量的时空分布特征，并提供许多新的预报应用。尽管图形化的工具在未来的预报中占有一席之地，但是交互式预报辅助制作系统目前仍存在不利于制作精准预报的缺陷。本文探讨了这些问题，并为未来提出了一些建议。

National Weather Service (NWS) forecasters will use an interactive forecast preparation system (IFPS) to construct a graphical representation of the weather on high-resolution grids. A forecaster downscales model output and makes subjective alterations to a high-resolution IFPS grid. Such gridded fields are collected into a national digital forecast database and are converted to text products automatically. The NWS must trend toward graphical forecast products to remain effective and relevant. Graphical/gridded distribution can communicate detailed information, be delivered over the Web and through the media, and serve many new forecast applications. Although graphical tools have a place in the future forecast office, IFPS currently has deficiencies preventing skillful forecasts. This paper examines these problems and provides suggestions for the future.

尽管最初的 292 字的内容已经相当紧凑，但请注意 119 字的内容提要并没有遗漏原文的主要内容。你可以尝试撰写原文的内容提要，看看能去掉多少字。

13.4　编辑过程示例

为了说明如何使用写作/编辑漏斗和 CPR 方法来修改文稿，请先看看第一次写论文的作者贾里·托维宁发给我的摘要草稿。尽管他已尽力，但摘要并不完美，仍需作进一步的修改。

原稿：

采用多种不同的方法来收集观测资料，对芬兰大冰雹（直径大于 2 cm）的时空发生率进行研究。研究时间从 1936 年到 2006 年夏季的 5 月至 9 月初（上半月）。观测到的个例中冰雹尺寸多数是直径小于 4 cm 的冰雹（占 65% 个例）。随着冰雹尺寸的增大，观测到的个例数在减少，相反，尺寸在 2 cm 以下的冰雹司空见惯。观测并拍照到 7~8 cm（棒球大小）的冰雹个例极为罕见。

总之，本研究中的 240 个强冰雹个例遍布全国，观测到最北端的个例位于 68.5°N 附近。到目前为止，这个个例可能是在北半球最北端的大冰雹。由于芬兰人口密度低，有广阔的森林和湖泊，加上冰雹为中尺度天气，因此，芬兰还有很多没有报道的冰雹个例。观测到的（冰雹）个例增加，反映了科学技术的进步，以及 1990 年以来公众和媒体对恶劣天气更加关注。根据 1997—2006 年观测数据，平均每年有 8~12 个冰雹个例，其中强冰雹个例有 4~6 个。大多数观测到的大冰雹个例（84%）发生在 6 月末到 8 月初。7 月是冰雹发生的高峰月份，有近 66% 个例。

观测到的冰雹日变化分布，高峰期主要出现在下午到傍晚。与出现相对较小的 2~4 cm 的冰雹（当地时间 14:00—18:00）相比，较大的冰雹（4 cm 及以上）出现的峰值时刻稍晚一点（当地时间 16:00—20:00）。在芬兰西部的农业密集区，观测到的冰雹个例最多，而在该国东部地区观测到大于 4 cm 的冰雹个例的比例较大。在芬兰北部观测到的个例最少。与 16 个大冰雹个例相联系的平均天气型包括低压中心或由南风或东南风将暖空气吹向芬兰的斯堪的纳维亚半岛西部的低压。

The spatial and temporal occurrence of large (at least 2 cm in diameter) hail in Finland was studied using many different methods to collect observations. The study period covered summers from 1930 to 2006 containing months from May to early September (first half of a month) each year. The maximum hail size in a single hail fall was mainly less than 4 cm in diameter (65% of cases). The number of observed cases decreases as hail size increases，yet number of nonsevere，under 2 cm hail cases seems to be the most common hail size. In extreme cases，even 7—8 cm（baseball size）hailstones have been observed and photographed.

Altogether，240 severe hail cases were found in this study all over the country，the northernmost being located near latitude 68.5°N. So far，this case might be the northernmost large hail observation in the northern hemisphere. The under-reporting of hail，large or small，is great in Finland due to low population density，vast forest or lake areas and the nature of mesoscale event itself. The era of advanced technology and more widespread interest in severe weather events among the general public and media since 1990's is seen in the dataset of large hail observations as an increasing trend of observed cases. According to seasons' 1997—2006 data，a yearly average of 8—12 cases is expected during four to six severe hail days. Most of the observed large-hail cases（84％）occurred from late June through early August. July was the peak hail month with almost 66％ of cases.

The peak of diurnal distribution was observed mainly during afternoon and early evening hours. For larger hailstones（4 cm or above），the peak time of occurrence was a little later（1600—2000 LT）compared to smaller，2—4 cm，sized hailstones（1400—1800 LT）. The largest density of cases was observed in an agriculture-intensive area of western Finland whereas the proportion of over 4 cm hail cases was bigger in the eastern part of the country. The number of observed cases in northern Finland is the smallest. The average synoptic pattern associated with 16 large hail cases included a low pressure centre or a through of low over western Scandinavia which enabled the southerly or southeasterly rush of warm air mass to Finland.

首先讨论一下宏观结构方面的问题。这个摘要是否从一个主题自然过渡到另一个主题？原稿中虽然单个句子读起来可能很好，但上下文连起来读很别扭，因为原稿中不是由一个主题自然过渡到另一主题，而是突然、生硬地跳到另一主题。为了说明摘要的组织如何影响其清晰度，我在原稿页面旁边加注释，把句子分成了不同主题。

目的 数据集 尺寸	**带旁注的草稿**：采用多种不同的方法来收集观测资料，研究了芬兰大冰雹（直径大于 2 cm）的时空发生率。研究时间从 1930 年到 2006 年的 5 月至 9 月初（上半月）。观测到的个例中冰雹尺寸多数为直径小于 4 cm（占 65％的个例）。随着冰雹尺寸的增大，观测到的个例数减少。还有非强冰雹个例数，尺寸在 2 cm 以下的冰雹最常见。观测并拍照到 7～8 cm（棒球大小）的冰雹个例较为罕见。
数据集，空间分布 数据集随时间的变化 年变化	总之，本研究中的 240 个强冰雹个例遍布全国，最北端的位于 68.5°N 附近。到目前为止，这个个例可能是北半球最北端的大冰雹观测。由于芬兰人口密度低，有广阔的森林和湖泊，加上冰雹属中尺度，因此，芬兰还有很多没有报道的冰雹个例。观测到的（冰雹）个例的增加，大冰雹个例的数据集反映科学技术的进步，以及 1990 年以来的公众和媒体对恶劣天气更为关注。根据 1997—2006 年的观测数据，平均每年在 4～6 d 的强冰雹日中有 8～12 个个例。大多数观察到的大冰雹个例（84％）发生在 6 月末到 8 月初。7 月是冰雹发生的高峰月，有近 66％个例。
日变化，尺寸/日变化 上报问题/空间分布 天气型	观测到的冰雹日分布高峰期主要出现在下午到傍晚。与相对较小的冰雹 2～4 cm（当地时间 14:00—18:00）相比，较大的冰雹（4 cm 及以上）出现的峰值时刻稍晚一点（当地时间 16:00—20:00）。在芬兰西部的农业密集区观测到了最大个例数，而在该国东部地区观测到大于 4 cm 的冰雹个例的比例较多。在芬兰北部观测到的个例数最少。与 16 个大冰雹个例相联系的平均天气型包括低压中心或由南风或东南风将暖空气吹向芬兰的斯堪的纳维亚半岛西部的低压。

Purpose	**DRAFT WITH MARGINAL NOTES**：The spatial and temporal occurrence of large
	(at least 2 cm in diameter) hail in Finland was studied using many different
Dataset	methods to collect observations. The study period covered summers from 1930
	to 2006 containing months from May to early September (first half of a month)
Size	each year. The maximum hail size in a single hail fall was mainly less than 4 cm

Purpose

Dataset

Size

DRAFT WITH MARGINAL NOTES：The spatial and temporal occurrence of large (at least 2 cm in diameter) hail in Finland was studied using many different methods to collect observations. The study period covered summers from 1930 to 2006 containing months from May to early September (first half of a month) each year. The maximum hail size in a single hail fall was mainly less than 4 cm in diameter (65% of cases). The number of observed cases decreases as hail size increases, yet number of nonsevere, under 2 cm hail cases seems to be the most common hail size. In extreme cases, even 7－8 cm (baseball size) hailstones have been observed and photographed.

Dataset

Special distribution

Changes in dataset over time

Annual cycle

Altogether, 240 severe hail cases were found in this study all over the country, the northernmost being located near latitude 68.5°N. So far, this case might be the northernmost large hail observation in the northern hemisphere. The under-reporting of hail, large or small, is great in Finland due to low population density, vast forest or lake areas and the nature of mesoscale event itself. The era of advanced technology and more widespread interest in severe weather events among the general public and media since 1990's is seen in the dataset of large hail observations as an increasing trend of observed cases. According to seasons' 1997－2006 data, a yearly average of 8－12 cases is expected during four to six severe hail days. Most of the observed large-hail cases (84%) occurred from late June through early August. July was the peak hail month with almost 66% of cases.

Diurnal cycle

Size/diurnal cycle

Reporting issues/ special distribution

Synoptic pattern

The peak of diurnal distribution was observed mainly during afternoon and early evening hours. For larger hailstones (4 cm or above), the peak time of occurrence was a little later (1600－2000 LT) compared to smaller, 2－4 cm, sized hailstones (1400－1800 LT). The largest density of cases was observed in an agriculture-intensive area of western Finland whereas the proportion of over 4 cm hail cases was bigger in the eastern part of the country. The number of observed cases in northern Finland is the smallest. The average synoptic pattern associated with 16 large hail cases included a low pressure centre or a through of low over western Scandinavia which enabled the southerly or southeasterly rush of warm air mass to Finland.

请注意数据集、冰雹的大小及其空间分布的相关内容分别出现在摘要中两个单独位置。如果把二者紧密地结合在一起会更有意义。在注释步骤之后，重组摘要，论文表述的内容会更加清晰。

1. 论文的目的（purpose of the paper）
2. 数据集（dataset）
3. 冰雹的大小（size of the hail）
4. 年变化（annual cycle）
5. 日变化（diurnal cycle）

6. 空间分布（spatial distribution）

7. 从空间分布带来的报道问题（reporting issues，which follows from the spatial distribution）

8. 随时间变化的数据集（changes in the dataset over time）

9. 天气形势（synoptic patterns）

把相似的材料放在一起会缩短文稿，使结构更紧凑，文字更流畅，如以下修改后的摘要。

句子重新排列后的草稿：采用多种不同的收集观测资料方法，研究了芬兰大冰雹（直径至少 2 cm）的时空发生率。研究时间从 1936 年到 2006 年夏季的 5 月至 9 月初（上半月），共有 240 个强冰雹的个例。降下的冰雹中多数为直径小于 4 cm（65% 个例）的冰雹。随着冰雹尺寸的增大，观测到个例数减少。还有非强冰雹个例数，尺寸在 2 cm 以下的冰雹最常见。在极端个例中，甚至观测到 7～8 cm（棒球大小）的冰雹并拍照。大多数观测到的大冰雹个例（84%）发生在 6 月末到 8 月初。7 月是冰雹发生的高峰月，有近 66% 个例。观测到日分布的高峰期主要在下午到傍晚。与出现相对较小的冰雹 2～4 cm（当地时间 14:00－18:00）相比，较大的冰雹（4 cm 或以上）发生的峰值时间稍晚一点（当地时间 16:00－20:00）。大冰雹个例最北端出现在 68.5°N 附近。到目前为止，这个个例可能是北半球最北端观测到的大冰雹个例。在芬兰西部的农业密集区观测到的冰雹个例最多，而在该国东部地区观测到大于 4 cm 的冰雹个例较多。在芬兰北部观测到的个例最少。由于人口密度低，具有广阔的森林和湖泊，加上冰雹属中尺度天气。因此，在芬兰有很多冰雹没有报道。随着观测到的冰雹个例的增加，从大冰雹个例的数据集也反映了科学技术的进步，以及 1990 年以来的公众和媒体对恶劣的天气更加关注。根据 1997—2006 年的观测数据，平均每年有 8－12 个冰雹个例，其中强冰雹有 4～6 个。与 16 个大冰雹个例相联系的平均天气型包括低压中心或由南风或东南风将暖空气吹向芬兰的斯堪的纳维亚半岛西部的低压。

The spatial and temporal occurrence of large (at least 2 cm in diameter) hail in Finland was studied using many different methods to collect observations. The study period covered summers from 1930 to 2006 containing months from May to early September (first half of a month) each year. Altogether, 240 severe hail cases were found in this study. The maximum hail size in a single hail fall was mainly less than 4 cm in diameter (65% of cases). The number of observed cases decreases as hail size increases, yet number of nonsevere, under 2 cm hail cases seems to be the most common hail size. In extreme cases, even 7－8 cm (baseball size) hailstones have been observed and photographed. Most of the observed large-hail cases (84%) occurred from late June through early August. July was the peak hail month with almost 66% of cases. The peak of diurnal distribution was observed mainly during afternoon and early evening hours. For larger hailstones (4 cm or above), the peak time of occurrence was a little later (1600－2000 LT) compared to smaller, 2－4 cm, sized hailstones (1400－1800 LT). The northernmost hail case was located near latitude 68.5°N. So far, this case might be the northernmost large hail observation in the northern hemisphere. The largest density of cases was observed in an agriculture-intensive area of western Finland whereas the proportion of over 4 cm hail cases was bigger in the eastern part of the country. The number of observed cases in northern Finland is the smallest. The under-reporting of hail, large or small, is great in Finland due to low population density, vast forest or lake areas and the nature of mesoscale event itself. The era of advanced technology and more widespread interest in severe weather events among the general public and media since 1990's is seen in the dataset of large hail observations as an increasing trend of observed cases. According to seasons' 1997－2006 data, a yearly average of 8－12 cases is expected during four to six severe hail days. The average synoptic pattern associated with 16 large hail cases included a low pressure centre or a through of low over western Scandinavia which enabled the southerly or southeasterly rush of warm air mass to Finland.

　　对原稿的句子重新排列组合之后，还需要进一步精简文字。精简文字时，首先删除了"与 16 个大冰雹个例相联系的天气型"的论述。其次，删掉了有关最北端冰雹的文字，因为这些叙述与主题无关，没必要出现在摘要中。此外，将原文的"发生率"改为"气候特征"，"夏天……5 月到 9 月初（前半月）"改为"暖季（5 月 1 日至 9 月 14 日）"。还删掉了"还有尺寸较小的冰雹个例数，尺寸在 2 cm 以下的冰雹最常见"这句话，把最后一句的被动语态改为了主动语态。显然。精简后的摘要，文字更加简洁。

　　精简后的草稿：采用多种不同收集观测资料的方法，研究了芬兰较大（直径至少 2 cm）冰雹的**气候特征**。时间从 1936 年到 2006 年的**暖季（5 月 1 日至 9 月 14 日）**，总共有 240 个强冰雹的个例 [**有删除**]。冰雹中 [**有删除**] 多数直径小于 4 cm（65％的个例）。随着冰雹尺寸的增大，观测到个例数在减少 [**有删除**]。在极端个例中，甚至报道过有 7～8 cm（棒球大小）的冰雹。大多数 [**有删除**] 大冰雹个例（84％）发生在 6 月末到 8 月初。7 月是冰雹发生的高峰月，有近 66％个例。观测到的日分布的高峰期主要出现在下午到傍晚。与出现相对较小的 2～4 cm 的冰雹（当地时间 14:00－18:00）相比，较大的冰雹（4 cm 及以上）发生的峰值时刻稍晚一点（当地时间 16:00－20:00）。[**有删除**] 在芬兰西部的农业密集区观测到的冰雹个例最多，而在该国东部地区观测到大于 4 cm 的冰雹个例较多。在芬兰北部观测到的个例最少。由于芬兰人口密度低，有广阔的森林和湖泊，加之冰雹属中尺度天气，因此，有很多没有报道的冰雹个例 [**有删除**]。随着观察个例的增加，大冰雹个例的数据集也反映了先进的技术，以及 1990 年以来的公众和媒体对恶劣的天气更为关注。根据 1997—2006 年的观测数据，**芬兰平均每年有** 8～12 个冰雹个例，其中强冰雹有 4～6 个 [**有删除**]。

　　A climatology of large (at least 2 cm in diameter) hail in Finland was studied using many different methods to collect observations. The climatology covered the *warm seasons* (1 *May to* 14 *September*) during 1930—2006. Altogether, 240 severe hail cases were found [*deleted text*]. The maximum hail size [*deleted text*] was mainly less than 4 cm in diameter (65％ of cases). The number of observed cases decreases as hail size increases [*deleted text*]. In extreme cases, even 7－8 cm (baseball size) hailstones have been *reported*. Most of the [*deleted text*] large-hail cases (84％) occurred from late June through early August. July was the peak hail month with almost 66％ of cases. The peak of diurnal distribution was observed mainly during afternoon and early evening hours. For larger hailstones (4 cm or above), the peak time of occurrence was a little later (1600－2000 LT) compared to smaller, 2－4 cm, sized hailstones (1400－1800 LT). [*deleted text*] The largest density of cases was observed in an agriculture-intensive area of western Finland whereas the proportion of over 4 cm hail cases was bigger in the eastern part of the country. The number of observed cases in northern Finland is the smallest. The under-reporting of hail [*deleted text*] is great in Finland due to low population density, vast forest or lake areas and the nature of mesoscale event itself. The era of advanced technology and more widespread interest in severe weather events among the general public and media since 1990's is seen in the dataset of large hail observations as an increasing trend of observed cases. According to seasons' 1997－2006 data, *Finland experiences a yearly average* of 8－12 severe hail cases during four to six severe-hail days. [*deleted text*]

　　文字精简之后，还需要选择适当的词语，让文字表达的意思更准确。下面列举的是对精简后的摘要中不准确的用语和措辞进行的修改。

◎到目前为止的草稿中，交替使用了术语"强冰雹（severe hail）"和"大冰雹（large hail）"。应根据美国的定义（本书第289页）统一使用术语"强冰雹（severe hail）"。

◎"直径至少为2 cm（at least 2 cm in diameter）"的表述改为"直径2 cm及以上（2 cm in diameter or larger）"更合适，因为后者包括了直径为2 cm的冰雹。

◎"多种不同的收集观测资料的方法（many different methods to collect observations）"的描述太笼统，改为："报纸、风暴观测员观测记录和目击者报告等资料（newspaper，storm-spotter，and eyewitness reports）"更具体。

◎"在1930—2006年期间（The period 1930－2006）"的"年"后加上"77年（77 years）"，让读者不用去做心算。

◎"在芬兰北部观测到的个例最少（The number of observed cases in northern Finland is the smallest）"的叙述缺乏比较对象，改为"很多强冰雹个例发生在芬兰南部和西部，向北普遍减少，大多数个例发生在人口密集中心附近（Most severe-hail cases occurred in southern and western Finland，generally decreasing to the north，with the majority of the cases near population centers）"。

◎"有很多没有报告的冰雹（Under-reporting of hail is great）"的表述不明确，改为"出现的冰雹因未被发现而未被报告是客观事实（underreporting of hail is a particular problem... due to...）"。

◎冰雹属"中尺度天气（Nature of mesoscale event itself）"改为"冰雹范围相对较小（relatively small hail swaths）"，更准确地说明"范围小"是许多冰雹个例未被发现和未被报道的原因之一。

◎"先进技术（The era of advanced technology）"太笼统，用一个明确列出能产生更好报告的具体技术细节去替换。

◎用一个具体的数字而不是一个数字范围来给出冰雹个例和冰雹日数。

◎为什么1997—2006年的数据对确定平均值重要？答案很简单，因为就是在过去10年中，抓住了一段相对同质化的数据集中的一个不错的整数。

在修订后的文稿中，原因解释得更清楚。

精确修改后的草稿：收集的报纸、风暴观测员的观测记录和目击者报告，构成了芬兰强冰雹（直径2 cm及以上）的气候资料。该气候资料涵盖了1936年到2006年77个暖季（5月1日至9月14日）的240个强冰雹个例。冰雹直径多为4 cm及以下（65％的个例）。随着冰雹尺寸的增大，观测到的个例数量减少。在芬兰西部的农业密集区，观测到的冰雹个例密度最大，而在该国东部地区观测到的大于4 cm的冰雹个例比较多。由于芬兰人口密度低及广阔的森林和湖泊，加上冰雹范围相对较小，因此，没有报道的冰雹个例在芬兰的大部分地区普遍存在。自1990年以来，公众和媒体对强天气的兴趣更大，风暴观测者网络的建立，通信技术的改进，以及报告冰雹的官方网站均使冰雹上报个例数量增加。在最近的10年（1997—2006年），芬兰平均每年在5个强冰雹日中有10个强冰雹个例。

A climatology of *severe* hail（*2 cm in diameter or larger*）in Finland was *constructed by collecting newspaper，storm-spotter，and eyewitness reports*. The climatology covered the warm season（1 May to 14 September）during the *77 years* 1930－2006. Altogether，240 severe hail cases were found. The maximum hail size was mainly 4 *cm in diameter or less*（65％ of cases）. The number of observed cases decreases as hail size increases. In *a few* extreme cases，even 7－8 cm（baseball size）hailstones have been reported. Most of the *severe*-hail cases（84％）occurred from late June through early August. July was the peak hail month with almost 66％ of cases. The peak of diurnal distribution was observed mainly during afternoon and early evening hours. For larger hailstones（4 cm or above），the peak time of occurrence was a little later（1600－2000 LT）compared to smaller，2－4 cm，sized hailstones（1400－1800 LT）. *Most severe-hail cases occurred in southern and western Finland，generally decreasing to the north，with the majority of the cases near population centers.* The largest density of cases was observed in an agriculture-intensive area of western Finland whereas the proportion of over 4 cm hail cases was bigger in the eastern part of the country. The *under reporting of hail is a particular problem across much of Finland* due to low population density，vast forest or lake areas，and the *relatively small hail swaths. Since the 1990s，a greater interest in severe weather among the general public and media，a storm-spotter network，improved communications technology，and an official Web site for reporting hail* have increased the number of reported hail cases. *During the most recent ten years（1997－2006）*，Finland experiences an annual average of *ten* severe-hail cases during *five* severe -hail days.

经上述修改，提交给期刊的摘要如下。

修改后：收集的报纸、风暴观测员的观测记录和目击者报告，构成了芬兰强冰雹（直径 2 cm 及以上）的气候资料。该气候资料涵盖了从 1936 年到 2006 年 77 个暖季（5 月 1 日至 9 月 14 日）的 240 个强冰雹的个例。报道最多的强冰雹直径为 4 cm 及以下（65％的个例）。随着冰雹尺寸的增大，冰雹个例数在减少。在报道的一些强冰雹个例中，芬兰出现过直径 7～8 cm（棒球大小）的大冰雹。大多数强冰雹个例（84％）发生在 6 月末到 8 月初。7 月是冰雹发生的高峰月（有近 66％的个例）。大多数强冰雹个例发生在下午到傍晚的时间，即当地时间 14：00－20：00。较大的冰雹（4 cm 或更大）发生的时间稍晚一点（当地时间 16：00－20：00）。大多数强冰雹个例发生在芬兰的西部和南部，一般往北是减少的，在邻近人口密集区有大多数的个例。在芬兰西部的农业密集区，直径大于 4 cm 的冰雹个例所占比例最大，在那里由强冰雹造成的农作物损失更有可能被报道。由于芬兰具有广阔的森林和湖泊，人口密度低，以及冰雹发生范围相对较小，因此在芬兰的大部分地区因未发现而未报道的冰雹个例普遍存在。自 1990 年以来，公众和媒体对强天气的兴趣更大，风暴观测者网络，通信技术的改进，报告冰雹的官方网站都增加了上报的冰雹个数。在最近的10 年（1997—2006 年），芬兰平均每年在 5 个强冰雹日中有 10 个强冰雹个例。

A climatology of severe hail（2 cm in diameter or larger）in Finland was constructed by collecting newspaper，storm-spotter，and eyewitness reports. The climatology covered the warm season（1 May to 14 September）during the 77 years 1930－2006. Altogether，240 *severe-hail* cases were found. The maximum *reported severe-hail* size was mainly 4 cm in diameter or less（65％ of *the* cases），*with the number of cases decreasing as hail size increased.* In a few extreme cases，7－8-cm *（baseball-sized）* hailstones have been reported *in Finland*. Most of the severe-hail cases（84％）occurred from late June through early August，*with July being the peak month（almost 66％ of the cases）. Most severe hail fell during the afternoon and early evening hours 1400－2000 local time（LT）. Larger hailstones（4 cm or larger）tended to occur a little later（1600－2000 LT）than smaller（2－3.9 cm）hailstones*（1400－1800 LT）. Most severe-hail cases occurred in southern and western Finland，generally decreasing to the north，with the majority of the cases near population centers. *The proportion of severe hail less than 4 cm in diameter is largest over the agricultural area in southwestern Finland where crop damage caused by severe hail is more likely to be reported.* The underreporting of hail is a particular problem across much of Finland because of *the vast forest and lake areas，low population density，and relatively small hail swaths.* Since the 1990s，a greater interest in severe weather among the general public and media，a storm-spotter network，improved communications technology，and an official Web site for reporting hail have increased the number of reported hail cases. During the most recent ten years（1997—2006），Finland *experienced* an annual average of ten severe-hail cases during five severe-hail days.

> 作为一名审稿人，我看了很多发给我的论文，不少作者想等审稿后（或者等审稿人提出修改意见后）再作最后修改。我个人的意见是，你提交的论文应该是最终稿，如果论文不改动就直接发表的话，你应该很开心。对我们所有审稿人来说，审查内容再少，也要浪费时间。
>
> ——吉姆·斯坦伯格，犹他大学

13.5　接近终稿的修改稿

完成上述修改后，手稿就到了可以提交的阶段。此时，还要有耐心，通过下列步骤，完成最后冲刺。

◎将手稿放置一段时间。把大脑放空。你有没有经历过这样的事：整个下午调试程序都没有通过，而第二天一眼就发现代码中的错误？如果有，那你就知道太专注于手稿会让你忽略明显的错别字和不准确的措词辞。

◎有心情修改吗？如果没有，不要强迫自己。文思如泉涌时，不会因修改文稿而浪费自己的创造力。有时，你只想去划船，那就去划划船。当你头脑清醒、注意力集中时，那就是修改稿件的最佳时机。

◎把手稿打印出来，便于发现问题。如某句话表述的意思不明确，段落之间的过渡不自然，一些论述缺乏逻辑等，一旦发现问题，立即动手去修改。如果需要读两次才能看懂一个句子的含义，或者你觉得句子读起来别扭，读者可能也会有同感。我注意到，如果自己对一段文字不满意，但还是交了稿，审稿人几乎总能挑出我认为不满意的段落。所以，投稿之前，自己先修改，可免去审稿人的麻烦。

◎多次检查手稿，每次关注不同目标。例如，这一次可能强调论点论据，下一次可能强调过渡，再下一次可能会强调语法。

◎从最后一页开始编辑手稿直到第1页。从后向前倒着读手稿，会给你提供不同的发现问题的视角，也会让你对经常被忽视的图、表、标题和引用更加重视。

◎逐句倒着向前读手稿，虽然听起来有点极端，但这样做能让您专注于句子结构和词语。总是从前到后读论文可能会因对文稿过于熟悉而无法看到它的问题。

◎向自己或别人大声朗读手稿。某些句子是不是读起来结结巴巴？有没有遗漏字词和标点符号？

◎评估一下论文标题和摘要，确保它们准确代表文章内容。如果不能，那就再修改。

◎看看摘要、引言、正文和结论是否具有一致性，每一部分的内容和主要结论是否冲突？华盛顿大学罗伯特·豪泽教授建议拿一支荧光笔检查稿子，标记稿件的要点，确认整篇手稿与要点的一致性。

◎找出自己习惯性的失误，并努力改进。你是否经常误用某些相近的词？把自己习惯性失误列在一张表上，也可以写在你身边的一张纸上或存在计算机里。找到、列出来并改掉手稿中这些失误，将进一步提高你的写作水平。

自己都未仔细阅读稿子，反倒期望审稿人认真审阅并最终发表，作者简直在开玩笑。

——彼得·霍特卡默，加拿大环境部

13.6 要注意的一些细节

要注意稿件中的细节，如避免错别字、病句，措辞要准确，准确地使用逗号、连字符和破折号（短划线和长破折号的使用在附录 A 中讨论），参考文献标注格式规范等（参见说明栏"手稿的最后检查"）。然而，有些作者不以为然，嫌麻烦。

手稿的最后检查

手稿最后检查（部分内容改编自美国气象学会《对已经完成的手稿最后要问的几个问题》一文）：

☐标题页已完成，包括日期和通讯作者的地址。

☐摘要和结论引用了最重要的成果，并且前后一致。

☐通篇使用一致的术语。

☐所有的缩略词在第一次使用时都作了定义。

☐所有被引用的文献在文后排列的参考文献中无一缺失，并且文后列出的所有参考文献均在正文中被引用。

☐对参考文献的准确性和标注格式进行检查。

☐所有的节号、图形和表格按顺序编号。

☐正文中引用的图和表对应的编号正确。

☐已经完成错别字检查和语法检查。

☐页面已经编号。

☐页边线要编号（如果期刊需要）。

☐已对个人列出的习惯性失误做过检查。

当我审阅他人的稿子并修改文中存在的问题时，经常听到说"这是技术编辑的工作"。错了！你是作者，别指望别人对你的手稿负责。虽然技术编辑有能力，但他们也会犯错。避免稿件出错误的最好方法，就是不要把责任推给编辑。此外，编辑们忙于编辑出版，让他们修改作者很容易修改的错误，这是浪费编辑的精力和时间。作者的粗心大意会放慢出版过程，并增加每个人的出版成本。美国气象学会出版社主任肯·海德曼曾经说过，作者手稿若完全符合作者指南（美国气象学会，2008）的要求，编辑手稿只需三个小时，而如果格式不符合要求，则需要多花 7 个小时。

作者有责任提交合格的稿件。大多数期刊都有投稿须知和格式指南。按照要求去做！一些期刊给作者提供了要遵循的模板。不使用模板可能会导致稿件未经审阅就被退回。

注意细节问题，对一些人来说意味着很多。投稿后，稿件要转给编辑和几位审稿人。你想让他们认为你是一个不负责的人？当然，很多人可能不会对你漏掉的逗号和错别字进行评论，这并不意味着这些错能逃过他们的眼睛。审稿人面对乱糟糟的稿子，很容易失去耐心，甚至有可能建议退稿。

最重要的是，忽略细节问题往往也意味着对大问题也不够用心。有很多小错不断的手稿，经常存在科学上的问题。粗心大意往往没有上限。因此，作者应关注细节问题，不要把自己能解决的问题留给审稿人，以确保手稿顺利出版。

13.7　收到反馈

连续几天、几周或几个月的写作，难免会让你的稿子存在盲区。我听过很多受挫的作者说，"对这篇稿子我已无能为力了，尽快投给期刊吧"。此时，不必急于投稿，先把稿子放上几天，会让你对稿子有一个全新的看法。在疲惫的状态下是没有办法写出好文章的。

投稿之前，请一位值得信赖的同事看看相关的部分。无论你多么仔细地修改过，其他人都能给你提出建议。事实上，一些实验室和机构需要一个正式的内部评审程序。有严格审稿嗜好的同事，对稿件的评审意见非常有价值。而那些"好好先生"和"好好女士"，充其量也就是"马屁精"，他们审完稿件时留下的只是一些毫无意义的红色标记。尽量找那些智力比你好、坚持对你高标准要求的人审稿。此外，还可以请非专业人士读读你的稿件。他们可能会挑出那些应该为更多普通读者定义的术语。其他好的审稿人是那些可能不轻易赞同你结论的人。没有人比那些在科学上与你意见相左的人更容易找出你稿件中的缺陷。你可能不认可他们的观点，但至少就有些问题修改稿件时，考虑他们的批评意见。

如果可能的话，你期望从非正式评审中得到怎样的反馈？论点是否正确，文字是否通顺，或者没有针对合适的读者？不要指望每位审稿人都能解决你所有的语法错误，当然，如果需要审稿人帮你分析和解决语法错误，一定要在送审时提出来。

将稿件递交给审稿人时，作者要为自己和审稿人负责。作者一定要把最好的作品提交给别人审阅，千万不能让审稿人为粗制滥造的作品浪费时间。你需要熟悉编辑技巧。有个例外就是，给别人具体的提示，例如，"不用关注描述的细节，我真正需要的是关于论据材料是否合理的建议。"或者，"不用关注语法和错别字——我需要给我提提论文组织方面的建议。"

除了同事，还可以从其他地方得到帮助。大学里可能有写作中心，在那里你可以免费向专家咨询对手稿的意见。此外，还可以通过付费，有专业编辑帮你修改手稿，当然这些服务的质量未必如你所期望的那样（参见第158页咨询专家栏"专业的手稿润色服务"）。

如果你认为合适的话，得到反馈的其他方法还包括把你的文章贴到网上，贴到自己的主页上，或放在互联网的档案馆（例如，arXiv，arXiv是一个收集物理学、数学、计算机与生物学论文预印本的网站，译者注），也可以给你所在的单位举办的研讨会投稿。到其他机构特别是那些你认为能得到听众较好反馈的地方，去巡回作报告，展示你的研究成果。在投稿前，想尽一切办法得到更多更好的反馈意见。

13.8　简洁的必要性

为了手稿的简洁，我特意加了该小节。文献数目、科学家人数及期刊种类都在日益增长，然而科学家们能专心阅读文献的时间是有限的。别说以前的文献，仅阅尽当前文献就很困难。所以作者写的文章应尽量简短。

有一种说法，一篇文章的长度应该是它的内容所需要的长度，但现在并非如此。直到 1991 年，美国气象学会才有了对论文长度的限制，并曾两度降低论文的最大长度，现在限定的长度为 7500 字。这并不是说，较长的文章不会进入审稿程序中，只是过长的文章为编辑增加了额外的审稿负担。所以，应尽最大努力提交最简洁的稿件。下面说一下稿件要写得简洁的原因。

◎读者更愿意读较短的论文。

◎写较短的论文一般会更快，更容易些。

◎有针对性的研究论文比覆盖全面的研究论文更容易发表。

◎通常较短的论文有更少的合著者，并因此更容易与特定的作者签署版权协议。

◎短论文不太可能过于笼统地概括研究结果。

◎较长的稿件可能会被有严格长度限制的期刊退稿。

为了寻找让论文更短的灵感，作者可以看看由 Strunk 和 White（2000，第 23 页）写的《风格的要素》（*The Elements of Style*），他们告诫说"省略不必要的词"已成为编辑们振臂高呼的口号：

生动有力的文章必须是简洁的。就像一幅画不应有多余的线条，一台机器不应有多余的零件，一句话不应有冗词，一段文章不应有赘句。这并不是要求作者字字珠玑，或者省去所有细节只保留主题轮廓，而是要求每个词语都不多余。

在宏观尺度（论文的章节和期刊文章的小节）上，让读者对文章注意力集中的最好办法是文章有明确的宗旨。任何偏离重点的词语都应删除。下面谈到的关于开展天气个例研究（18.4.1 节）一节中，作者通常认为把个例研究的每个细节介绍给读者很重要，其实这是错误的。读者只需知道必要的内容。一两个跑题的内容可能不影响阅读，但重复插入跑题内容和额外的材料是在考验读者的耐心。

作为本书关于文稿简洁的这个小节的最后忠告，普林斯顿大学的 Daniel Oppenheimer 因为他的文章《滥用博学白话的后果：不必要地使用冗长词汇的问题》（*Consequences of erudite vernacular utilized irrespective of necessity*：*Problems with using long words needlessly*）（Daniel Oppenheimer，2006）获得了 2006 年搞笑诺贝尔文学奖。他的获奖感言如下："我的研究表明，简洁解释为智能。所以，谢谢你。"

13.9　适当的长度

尽管更简洁的论文普遍受到青睐，但仍有人认为，较短的论文可能会让作者因发表多篇含有相对较少新知识的文章而获得荣誉。如何知道你的手稿的长度是否合适？

作者、审稿人、编辑和出版社将永远不会停止对科技论文手稿适当长度的争论。科学家对最少可发表单元（least publishable unit，LPU）或可供发表的材料（publon）价值的认识各不相同。审稿人可能希望你作更多分析，同时篇幅要短，这似乎是矛盾的。期刊强加的字数限制，可能会限制手稿不必要的长度，否则，手稿就成了小说，长度要视情况而定。有些手稿 10 页就太长了，有些手稿 35 页都不算长。

对于我们来说，做好以下几步，就知道稿子的正确长度了。

◎用扎实的论据支持你的论点（made solid arguments in support of your evidence）。

◎避免不相干的论据和图形（avoided tangential arguments and figures）。

◎使用简洁准确的句子（made sentences concise and precise）。

◎删除多余和啰唆的词语（eliminated redundant and verbose words and phrases）。

做完以上工作后，需要做的就只剩下最后的修改了。

13.10　最后的修改

一旦稿件接近尾声，你可能会感到自己像一列失控的火车，急于到达目的地。跟着这种感觉一起走。但是，不要急于投稿。

急于完成投稿可能会导致你想略过最后的步骤。保持冷静，努力完成最后的修改。始终在单面打印的文稿上作最后的修改，在纸上修改，便于比较相邻页面上的文字和图形，检查上下文是否一致。修改稿都应该在纸上修改，与在电脑上修改相比，在打印的文稿上更容易发现错误。

在精力充沛和不被打扰的情况下作最后的修改。对我来说，改稿的最佳时间是在早饭前，在读电子邮件之前，在开始筹划一天的工作之前。也有人发现，晚上在图书馆很少被打扰，或者是当家人都睡着的时候。找到适合自己的时间，作终稿前的修改。

请参阅你的写作常见问题列表，搜索手稿中可能需要修改的地方。使用错别字检查或语法检查找出明显的错误，但不要期望通过校对软件会得到完美的结果。为最大限度地发挥这些检查的作用，一种方法是定制自己的设置（例如，在 Microsoft Word 中"首选项"下的设置）。例如，我的 Word 版本允许主谓一致的检查，开通它是因为它的功能可靠，对找到我的错误有用。同时，我关闭了被动语态的检查，因为我发现这会不断地提醒我被动语态的句子。

如何判断编辑工作是否完成？如果你还在对一些句子不满意并着手修改的话，你还需要至少一轮的编辑。如果每页最多只有一处微不足道的修改，那么手稿就可以准备提交了。如果你发现在一轮的修改中作了改动，在下轮的修改中又恢复了原样，那就干脆放手把折磨人的稿件投出去吧。

第 14 章　作者署名及作者义务

几乎每个发表论文的人，他的研究成果都离不开与他人的合作。与他人合作，可能会令人满意，也可能让人沮丧。决定在论文上署谁的名字是一个潜在的困难。本章介绍了确定作者和作者排名、通讯作者的义务及所有合作者义务的指导原则。

活跃的科学家一年内通常可以写一两篇文章。相比之下，团队可极大地增加写稿量。因此，在科研中与他人合作，既有益于事业，也有益于稿件质量。

科学的发展越来越趋向多学科交叉，这也许是因为需要解决的问题日益变得复杂的缘故。这种多学科交叉的标志之一，就是越往后一篇文章的共同作者越多。Geerts（1999）发现，19 种大气科学期刊中，平均每篇文章的作者数从 1950 年的 1.2 到 1965 年的 1.5，1980年达到 2.0，在 1995 年上升到 2.9。有几十甚至几百名作者的文章在一些学科如生物学、医学、高能物理学期刊中很常见。例如，人类基因组计划的成员宣布，他们对人类基因组测序的第一篇论文有超过 200 位合著者。可以想象，这种文章需要绞尽脑汁协调 200 名不同的作者——有时只有一名合著者都很难协调！

著作权是作者们对手稿作出的最重要的决定之一。作者名单是在引文和参考文献中的第一个项目，对这项研究贡献最大的人应该得到最高的荣誉。例如，在一些期刊（例如，美国国家科学院院刊）中，每个作者对手稿的作用都印在每篇文章的头版。可惜的是，著作权是作者之间很少公开讨论的事情之一。确定作者名单和顺序的规则是什么？

去世同事有权被列为合著者吗？尼克·D. 金绘制

14.1 确定作者

原则上，确定作者应该很简单，但至今所有学科都还没有正式的统一规则。国际医学期刊编辑委员会（International Committee of Medical Journal Editors，ICMJE）在 2003 年对确定作者的规则进行编纂，他们指出，所有手稿作者必须满足以下三个条件。

1. 对（文章的）构思和设计、数据的采集或数据的分析和解释作出重大贡献（Substantial contributions to conception and design，or acquisition of data，or analysis and interpretation of data）；
2. 起草文章或对重要的内容作关键性的修改（drafting the article or revising it critically for important intellectual content）；
3. 同意最终发表的文章（final approval of the version to be published）。

国际医学期刊编辑委员会（2003）又说："论文的资助者，数据的收集者，以及研究小组的监督者，并不具有作者资格（Acquisition of funding，the collection of data，or general supervision of the research group，by themselves，do not justify authorship.）"。国际医学期刊编辑委员会发布的这个声明（2003），可以说是对作者身份的最简洁和最明确的定义。通俗点说，一篇合著的科技论文作者，必须对稿件的科学内容有贡献，帮助起草或修改手稿，并同意终稿内容。若不满足上述三个条件的，应该从作者名单中删除。

毫无疑问，双方互相在对方的文章中把自己的名字加入作者名单，以增加发表论文统计数据的行为是不能接受的。把名人添加到自己文章的作者名单中，以引起对自己文章更大关注的行为同样不可取。此外，科学家们也倡议，当自己的名字被列入论文的作者名单，但并没有作出在上面讨论的那种水平的贡献时，应该要求把自己的名字从作者名单中删除。遗憾的是，这样的行为在手稿投出去之后才会发生。科学家们集体发声，不只是自律，也是劝诫，劝告那些靠借用名人的声誉为自己文章增光的作者罢手。

学术道德要求很明确，作为论文的合著者，在分享论文带来的荣誉的同时，也要承担论文的全部学术道德责任，而不是仅承担你直接参与部分的学术和道德责任，因此，对未直接参与部分，也应作更多的了解，包括涉及的技术和方法，即便你永远达不到你合作者的专业水平（毕竟，分享专业知识是和不同专业人才合作的乐趣之一）。如果你对文中的素材缺乏信心，可让一个非合著但可信任的同事过目，这种非正式的同行评审意见会让论文更有说服力。

合著作者必须清楚自己对论文承担的学术和道德责任。假设你是两年前发表的一篇文章的六位作者中的第五作者，有人举报第一作者，指出其为了让文中的主要图表的线性相关性更好，曾篡改过数据。虽然你阅读草稿时，感到这个数据很奇怪，但由于某种原因没有及时给急于投稿的第一作者提出这个问题。尽管第一作者对这种不道德的行为负完全责任，你同样脱不了干系，所有作者都要遭受同样的质疑。因此，为了避免这种情况，所有合著者必须认真履行自己责任，只对可以完全信任的手稿作承诺。

14.2　确定作者的顺序

确定作者顺序几乎与将谁列入作者名单一样，非常棘手。一篇有 3 位作者的论文，谁是第一作者，谁是第二作者，恐有争议，即使只有两位作者，谁排第一也会有异议。美国气象学会发表的一篇文章第一页的一个脚注写道："作者对本研究的贡献相同。"

解决合著论文中作者排列顺序问题并非易事，尤其是第一作者。如果作者满足以下一个或多个标准，他就可能是第一作者。

◎突出的贡献——在研究过程中，第一作者在研究期间表现出领导力，使手稿得以顺利完成。

◎主要的知识输入——第一作者有科学见解，使手稿成为可能。

◎积极参与工作——第一作者在整个研究中工作量最大。

◎大部分写作的贡献——第一作者完成了大部分写作。

◎手稿的主要特色——第一作者组织和参与的写作决定了手稿的主要特色。

考虑到多位作者可能在这些层面上都对文章做出了贡献，因此，确定作者顺序时，有几种不同的意见。第一种意见：第一作者是做工作最多的那位，就是写了稿件的大部分的那位，或是一个团队中开发和写作手稿的那位；随后的作者是那些工作逐渐减少的人。

第二种意见适用于某些实验室，多作者论文在此场合较为常见。作者名单上最后一位，不是做工作最少的那位，而是留给实验室的领导（当然，假定实验室负责人也满足国际医学期刊编辑委员会（ICMJE）的 3 个标准）。这类论文的作者名单上前两位通常是一名学生和论文导师，最后一位实际上是被认为最有声望的人。

第三种意见适用于某些论文。前面的少数作者几乎做了所有的工作，之后的作者按字母顺序排列，以表明作者的贡献相差不大。例如，按字母顺序排列的作者名单可能会出现在某些野外项目报告，表明参与策划和执行野外项目的人在手稿中发挥的作用相对较小。

第四种意见是从项目的设计、实施、撰写等几个不同的方面对每位作者作定量评估（例如，Schmidt，1987；Ahmed 等，1997；Devine 等，2005；Tscharntke 等，2007），根据得分高低，确定作者顺序。

显然，署名有许多不同方式，每个研究小组必须有自己的选择。有时，作者名单或作者顺序可能会随着论文的工作进程、责任的变化、有人离开或有人加入而改变。别说在不同科学领域对作者排名顺序制定一个统一的标准，即便是在大气科学领域，也难适用统一标准。

经常遇到的一个问题是导师指导的正式发表的学生论文的共同署名问题。若论文作者已毕业且未继续从事科研工作，而导师希望论文发表，导师可作为第一作者，因为导师曾为论文付出心血，而且若无导师的努力，论文可能不会发表。尽管如此，导师的行为仍可能被别人指责为剽窃，因为论文是学生完成的，学生理应是第一作者，即便论文是在导师悉心指导下完成的。因此，学生和导师在合作初期，就应该讨论发表的问题。当然，对此学生很难开口，导师应是这种讨论的发起者。

鉴于合著论文作者的署名问题，提出以下规则。

1. 所有涉及论文写作的人都应参与署名问题的讨论。第一作者、通讯作者、作者名单中最资深人士或研究小组的领导，应该公开说明拟采用的作者排名顺序规则、作者排名顺序及原因。

2. 无论采用哪种署名规则，整个研究小组在特定主题的系列论文中应保持一致。

为了个人在职业生涯中的发展，在选择就职单位时，问问单位领导有关科研论文中作者署名规则，向其他成员咨询一下相关情况，并找找该单位发表的论文，看看论文写作组成员获得的相应荣誉。如果这个单位的情况非你所预期，可考虑到其他地方就职。你职业生涯中的发展取决于你工作中取得的荣誉。

14.3 作者的义务

一旦作者名单和顺序确定，每位作者对手稿都负有责任。美国地球物理学联合会（2006）仿效美国化学学会，下发了一个关于作者义务的文件，文件规定了作者的具体义务。

1. 作者的中心义务是对所做的研究提供一份简明、准确的报告，并对研究的意义进行客观的陈述。（An author's central obligation is to present a concise, accurate account of the research performed as well as an objective discussion of its significance.）

2. 论文应包含足够的细节和公共资源信息，以便作者的同行参考并重复这项工作。（A paper should contain sufficient detail and references to public sources of information to permit the author's peers to repeat the work.）

3. 作者应该引用那些已发表的对研究工作有影响的文献，以引导读者快速了解与当前研究相关的早期研究。私下获得的信息，如与第三方谈话、通信或讨论获得的信息，未经信息原创者的许可，不得在论文中使用。在保密服务中获得的信息，如裁判的手稿或授权申请，未经有关人员许可不得使用。（An author should cite those publications that have been influential in determining the nature of the reported work and that will guide the reader quickly to the earlier work that is essential for understanding the present investigation. Information obtained privately, as in conversation, correspondence, or discussion with third parties, should not be used or reported in the author's work without explicit permission from the investigator with whom the information originated. Information obtained in the course of confidential services, such as refereeing manuscripts or grant applications, cannot be used without permission of the author of the work being used.）

4. 避免将研究成果肢解。围绕研究成果，研究者应组织相关论文，从多个侧面对研究成果给出完整解释。（Fragmentation of research papers should be avoided. A scientist who has done extensive work on a system or group of related systems should organize publication so that each paper gives a complete account of a particular aspect of the general study.）

5. 作者在多家期刊上发表内容基本相同的手稿是不道德的。一稿多投的行为更不能容忍。（It is unethical for an author to publish manuscripts describing essentially the same research in more than one journal of primary publication. Submitting the same manuscript to more than one journal concurrently is unethical and unacceptable.）

6. 论文已被接收后，作者不得再作修改。如果确有修改理由，作者可直接告知编辑。只有编辑有权批准此类更改请求。（An author should make no changes to a paper after it has been accepted. If there is a compelling reason to make changes, the author is obligated to inform the editor directly of the nature of the desired

change. Only the editor has the final authority to approve any such requested changes. ）

7. 可以对已发表的论文提出批评或商榷，但是，针对个人的批评是不可接受的。（A criticism of a published paper may be justified；however，personal criticism is never considered acceptable. ）

8. 只有对文章作出重大贡献的人才能列为作者。合著论文的所有作者都对文章负有共同责任。虽然并非每位作者对涉及的研究各个方面都熟悉，但每个人都应该审查论文的准确性。满足上述标准且已经去世的人，也可被指定为作者。通讯作者承担将所有符合署名标准的人列为作者的责任。其他不符合署名标准的贡献人，应在文章中给予适当致谢。通讯作者还应证明所有健在的作者都已经看过这篇文章的终稿，认同主要结论，并同意将其提交出版。（Only individuals who have significantly contributed to the research and preparation of the article should be listed as authors. All of these coauthors share responsibility for submitted articles. Although not all coauthors may be familiar with all aspects of the research presented in their article，each should have in place an appropriate process for reviewing the accuracy of the reported results. A deceased person who met the criteria described here may be designated as an author. The corresponding author accepts the responsibility of having included as authors all persons who meet these criteria for authorship and none who do not. Other contributors who do not meet the authorship criteria should be appropriately acknowledged in the article. The corresponding author also attests that all living coauthors have seen the final version of the article，agree with the major conclusions，and have agreed to its submission for publication. ）

14. 4　通讯作者的义务

由于合著论文的每位作者都有责任在论文提交出版之前，阅读和认可手稿，通讯作者对所有作者有以下附加义务。

◎在撰写过程中，尽早告知所有作者他们已被确定为作者（不要笑，手稿已提交，但作者还不知道自己被列为作者的情况曾出现过）。

◎给所有作者留出时间，以便他们在交稿之前审阅稿件。

◎如果需要，取得所有作者的版权确认书的签名。

◎给所有作者发送审稿意见。

◎在整个出版过程中，要告知所有作者稿件进展情况。

◎通知所有作者对审稿意见进行回复。

◎整理所有作者的意见，并在需要时解决他们之间的意见分歧。

◎告诉所有作者终稿前对稿件征求意见的最后期限。

◎给所有作者提供对清样发表评论的机会。

◎论文发表后，向所有作者发送抽印本（电子版或纸质版）。

作为通讯作者，可能意味着要平衡不同的观点，以及熟悉论文涉及的诸多细节。简单地说，通讯作者应确保论文的方法、数据、结果被所有作者认可。

论文发表后，可能有读者对论文提出质疑或咨询。此时，通常由通讯作者和读者联系，回答或解释读者对论文提出的诸多问题。因此，通讯作者也应准备接受这些请求。

第 15 章 学术道德和不端行为

作为科学家，我们对真理充满敬意。不幸的是，这种对真理的追求会被一些不道德的人所玷污，他们剽窃他人的研究和文字，在多个刊物发表的论文几乎相同，编造数据或图片。有些人被抓住了，还有很多人可能未被抓住。本章讨论一下科研人员的伦理问题。

看一下下面的案例。

案例 1. 1996 年《国际遥感杂志》撤回了 3 篇由 4 位作者组成的团队撰写的利用卫星数据分析生物质燃烧排放的论文，这 3 篇文章"大量复制了"由不同作者撰写并且发表在其他期刊上的 5 篇文章的内容。

In 2006, *the International Journal of Remote Sensing* retracted three articles on satellite detection of biomass burning written by a network of four authors. These three articles "substantially reproduced the content" of five articles written by different authors and published in other journals.

案例 2. A 编辑收到作者甲的一封电子邮件。作者甲称，作者乙在 B 编辑的期刊上发表的论文中，没有说明公式推导过程引自作者甲在 A 编辑的期刊上发表的早期文献。虽然作者乙同意发布更正，但 B 编辑表示，该杂志不能对已发表的文章进行更正。

Editor A received an e-mail from Author 1. Author 1 alleged Author 2's published derivation in Editor B's journal "used liberally and verbatim material" without citing Author 1's earlier article in Editor A's journal. Although Author 2 agreed to publish a correction, Editor B said that the journal did not print corrections to published articles.

案例 3.《大气科学进展》在 2004 年发表了一篇由作者丙写的文章。作者丁与期刊联系，称作者丙在文章中用到的模式是由作者丁的小组开发的，但在丙的文章中没有说明模式为引用他人成果而得来。在此之前，作者丙曾以访问学者身份访问过作者丁的科研小组。《大气科学进展》撤回了作者丙的文章。

Advances in Atmospheric Science published an article by Author 3 in 2004. Author 4 contacted the journal because the model used by Author 3 in the article was developed by Author 4's group, but was not cited as such in the article. Previously, Author 3 had been a visiting scholar to Author 4's group. *Advances in Atmospheric Science* retracted Author 3's article.

虽然偶尔会有基因工程、医药、纳米技术等热门领域的学术不端行为的新闻报道，上述3个例子也说明，违背了学术道德的不端行为在大气科学领域同样存在。除了剽窃他人研究成果外，不道德行为还表现在将以前已经发表的作品再次投给期刊。也许"要么发表，要么毁灭"已让一些科学家失去耐心、变得贪婪或一步步走向违法的深渊。不管是什么原因，这种不端行为，浪费了作者和编辑的时间，违背了学术道德，损害了职业声誉，破坏了科学家在公众心目中的形象。

美国国家科学基金会（NSF）按照类似于其他科学组织的方式定义了学术不端行为。

学术不端行为是指在申请或执行由美国国家科学基金会资助的研究、评审提交给美国国家科学基金会的研究计划或在由美国国家科学基金会资助的研究成果报告中伪造和篡改数据和结果，或剽窃他人成果的行为。

（1）伪造是指编造数据和结果，并记录或报道（Fabrication means making up data or results and recording or reporting them）。

（2）篡改是指操纵研究材料、设备或过程，改变或删除数据及结果，使研究成果失真（Falsification means manipulating research materials，equipment，or processes，or changing or omitting data or results such that the research is not accurately represented in the research record）。

（3）剽窃是指在没有致谢的情况下，抄袭他人的观点、过程、结果或文字（Plagiarism means the appropriation of another person's ideas，processes，results or words without giving appropriate credit）。

……研究的不端行为不包括诚实的错误或者意见分歧（... Research misconduct does not include honest error or differences of opinion）。

本章将讨论这三种类型的不端行为。

15.1　伪造及篡改

我并不希望本书讨论数据的伪造问题。简单地说，编造数据和结果是不能接受的。然而，有些伪造很微妙。例如，从一台创新而有噪音的仪器中得到的观测数据，通过滤波器过滤，消除噪音，得到一组新的数据。如果你没有说明新的数据为滤波后的数据，你可能会受到发布伪造数据的指责。

理想情况下，所有的数据都很好，而实际上数据存在不足。负责任的科学家知道如何解决不良数据。大多数研究中通常采用质量控制来解决不良数据。如果准确描述了消除潜在不良数据的质量控制措施，别人可能会对你的选择方法提出异议，但你不会被指责伪造或操纵数据。

越来越多的不端行为是修改数字图像。例如，2006年1月《科学》（Science）撤回2篇韩国科学家黄禹锡的文章，因为证据表明，黄禹锡文中显示干细胞的图片不是在实验室克隆干细胞的记录，而是通过计算机软件（如Photoshop）伪造出来的。令人震惊的伪造事件屡见不鲜。《纽约时报》（The New York Times）曾报道，美国科研诚信部门发现被指控的欺诈事件中44.1%涉及伪造图像。

《细胞生物学杂志》（the Journal of Cell Biology）为了避免出现类似问题，总编辑迈克·罗斯纳为所有提交稿件制定了严格的图像处理检查程序。在1300份手稿中，14份（1%）因图像被故意处理以误导读者而被拒绝。此外，1300份手稿中20%的手稿有一幅或多幅图被处理过，编辑要求作者重新提交被处理之前的图。这些要求重新提交的图可能仅需要调节图片对比度来弱化图片中非主要内容。

是否应该接受这样修饰处理过的图形？正如 Rossner 和 Yamada（2004）所说，歪曲数据会欺骗你的同事，他们相信你会准确展示你的原始图形。此外，图像包含的某些信息对作者来说可能不重要，但是对别人可能非常重要。因此，应尽可能保持图像的原始状态。下面提供一些处理图像的一般准则。

◎创造或消除图像中数据是学术不端行为。

◎增加原始图像的分辨率是不可接受的，因为增加分辨率意味着创建了新的像素（即数据）。降低图像的分辨率是可以接受的，因为所得的像素仅仅是原来的平均值。

◎如果调整不会让数据模糊或被掩盖，那么亮度的小幅调整一般不被看作不端行为。

◎如果单个元素可由清晰的边界突出显示出来，那么包含多个元素的复合图形或嵌入图像是可以接受的。

◎对图做任何操作（例如，伪彩色的图像、滤波）都应当在图例中说明。

◎为了帮助读者理解而用文字注释的图形，一般不被视为不端行为。

Rossner 和 Yamada（2004）得出结论：

应该直接描述数据，而不是需要向读者说明滤波后的数据。你对数字图像调整时，应先问问自己，"调整后的图形还能精确表示原始数据吗"？如果答案是"不能"，那么你的行为可能会被视为不端行为。

15.2 剽窃

由于大量涉嫌不端行为的案件涉及剽窃问题，本章大部分内容集中在剽窃上。剽窃可能是有意的或无意的。剽窃的例子很多，可能因为剽窃很容易，因此在适当地引用和剽窃之间，以及在不同的文化形式之间，存在着微妙的区别。

剽窃是指使用他人的知识产权，把他人的知识产权当作自己的。知识产权不仅是科技论文的文字和图形（第146页案例1），也可能是方程式（案例2）、计算机代码（案例3）、想法、假设、推测或计算。学业成绩也可以被剽窃，这种情况在评论文章中屡见不鲜。例如，已发表的文章，其思路和方法也可能被之后的作者沿袭，原始论文也可能是原来作者获得学业成果的原始资料。

使用网络数据或图形而不对作者致谢就是剽窃。许多基于网络的气象数据绘制程序的出现（例如，来自于怀俄明大学的探空资料，国家强风暴实验室的历史天气数据档案，地球系统研究实验室的气候分析部的再分析资料），使得研究论文中的图形绘制更容易，但必须在论文中给出致谢。通常，这些网站将提供一个对他们网站如何致谢的声明。

由于引用和剽窃之间往往只有一线之隔，那么该如何避免剽窃而进行准确引用呢？

◎因为剽窃就是窃取别人的思想和观点，避免剽窃的最好方法就是要有自己的思想和观点，然后用其他人的研究成果作为支持或反驳自己观点的证据。

◎如果你的思想和观点源自他人，是基于别人的研究成果，或者是通过别人的研究成果联想到的，那么你应通过引用文献标明自己想法的来源。

◎在手写笔记和文本文档中，对各种来源（无论是直接引用还是通过改写引用）的材料、自己对来源的解释及自己的想法作明显的区分。千万不要不加引号就把引文从源文件中复制到自己的文稿中。省略这个步骤可能会导致在之后的写作中难以区分自己的想法和援引的材料。

◎用自己的话概括源材料，而不是直接引用原文。也不要在原文的基础上试着改写。避免从原始文献中借用太多的句子和词语。

◎由别人发明的短语（哪怕只有一两句话）应以直接引语的方式引用。

◎大段的文字也可以直接引用。应谨慎和准确地使用直接引用（12.6 节）。

◎忠实引用所有来源，无论是直接引用、转述、总结或解释。要明确自己的想法与文献的意思。

对于那些英语非母语的人，避免剽窃可能更具有挑战性。在高度公开的情况下，在线归档 arXiv 撤回了由 14 位土耳其作者所写的 65 篇文章，因这些文章"过度使用了其他作者文章中的文字"。作者之一的教授兼院长，针对剽窃辩护时说，"在我们的引言中使用来自相同主题的其他研究的漂亮句子并非不寻常的事。……我旨在引用所有包含有我所需要的信息的参考资料，尽管我可能漏掉了其中的一些参考文献"（Yilmaz，2007）。遗憾的是，这样的辩护在科学界根本不可能被接受。

咨询专家

科技论文中的照片披露利益的冲突

戴维·乔根森，美国国家海洋和大气管理局（NOAA）/国家强风暴实验室研究科学家，美国气象学会出版物主管

近年来大众媒体的几次尴尬的曝光说明，未公开的经济利益冲突可能会导致对科学的偏见。虽然利益冲突集中在资金方面，但也可能涉及个人、专业、思想、政治或宗教观点等方面。这里着重探讨经济利益冲突。

为什么要公开作者与赞助商之间资金往来账目？同行评审是否不足以确保将有偏见的成果排除在出版过程之外？遗憾的是，答案是不能确保。研究表明赞助商的利益与研究结果之间有正相关的关系——换句话说，研究结果让赞助商的付出得到回报（即研究结果让赞助商有利可图）。虽然科研成果使赞助商获利，但并不意味着科研成果不科学、不真实、不可用。作者和赞助商之间的资金往来账目不公开，容易让读者对研究成果产生怀疑，也让发表该研究成果的期刊难堪。

预防偏见投诉最简单的方法就是财务公开。然而，学术机构和政府的研究人员是在不同制度规则下运作的，期刊尚未执行统一的财务公开政策。迄今为止，虽然美国气象学会尚未制定有关作者披露相关经济利益关系的政策，但是作者还是应该自愿公开并诚实面对这种潜在的利益关系。

最安全的做法是尽可能完整地披露与赞助者的关系，尽管有些关系是没有必要说明的。

最佳做法是，提交的论文与赞助商有直接利益关系，不管这种利益关系是否与该论文内容有关，都应该予以披露。换句话说，常识应该有助于指导作者的信息披露。如果在论文发表前和发表后披露论文和赞助商的利益关系都会让作者或出版商尴尬，那么最好在发表前披露这种利益关系。

这种披露声明通常出现在致谢中。例如，

这项研究得到了以下基金资助：国家科学基金 ATM-1234567，卡内基-梅隆大学合作协议 XX12-456LM 和 XX12-987ZZ，美国国家航空航天局（NASA）热带降水测量任务（TRMM）基金 NAG5-9876 和 NAG5-1234，以及美国国家航空航天局（NASA）地球观测卫星（EOS）基金 NAG5-9999 和 NAGW-8888。主要作者在 2006—2009 年是 SpyCrafters 航空航天公司的有偿顾问，该公司生产用于这项工作的卫星微波探测仪。

This research was supported by the following grants：National Science Foundation Grant ATM-1234567，Carnegie-Mellon Cooperative Agreements XX12-456LM and XX12-987ZZ，TRMM NASA Grants NAG5-9876 and NAG5-1234，and EOS NASA Grants NAG5-9999 and NAGW-8888. The lead author has been a paid consultant during 2006—2009 with SpyCrafters Aerospace, Inc.，which manufactures the satellite microwave sounder instrument used in this work.

确定相关利益关系时应往前追溯多久？一些期刊要求是当前的利益关系，但大部分是 1~5 年的利益关系。鉴于科研开始至成果最终发表的时间很长，因此，3 年的时间限制是合理的最低标准。最后，有最低赞助金额吗？低于这个金额就不需要披露？大多数期刊不这样认为。不论多少赞助金，可能影响研究客观性的任何相关利益关系都应该声明。

如果看到了自己欣赏的不同主题的其他文章中的特定词、短语和句子，且有所启发，可以通过借鉴和效仿，编写自己的句子，但不要直接复制。第 16 章中可以找到针对英语是非母语的作者写作时的更多建议。

难以避免的是无意的剽窃。可能有人在大脑中产生的新想法、新词语和新句子，是由往事触发（比如，以前读过的文章或听过的话）。或许最著名的无意剽窃案例，是指控 1970 年乔治·哈里森在歌曲《我亲爱的上帝》（My Sweet Lord）中抄袭了希丰 1963 年的歌曲《他很好》（He's So Fine）的诉讼。法官裁定，这两首歌曲的旋律几乎相同，但哈里森的剽窃是潜意识和无意识的。尽管如此，哈里森不得不交出数十万美元的版权使用费。我不了解科学界无意剽窃的诉讼案件，但无意剽窃在科学界不可避免。也许对无意剽窃最好的防范措施，就是了解文献并保存完整记录文献的笔记。

15.3　自我抄袭

你可以抄袭你自己的作品吗？事实上，的确可以。由于自我抄袭（也称为自动抄袭）这个概念的模糊性、明显的矛盾和误解及不同的自我抄袭技术，我更倾向于使用 Roig（2006）提出的 4 条术语来表述自我抄袭：重复发表、香肠式论文、文字重复和版权侵权。

重复发表可以通过两种方式发生：同时把两篇相同的稿件投到两个不同的期刊，或将略有不同解释或只有微小差别的大致相似的稿件投给两种不同期刊。几乎所有的期刊都反对一稿两投的做法。然而，有多达 8% 的生物医学文章被认为是重复发表。但是，把相同的摘要提交给不同的会议并不一定构成重复发表，将不经同行评审的摘要或文章提交给正式期刊，也不是重复发表。其他领域的一些会议，可能要求交流文稿必须是原始或没有在期刊上发表过的，特别是受版权保护的程序生效后，但这种情况在大气科学领域学术交流会上似乎并不常见。

香肠切片式论文是指本可以一次性发表的属于同一研究成果的内容分成两篇或多篇较短的文章发表。为了避免论文被视为香肠切片式论文，作者应在稿件和投稿信中列出所有发表的其他相关文章。

文字重复是指在不同的手稿中出现相似或相同的文字。文字重复通常出现在手稿的数据和方法部分。例如，作者会在不同的文章中重复使用对模式系统简洁的描述文字。在一般情况下，大多数科学家不会发现这样的文字重复问题，只要在每篇手稿中有新结果就行。尽管如此，文字的这种重复也是自我抄袭的一种形式。

使用上述 3 种自我抄袭方法中的任意一种，论文作者都可能犯有侵犯著作权罪。侵犯著作权是从受版权保护的已发表的文章中复制材料（即使正确引用）。因此，并非所有侵犯著作权的情况都是抄袭。作者未经出版社许可抄袭自己已发表的论文，并在不同出版社的期刊上发表，属侵犯著作权行为。虽然那些是你的文字，但出版社拥有你的文章的版权（有关版权的更多信息，请参阅第 4 页由肯·海德曼所写的咨询专家栏）。在文章之间重复使用相同材料，尤其是在不同的出版社，可能会侵犯著作权。

15.4　不端行为的后果

虽然在科技领域确实发生了违背诚信的错误，但这些错误通常可以通过发表更正启事或勘误来纠正。若出现更严重的不道德行为，稿件可由作者自愿撤回或由期刊撤销。如果确定发生了不端行为，可强制撤回有问题的论文。作者、作者的单位或两者皆有可能被期刊处罚。

事实证明，抄袭可以摧毁你的职业生涯。本章开头的案例 3 中，《大气科学研究进展》（*Advances in Atmospheric Science*）禁止作者至少 3 年不得向该刊投稿。其他学科也出现工作被终止、奖项被剥夺，并且资助被取消的情况。那些面对剽窃诉讼的作者不仅耗费时间、精力和金钱，还有损自己的名誉。

虽然商业查重工具并非无懈可击，但是它确实帮助了学校教师和教授检查课堂作业中可能出现的抄袭。同样，为检测来稿是否抄袭，期刊已与一些公司合作开发了工具软件。这些工具通过搜索互联网和搜索期刊文章的在线数据库，检测来稿是否与已发表的文献有重复。通过稿件处理流程中识别和撤回抄袭的手稿，期刊希望避免发表有欺诈行为文章的负面报道。尽管这些工具有明显优点，但是，提交没有抄袭的稿件的最终责任还在于作者。

第16章 英语非母语作者及合著者指南

科学家用母语表达其工作内容本身就十分困难，使用第二（第三或第四）语言作交流的作者必须克服更大的障碍。本章探讨英语非母语人士用英文写作时所面临的问题：避开常见的陷阱，提高语言技能，以及对英语非母语人士的建议。此外，本章还为英语为母语的人士提供了与英语为非母语的同事一起工作的指导。

在美国获得博士学位的大多数科学家必须在毕业前精通一门外语，这种现象直到大约三十年前还是这样。通过阅读其他国家用其他语言发表的科技论文，可以了解科技的发展。因此，科学家需具备熟练阅读一门或更多门外语的能力。一些著名的大气科学家精通许多古典科学语言，即使那不是他们的母语。托尔·贝吉龙可以很流利地讲七门语言，并且了解三种其他语言。然而，随着时间的推移，英语已经成为科学上占主导地位的国际语言。而当科学家使用英语时，他们也形成了一种新的看待世界的方式。

每一种语言都固有一种思维方式，不论是否以英语为母语，所有的作者都必须展示自己在英语文化中正确理解和作科学研究的技能。虽然写作方面存在重大缺陷的稿件可能会被期刊拒绝，但这并不是英语为非母语的学者撰写的稿件被采用的概率较低的原因。作为编辑，我的经验表明，建议退稿的审稿人把重点放在科学错误上，而不是语法错误上。因此，英语为非母语的论文作者获得认可的难度远远超过他们使用英语的难度。通过了解这些文化差异，英语为非母语的作者可以确保作为一名学者取得更大的成功。

16.1 文化差异需要直接沟通

英语国家（如澳大利亚、加拿大、英国、美国）往往由来自不同文化和种族背景的人组成，比其他文化较为单一的国家（例如，中国、法国、日本、俄罗斯）更具有多样性。这种多样性意味着，讲英语的社会成员与其他国家中的成员在价值和信仰体系方面有很大不同。美国人相互之间的沟通更明确和更直接。这种文化被称为低语境文化。

相比之下，在种族和文化上更相似的其他国家的成员之间拥有强烈的共同凝聚力（高语境文化）。因此，在这种类型的社会中，个体之间的大部分沟通可能是隐含的，因为有着共同的价值观和信念更有可能强调沟通。例如，相对于英语标准，法语书可能会很复杂，意大利语书可能会很华丽，墨西哥作品可能会表现出情绪化，印地语作品可能会跑题，日本语作品可能富于想象和优雅。在科技英语写作中，这样的风格似乎并不适合其他读者，特别是那些文化中需要更明确的方法交流的以英语为母语的作者。

科技交流已演变得更加明确，部分原因是英语的主导地位。但是，因为科学是由世界各地的研究小组完成的，每个小组都有不同的文化，他们之间的沟通必须是明确和直接的。正如我在本书中所强调的，科学家的工作需要沟通，使读者能够理解，而明确的交流方式可确保被理解。无论你是不是一个英语为母语的人，懂得科学有效的沟通远比词汇和语法更重要，而熟悉当前的文化语境，是成为一个更好沟通者的重要一步。

文化的其他差异也可能与上一章讨论的适当的科学行为有关。在某些文化中，记忆和模仿交流他人的结果是可以接受的。但在科学上，更可取的方法是通过改写和直接引用。重复别人的科学成果，无论是他们的工作还是他们的言论，却没有注明出处，都是不道德的（15.2 节）。

16.2　英语为非母语作者撰写手稿中常见的问题

我汇总了一份英语为非母语作者手稿中常见问题列表（表 16.1）。虽然这些问题肯定不是英语为非母语的作者独有的，但是它们在英语为非母语的作者撰写的手稿中频频出现，这表明这个列表有一定的针对性。你可能会在审稿人和合著者对你的手稿的评论中识别出这个列表中列出的一些问题。

表 16.1 中第一组问题与研究课题有关。仅由个例研究或模式模拟描述的手稿特别容易出现这种问题。新的科研成果可能有限，并且在研究中的任何独特的方面都被省略或几乎没有被提及。很多时候，这些手稿把此前发表的方法用于新的领域，这可能是一个有价值的贡献。但作者没有说明这项研究的独特性和重要性。无论有无依据，有这样问题的手稿往往会被退稿。

表 16.1 中第二组与第一组密切相关，因为作者可能不完全了解以前的文献。可以理解的是，不常用英语写作的作者不太可能读过很多英文文献。尽管如此，正如在 4.7 节提出的，文献阅读是成为一名科研人员的重要组成部分。当作者没有表现出对文献的了解时，审稿人会质疑作者的研究是否有足够的创新而值得发表。如果作者对某个主题以往的文献在深度和广度，以及当前面临的挑战方面都有很好的把握，并将研究重点放在未解决的主题上，那么，即使对语言驾驭不够熟练，作者对科学的贡献也会获得别人更多的认可。

在表 16.1 的第三组中可以看到未能充分解释研究目的的进一步表现。英语为非母语的作者，没有详细描述他们的数据、方法、结果和推理，以便读者能理解该研究。这些关切常与论文的科技含量无关，但读者可能将这些遗漏解释为作者不了解自己在干什么或者为什么这样干。记住，在低语境文化中交流，你必须比你认为可能需要的更直截了当一些。

最后，表 16.1 中的最后两组涉及沟通的能力。思路的过渡有助于读者在阅读中，尤其是在段落中，保持专注。有关语法的问题，可以在英语网站和很多教科书上找到。网上搜索，通常可用于确定正确的句子或单词结构，常用词组会有更多的点击量，并且将为正确使用措辞的上下文提供一些指导。并不是所有的网站都使用了规范的英语，所以要特别小心。选择信誉好的网站和高质量的科技期刊作为你的格式模板。

表 16.1　英语为非母语（和英语为母语）的作者手稿中常见的问题，以及在本书中讨论这些问题的章节（括号内）

1. 研究的提出（第 2 章）
◎没有明确说明研究目的
◎没有明确说明研究的独创性或实用性
◎研究内容很少，如果有的话，也只有很少新的科学成果

2. 与以前的工作相关性（第 2 章，第 4 章和第 12 章）
◎作者未能理解当前的相关科学问题
◎以前的文献部分是粗略的、不完整的、过时的或者缺乏综合
◎作者未能将新成果与前人的研究成果进行比较

3. 科学的撰写和展示（第 4—7 章、第 11 章、第 18 章）
◎数据和方法没有非常详细或足够清晰的描述
◎没有解释做实验的原因
◎对思维过程的描述不够透明
◎方程本身并不能表达基本理论和物理解释
◎结果展示显得过于自信（比如，"模型和数据完全一致"）或解释太少
◎结果被过度解释达到数据无法支撑的程度
◎结果没有经过深思熟虑
◎没有讨论数据的局限性
◎文字内容有不一致的地方，往往涉及图表

4. 组织和流程（第 8—9 章和第 13 章）
◎段落和句子之间缺乏过渡
◎句子缺乏良好的节奏，不连贯、太短或过长

5. 语言和风格（第 10 章及附录 A 和 B）
◎没有遵照杂志的格式
◎短语和词语使用不当
◎冠词使用不当或缺少冠词（a、an 和 the）
◎动词时态不正确或不一致（9.3 节）

　　经常重写。请人检查你的稿子。不要害怕一遍又一遍地重复修改同一篇稿子。我经常发现在每一次修改后，我可以在语法和科技质量上同时提高。

——张福清，宾夕法尼亚州立大学

咨询专家

来自英语为非母语的科学家的建议

孟智勇，北京大学教授

　　要写出高质量的英文科技论文，重要的是做好四个方面：①明确论文的重点。②以易于理解的方式组织合理和有说服力的证据。③符合逻辑和保持一致性。④使用正确常用的英语表达。前三个方面常见于科学研究和批判性思维的领域，所以我将重点放在第四个方面。在我看来，有几种方法可以改善英文科技论文的撰写。

　　首先，阅读英语母语作者写得很好的期刊文章，记下有用的表达，并不时复习一下。

我有一个非常实用的表达的文档，用来针对不同类别如文章过渡、图形描述、数字、方程式、比较及结论。通过一个词库查找实用的表达，撰写新的文稿会很容易。

其次，通过小的写作项目，如阅读文章后总结，每周工作笔记及用正式的英语与同行沟通，经常使用这个词库。一篇文章起草之后，通过检查一个表述可否用一种更好的方式和用更少的文字表达，以检验词库或以前的文献，多次细心修改可以改善写作的质量。

第三，从错误中学习。请别人特别是英语为母语的人来评审你的文章。记住自己的不足之处，在将来避免。我在写作方面最大的问题是使用冠词（a、an 和 the）和过多使用相同的词和词组。以英语为母语的人会用短句来表达想法，而我则要用几句话甚至一段话来表达。我从我的导师和同事给我评审文章时手写的批注中学到了很多东西。与你的共同作者坚持这些原则。

总而言之，提高科技写作没有捷径可走。除了以上三点，坚持很重要。一夜之间成为一名优秀的英语作家是不现实的。根据我的经验，提高英语科技写作的最好方法是阅读文献、练习写作、从错误中学习。这样过一段时间以后，你会发现英语写作没有那么难了。

16.3 把文献作为你的写作教练

潜水教练可以教别人成为世界级潜水员的技能：用力技巧、正确的扭转身体和转弯，从甲板上起跳。你必须在游泳池里和在潜水平台上模仿教练的动作，花费时间不断训练。最终掌握这些技能后，才可能形成自己的风格，并突破潜水的极限。

成为一个好的科技论文作者也一样。你可以看看这本书并且学习如何组合手稿，说什么和怎么说。你可以学习语法到近乎完美。但是，要取得最快的进步，需要掌握正确的技能，多阅读优秀范例，以及让同事帮助你学习。最重要的是，你需要练习，这种练习最好在写作开始之前进行。

就像潜水员一样，先试图模仿教练，然后过一段时间再发展自己的风格，模仿你的榜样是你发展自己风格的途径。最好的提高方法之一，就是阅读文献，从好的例子中学习。考虑到你不仅是一名学者，还是一名学英语的学生，阅读与你的研究密切相关的好的文献，可以让你获得一门学科的术语语感，如何使用它，以及如何正确地使用它的语法。Montgomery（2003，第 163—165 页）推荐的方法是找出你的学科中最近的 15～25 篇文章。这些文章不必由著名的或有高引用率的研究人员撰写，但它们应该以你喜欢的风格、易于理解并且组织良好的风格写成的。从你的主管和同事那里获取有关选择最佳文章的建议。

对英语为非母语的作者职业生涯的建议

◎做每日写作练习（16.3 节）。

◎保存一个单词和短语库。

◎拥有一个冠词的文档，并经常阅读这些冠词。

◎阅读科技论文。

•用批判的眼光阅读

- 提高语言能力
- 扩大知识面

◎研究（或通过网络研究）科技论文中正确用法的问题。

◎列出你个人写作的不足之处，并经常参考。

◎找一个母语为英语的同事担任辅导老师、编辑或共同作者。

◎阅读关于如何提高写作技能的第 31 章。

一旦你获得这些论文的硬拷贝文件，定期再三阅读。领会作者在引言中为听众提出的问题，详细解释研究的目的和方法。了解作者如何作文献综述，不仅仅是作为一个已完成的工作的罗列，而是作为对过去工作的综合评论。确定你想要效仿的特别引人注目的段落。

当你不断阅读时，要听听萦绕在你耳边的话，甚至大声朗读。体会词语的流动，以及作者如何使用这种语言来表达科学。手工复制几段，看看句子的构造及它们如何从一句到另一句。研究作者的写作风格。作者选择的哪些词与你产生了共鸣，作者使用哪些精炼的话让读者更容易理解。

随着你越来越自如地使用这种语言，尝试模仿这种风格，用自己的句子撰写文章。这些句子可以是由你自己的研究组成或派生出来。直到你对文章满意后，找一个母语为英语的同事，看看你的习作需不需要再作修改。

如果你的手稿写作陷入停滞，重读文献寻找一下灵感和想法。在笔记本中保存自己习作并参考它们，有可能会为你提供新的想法。定期做这种练习，每天一次。如果坚持不懈，每天提高一点点，一个好的科技英语作者将会诞生。重复是至关重要的。

16.4 用母语翻译还是直接用英语写

在训练写作技能之后，是开始写作的时候了（第 5—7 章）。英语非母语作者提出的一个常见问题是，他们是否应该先用母语写论文，然后再翻译成英文正式发表。

如果你是英语非母语作者，但熟悉用英语思考或已经在英语环境里生活多年，那就用英语写。如果你不知道一些单词、词组或句子怎么说，那就用母语写，随后找别人帮帮忙。这种方法可以让你继续写下去，而不会由于语言问题陷入僵局。

对英语不熟悉的英语为非母语的作者，写作所用语言最好便于表达出内容。如果有必要，可以把该文章翻译成英文。因为不同语言之间有很大的差异，把文章从一种语言直接翻译成科技英语通常并不简单。把文章直接翻译，无法用英语重现句子的结构，甚至可能无法再现一个段落内的顺序。科技词汇在外语中可能没有等效的词语。因此，除非懂行的人来做翻译，否则可能非常耗时。与翻译论文相比，直接与编辑或有更多英语经验的人合著，效果会更好。

最终，你直接用英语思考的练习越多，你熟练使用科技英语的速度就越快。尽管直接用英文写论文可能需要花费很长时间，会令人沮丧，但写两篇论文（一篇用母语，一篇翻译为英文）恐怕会需要更长的时间。

16.5　寻求帮助

　　尽管英语非母语作者知道自己的弱点并希望得到改善，但在他们自己单位却无法获得寻求帮助的机会。一些英语为母语的人士认为，与英语为非母语的作者合作需要太多时间，特别是对于可能做一两年研究的博士后而言。志愿审稿人和期刊编辑越来越多地拒绝不符合写作指导原则的文章，而不试图从中发现科学价值。向期刊投递此类稿件的增加，可能会让审稿人产生对英语为非母语作者的偏见。

　　这些挑战对于早期职业科学家来说尤其困难。Pagel 等（2002，第 114 页）对一个学术医疗中心的教师和博士后研究人员进行了调查，主题是英语非母语作者面临的科技写作挑战。

　　我们得出的结论是，英语非母语的科学家已经获得了浮士德式的讨价还价的权利。在讨价还价的时候，高级教员知道他们想要聪明、勤奋的工作人员，这样他们不用花太多时间。而英语非母语的老师和初级教师希望有机会在美国学习和工作。这种交易的浮士德性质没有得到承认，直到英语非母语的研究员或初级教员了解到，来自写作的成长和认可并不是交易的一部分。

We are led to the conclusion that ESL scientists have been dealt a Faustian bargain. At the time the bargain is made, the senior faculty know they want smart, hard workers that they do not have to spend too much time with, and the ESL fellows and junior faculty want an opportunity to study and work in the United States. The Faustian nature of the bargain goes unrecognized until the ESL fellow or junior faculty member learns that the growth and recognition that come from writing are not part of the bargain.

　　因此，英语非母语作者在掌控职业的基本技能方面，必须比英语为母语的人更积极主动。在选择研究生课程或新工作之前，去找一个曾产生过受尊重并且多产的英语非母语的科学家的环境。与可能的导师或教授讨论一下你在科技交流能力方面接受辅导的愿望。通过网上搜索，寻找提高你的技能的其他学习机会。大学通常都有免费的写作中心，可以帮助任何作者，不仅是英语为非母语的作者。

针对英语为非母语的作者投稿之前的清单

□在撰写和研究过程的早期就请求同事的帮助。

□仔细检查表 16.1 中的项目。

□对照常见问题列表检查手稿。

□利用具有拼写和语法检查功能的软件检查手稿。

□到大学写作中心寻求帮助。

□请英语为母语的人校对原稿。

□如果需要，请专业编辑服务。

　　获得同事（包括同龄人和同学）的支持，对于获得成功和令人满意的职业很重要，甚至超过了写作。找准可以帮助你的人，特别是母语为英语的人，并花时间这样做。与他们合作

有助于获得他们的信任和支持。请他们给你的写作和报告提出建议。尽早获得他们的意见，不要期待他们能修改整篇手稿中的所有语法错误，除非他们很乐意这样做。相反，应向他们征求对手稿科技质量的建议，以及关于语法的具体问题，即使只对论文一个或两个部分提出建议和意见。接受他们的建议，并依据建议修改。

此外，如果英语母语人士难以帮助你解决语法问题也不要惊讶。任何语言的母语者都可以在年龄小的时候学习什么是对、什么是错，但是却不懂只有成年人才懂的语法规则，因为他们只知道"听起来是对的"。有时英语非母语作者很难知道，英语母语的同事的建议是基于真实需要，还是仅仅基于个人写作风格的差异。如果他们没有具体说明，那就要对他们的意见进行澄清。

16.6 与英语非母语作者合作和协同写作

在我与英语为非母语的作者合作的经历中，大多数人希望在手稿的微观方面（即表 16.1 中的第 4—5 组）获得帮助，往往先不考虑较大的方面（即第 1—3 组）。如果你是与英语为非母语的作者合作的英语母语人士，请明确区分作者认为必要的修改（图 7.1 中的小尺度）和最适合该论文（天气尺度）的修改。不要否认作者对他或她正在寻求的微观方面的讨论，而是要重点强调需要首先从较大的方面做起，然后，才可以专注于改进论文的微观方面。

> 语法是交流过程的零级定律：必要但远远不够。
>
> —Scott L. Montgomery（2003，第 22 页）

使用具体段落将细节的问题与本论文总体的目的联系起来。然后，顺着写作/编辑漏斗下移到句子级别和字词级别。如果过渡有问题，那就咨询如何设计段落，让它们紧密连接在一起。仅通过手稿的一部分工作，允许作者从评论意见中学习，进行修改，然后将意见应用于其余部分。

咨询专家

专业的手稿润色服务

玛莉·戈尔登，美国气象学会《每月天气评论》首席编辑助理、技术编辑和英语为非母语作者的指导老师

在撰写手稿时，最好在语言和科学之间达成一种平衡，使两者都足够有说服力。即使是英语母语人士，也需要依靠他人帮助提高写作水平——校对自己的手稿很难。你提交的手稿越好，就越有可能成功。不要提交"草稿"，尽管期刊的编辑也将贡献自己的专业知识。

首先与共同作者分享你完成的手稿，并仔细考虑他们的建议。再请英语母语的同事审阅，虽然他们可能不会给你足够详细的建议，但他们所提出的建议都将使你的论文更简洁、演讲更有吸引力、结论更有说服力（也许他们自己可能不是很好的作家！）。

如果你无法从同事那里获得或得到足够的帮助该怎么办？首先，看看你的单位是否可以为你提供专业编辑人员或合同服务。如果没有，你可能需要自己聘请技术编辑，并由你的基金、研究小组的资金或你的个人资金支付服务费（在你的基金申请中始终包含技术编

辑服务这一项是一个好主意）。许多领域的人通过定期招聘专业编辑来提高自己的论文质量，因为他们知道自己的声誉取决于良好的写作。选择你所在领域中知识渊博的编辑，可以让你获得有利评价和研究成果很快发表的机会。

去哪儿找这样的编辑？想在英语期刊上发表科技研究的英语为非母语的作者越来越多，他们需要在减少语法错误、用第二语言清楚地写作方面得到帮助。为了适应这种需要，许多互联网公司和自由编辑为科技论文作者提供专业的手稿润色服务。许多自由职业者也为科技期刊工作，编辑公司的一些合同雇员是理学研究生。

如何选择适合你的公司或编辑？首先让你的同事推荐与他们合作过并值得信赖的专业编辑。一些出版社，如美国气象学会，在他们网站上列出了编辑服务的联系信息，尽管他们并不为任何特别的一个人做担保。通过查看几个专业编辑的网站，你可以比较他们的资历，并为你的论文量身定制一系列需要对方回答的问题。在与公司或个人签订合同之前，能得到对方对下列问题的满意答复：

1. 你的编辑有多少在科技手稿方面工作的经验？针对大气科学方面的手稿（或你的领域的手稿）呢？编辑过的论文有多少或多大的百分比被发表了，在哪个期刊、什么时候发表的？由该特定编辑编辑前后的样例是否可供查看？

是否提供联系信息以便查看参考资料？"回头客"的百分比是多少？如果该服务将由公司提供，该公司是否向有关部门注册，以验证其是否遵循良好的商业惯例并遵守所有适用的法律？你和编辑之间有什么样的法律关系？在开始工作之前，编辑合同的副本是否可供你进行审查和修改？

2. 你们将如何合作？你是否有权选择简单编辑（基本上是校对标点符号、拼写和语法）还是深度编辑（修正句子结构、过渡和流程）？如果建议的更改可能会影响句子或小节的含义，编辑会不会询问你呢？编辑不仅会作出修改，还要添加解释性说明，会告诉你原因吗？编辑是否会识别错误类型以帮助你避免出现错误？你是否可以通过电话与编辑讨论你的论文，还是只能通过电子邮件处理所有内容？在哪里完成工作？在你和编辑之间将如何传送论文？多长时间你能收到编辑好的论文？如果编辑没有在你的截止日期完成，会怎么样？如果你对工作不满意，对你有什么样的补偿？如何解决争议？

3. 如果服务由公司提供，具体编辑你的手稿的编辑是谁？该编辑具有什么样的资历？编辑会直接与你沟通还是仅通过公司来沟通？整个编辑过程中是否一直是同一个编辑？编辑的母语是英语吗？根据你的手稿的复杂性和你在写作中易于出现的错误类型，你可能需要一位拥有博士学位的编辑还是一位主要在写作方面能力比较强的编辑？不是所有的编辑都需要有博士学位或者有语言学家的资格证书，但他们应该知道科技论文的科技质量和写作质量。即使一些研究生上的是最好的大学，他们可能也不像编辑那样擅长编辑，而其他人可能很精通编辑业务。要求他们免费提供你的手稿中一个页面的编辑样本，帮助你了解预期的结果，以及了解你和编辑作为一个团队可能一起工作得如何。

4. 编辑或公司能否为你的手稿保密？有哪些保障措施？

5. 费用是多少，如何支付，还有没有额外的银行费用？你会得到什么服务？有些公司或个人的报价可能只是其他编辑提出报价的一小部分，然而，高价格和低价格都不能保证质量。例如，费用是否涵盖从最初提交的手稿到期刊最终发表的所有编辑工作，还是只涵盖一次编辑？你是否有机会审查针对最初投稿的修改建议，并在投稿之前将其发送给编辑再一次进行审核？如果期刊要求修改，编辑服务需要另外收费吗？费用是否包括编辑你对评论者的回复？你会收到 100％ 满意的退款保证吗？那是如何确定的？

技术编辑服务可以为你的手稿提供相当多的帮助。尽管编辑一般不会承诺你的论文将会被一种期刊接受，但有些人会在同行评审过程中与你保持联系。如果你有明智的选择，你的编辑有可能会是你的团队中为将来发表论文的重要成员。如果你的单位或研究资助可以承担这个费用，那就更好了。

此外，你可能需要降低自己的期望，将第一次碰面作为修改稿件的一步，许多作者希望一次碰面就能获得一份完美的手稿。因为写作需要时间和许多修改。向他们强调一下这点。

对于可能被要求担任英语为非母语学者撰写手稿的共同作者的英语母语人士，回顾一下第 14 章内容，如果你的姓名列在上面，你有责任为该文章的成功作出贡献，即使这意味着你自己修改语法错误。如果你没有时间，或者不想修改手稿，那就请作者将你的名字从作者列表中删除。

最后，在章节的末尾，我提出这样一个想法。如果每个英语母语作者都确定与一位有前途的英语非母语作者在提高沟通能力方面紧密合作，并指导他（或她），国际科学将从中受益。国际合作将会增加，文化得以交流，科学素质将有所提高。

第 17 章　清样、发表和后续工作

稿件被接受发表并不代表整个过程的结束。接受以后过段时间，会送来校样。校对清样是发表前的最后一个步骤，也是修改的最后机会，尽管通常都是小的修改。一旦清样经过仔细审查，并把修改建议交到出版社，就该坐下来等待发表。你的文章刊印出来以后，告诉你的朋友和同事。把文章贴在网络上并发布一则消息。然后，庆祝一下。

你已妥善处理审稿人的意见，编辑也同意发表你的论文。恭喜你！现在你可以在你的简历中把该文章的状态从"已投稿"改为"印刷中"（如果文章的最终标题与上次更新后的个人简历中的不一样，记住在此修改一下）。放松放松，享受一下出色的工作成绩。出去度度假，并和家人联系联系。这是你应得的。或者，把完成老项目的动力带到新的工作中去。但是，不要以为你的工作做完了。你的稿件发表之前最后一步，就是校对清样。

17.1　校对清样

文章以最终形式被接受后的几个星期到几个月，出版社将通过电子邮件发给作者清样（以前称为长条校样）。清样是文章最终发表时的样子，是按照期刊要求的格式，由文字编辑、技术编辑和排版专家对稿件处理的结果。作者收到清样的一个目的，就是确保文章没有错误，无论是源自稿件自身的错误，还是在编辑和排版过程中造成的错误。任何修改建议都要告知出版社。校对清样是作者最后检查文章。

稿件的最终版本，是由清样修改而成。在精力充沛和注意力集中时校对。如果期刊允许，让期刊编辑对所修改的部分作上标记。按照在作标记的稿件上指出的修改检查清样。也可以让一位朋友来全面检查清样。一个人大声朗读被期刊接受的稿件，而另一个人检查清样。或者，把清样交给不熟悉你的文章的人——他们可以更轻松地发现某些类型的错误。可能需要几个人（尤其是共同作者！）几轮校对清样来发现所有的错误。如果做了大量修改的话，要求进行第二校，以确认你的修改已被准确无误地采纳。

校对丝毫不像读书那么有趣。你的眼睛必须在每个字上停留，特别是对于仓促的读者容易忽略的多音节词的每一个音节……就个人而言，我宁愿借给别人钱，也不愿意给他作校对，我感觉这种工作太无聊。但它是一项必须要做的工作，而且不仅要做好，还要做完美。所以在表达出适当的不满、抱怨、诅咒和屡次拖延之后，要把全部注意力放在这项工作上。

——Richard Curtis（1996，第 198 页）

除了确保文稿、图和表的准确性以外，下面列出了校对清样的其他详细信息。

◎数字排列整齐，并与文中的引用相邻。

◎图题完整准确。

◎小节、子小节、图和表的编号是连续的和正确的。

◎页眉和页码是按顺序的，并且保持一致。

◎符号和公式排版正确和准确。

◎脚注和参考文献准确。

◎如果有必要，对通讯作者的地址及现隶属关系进行更新。

校对清样阶段的另一个任务，是答复编辑的询问。此类询问通常包括要求提供有关参考文献的更多信息和确认由编辑所作的措辞修改是否改变作者的本意。

保留一份副本，以便与最终发表的版本进行比较。通过挂号信寄回校对（纸质）稿或通过电子邮件回信。请记住，期刊根据你的修改作出最终决定，因此，对于有实质性的、不寻常的或有争议的修改，在附信中要针对修改的必要性提供明确的理由。如果需要，沿用类似方法，引用以前发表在该期刊上的论文。这些讨论有助于你的最终观点。

提交清样后，你工作终于算完成了。发表通常需要在几个星期到几个月，这取决于期刊。

咨询专家

审查和校对清样

迈克尔·弗里德曼，美国气象学会期刊制作部经理

修改校对清样并把修改意见发给出版社，要遵循以下规则。

1. **不要重写论文的重要部分**。这样做虽然很吸引人，但请记住，你的论文已被编辑所接受，只能通过编辑修改小错误，订正由编辑加工和排版造成的错误，或澄清可能会造成读者歧义的语句。如果重写过多，将会推迟论文发表，可能会增加额外费用，甚至论文会返回到审稿人那里，以确保作者的修改没有对论文作实质上的改变。

2. **理解并按照出版社指示进行标注并寄回带注释的清样**。通常情况下，修改最有效的方法是用 Acrobat 中的注释和标记工具在 PDF 文件上注明。即使在免费的 Acrobat Reader 软件中也可以使用这些工具。修改数学公式可能比较困难，但可以用 Word、MathType 或类似的程序设计修改的格式，并在清样适当的位置附加这个外部文件。如果更正简单，数量又少的话，简单发个电子邮件或文本文件给出版社，描述一下修改即可。请务必在论文中准确地指出修改的位置，并要清楚说明什么需要修改。

3. **清晰、简要地说明你的更正**。你识别更正的策略应包括把你接受的版本与清样进行比较。如果出版社允许，你可以要求编辑将修改过的部分使用红色标注。关注论文最重要的部分，以确保没有任何印刷错误、文字编辑没有改变你的原意，并记住要让修改后的格式满足出版社的印刷风格。此外，查看关键的图或表，包括当第一次引用这些图表时，正文中有关图表的叙述是否在图表的附近，有时排版不当可能会造成图表远离正文中讨论的位置。

最后，请记住，你和出版社有相同的目标——让你的论文尽可能地快速、干净利索地发表。这是需要合作的工作，因此清晰而积极的沟通会提高你论文发表的效率。

17.2 发表

距离读者能够看到你的文章还需要一段时间，这段时间可能会令人焦虑不堪，尤其是在发表你前几篇文章的时候。不幸的是，你的文章可能会在你不知道甚至没有听说过的情况下发表。除非你收到寄过来的期刊或网上公布的最新目录，你甚至可能都不会收到文章已经在网上发表或已印刷的通知。

当你的文章终于印刷出来，需要花点时间庆祝一下。芬兰气象研究所的成员若有文章发表，研究所会为他（或她）举办一个小型的庆祝活动。

17.3 推广你发表的论文

我们发表的科技论文就像我们的孩子。我们抚养他们、喂养他们、培育他们、送他们走向社会，我们希望他们能为父母增光。然而，就像一个自豪但又紧张的空巢老人，我们还是希望我们的孩子在现实生活中有一点额外的待遇——在大学里少量的额外花费、家传的凯迪拉克和在科德角的家庭度假屋度假。我们的文章也可以得到一些待遇。

科学技术的目的在于应用，发表的科技论文需要宣传。然而，不是每个人都愿意谈论这方面的事情。事实上，每年发表的许多有价值的论文大部分得不到赏识。该怎么让你的论文得到更多的认可？

一旦你发表了文章，它的命运大多是你无法控制的。尽管如此，还是有方法来推销你的文章以提高它的可用性、曝光率和影响。发送抽印本（纸质副本或 PDF 文件）和电子邮件通知同事，尤其是给那些在这篇论文中得到认可和被引用的人。人们大都喜欢收到有签名的抽印本邮件，并且，当他们打开邮件以后，更有可能读你的文章。

如果作者与期刊的协议允许你将文章放在你的网站或资源库（例如 arXiv，大学资源库），那么你可以合法地以此作为增加文章免费访问的有效手段。自己存档的文章比非自存档文章有超过 2～6 倍的引用率（Harnad 和 Brody，2004）。

发表论文之前和刚发表论文之后不久，要多参加学术会议推介你的论文。在你的单位、大学、实验室和气象学会的地方分会等地举办讲座。但是，不要过分吹嘘或给同样的听众多次作同一个报告（例如，在天气分析和预报会议上连续三次作几乎相同的报告。然而，在随后几年的欧洲雷达会议和美国气象学会的雷达会议上展示你的结果应该是可行的，因为这两个会议的听众有很大的不同）。

如果合适的话，提醒你所在单位的传播和公共事务办公室看看是否可以授权一份新闻稿。针对当前发生的事件（例如局地发生的龙卷）、新闻中的热点话题（例如全球变暖和飓风），或古怪的科学问题（例如是不是在周末下的雨多？）的文章可能会引起媒体关注。更多关于通过媒体与公众沟通的内容将在第 30 章讨论。

　　如果你的大学、实验室或专业协会有年度论文评比，考虑提交你最好的论文去评审。例如，美国气象学会有奖励本科生优秀论文的詹姆斯·B. 麦凯尔万之父年度奖。

　　增加你的文章的知名度的这些步骤，可能有助于确保你的科学思想从每年在大气科学领域发表的成千上万篇论文中脱颖而出。大多数文章只被引用了几次，如果都算起来的话，50％发表的文章从没有被引用过，甚至没有被文章作者自己引用（Garfield，2005）。据科学信息网络知识研究所报道，自 1998 年以来，地球科学发表的文章平均引用只有 8 次，有一半的文章被引用 3 次或更少。看看这些统计数字，对发表科技论文不再抱有幻想是可以理解的。正如 Alley（1996，第 253 页）所说，不要指望从别人那里得到满足。满足来自你的内心——你有了想法，去作了研究，写了论文并通过同行评审来维护你的论点。由于大气科学期刊提交的稿件平均退稿率达 37％，因此，你发表的论文已经证明了你的实力。

第 18 章　大气科学论文写作的
方法和途径

　　大气科学研究项目中常见类型有个例研究、气候学研究、模式模拟和预报方法研究。不过，每一种研究都有自己的一套支配研究设计和操作的非正式规则，并决定着这个研究是不是可以发表。本章揭示了一些先前未公开的非正式规则和不同研究项目的指导原则。

　　化学有实验室实验，野外生物学有种群调查，心理学有人类实验。与这些领域一样，大气科学也有几种常见的研究类型。只要刮风和下雨，专门研究预报失误、毁灭性的或异常的天气事件的个例研究就会受到青睐。然而，关于如何撰写此类论文的指导，以及对可能的审稿人关注事项的提醒，到目前为止并没有什么灵丹妙药。本章提供了一些用这些特定格式写好文章的注意事项。

　　然而，本指南不是一个写好手稿的公式。你的手稿的成功始于提出的问题（2.1 节）。若提出的问题非常拙劣，无论你的手稿多么符合这些规则，讨论得多么认真，在审稿过程中也会有麻烦。

　　此外，并不是所有论文都可以被分成像个例研究、气候学研究等这样截然不同的类别。有时，研究可能需要寻求一种独特的方法。如何确定论文类型，你可能会从本章讨论的内容中受益。在讨论大气科学中有代表性的研究方法（并非详尽无遗的研究方法）之前，我先从研究方法的三个基本观点（分类方案、自动化和阈值）开始本章。

18.1　分类方案

　　人有从随机中寻找条理的倾向，分类就是获得这种条理性的一种手段。通过分类，我们可以开始了解观察到事物变化的过程。例如，把对流系统分成如超级单体和飑线的不同形态，推动了始于 20 世纪 80 年代理解形态学和对流系统的动力学之间的相互作用的研究。

　　由于大气是连续的，很难把连续的大气分成界限清楚的不同部分，因此如何处理连续的大气中发生的个例可能会决定你的分类方案成功与否。例如，分类方案的结构应导致每个项目只出现在一个类别中。此外，除非你定义一个互斥的分类方案（例如，有龙卷的飑线与没有龙卷的飑线），你的分类方案应该有一个未分类的部分（Doswell，1991）。否则，将不同的个例归入一个严格的分类系统，会导致下一个个例出现在你的分类方案之外。

　　分类方法不止一种——结果取决于研究目的、读者兴趣、现有的数据和工具。例如，为了在数据较少的地区开发对流分类方案，全球分析与预报系统的大尺度环流可能是对这些事件进行分类的一种方法，因为这种分析将有助于为事件的潜势预报提供较长的预见期。不同的大尺度环流可能有利于或抑制目标区内的对流产生，最好采用基于对流发生的分类方案。另外，一旦风暴形成，在卫星或雷达图上风暴的形态是很明显的，因此，针对对流风暴形态的分类方案需要一组不同的数据和方法。

18.2　自动化技术与人工方法

本章中几种类型的论文涉及对大型数据集进行分类来创建一个具有特定属性的简化数据集（例如，印第安纳州的龙卷，云顶温度低于 $-40\ \text{℃}$ 的卷云，在北太平洋东部的具有较强暖锋的气旋）。产生这种简化数据集会涉及自动化技术或人工方法。

我有意识地回避了"自动（automated）"的客观性和"人工（manual）"的主观性的原因有两个。第一个原因是，即使所谓的技术客观性也可能是相当主观的。例如，具体量化的阈值可能是自动化技术的一个基本要素（例如，绝对涡度超过 $5 \times 10^{-5}\ \text{s}^{-1}$ 的短波槽）。这样的最佳阈值应该如何确定？这个阈值在总体中有没有自然的分界？绝对涡度最大值 $4.9 \times 10^{-5}\ \text{s}^{-1}$ 和 $5.1 \times 10^{-5}\ \text{s}^{-1}$ 之间有实质性差异吗？与地形下风方向的涡度带相联系的有趣现象无关的绝对涡度误差极大值又如何呢？如果这些无关的特征不能被分类，那就需要增加额外的标准，从简化数据集中消除这些个例。这些标准一定会涉及主观决策。

第二个原因是"客观"和"主观"这两个词都带有主观技术要差一些的言外之意。科学家都应该是公正的，那么他们为什么要选择主观的技术呢？这些词的使用给人工方法蒙上了一层不应有的负面阴影。手工制作的椅子售价超过了工厂生产的售价，为什么人工方法在科学上要被贬低呢？

人工方法具有某些特性，这使得它们对于构建数据集很有吸引力。首先，对于人工方法来讲，数据并不要求是数字化形式的，这对于识别纸质形式或微缩胶片上的天气图特征特别有用。其次，如果定义事件的标准不适合严格算法中的定义（例如，在雷达图上是否存在给定的结构），那么人工方法将更有效。第三个原因是，当你研究的是"少量"的事件时，人工方法是最合适的。你的"少量"的定义取决于你在处理数据时有多大耐心，你想收集的个例有多少，以及你的分类方案有多复杂。例如，如果你的分类方案是要确定在锋前还是锋后更暖，你有一套完整分析过的地面图，那么大量有潜在事件的日数可以相对较快地处理。另一方面，如果你必须首先分析所有锋面位置的地面图，以确定锋面前还是锋面后更暖，使用有代表性的探空去研究锋面两侧空气的稳定度的差异，并把这个结果与强天气报告的数量相联系，然后需要更多的时间来得到一个同等规模的数据集。

人工方法常见的缺陷是在选择过程中可能引入偏差。例如，用人工方法的人可能会选择更边缘的个例来扩大数据集。另一个问题出现在人工选择过程中。要检查更多的事件时，事件定义会有微妙的变化。用人工方法避免随时间变化的一种方法是完成分析后再回到数据集的开头，检查一下你的观点是否有所改变。为确保每个事件始终能被识别出来，多次浏览数据往往是值得的。或者，让两个或三个人执行相同的分析，也可以确保构建的人工分类方案尽可能少地出现差错。采取这些步骤会增强你合理构建数据集的能力。

不要低估这些从一开始就清楚和一致地定义数据集的步骤的重要性。因为论文的其余部分取决于精心挑选的数据集，所以你希望能够继续做下去，不留遗憾。如果审稿人发现你的方法有缺陷，则必须用新的标准重新生成数据集。从一开始就注意设计和构造方法，可以避免浪费精力。

尽管这些方法最大限度地减少了人工技术中的偏差，但许多人通常不了解自动化系统也会有偏差。具体而言，除非人工检查由自动化技术选择和排除的每个事件，否则确保已经收集到了所有可能的个例，并且排除了异常事件是困难的。通常，自动化方案的稳健性和有用性要到数据通过测试及结果分析完成后才会知道。因此，自动化方案的设计和实施可能需要反复几次才会得到最佳方案。

18.3　挑选阈值

对于一些研究来说，可能需要把你的数据集分成若干类别。例如，如果已经创建了科罗拉多州博尔德市的下坡风风暴的列表，把最强的个例分离出来的最好的方法是什么？有几种方法可以选择。

第一种方法是在强度上把个例从最强到最弱进行排序，然后选择强度排前的 25% 和排后的 25%（也可以合理地选择其他百分比）。由于这种方法是按照数据的分布分类，很难说你的方法有偏倚。一个稍微不同的方法是对个例进行分类，然后用你认为合适的个例数量来确定阈值。如果 10 年内有 800 个个例满足某一阈值，并且你的方法是耗时的人工方法，那么分析这么大的数据集是否现实？在这种情况下，另一种不同的方法是挑出 50 个最强的个例，强度排前 5% 的个例，或通过一些其他的方法挑出其他合理的个例数，不需要随意定义阈值。

第二种方法是挑选与物理意义有关系的阈值（例如，当冰晶形成均匀的核心时，大气温度低于 0 ℃，云顶的温度低于 −40 ℃）。例如，美国国家气象局采用的强冰雹的标准（3/4 in. 或 1.9 cm）是来自当飞机以 200 到 300 mph（89 到 134 m·s^{-1}）飞行时，可能会造成明显损坏的"冰雹的最小尺寸"（Galway，1989；Lewis，1996，第 267 页）。

第三种方法是绘制数据的分布图，然后找出数据中的自然中断。选择阈值也可以使用相对作用特征（ROC）曲线（Wilks，2006，7.4.6 节）进行优化。

阈值的选择很重要，因为审稿人很可能会质疑你的理由。因此，让读者相信你的阈值是最好的或最合理的选择，通常也有助于你的手稿顺利通过审稿流程。测试各种阈值对结果的敏感性，是在审稿之前必须解决的问题。

18.4　大气科学研究方法

本节主要介绍几种大气科学中常见的研究方法及在使用和撰写论文时可能出现的问题。虽然不够全面，但我希望本节提供的一些见解有助于改进你的项目研究和写作。

18.4.1　个例分析：观测和模式

个例分析是使用全球电信系统（GTS）的标准观测资料或野外研究项目收集的特殊资料对特定天气事件的分析。自从中尺度模式作为气象学家的工具出现以来，越来越多的人能够运行中尺度模式，并且可以随时在线获得业务模式输出结果。使用模式输出结果的个例分析，无论是单独使用模式的模拟结果还是与观测数据结合使用，都越来越流行。个例分析通常是本科生和研究生课程项目的主要内容。

个例分析的优点是可以详细分析特定事件的形成过程。野外项目收集的特殊资料，有助于阐明到目前为止还不清楚的天气系统的结构。仔细分析全球电信系统得到的观测资料，可以了解天气变化的背景和原因。事件准确模拟的结果，可以作为替代资料对个例进行诊断。因此，个例分析可以作为强有力的科学工具。

个例分析也是最容易让人产生错觉的。对一个气象学家来说，要准确描述和分析天气个例并非易事，要写出一篇精炼、切题和内容翔实的分析天气个例的文章会难倒许多作者。在个例分析上，让人困扰的典型问题包括以下几个方面。

没必要作个例研究。通常情况下，个例分析仅仅描述个例，就被认为足以有资格作为手稿发表。个例的文档记录本身并不等同于对个例的解释或理解。即使是一个学生做的科研项目，个例分析的目的也不仅仅只是记录天气事件。如果你发现这个个例有一些独特的东西，教授们会对你的研究项目更有兴趣（并给它一个更高的分数）。同样，那些从独特角度分析这种特征明显个例的作者的论文，更容易被发表。对首次记录在案的天气现象的个例（例如，北欧小型湖泊上空由湖泊效应引起的暴雪的形态学），如果作了全面而不是肤浅的分析，也是可以接受的。另外，把你的研究和历史上或现代的同类研究作比较，告诉读者你的研究价值及对未来同类事件预报的借鉴意义。

个例的独特性或共性的依据不充分。个例分析可以用来说明典型的天气型如何配置，也可以说明不寻常的或气候上罕见事件的原因。作者是否研究出一套气候学方法来说明一个事件有多普遍或不寻常的？有没有其他记载的个例？如果事件不常见的话，它有多不常见（例如，异常、百分位数、在各个测站的记录）？这些信息为读者提供了参考背景。如果洪水是每年发生一次，或者是百年一遇，预报员对暴洪个例分析的结果和解释会有不同。个例的代表性是审稿人提出的常见问题之一，因此，作者在文章中应该考虑这一点。

图太多。个例分析的一个常见的错误就是文中附上了所有时次的等压面图。是否需要每隔 12 h 的 850、700、500 和 300 hPa 天气图？这种水平的文档可能适合作为技术备忘录，但不适用于大多数期刊论文、学位论文或课堂项目。文章中有太多的图可能让人很烦，看不下去。能否用一次天气个例发生时的 3 张 6 h 间隔的地面图和一张 500 hPa 高空图描述这个天气个例？选择少量必需的图，描述和分析个例。避免绕弯子——有一些可能会给个例分析增色，但如果太多，读者会找不到重点。

图太多与图太少是从旁观者的观点来看的。最终，至关重要的是，选择的图片全是为论文服务的。只展示图片而不将它们编织成一个故事，就像是小学生的"展示和说明"，没有任何用处。

——兰斯·博加特，纽约州立大学奥尔巴尼分校

解释太少。有些作者写的文章，好像从图上就可以对个例一目了然。其实错了！有效的科技交流是通过娓娓动听的叙述来引导读者去了解文章的内容，如果缺少必要的解释，让读者自己去分析图中的信息，会让他们感到沮丧并放弃看你的论文。要花篇幅答疑解惑，而不

是简单地介绍。要为读者解释复杂的图。

猜测太多。由于论据少，个例分析中常常会受到过多猜测的影响。仅有湿低空急流存在，不足以解释对流风暴产生的原因。理想情况下，要证明如果没有这种特征，风暴就发展不起来。不过，如果可能的话，这需要相当大的工作量。

组织得不好。要介绍一个个例，就要给读者一个清晰的结构。在模式结果给出之前，先提供观测结果通常是最有意义的。推测之前，先提供数据支持。在导出量（例如，锋生、变形）给出之前，先给出观测数据（例如，风、温度）。

没有使用正确的工具。要确保使用正确的工具完成合适的工作。看一下锋面分析的一个例子。如第 285 页上所讨论的，锋面由热力学概念所定义，而不是由湿度、不连续性来定义的。因此，用 θ_e 或 θ_w 作锋面的分析是不恰当的。

将天气事件归结为一个单一因素的结果。大气过程往往是多个过程共同作用的结果。声称对一种天气现象"负责""起主要作用"或"成因"是对实际机理的简化。例如，产生深厚湿对流需要三个要素：抬升条件、不稳定条件和水汽。因此，声称像环境不稳定一个单一的因素造成对流的发生会忽略其他两个必须出现的要素。

有些论文提供两个或更多的个例，分析表明第一个个例可以代表其他个例。除非有合理的理由要对比分析这些个例，否则包含两个或更多个例的论文通常比较啰唆。特别是，我发现自己会以第一个个例分析中得出的结论，然后用它来对照后面的个例。如果你正在构思这样的文章，要拿出令人信服的理由说明为什么需要用到多个个例。

对增强或支持观测分析的结果来说，模式是有效的方法，尤其是在同一篇论文中。虽然带有模式结果的个例分析也会受到上面所列出的相同问题的困扰，但是模拟分析要形成有吸引力并具备出版质量的手稿，还需要面对以下额外的挑战。

需要多少模式检验？对研究的物理过程来说，模拟不需要很完美，但模式应该抓住要解释的问题的基本特征。要注意，模式要能有效地抓住物理过程（例如，你未能设法理解的参数化过程或者模式不能妥善分辨的过程）。

模式模拟应该做的不仅仅是再现个例。仅显示模拟的大气现象的结果很少是为了发表论文的原因。一些研究论文主要是由模拟驱动的，以牺牲科学内容为代价。要解决的科学问题，需要对相关物理过程进行诊断。

任何模式模拟研究需要注意的一点是，模式可能因错误的原因得到正确的答案。具体地说，就是模式可能得到一个看起来真实的演变，但在模式中运行的物理过程可能并不能反映真实情况。例如，该模式产生一个合理的预报较准的降水场，但模式不可能把水凝物划分为不同的微物理种类并很好地模拟出来。遗憾的是，这种警告很少被提及。

18.4.2　模式的敏感性研究

模式的敏感性研究是通过改变模式的物理过程或初始条件来评估其对于模拟结果的影响。有时候，这些敏感性研究有重要的启迪作用。当作者回答比较浅显的科学问题时，利用数值模拟可轻易给出答案，因为那仅仅是开关计算机的事。例如，在温带气旋（20 世纪 80 年代末和 90 年代初）的中尺度模拟的早期，潜热释放对温带气旋强度的作用才刚刚开始被接受，所以那时将凝结潜热改为零的数值实验是值得去做的。但是，通过大量的敏感性试验以后，水汽对温带气旋的作用已经被更好地理解了，再做这种简单的研究就不是特别值得。令人关注的研究仍要进行，但方法通常比简单地打开和关闭潜热释放要更先进才行。

更复杂的是，尤其是在潮湿环境下，打开或关闭地面通量的时间可能会影响结果（Kuo等，1991）。例如，当气旋已经达到成熟阶段时，关闭地表的潜热热通量可能对系统强度几乎没有影响，因为风暴所需的水汽已被吸收并且其潜热最终将被释放出来。与此相反，风暴开始前 48 h 或更长时间关闭通量可能会对风暴的发展产生更大的影响。

当模式中有多个物理过程起作用，也许共同起作用的时候，与它相关的情况就会发生。例如，欧洲南部的暴洪事件通常与地中海上空的水汽输送和地形抬升有关。可以做有水汽和地形的控制模拟实验，也可以做没有水汽的控制试验、不带地形的控制实验和两者都不带的控制试验。可惜的是，水汽和地形之间会发生非线性相互作用，因子分离技术（Stein 和 Alpert，1993；Krichak 和 Alpert，2002）可以解释现象之间的非线性相互作用。原则上，因子分离可用于任何数量的过程，尽管针对 3 个以上因子时，这种方法的物理意义很难解释。

咨询专家

为什么预报员要发表论文

吉姆·约翰逊，美国国家气象局退休预报员

令人痛心的是，业务预报员往往不愿意把他们的预报经验记录下来。他们这样做有充分的理由。

没有人比预报员对每天的大气异常现象更熟悉。每位预报员都见到过许多大气的概念模型和数值模式预报失败的个例。从预报员的角度来看，这些个例分析的经验一旦发表出来，可以让气象研究人员改进模式，从而降低其预报失误率。因此，预报员可以从一篇即使是简单的个例分析中获益。发表论文可以让同行获得这个个例分析的信息。

部分业务预报员认为，气象研究人员每天沉浸在要发现气象真理的科学氛围里。其实，作研究是件辛苦活儿，就是试图把一些令人沮丧的吝啬的事实和不相关的事件拼凑在一起。那些被发现的伟大真理，通常来自于大量微小观测发现的组合，这些发现最终可以被塑造成一个有效的假设。这些微小的观测发现，往往来自预报员发表的个例分析的论文集！

此外，预报员也是研究人员。他们的工作需要不断地分析研究可用的数据从而得出一些熟悉的特征。在这样做的过程中，预报员经常会看到一些不熟悉的特征，而这些特征后来被证明对大气的演变非常重要！在预报值班结束时记下一些新发现的问题，最终可以更好地理解这些新发现的不熟悉特征及其对当前大气的影响。通过这种方式，可以得到这些个例的简单文档，从而使一篇可能是重要大气现象的论文最终发表变得相对简单。

然而，预报员发表论文的最大价值，在于在此过程中学到知识。在应用科学领域，没有人知道任何特定主题的全部知识，这是事实。撰写论文的过程，对于业务预报员来说，是一次令人兴奋的发现之旅。以发表文章为目的的文献研究，让业务预报员接触到大量的知识，而这些知识是在本科甚至硕士学位课中无法获得的。与其把写论文当作苦差事，不如享受你将要学到许多新知识的研究过程。

最后，在你的项目中与专业的研究人员合作，通常可以大大减轻由阅读相关文献以获取支持材料，然后将研究结果汇编成手稿所带来的任何痛苦。大多数气象科研人员非常乐意让每天都在一线工作的气象预报员向他们提出建议和思路。这样做可以极大简化论文的写作，也会加快论文发表和审稿的过程。

在开展多个数值模式试验的情形中，显示模式敏感性的最好方式是，确定要测试的相关物理过程是不是必不可少的。开启和关闭（物理过程的）开关之前，设计一个框架，组织和讨论这些试验的物理原因。要知道，非线性相互作用可能会影响你明确地把结果归因到多种物理过程，而不是单一物理过程的影响。而这种非线性相互作用通常是造成某种天气现象的原因。

18.4.3　气候学

正如在 18.4.1 节中所述，个例分析的一个潜在弱点就是其代表性。代表性可通过分析该类事件的气候学特征加以解决。气候学特征的优势在于可以展示大量该类事件的特点和分布。例如，如果一个个例分析研究表明，冷空气堆持续了 3 d。气候学特征可能会表明，3 d 是一个典型的冷空气堆的时间周期，虽然这类事件的时间跨度可能从 1 d 到 7 d 不等。表 18.1 列出了在气候学背景下可以探究的天气事件的一些特征。

表 18.1　可以探讨的气候学特征

空间分布(Spatial distribution)
时间分布(事件的年发生量)(Distribution in time (e. g. , annual numbers of events))
强度(Intensity)
年度周期(Annual cycle)
昼夜分布(Diurnal distribution)
起始和结束时间(Initiation and ending times)
事件的持续时间(Duration of event)
相关天气事件(Associated weather events)
天气系统(Synoptic regimes)

为了得到某种事件的气候学特征，你需要收集多少个该类事件的个例？俄亥俄州的 100 个以上的个例与全美国的 100 个个例的代表性是不一样的。如果拿不准的话，最好就只是诚实地说"……的 5 年的气候特征。"人们可能会质疑 5 年的长度是否足够，但他们却不能说你的数据的代表性不合适。

18.4.4　天气合成分析

得到事件的气候学特征以后，为了表示事件发生前、事件出现期间和事件结束后的环流特征，需要分析其合成的演变。其中一个关键点是要明确地定义起始时间，才能把所有的个例统一定义。这些被称为滞后的合成。对于持续时间可能不同的事件，滞后合成可在个例的开始和结束时间来构建。

应该检查一下所有合成的个例，确保合成的特征在每个个例中都出现。如果不满足这个标准，那就会对天气尺度的合成的有效性提出质疑。此外，每一类都应该有足够多的个例，这样才会使得合成分析的结果不会过于受到太少个例的影响。合成分析可以以平均场和偏离平均的异常场的形式展示出来。对异常场应该做偏离气候或其他类型的平均值的统计显著性检验。

18.4.5 预报方法

从某些方面来说，预报是大气科学研究者的最终目标。如果能够更好地理解一个现象，就有希望预报它。虽然文献中出现了描述不同预报方法的论文，但由于以下一个或多个原因，其中一些论文缺乏普适性。

没有采用配料法。在考虑大气中某一现象时，应将影响该现象产生的所有因素都包括在预报方案中。对这些因子的记录导致了所谓的配料法。配料法首先由 McNulty（1978）提出，并由 Johns 和 Doswell（1992）、Doswell 等（1996）和 Schultz 等（2002）进一步阐明。例如，深厚湿对流的三个基本要素是抬升、不稳定性和湿度。这三种配料中任何一种配料的缺乏，都意味着不会发生深厚湿对流。某些天气现象的配料尚未确定或明确表述。如果已知的话，预报方法应考虑所有配料。

使用配料的思维可以增强论文的表现力。由于一种配料对于一种天气事件的发生是必要的，因此配料法可以防止遗漏重要的配料。许多论文的作者没有在他们的思维中使用配料，而是分散地显示了一堆不同的参数，因为他们已经看到其他论文使用了这些参数，而没有结合相关的物理过程。配料法是预报研究的统一主题，它能帮助建立预报变量和物理过程之间的适当联系。

咨询专家

为什么预报员要发表预报检验方面的论文

汤姆·哈米尔，美国国家海洋和大气管理局地球系统研究实验室，气象研究专家

预报检验是评价预报质量的过程。一篇预报检验分析可能会研究预报的某一方面（模式预报的雷暴与观测到的雷暴在强度、发生范围和空间传播上是否类似?），也可以是更普遍的方面（在降水、风和温度预报技巧方面，A 模式明显比 B 模式好吗?）。

好的预报检验分析就像一篇好的期刊论文。但是，预报检验分析可能在几个方面与其他类型的论文有所不同。首先，预报检验通常用于评估一个高维的模式，也可能用于评估一组网格点的降雨预报。因此，预测的特征可以而且应该用几种方法来诊断（例如，Murphy，1991）。确定性预报是否准确且无偏？概率预报是否准确可靠？模式的性能是否随季节、地理位置和天气形势的不同而发生变化？由于一次预报很少比另一次预报都好，一篇好的预报检验分析应该探讨足够多的方面足以帮助读者评估两个相互竞争的系统的相对优劣。

理想情况下，A 系统和 B 系统之间的任何科学的研究，不仅衡量系统性能的差异，而且把这种差异放在的统计学意义上进行定量化比较。过去，有不少预报检验分析省略了误差线，高维数和预报样本的大的时空相关性违背了许多标准统计检验的隐含假设（例如，独立性与相同性分布）。然而，随着现代计算机和数值方法的发展，引导技术（Efron 和 Tibshirani，1993）可以很容易地应用到检验分析中。引导技术中使用了简单的屏蔽技术与相关数据（Hamill，1999）。应用引导技术还可以给研究人员一个重要警示：如果没有大量的样本，统计数据可能不支持重要结论。由于计算和后勤保障费用，可能支持结论的一项研究只有少数几例。由此产生的误差棒可以强化那些研究人员已经知道的东西：可能需要很多个例，涵盖多种天气情况，以确保统计显著性。通常情况下，在更大范围的个例中进行测试可以说明哪些地方需要更多的研究。例如，为什么新的预报模式除了春季外，其他季节预报得都很好？关于预报检验的入门读物可以在 Jolliffe 和 Stephenson（2003）和 Wilks（2006，第 7 章）的书中找到。

预报参数设置不当。一些论文推导出有助于改善预报的方法或诊断变量（参数或指数）。例如，已经发表了多篇尝试从诸如不稳定和风切变之类的环境参数中确定龙卷成因以获得更好的诊断变量的文章。Doswell 和 Schultz（2006）根据预报强风暴的结构和有效性（虽然在原则上，这些结果不仅仅是强风暴所特有）将不同类型的诊断变量进行分类。不建议通过把多个单独的诊断参数任意乘法来创建预报参数。

验证不充分。预报技巧是由预报方案的准确性与一些标准预报方法（例如，气候学、持久性、模式输出统计）的准确性比较来确定的。通过比较，显示出统计上显著的技巧的预报方案可以被认为是一个非常合适的预报参量。如果要使用技巧评分，要提醒读者，哪些值表示完美的预报，哪些值表示没有预报技巧的预报。

没有考虑不出现某种天气的个例。如果预测龙卷的方案依赖于卫星图像中的一个信号，那么只看龙卷形成的情况并不能区分预报方案是否有效。出现龙卷的案例，以及不出现龙卷的个例，都需要进行考虑。验证这种预报方案的最简单方法是使用一个 2×2 列联表（例如，Wilks，2006，7.2.1 节）。

18.4.6 其他方法

本节的目的只是提供可能的研究方法类型的样本，特别是气象学中比较常见的研究方法，并不是为大量研究提供明确的指导。对于具体的研究问题的类型，看看本章中的指导课程是否适用于你的特定研究项目。

第二部分：参加同行评审

第19章　编辑和同行评审

编辑有点像《绿野仙踪》（*the Wizard of Oz*）中的魔术师，他们看似神通广大，其实只是自愿监督审稿的普通人。本章中，我们将了解编辑是如何完成他们的工作的。

弗雷德·桑德斯是麻省理工学院的名誉教授，长期担任《每月天气评论》（*Monthly Weather Review*）的编辑（1986—1999）。弗雷德退休以后，在科学界仍然很活跃，有自己独立承担的研究项目。他之所以是一位出色的编辑，得益于多年的经验。空闲时间他真正享受到编辑工作的快乐，他所做的一切都是自愿的，而不是工作单位要求他做的（除了在虚拟的单位桑德斯世界企业，他会带上会徽）。

收到弗雷德的审稿意见，你会喜忧参半。除了两个审稿人的审稿意见外，通常他还会提供他对你的稿件的审稿意见，而且比其他两个审稿意见加在一起还长、还要全面。弗雷德在写审稿意见时，会花时间深入了解论文。虽然有人会认为弗雷德对稿件的过分关注会妨碍他做出公正的决定，但也有人认为，由于他对每篇稿件都很用心，所以他的决定是最明智的。

弗兰克和欧内斯特

©2005塔维斯。经许可转载。报纸由NEA（新企业协会）公司发行。

咨询专家

编辑如何作决定

C. 大卫·怀特曼，犹他州大学气象系研究员和《应用气象学报》（*Journal of Applied Meteorology*）前任编辑；约翰娜·怀特曼，《应用气象学报》前助理编辑

虽然期刊编辑平时非常依赖审稿人的意见，但是编辑还必须确保对稿件的评论是高质

量的，且总体的建议与审稿人的意见一致，然后才能对要发表的稿件的适用性作出初步决定。通常，编辑会根据审稿人的意见，对稿件作出相应的处理决定。但是，有时候，审稿人的意见会和编辑的处理决定大相径庭。审稿人的意见也会相左，一位审稿人可能会抓住另一位审稿人看不到的致命错误，或者一位审稿人可能会基于一种误解或错误而对稿件作出不正确的决定。此外，少数审稿人会不顾质量而接受几乎所有的稿件，也有少数审稿人会拒绝几乎所有的稿件，尽管大多数审稿人都不愿意直接拒绝稿件。因此，编辑不能对不同的审稿意见简单地折中，必须仔细考虑审稿人的意见，牢记维护期刊质量的目的，然后作出独立的决定。

图 19.1 为《应用气象学报》的 44 篇来稿的同行评审建议和编辑的初步决定。其中，审稿人的建议用 X 表示，编辑的初步决定用椭圆形表示。

对于该期刊的来稿，编辑通常要征求 3 个审稿人的意见。有时候，在编辑必须作出决定之前，其中一位审稿人可能还没有给编辑返回审稿意见（手稿 9、10、32 和 43）。在这种情况下，编辑需要根据收到的审稿意见作出决定。如果审稿意见差别很大，编辑会找其他人再审，偶尔也会听从专职副主编的意见。有些稿件（手稿 25 和 26）编辑会征求 3 个以上审稿人的意见。

编辑的决定通常十分趋向于同行审稿人提出的建议。稿件 8 显然是一个例外。当编辑确定文章中的大多数材料之前已在其他期刊上发表，尽管审稿意见支持，这篇文章还是被退稿了。关于这个问题，期刊有严格的规定。有时审稿意见截然不同，有一位审稿人建议"不用修改直接发表"，而另一位审稿人则建议退稿（手稿 15）。在这种情况下，编辑应作出适当的决定。审稿人很少会建议不用修改直接发表（手稿 15 和 38）。收到退稿或重大修改建议的稿件，往往是拒绝的委婉表示。在一些例子中，编辑将建议稿件根据审稿人的意见修改，然后重新投稿。按要求作了重大修改的稿件，接下去偶尔可能会在作者和审稿人之间出现来来回回的"无限循环"，最终不了了之。

对稿件（接受或拒绝）的最终决定，是编辑根据作者为回应审稿人的意见而对稿件作出修改的情况作出的。编辑通常会把修改稿发给建议退稿或要作重大修改的审稿人过目，让他们对修改的结果再做评审。然后，审稿人则要根据作者对其技术建议的反馈，对稿件提出第二次（有时是第三次、第四次等）处理意见。最后，由编辑决定稿件要么被接受发表，要么退稿。

编辑不可能是熟悉每一篇来稿科技内容的专家，这就是为什么需要审稿人协助。就像数值天气预报产品为预报员提供指导一样，审稿人只是给编辑提供指导。审稿人提出建议，编辑作决定。一些审稿人错误地认为，他们才是稿件能否被接受的把关人。事实上，最终决定来稿取舍的不是审稿人，而是编辑。

编辑也是人。不像弗雷德·桑德斯，大多数编辑都必须面对日常的编辑工作，还要监督同行对稿件的评审过程。所有这些工作都没有报酬，如果有的话，附加福利也很少。有时编辑不得不做出退稿这样艰难的决定。对于那些粗制滥造的来稿，作出退稿决定很容易。但对那些质量并不算差的来稿，编辑必须仔细阅读稿件和审稿意见，并认真起草稿件处理意见。那些需要重大修改的稿件甚至会让编辑花费大量的时间。如果你的稿件被退稿了，请记住，

稿件编号	录用	小修	大修	退稿	稿件编号	录用	小修	大修	退稿
1		(XXX)			23			X	(X)
2			X	(XX)	24			X	(XX)
3		X	(X)	X	25		XX	(X)	X
4		(XXX)			26		(XXX)	X	
5		(XXX)			27			X	(XX)
6			X	(XX)	28		(XX)	X	
7			(XXX)		29		XX	(X)	
8		X	(XX)		30		(XX)	X	
9			(XX)		31		X	(X)	X
10			X	(X)	32		(XX)	X	
11		(XX)	X		33		(XXX)		
12			X	(XX)	34		X	(X)	
13			XX	(X)	35			XX	(X)
14			(XXX)		36		(XXX)		
15	X	(X)		X	37		X	(XX)	
16		X	(XX)		38	X	X	(X)	
17		X	(XX)		39			XX	(X)
18		XX	(X)		40		(XXX)		
19		XX	(X)		41		X	(XX)	
20		(XXX)			42		X	X	(X)
21		XX		(X)	43				(XX)
22		X		(XX)	44		(XX)	X	

图 19.1　对一年内《应用气象杂志》来稿的初步决定。（用（X）表示审稿建议，（椭圆形）表示编辑决定）

编辑只是在做他们的工作，那就是尽可能高效、及时地发表高质量的稿件。编辑对出版社、作者和审稿人负有责任，而且编辑也是三者之间的纽带。

具体来说，这些责任就是要求编辑"不分作者的种族、性别、宗教信仰、民族、国籍或政治立场（美国地球物理联合，2006）"，而根据其科学内涵来对每篇稿件做出评判。编辑（和审稿人）"应尊重作者的学术独立"，这意味着，在遵循高质量标准的前提下，审稿人应该允许作者以他们希望的形式和风格展示他们的稿件。编辑还要避免无论是真实的、还是想象的利益冲突。在审稿过程中，编辑（和审稿人）应将稿件视为机密信息，在审稿过程之外任何稿件中的材料被使用，都应经作者同意。最后，如果发现作者有不端行为（第15章）或者之前发表的论文中有错误被发现，编辑有责任撤回稿件。

因此，编辑们被赋予了很多的责任。作者信任编辑会专业地处理他们的稿件，审稿人信任编辑会重视他们的意见，期刊信任编辑会作出明智和公正的决定。

第 20 章　撰写审稿意见

　　每年数以万计的审稿意见都是由审稿人为了作者的利益而写的，审稿人既不认识作者，也没有任何回报。审稿过程的结果就是，作者收到提高稿件质量的指导，而编辑则收到稿件是否适合发表的建议。因此，论文发表过程中审稿人不可或缺。本章对审稿人（或潜在的审稿人）提供指导，包括是否同意进行审稿、如何对稿件进行评审及如何撰写审稿意见。

　　上一章主要讨论编辑在同行评审中的作用，而本章主要讨论审稿人的作用。假设你是你自己稿件的审稿人，从第三者角度面对你的稿件，你会怎么看？你的文章或你的论证中有什么明显的缺陷？

　　为了帮助自己思考如何为读者而不是为自己写作，让论文更有说服力，我设想读者是：（1）我的论文的最严厉的批评者；（2）该领域最优秀的科学家。我还假设读者是我要引用的论文的作者。因此，我最好能正确地理解被引用的论文，如果我对被引用的论文持批评态度或持不同的观点，应该在文章中给出清晰和有说服力的证据。

——吉姆·斯坦伯格，犹他州立大学

　　想象一下通过最严厉的审稿人阅读吉姆·斯坦伯格的论文，让吉姆发表了最好的论文。在这一章中，你将学习如何审阅别人的手稿，并在此过程中，也学习如何审阅自己的论文。

20.1　你愿意做审稿工作吗

　　20 世纪 90 年代之前，你可能没接到通知就收到期刊编辑寄来的稿件，并请求你负责提供审稿意见或不审稿把稿件退还给编辑。如果你外出参加一个野外项目，稿件可能要耽搁几个星期。幸好时代变了，现在大多数期刊会给你发送一封电子邮件，询问你是否愿意审稿，而不是假设你会。你愿意担任审稿人吗？

　　接受审稿有许多原因。

◎审稿是撰写和修改自己论文的练习机会。
◎审稿意味着在新的研究发表之前你就能看到。
◎审稿可能会迫使你加快对某些主题的学习进度。
◎审稿有助于作者改善写作能力和提高发表的论文的质量。
◎审稿是回馈大气科学界的一种方式。

如果你认为在要求的期限内完不成审稿任务，那就告诉编辑。如果你能在适度延长期限后完成审稿任务，那就给编辑提一下建议。即使你已经同意要审稿，之后你发现在期限内不能完成审稿任务，麻烦你告诉编辑。编辑宁愿审稿人要求延期、拒绝审稿或不审稿而直接退回稿件，也不愿面对这样一些情况：编辑发出是否愿意审稿的询问邮件后，在约定的时间内没有收到审稿人的回复，或没有兑现审稿的承诺。有太多的审稿人因为没有承担自己的责任而让编辑愤怒。

为什么年轻学者应该做审稿工作？

我喜欢请年轻的学者提供审稿意见。他们常常会提供最全面的有助于提高稿件质量的审稿意见，因为他们肯花时间思考稿件并给作者提供建设性的批评意见。一些被我询问过的年轻人感到受宠若惊，并礼貌地拒绝我的请求，因为他们认为自己还没有足够的经验去做评审。下面给出鼓励年轻学者成为审稿人的 5 个理由。

1. 科研人员应该在其职业生涯的早期就开始评审稿件。
2. 如果编辑认为你不能做评审，他就不会请你审稿。
3. 其他审稿人也将提供审稿意见，所以你的审稿意见并不是唯一要考虑的。
4. 审稿会增加你在该领域的曝光度和知名度。
5. 期刊一直在寻找审稿人，以增加他们期刊审稿人群体。如果你有兴趣为期刊担任审稿人，但还没有被邀请时，可以给编辑发邮件，向他表示你想做该期刊的审稿人。

期刊将根据作者稿件所涉主题的专业知识，来选择可能的审稿人。虽然一篇论文可能涉及多个主题（比如气候模型输出统计），但审稿人可能只擅长一个主题。因此，审稿人应该向编辑说明，自己的专业知识只适用于论文的某一方面，自己不能在不熟悉的方面提供评论意见。

如果你不具备做评审的专业知识，或者如果你不能做到公正的评审，那就考虑谢绝审稿。如果你与作者有利益冲突或有私交，那就可能会出现这种情况：强烈赞成或反对作者的方法或结论。

20.2　审稿人的义务

同行评审系统以志愿精神和荣誉感为基础。这一过程成功地证明了参与这个过程的大多数科学家具备高尚的品德。作为审稿人，在接受工作之前，应了解自己的责任。

人们认为批评、否定或具有破坏性的建议很容易作出，但事实并非如此。要做出严肃、否定、负面的批评通常要花费很多心思和努力。

　　　　　　　　　　　　　　　　　　　——德怀特·麦克唐纳，美国作家和编辑

◎如果你一年要投稿 N 篇论文，那么至少要审稿 $2N \sim 3N$ 篇稿件，经验丰富和具有专业知识的作者，则要审更多稿件。

◎如果是高质量的稿件，就要尊重作者以他们选择的方式来展示稿件内容的权利。

◎在你的审稿意见中绝不要批评作者个人。

◎手稿应该被视为机密文件。不要和其他人透漏或讨论稿件内容。与别人讨论稿件中具体的问题是可以的，但要把这些信息披露给编辑（一些期刊需要这些信息，如由美国地球物理学会出版的期刊）。把未发表的信息提供给他人要征得作者的同意。

20.3　如何进行审稿

第一次写审稿意见可能有点难。但是，随着你写的审稿意见的增多，这种恐惧会逐渐消退。

为了提供一些指导，下面介绍我审稿时采用的步骤。

1. 单面打印出稿件。如果可能的话，把图从文章摘出来。如果稿件是单面打印的，把在不同页面上的图和文字进行比较会更容易。根据我的经验，在屏幕上阅读书稿几乎没啥效果。

2. 第一次从欣赏的角度把手稿读一遍，做做笔记，或者什么都不做。试着去理解稿件的内容，获得对稿件质量的初步印象（如果你看不懂原稿，问题可能出在作者身上，而不是你自己）。

3. 思考批判性阅读模板中的问题（第 181—183 页的说明栏）。

4. 让自己对手稿、手稿中的科技问题及其应用有更深入的理解。

5. 再读一遍手稿，边读边写审稿意见。

6. 你可能希望第三次阅读手稿，以确认你的印象，并确保你已经明确了手稿中的所有问题。

7. 校对你的审稿意见。改写一下你使用的可能冒犯作者的词语。把特别严厉的批评，放在你喜欢本文的原因及如何改进的建议等这些正面的评价之间。这样分层的批评被称为"反馈三明治方法"或"汉堡包方法"，是具有建设性的批评。

咨询专家

如何阅读和评价科学论文

帕梅拉·海因斯尔曼，气象学家，美国国家海洋和大气管理局（NOAA）/国家强风暴实验室

无论是出于个人兴趣，还是作为期刊的审稿人，在阅读论文时都需要批判性阅读。批判性阅读的关键是寻找作者的思考方式，而不是仅仅查找信息。除了阅读论文获取信息外，还要考虑信息是如何呈现的，论据是如何使用和解释的，以及文章是如何得出结论的。进行批判性思维的一种方法，是在阅读论文时问自己一些问题。下面的模板是对深入阅读的基本指导，这将帮助你巩固或调整自己的批判性阅读技巧。

批判性阅读的模板

标题

◎标题是否清楚准确地代表这项研究？

摘要

◎摘要是否总结了论文所讨论的内容？

引言

◎这篇论文的目的是什么？假设是什么？

◎之前的哪些研究构成了这项研究的基础？

◎读者是谁？

背景

◎看懂这篇文章要掌握哪些概念（例如，术语、理论、概念模型）？

◎这些概念如何用于组织和解释数据？

◎这项工作的界限是什么？你能区分哪些是已知的？新的研究增加了什么内容？还有什么尚不清楚？做了什么假设？你为什么同意或不同意这些假设？

资料和方法

◎使用了哪些数据？是否作了详细介绍？

◎这些数据是否适合处理这些假设？

◎使用了什么方法？它们描述得是否足够详细？

◎处理假设的方法是否合适？

结果

◎本文的目的达到了吗？

◎所有提出的假设是否都得到了解决？

◎是否正确地解释了数据？

◎使用了什么样的论据（例如，统计的，分析的，道听途说（传闻）的）？

◎研究发现是否提供了支持这些假设的论据？为什么或者为什么不？

◎论据有没有不同的解释？

◎是否根据以前的研究讨论了结果？

◎这些图和表是否支持文中提出的结论？可读性如何？

结论

◎结论是否表述清楚？

◎结论被夸大了吗？

◎结论是否提供了研究的全貌？

◎研究的局限性和假设是什么？

◎这些局限性和假设如何影响对研究结果的支持？

◎这些论据的另一种解释是什么呢？

◎这项研究对科学的贡献是大还是小？为什么是这样？

◎这项研究（工作）是如何改变或加深我们对其科技内涵的认识的，还是对我们的理解不起一点作用？

未来的工作

◎还有哪些研究问题仍无法回答？

◎读完本文后，脑海里有没有浮现新的问题？

◎有没有任何新的实验可以为论文提供进一步的支持？

参考

◎参考文献是否适合本研究？

◎有没有漏掉相关的文献？

有时，由于稿件存在很多问题（例如，文中的图号与图的编号不匹配、图的质量差、语句不通、措辞不当），令人难以阅读。如果你觉得这些问题妨碍你对文章的阅读理解，你可以随时不经评审就把稿件退回期刊编辑部或建议退稿。

审稿人最常提出的批评意见就是稿件太长。如果你正在评审一篇你认为太长的稿件，那就给他指出稿件可以简写（缩短）的地方、可以删除的图及可以删除的部分等。

作为审稿人，你是否应该仔细检查所有的推导？不同的人对这个问题的看法有所不同。一些编辑坚持认为所有的推导都要经过审稿人确认，否则在推导中可能会出现错误，或者在描述推导步骤时可能会出现缺漏。也有编辑认为，验证其他作者的复杂推导过程，可能过于费时。

20.4　作出决定：修改还是退稿

审稿人要从两方面考虑手稿内容。首先是科学内容的质量（定义为思想、执行、数据和方法的选择、结果、解释等）。其次是文稿写作的质量（例如，稿件的组织，简洁、明了的图表，流畅的句子，准确的措辞，与格式指南一致的风格）。正如前面在第 8 页的图 2.1 中所讨论的，这两个方面可以用一幅图来表示，横轴表示科技含量，纵轴表示写作水平（图 20.1）。

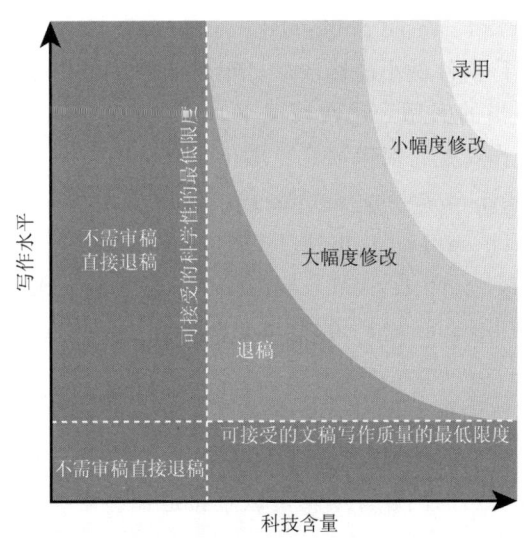

图 20.1　审稿过程的结果作为科学水平和写作水平的函数。即使是那些科学上高质量的稿件也很可能被退稿（图 2.1 更新）

这幅图表明，科技含量较高的论文如果写作水平欠佳（右下角），可能会被退稿。同样，科技含量较低的论文，即使写作水平再好（左上角），也无法逃脱被退稿的命运。因此，作者需要提交科技含量高且文字表达绝佳的稿件，最大限度地提高发表的成功率。

作为审稿人，如果稿件或修改后的稿件不满足期刊的标准，或者在建议的时间内没有完成修改任务，或者不能完成所有修改任务，那么就建议退稿。有人认为，建议退稿向作者传达一个严肃的信息，这个信息与发送给作者建议重大修改有非常大的差别。

多数审稿人认为他们的批评可能过于严厉，尤其是重大修改和退稿建议中的批评。对此，我并不担心。审稿意见是你对这篇稿件质量的评价，无可厚非。只要你的批评是针对稿件中的问题而不是针对个人，那就只管提出批评意见，只要能够自圆其说即可。

最后，你可能会遇到非常糟糕的情况：你发现抄袭，作者名单中有作者遗漏，或其他学术不端行为（第15章）。把不端行为告知编辑，编辑会妥善处理。

20.5　撰写审稿意见

考虑了上述问题之后，如何撰写审稿意见？通常审稿意见的结构有以下几部分组成（表20.1）。但并不是所有的部分在每份审稿意见中都要出现。

审稿意见的第一部分是导言。导言应以稿件的标题、作者、期刊指定的稿件编号，以及您的审稿编号或字母代码（如果知道的话）为标题。审稿人应提供该论文对科学主要贡献的总结，以及稿件是否与该期刊相关。如果不相关的话，审稿人可能会建议稿件另投其他更适合的期刊。分析稿件的优缺点，为撰写审稿意见作铺垫。审稿人的建议应在导言中给出。

给不同期刊的建议可能略有不同。基本的内容包括：

◎**录用**。原稿无需修改即可发表。

（Accept. The manuscript can be published in its current form with no revisions.）

◎**返回做小的修改**。待稿件做小的修改后，很可能同意录用。这类稿件往往存在图的清晰度、局部语病及措辞不当的问题。通常情况下，这类修改稿不会返回审稿人作第二轮审查，因为编辑就可以判断作者是否对审稿意见做出了充分回应。

（Return for minor revisions. The manuscript will likely be acceptable for publication pending minor revisions. These tend to be relatively small concerns，relating to clarity，figures，or grammar. Usually，such revised manuscripts are not returned to the reviewer for a second round of revisions because the editor decides whether the author has adequately responded to the reviewer's concerns.）

◎**返回做重大修改**。待做重大修改后，手稿有可能同意录用。重大修改的稿件，通常存在与写作质量和科学质量有关的严重问题。这类修改稿通常需要审稿人做第二次审稿。如果作者未能充分解决审稿人提出的问题，编辑可以直接退稿。有些期刊只有"需要修改"，没有大修和小修的区别。

（Return for major revisions. The manuscript will likely be acceptable for publication pending major revisions. Major revisions typically include serious concerns with the quality of presentation and the quality of science. The reviewer is usually accorded the opportunity to provide a second review. Should the author fail to adequately address the reviewer's concerns，the editor can reject the manuscript for publication. Some journals only have "revisions required，" with no distinction between minor and major revisions.）

◎**退稿**。如果稿件缺乏足够的组织性、原创性或科学性，则可能会被拒绝发表。不能通过修改来提高质量的稿件，不能在规定时限内完成修改任务的稿件，修改后与原始稿内容不同的稿件（将构成一篇新的稿件），多处有严重语病的稿件，都可能被退稿。此外，手稿会因为学术不端行为（例如，剽窃、重复发表）被退稿。有些期刊有一个"修改后再审"或"退稿再修改"的软性退稿标准，这类稿件修改后也可能会被录用，但是这些修改是实质性的修改，作者需要花时间去做，对于再次投稿的时间没有要求。

（Reject. Rejection can occur when the manuscript lacks adequate organization，originality，or scientific competence. This manuscript either cannot be corrected with any revisions，the revisions cannot be performed within a specified time frame，or a revised manuscript would be so substantially different from the original that it would constitute a new manuscript. Manuscripts can also be rejected solely because the grammar or manuscript preparation is inadequate. Finally，manuscripts can be rejected for scientific misconduct（e. g. ，plagiarism，redundant publication）. Some journals have a softer level of rejection called "revise and resubmit" or "reject and revise，" recognizing that the manuscript may be publishable pending revisions，but that these revisions are so substantial that the authors should take their time and not be under any deadlines for resubmission.）

◎**改投其他期刊**。当稿件更适合在其他期刊发表时，审稿人可能会建议改投其他期刊。

（Transfer to another journal. When a manuscript may be more appropriate for another journal，the reviewer may recommend a transfer.）

紧随导言之后，审稿人对该编号稿件提出存在的具体问题。对于这些问题，参照本书提出的批判性阅读模板，将问题按照严重程度递减的顺序列出（如表 20.1 提到的原则性问题→主要审稿意见→次要审稿意见→语法错误）。将审稿意见分成少量可管理的组块，可清楚地反映出稿件中存在的不同层面的问题，也方便作者修改。每个组块（如主要审稿意见、次要审稿意见），按照它们在原文中出现的顺序列出来。如果同一个问题在手稿中多次重复出现，若把所有重复出现的问题都列出来，要花费大量时间。你可以在审稿意见中写道，"这些次要评审意见中提到的问题只是有代表性的，类似的问题在文中多次出现。"

表 20. 1　审稿意见的内容

导言
作者及标题——稿件编号 X 及审稿人代码 Y
稿件科学性和对期刊的意义
总结(正面、负面,建议的原因)
建议(例如,录用,需要修改,退稿,转投其他期刊)

带编号的问题
原则性问题(特别是如果建议退稿的话)
1.
2.
……

主要审稿意见

1.

2.

……

次要审稿意见

1.

2.

……

语法、措辞错误

1.

2.

……

当发现问题并建议修改时，审稿人可能担心作者会受到刺激或对建议"不感冒"。审稿人应在审稿意见中建设性地描述稿件中的问题，而不是评价或批评作者。采用表 20.2 中列出的建议，使用"反馈三明治法"（第 181 页）：如果你的负面批评夹在对作者热情支持的意见之中，作者更容易接受你的批评意见。如果你提出批评意见，最好附上具体证据、要修改的原因和如何修改的建议。这样做，作者对修改建议的回应会更积极。例如，只是笼统地说论文需要缩短，而不具体指明哪些部分需要压缩，无助于作者修改和提高稿件质量。再例如，如果作者对一些图表描述得不清晰、不准确，你在审稿意见中可列举作者或其他作者文中描述具体、清晰、准确的个例，让作者更容易接受你的审稿意见，并懂得如何对原文进行修改。

在审稿意见中不要使用诸如"令人困惑的"或"不清楚"之类的词语，而是提供更具体的评论，比如"我是否理解了你写的内容，你的意思是……"或者"你的意思是指……吗"等，表达出你愿意理解文章内容而不是批评它。

表 20.2　如何写审稿意见

在正面评价中提出批评意见。

解释建议修改的原因。

给出要修改的证据，包括对文献的引用。

建议可能的实验或额外的计算。

使用来自作者写得好的例子来鼓励作者修改。

提出修改建议。

增强稿件对读者的吸引力。

说明修改对稿子有利的原因。

如何撰写一篇非常完善的审稿意见？这取决于审稿人的耐心和花费的时间。有些审稿人乐于在审稿意见中对稿件中的问题逐一评论，有些审稿人则在审稿意见中仅引用一些有代表性的例子，让作者统筹解决稿件中的类似问题。

作为审稿人，要尊重作者脑力劳动成果的独立性。审稿人提出的在提高稿件可读性的修改意见不被作者接受时，若原文中的描述无语法错误且不产生歧义，应尊重作者的意见。换句话说就是，Alley（2000）提出了一个错误的分级，这个分级从"让许多读者感到不安"的错误，到"会让少数读者分心"的错误。对手稿进行过多的文体控制时要谨慎，认识到英语语言在时间（例如，冗长的技术写作风格已经过时）和空间（例如，不同的期刊需要不同的组织结构）上不是一成不变的。

写审稿意见时，应对评论的问题按顺序编号，并根据被评论问题在文章中的位置进行标识，尤其是那些要求作者答复的问题。例如，"1. 第 4 页第 13 行：删除'已经被注意到'。"试图对一段杂乱无章的评论做出回应是很困难的。文本中常用于识别位置的其他表达还有："本页最后三行""第 3 段第 5 行""第 5 页第 4 行，以及手稿的其他地方"（以避免指出大量需要完成的类似修改）。

最后，再回顾一下被评审的原文，而不是你希望作者写的文章！我们都曾经被那些承诺要传达一种信息（或者我们想要传达的一种信息）但交付的却是另一种信息的稿件弄得很失望。利用这些机会问问作者，他们是否考虑过你的想法，但不强迫他们这么做。热心的作者可能会受到鼓舞去做这项工作，即便编辑可能并没有这么要求。另外，把审稿看作是认识一个新的科技同行的机会，并与作者合作，根据自己在审稿过程中产生的一篇新的稿件的思路。也许新的稿件是正在被评审的稿件的续篇。

20.6　要不要匿名评审

关于同行评审的优缺点已经写了很多。目前，匿名是同行评审过程中的原则之一。如果没有匿名，审稿人就不能自由地批评所提交的论文，因为他们担心遭到作者报复。有些期刊已经开始尝试双盲同行评审，即审稿人与作者都匿名，双方互不相知。Stensrud 和 Brooks（2005）讨论了《天气与预报》（*Weather and Forecasting*）的双盲评审过程实验。《国家气象文摘》（*National Weather Digest*）编辑部则鼓励审稿人在审稿意见中透露自己的名字。《大气化学与物理》（*Atmospheric Chemistry and Physics*）编辑部除了匿名的正式审稿人外，非匿名审稿人也可以在公共论坛里对提交的稿件发表评论。《强风暴气象学电子期刊》（*The Electronic Journal of Severe Storms Meteorology*）编辑部让所有审稿人和他们独立的审稿意见全部公开。甚至《自然》（*Nature*）杂志编辑部（2006）也尝试了一种公开的同行评审形式。

尽管匿名同行评审制度存在诸多问题，也进行了一些修补，但它至今仍然是判断稿件是否适合发表的主要审稿制度。人们也可以用温斯顿·丘吉尔的妙语来形容同行评审制度："除了所有其他已经尝试过的政治制度之外，民主是最糟糕的一种政治制度。"

虽然在大多数情况下，审稿人仍然是匿名的，并且存在这样做的充分理由，但是某些情况下透露审稿人的名字可能是有益处的。在同行评稿中，审稿人应该在什么时候透露自己的名字呢？

◎通过鼓励作者和审稿人之间在同行审稿程序之外的讨论，尽快完成论文的评审。

◎如果作者是审稿人的同事，审稿人的评论会受到欢迎，或者可能促进进一步有益的讨论。

◎如果审稿意见引用了审稿人的研究或者在审稿意见中分享了审稿人的研究成果，那么就会暴露审稿人的身份。

◎为了让作者认可你对文章的改进所做的贡献。

一些人认为匿名评审是自私的表现，建议所有评论都实名。究竟是匿名还是实名，很大程度上取决于个人喜好。

20.7　给其他人的论文提供评论

虽然大多数时间你被匿名的外衣掩盖，但是你也可能会被同事要求审阅论文，或者对你的合作者的手稿提供评论意见。例如，一些实验室或研究小组希望他们的论文能够顺利通过同行评审。如果你是一位优秀的作者的话，你可能会被他们请去做论文评审。评审论文的最好方法是什么？评审中可能会面临哪些误区？

首先，要搞清楚作者给出的评审时间和需要你做出多大程度上的改动。作者是否急于投稿意味着作者只期待一些小的修改，或者是否多花些时间用以提供深入周全的审稿意见。如果作者给你的是写作初期的草稿，那就不需要在文字编辑上花费时间。

第一次阅读手稿是一个重要的时间节点，你可以用来评估手稿的状态，并且判断手稿是否已接近投稿的水平。弄清待修改的手稿处于写作/编辑漏斗中的什么阶段（例如，段落层面、句子层面），将决定你需要花多少时间来发表意见。如前所述，修改应首先在宏观或大的尺度上进行。通常，当我首次遇到一个作者让我帮他做非正式审稿时，我首先会讨论最关键的问题。只有经过几轮修改，才到修改句子和文字的阶段。临近交稿时，只能做小规模的修改。

完成评审后，将面临新问题。

应该在纸上还是在网上编辑？你评审同事手稿时，最好是在纸上编辑，并希望同事能够将你的修改从纸上录入到电子文档。这种做法将使学生和经验较少的合作者从中受益。相比之下，当需要对文档多处进行小的修改时，电子编辑最有效率。这种方法适用于编辑过程后期或快到截止日期的时候。如果使用微软的 Word 软件，你可以使用"修订"功能，标出你的修改建议。

是通过电子邮件还是当面转达审稿意见？如果你能坐下来，向作者一步一步指出你的修改之处，而不是把修改后的手稿扔到作者的办公桌上，那么大多数作者对建设性的批评都会做出更好的回应。这种碰面能让你判断作者是否同意你的修改，以及为什么你的意见不应该被采纳。并不是每个作者对批评的反应都是一样的，这取决于审稿人处理问题的能力和技巧。

如果多个人对同一份手稿评审的话，是并行编辑还是轮流编辑？当不止一个人在对稿件做评审时，作者可能难以处理不同的修改意见。并行编辑（将原稿一次发送给所有审稿人），最大限度地减少了等待审稿意见的时间，尽管调和有冲突的审稿意见，对作者可能更具有挑战性。轮流编辑（将手稿按顺序发送给不同的审稿人）列出了一个更清晰的评审顺序，可能应先从那些共同作者开始，最后才到那些仅提供非正式评审的人。当直接对稿子编辑时，轮流编辑更有效。

第 21 章　答复审稿意见

编辑将审稿意见返回给作者后，作者应该如何根据审稿意见修改才能让自己的论文最有可能发表？如果自己的文章被退稿怎么办？如果自己对评审过程不满意怎么办？本章将讨论与这些内容有关的问题。

发送给同行评审的稿件，几乎总是会返回给作者，由作者按编辑和审稿人的审稿意见进行修改。因此，作者应该准备好听取意见。如果这些修改意见特别详细、全面甚至严厉，可能会让你难受。但是请记住，这些意见将会把你的稿件提高到一定水平，可以让你在未来几年感到自豪。批评意见并不会让你丢面子，相反会为你的手稿增色。

如果你被审稿意见所困扰，就把它们搁置一个星期。不要做任何可能让你后悔的事情。可以向朋友、同事或仓鼠发泄愤怒，但不要立即愤怒地回应编辑。等愤怒的情绪平复后，再冷静地审视审稿意见，可能会有良药苦口的感觉，审稿意见真的是在帮助你提高稿件质量。

21.1　修改和撰写答复意见

审稿人的审稿意见通常分为四类。

1. 你认可的审稿意见，并且很容易根据审稿意见对稿件进行修改。
2. 审稿意见提出了改善稿件质量所需要解决的重要问题，根据审稿意见修改稿件难度很大。
3. 审稿意见涉及写作风格问题，对此类意见见仁见智，既容易反驳，也容易采纳。
4. 错误解读你手稿的评论，或者因为审稿人自身的错误，或者可能没有理解你的手稿而导致的不正确的评论。这些审稿意见偶尔出现时，也要考虑是否是因自己手稿中陈述不清而让审稿人产生误解。

修改稿件期间情绪的七个阶段

1. 收到负面评价时的震惊。
2. 对审稿人愤怒。
3. 害怕手稿不能发表。
4. 对一些评论感到困惑。
5. 修改和答复审稿意见时感到沮丧。
6. 不得不按审稿意见来修改手稿。
7. 对修改过并改善的手稿感到满意。

修改手稿时，可以采用以下两种策略。首先是先处理简单的和次要的审稿意见。这样可快速给你带来成就感，并让你准备好应对更严厉的批评。第二种策略是先处理主要的审稿意见或需要对稿件作重大修改的审稿意见。这种策略更符合写作/编辑漏斗的做法，它要求先从大的方面对手稿修改。

在确定是否采纳审稿人的修改建议时，应该考虑这些修改是否会影响到手稿的其他部分，或者修改是否会与稿件其他部分产生冲突。即使你不同意审稿人的意见，也要考虑是否是稿件中什么地方叙述不清让他们产生了这样的误解。积极地答复审稿人的每一条意见，会提高文章的可读性，并大大增加文章发表的可能性。

在撰写答复意见时，不妨问问编辑如何作答为好。一种方法是在答复意见中引用所有审稿人的评论，并逐一作答。这种方法可以确保你已经解决了审稿人提出的所有的问题，也让编辑很容易看到你是如何答复审稿意见的。

编辑是尽力让你的文章发表的同事，而不是你的对手。编辑通常愿意就如何处理审稿意见提供建议或具体指导。必要时可通过编辑澄清审稿人的一些意见。

当你猜到谁是审稿人时，也不必声张。因为有些审稿人可能不喜欢被"发现"。或者，你甚至可能猜错了。例如，缅因大学的物理学教授彼得·乔温斯基在撰写审稿意见时，常采用他人的写作风格，有时会使用中国人、保加利亚人或西班牙人的习惯；或可能会列出一些不是他自己的，并被他称为"开拓创新的"或"开创性的"参考文献，以摆脱作者对自己的猜测（Brownstein，1999）。

咨询专家

答复审稿意见的策略

罗杰·萨梅尔森，俄勒冈州立大学海洋与大气科学学院、《物理海洋学杂志》（*Journal of Physical Oceanography*）前主编和《非线性科学杂志》（*Journal of Nonlinear Science*）前编委

1. 用一些简单的方式，每个概念独立评审点评：引用前几个词，如果有编号，引用编号等。

2. 尽可能具体说明按照审稿意见对手稿中某小节、某页码中所做的相应修改。如果可能的话，在答复意见中添加或编辑相应的段落。避免一般性的说明，如"按照评审意见重写了第 X 节"，要给出对那些段落和句子作了哪些修改的具体信息。

3. 对没有采纳的审稿意见，应在答复意见中说明并解释原因。对审稿人的审稿意见，必须答复，哪怕是反驳意见。通常值得在修改稿中加入部分答复意见。大多数审稿人想到的问题，读者也会想到。

4. 要清楚说明哪些已按审稿意见修改，哪些并未按审稿意见修改，并解释不修改的原因。避免与文字和图表毫不相干的答复意见，或不是针对某些修改建议的具体反驳意见。

5. 使用介绍性的语句，简要概述答复意见的主要内容，特别是对哪些作了重要修改或并未按审稿意见修改的内容。这种说明可让编辑或审稿人能很快地估算出完成审稿所需要的时间。

当你把修改稿和答复意见发给审稿人时，也要给编辑写一封相关内容的信。信中可以笼统地解释对稿件作了哪些修改和为什么作这些修改。与编辑讨论那些不能与审稿人讨论的问题时，这样的信件是最合适的媒介。投稿信也非常有用。

修改的时候，不要想当然地认为"返回修改"的最初决定必然导致最终发表的决定。在2006 年，685 篇稿件中有 89 篇（13％）被美国气象学会期刊退稿，而这 89 篇稿件均是最初"返回给作者修改"的稿件。被退稿的稿件，有以下一个或多个原因。

◎作者未能按照审稿人的意见修改稿件。

◎审稿人和作者的意见可能没有按照编辑希望的那样尽快地达成一致。

◎作者宣称作了修改，但是把原稿和修改稿对比发现，并没有什么实质性的修改。

对最后一点，我再多说两句。向期刊投稿是一种特权，而不是权利。这种特权是可以由期刊的编辑或出版社撤销。为了发表你的稿件，编辑、审稿人（大家都是志愿者）都付出了艰辛的劳动。即使是最严格的审稿意见，也会让你的稿件质量得到提高。只对稿件作些许修改，便重新提交，是公然漠视别人花费的时间和精力。大多数编辑不能容忍这种行为，这样的稿件将被退稿。作者把拒绝发表的手稿向多家期刊投稿，也是一种违规行为。由于大气科学是一个相对较小的学科（相对于物理和化学等），而你的专业领域可能更小，在第一种期刊评审你的稿件的原班人马，也很可能是另一种期刊的审稿人。但你把被拒绝的手稿投向另一种期刊时，相同的审稿人再审曾被自己已退稿的稿件，结果自然是被退稿。

凡"返回作重大修改"的稿件，应按审稿人的要求修改，直到编辑表示该稿件被录用。否则，稿件将被退稿；若被退稿的稿件再投他刊，不仅会再次被退稿，而且还会连累作者的名声。

21.2　答复审稿意见

当答复审稿意见时，你可能会遇到一些不能实施的意见。

审稿人要求你作与手稿无关的分析。如果手稿在引言中有一个清晰的目的，你有反驳这一要求的充分理由。接受审稿人提出的你认同的意见，但这种额外的要求"超出了本文的范围"。如果提出的额外的分析是一条有建设性的建议，这可能是你下一篇文章的话题！

审稿人显然没有领会你的某个观点。有时审稿人可能发现了你手稿中的一个潜在的问题，但你觉得已经解决了。在这种情况下，考虑一下你是否把你的观点表达得尽可能的清楚。也许你重新措辞或在摘要或正文中用不同的语句多重述一两次，可让看你的论文看得一头雾水的审稿人澄清你的论点。

审稿人让你只需要作很少的修改。在答复中，你要以你的论文的内容为重点，以专业方式作出最好的答辩。为你的观点辩护并指出审稿人观点的错误。在这种情况下，专注和实质性的答复通常会赢得编辑的认可。如果可能的话，尽量把你要回答的问题集中在开场白中说明，如"我认为，审稿人提出的主要意见 1 和 2 已经在以下摘录的论文的第 4、第 6 和第 12页……中回答。"用这种方法，你可以很容易地在你的答复中用一些强有力的论据回答一份看起来冗长而杂乱的审稿意见。然后，把论据逐个拆开，针对被忽略的材料提出具体的引用。对于那些你可能不理解的审稿人的意见，不知道问题是什么，或者不能理解论据的相关性，要委婉地提出来。

审稿人不友好。在极少数的情况下，你可能要面对一个有争议的审稿人。他提出的刁难性的审稿意见，无疑会增加稿件的修改和发表时的难度。希望编辑能看穿这样的审稿人的古怪行为而解雇他们。如果你也可以，在给编辑的答复信中，针对审稿人的刁难行为礼貌地表达出你的担心。

21.3　不同的审稿意见

有时候，不同审稿人可能会对你的稿件提出不同的意见。例如，有 3 份审稿意见分别可能是建议小的修改、重大修改和退稿。收到这样的审稿意见，编辑会面临一个艰难的决定。为什么你的稿件会有这样不同的评审意见？

◎可能手稿的创新点太多，分散了审稿人的注意力，以至于一些审稿人并没有领会文稿的重要性。然而，像这样的手稿真的很少见。

◎原稿可能会引起争议，而且审稿人可能会分为不同派别。

◎因为缺乏经验、粗心、懒惰、权宜之计或有偏见，一个或多个审稿人没有给论文作出客观的评价。例如，一个审稿人可能会建议作微小的修改，而实际上需要做的工作还很多，就像其他审稿人指出的那样。

◎最可能的情况是，作者提交的手稿位于中等或中上等水平，但由于一些材料交代不清或一些文字叙述不严谨，让一些审稿人产生了误解。一直没有充分说明手稿的目的和作用。如果发生这种情况，审稿人可能会提出不同的建议。一些评论可能会认为手稿只需微小的修改，但比较挑剔的审稿人会发现潜在的问题，认为需要进行重大修改。对于这种手稿，作者需要更清楚地展示手稿中的材料，并对它进行辩护。

出现上述四种情况时，认真负责的编辑会对不同意见进行整合，然后作出合理的决定。

21.4　处理退稿

你的稿件如果不幸被退稿，你应该做些什么？首先，要仔细阅读编辑的退稿信和审稿意见。编辑可能会指出需要怎样修改才能使手稿发表（例如，"我们欢迎修改稿"）。或者，编辑会指出该手稿应转投其他期刊。有时，编辑可能会拒绝他们希望发表的论文，因为他们认为，作者需要非常长的时间来进行充分修改。给编辑发一封电子邮件或打个电话是比较合适的，作进一步的澄清。作者绝不能因为编辑的决定而痛斥他们。编辑很少会对这样的行为作出回应。

有时退稿是对作者的一种变相祝福——审稿意见和编辑的建议让作者获益甚多，而且作者对自己的手稿修改时也不再受最后期限的拘束。

——《每月天气评论》首席编辑助理，玛丽·金

稿件被退稿的原因很多。最常见的原因是稿件的科学性较差，稿件中有一些致命的错

误，或对科学没有什么贡献。被退稿的另一个主要原因是，手稿写得不好。也许是稿件组织的不好，或病句太多，让审稿人不能理解。有时候是因为手稿所投的期刊不合适。

有时，即使科学水平很高的论文也会被退稿。如果是你的论文，不要灰心。认真听取审稿人和编辑的建议，再修改论文，并考虑是投同一期刊还是改投不同期刊。如果你再次向同一期刊投稿，要在投稿信中注明，这篇论文先前被贵刊退稿，还要说明对原稿作了哪些修改，以消除审稿人的担心。

最后这一点是很重要的。当作者再次向同一期刊投稿时，即使不是必需的，我也鼓励作者对原审稿人的意见作出答复，并把这个答复意见发送给编辑，就像作者作了重大修改后重新提交稿件。这种做法有几个优点。

◎因为写文章有利于阐明你的观点，写一个正式回应有利于增加修改稿的清晰度。

◎论据充分的答复意见，可能会让不友好的审稿人，保持沉默。

◎回应可以让编辑衡量一下审稿人的意见与作者的回应孰优孰劣。

坚持和优先

1988 年 5 月 31 日，彼得·格林贝格教授向著名的美国物理学会期刊《物理评论快报》（*Physical Review Letters*）提交了他的新手稿。经审稿，论文被拒绝了。无所畏惧的、相信自己的研究肯定会发表的格林贝格修订了手稿，并在 12 月向美国物理学会出版的另一个期刊《物理评论 B》（*Physical Review B*）投稿。这篇论文最终被该刊接受并于 1989 年 3 月发表（Binasch 等，1989），但格林贝格教授坚持把向《物理评论快报》投稿的初次投稿日期列在发表的论文中。

彼得·格林贝格教授在《物理评论 B》发表的论文因提出巨磁电阻（GMR）而获得 2007 年诺贝尔物理学奖。巨磁电阻能使计算机硬盘、数码相机和数码音乐播放器的存储容量大幅增加。他与阿尔贝·费尔共同获得该奖。阿尔贝·费尔也独立地发现了巨磁电阻，于 1988 年 8 月向《物理评论快报》投稿，在 1988 年 11 月发表（Baibich 等，1988）。尽管费尔的论文先发表，但因为格林贝格投稿的日期较早，所以格林贝格可以申请 GMR 专利。因此，在 GMR 的商业应用中，格林贝格的专利为他赢得了数百万欧元的收入。

编辑基于如何才能让作者有效地反驳审稿人意见的考虑，可以选择把修改稿（和修改意见一起）发送给原来的审稿人，或者挑选不熟悉这篇稿件审稿过程的审稿人评审。

如果审稿人和作者相互敌视，编辑也无法解决双方争端时，稿件会在没有充分理由的情况下被退稿。如果你遇到类似情况，应该去找主编、出版专员或出版社投诉。另外，如果你希望拒绝在该刊发表论文，至少要等到审稿过程结束，再将稿件转投别的更容易被接受的期刊。

无论发生了什么情况，请记住，编辑是代表期刊的。他们的工作就是确保适合的高品质的稿件发表，以保证期刊的声誉和成功。编辑服务于作者、审稿人和出版社，是服务对象之间冲突的调解人。

第三部分：准备及作学术报告

第 22 章　如何组织学术会议

在学术会议上与他人交流可以激发新的研究想法，获得初步研究成果反馈，以及在论文完成之前对其中的学术内容进行测试。参加学术会议也可以推广你的研究、找工作、重新与朋友取得联系，还可以到新的地方旅行。不过，参加会议也可能意味着要坐在空调制冷过度的会议室里，无聊地听两年前在同样研讨会上已经报告过的研究内容，回到家还要面对被耽误的工作。会议到底如何组织？如何更好地选择适合自己去交流的学术会议？哪些会议有助于自己的职业发展？本章将围绕这些问题及学术会议的其他问题展开讨论。

参加学术会议花费不菲（大约需要 1500 美元甚至更多，这取决于会议地点），每位参会者都需要大量碳足迹，况且大多数会议都有许多质量不高、令人乏味的报告。尽管如此，参加各类会议（例如学术会议、研讨会及专题讨论会）仍是与科学家面对面交流最新研究成果的主要途径。会议有助于建立社交网络，可以和没有机会见面的人面对面地交流，尤其是那些多年不见的朋友和同事。更重要的是，你甚至还可以与自己所在机构的同事一起度过一段富有成效的时光，也可以一起参加一些社交活动，因为你终于有机会摆脱办公室的日常工作的责任。

大型学术会议通常会是在一周之内由多个专题研讨会组成，与会者要作 10~30 分钟的口头报告。这样的会议可以允许 40~60 篇论文进行报告，而所提交的论文数往往会更多。因此，会议大厅设有墙报交流场地，作者可以在墙报前与路过的参会者进行交流。如果会议规模超过 200 人，就可能设置分会场，满足 2 个或多个报告同时进行。会议可能还会设专题讨论会、分组讨论、分会场讨论或其他活动。另外，有些会议还包括用开胃小吃来打破陌生人之间的隔阂，组织参观当地名胜古迹和招待宴会等活动。

虽然本章和本书的剩余章节是从学术会议的角度展开讨论，但其中提到一些原则不仅适用于此，它对于时长达 1 小时的部门周例会、博士学位论文答辩、甚至研究小组即席演讲都大有裨益。

22.1　如何组织会议

会议通常由一些赞助机构如行业协会或者政府机构组织，并由科技咨询团队承办。在美国气象学会，这些团体被称为科学技术活动委员会，组成成员来自美国气象学会，他们代表各自相关的专业领域（例如，大气化学、天气分析和预报、山地气象）。这些咨询小组由十几名成员组成，其中只有少数人真正具体负责会议工作。这些小组负责策划会议、确定会议的主题、形式和议程。主办方通常会提供人力以保障会议的后勤服务：从负责租用会议设施到检查参会人员的姓名座签，应有尽有。也有一些会议，尤其是小型研讨会，可由个人承办，在这种情况下，组织者或其所属单位往往负责具体的后勤工作。

通常，征稿启事要向科学界公开发布。征稿启事需明确会议的主题、会议重点讨论的议题，并且需对所提交的有意向作报告的论文摘要作出说明。了解会议的主办方和会议的风格，有助于决定自己是否参加，是否提交研究论文，或者提交哪方面的研究论文。一些会议可能会接纳相当一部分年轻科学家的报告，而有一些会议可能更青睐有资历的科学家。你可以从以前的参会者或者主办方了解到会议的类型。你可以向主办方咨询自己的报告题目是否适合会议的主题。你也许可以通过会议的类型得到一些信息，用于判断自己的报告或墙报稿是否会被录用。如果想通过墙报获得最大的反馈，那么应了解墙报交流的总体安排及展出时间的长短。

22.2　选择参加合适的会议

参加会议前，应该权衡参加会议与否之间的成本，以及因参加会议超出研究机构或者研究项目中的会议费的预算。要考虑因出差期间积压的邮件和其他工作、离开家人的时间和环境成本。理性地问问自己，是不是值得参加这些会议。如果认为是值得的，哪个会议才是最佳选择？

会议是一个展示你和你的研究成果的好地方，这点对于年轻的科研工作者尤为重要。会议的参加者一般都被视为科研领域的活跃成员，出席会议的人可能会得到升职和工作机会。一场好的科研报告，可能会引起听众中某个人对你感兴趣，想要给你一份工作或是一次科研合作机会。

要是我还没有准备好站在讲台上，指着讲稿中的重要图表和要点，有条理地向听众作学术报告，那就意味着我尚未完全进入良好的写作状态中。此时，不管我花费多少时间，也不可能写出像样的演讲稿。我非常在意听众的反馈。其实，我的大脑就是最重要的听众。一旦我的科研工作通过大脑转换为文字，那就标志着一篇被听众认可的演讲稿已经水到渠成。

——布莱恩·梅普斯，迈阿密大学

会议形式和规模大小不一，参会人数从 2 人到数千人不等。最小型的会议可能是私人邀请去一个实验室或大学作研讨，并与同事或科研团队进行一对一的交流。这种亲密的会议，常常是创造合作机会的最佳形式。20～30 人规模的研讨会，可能重点讨论某个具体问题或组织一个实地科学实验方案。在学术会议中，有特定议题、人数限制和较短日程的最小型的会议（通常 50～100 人），往往能够引起最直接、最有趣的科研互动。

几百人规模的会议一般议题广泛，缺乏针对性。在从业早期，这种大型的会议可能有机会让你见识更多人和更多研究，但是若非你私下与组织方熟识，想要通过这样的会议树立自己的地位可能会比较困难。超大规模的会议是由很多不同的学术会议和专题研讨会组成的（比如说美国地球物理联合会年会、美国气象学会年会和欧洲地球科学联盟年会），这种类型的会议，一方面，让你有机会了解以前没有接触到的学科，但另一方面，由于多个会议同时召开，让你很难兼顾到所有感兴趣的报告。

如果会上你的亲密同事很少，那么参加这样大规模的会议可能会感到孤单。不过，偶尔大胆地参加一下你所属领域的标准会议也非常值得（例如 198 页的咨询专家栏）。将你的工作展示给不同的受众，可以让你接触到跨学科和多学科的研究，否则你可能永远不会参与这些研究。

咨询专家

与决策者和其他相关人员的沟通

夏娃·格伦特菲斯特，俄克拉何马大学气象社会科学中心主任，科罗拉多州立大学斯普林斯分校地理与环境研究室名誉教授

有很多政府或非政府机构需要与气象学家实现合作共赢。由于气象学家与这些决策者的文化背景、语言习惯差别很大，因此，气象学家与非气象专业人士的沟通非常重要。

气象学家喜欢使用专业术语——科技语言有助于科学的发展，同时也明确了科技工作者的身份归属。当然在其他科技界也是如此，所以，交流时使用缩写或惯用词汇有助于辨认彼此不同的专业。

然而，要实现职业发展和与决策者、利益相关者的沟通，需要学习一门新的语言。当气象学家希望他的研究成果在其他领域产生影响——在决策层、其他科学领域或公众领域——他们需要使用一种不同的语言。他们需要暂时忘记专业术语才能进行有效沟通。这种转变很难，过程很痛苦，但是花时间来揣摩你的语言怎样才能被他人接受，会让你受益颇丰。这种收益，来自作为学者的你和外界大众的互动，从而能让他们了解、学习并且使用你的成果。

天气和社会综合研究活动（Demuth 等，2007）正着力于建立气象学科内部及气象学家与广大利益相关者之间的纽带。截至 2009 年 8 月，已有 200 多名天气和社会综合研究成员参加了一个为期数天的研讨会，向气象学家介绍了社会科学的概念和应用工具。其中一个主要的议题就是在交流沟通时不要使用缩写词。在美国，卡特里娜飓风似乎动员了一些新生的气象研究人员投身于更具社会影响力方面的工作。这场灾难证明，即便是有很好的预报，也无法避免灾难的社会影响。

如何提高与决策者和其他利益相关者之间的沟通技巧呢？除了改变用词特点和说话的方式以外，建议参加一些日常专业语境之外的会议和研讨会。比如当气象学家参加洪泛区管理会议、流域会议、国家气象局的地方研讨会或国家水文预警委员会会议时，可以了解公众和不同职业的人群最为关注的天气研究中的问题，也可以找到新的合作伙伴，他们处理的问题与你类似，但方式是完全不同的。

通过参加这些会议，你也可以对自己的工作有一个更全面的了解。比如天气和社会综合研究者通过会议才惊讶地发现，在洪灾事件中，暴雨灾害管理者和城市洪涝管理者到底需要什么样的天气信息。气象学者在洪涝区实地考察中，才认识到水文过程是如何补充降水，以及城市官员和管理层在洪水事件过程中和后续事件里最需要用到哪些信息（或者哪些信息完全无用）。

将你的研究成果和提出的疑问扩展到更广范围的社会和科学领域，将促进你的科研工作。你会如愿看到研究成果被应用，通过与公众的互动和参与决策过程，你会对如何构建未来的研究课题有更加成熟的思考。

其他参会者的身份可能也有助于你决定是否参会。跟你的同行聊一聊，了解一下哪些会议是最值得参加的。选择参加1～2个多数同行每隔1～3年都会参加的会议，定期参加这些会议有利于加强与同行的联系。安排特邀报告数量多的会议参会率要高一些，这很可能是因为所挑选出来的报告都来自非常优秀的演讲者。随着事业的发展，你受邀参加的会议会越来越多。要知道，参加会议首先肯定会耽误工作，因此，选择时要慎重。

22.3 如何做一名好听众

回首一些曾经参加过的最愉快的会议，它们成功的秘诀不仅仅在于报告人高水平的演讲，听众的参与度也是很重要的因素。普通演讲后的热烈讨论环节，会让时间过得更加有意义。哈佛大学大气化学模式小组丹尼尔·雅各布教授说，无论是参加研讨会、部门例会还是博士论文答辩会，都要"参与讨论"。"你不是在看电视，你是在工作。要靠前坐、全神贯注，不要走神。"精神上的投入可以防止打瞌睡。站在会议室后方能阻止睡魔来袭。

要有礼貌。如果你因为有约需要提前离开或是等着接听一个重要的电话，请坐在后排，离开时保持安静，尽量不要打扰到别人。让演讲人知道你会提前离开。将手机置于静音或振动状态，或者最好关机。

听众应该对报告人保持专注。会议结束前，不要查阅电子邮件，翻阅论文，也不要小声讨论风景名胜。当你赞同报告中的重点内容时要点头示意。

如果一场报告之后没有人提问，我会认为听众没有主动参与到报告中。不要认为听报告是一个被动、静止的过程。在听报告期间，可以记下或总结演讲的素材。做笔记有助于批判性思维技巧的提高，要选择性地挑选重点、要点记下来。记笔记除了可以记下所学到的要点外，还可以列出要提的问题。在演讲结束时，你很可能已经记下一些你感兴趣的问题，可以选出其中最佳的一两个向报告人提问。

提问时要有礼貌。不要问一些咄咄逼人或是炫耀性的问题，而要提一些对作者有益，或对报告中某一点具有延伸性的问题。这样的问题能给听众提供更好的解释，或是引导听众会后围绕某一问题继续讨论。如果问答环节时间紧张，可以请演讲者会后回答。演讲者非常欢迎私下回答问题——这说明听众对他们的演讲很感兴趣。

在本章结束之前，我想就参会问题申明一点，既然参会，就要充分利用这次会议。正如在你演讲时希望听众都能出席且注意力集中一样，每个报告人都值得尊重，最后一名报告人也不例外。很多人都难以保证连续四五天都坐在会议室里听报告。但无论如何都要等到下午会议结束后再去海滩上散步，或者等到会后安排几天假期。正如奥威尔（Orville，1999）所说，"由公共基金支持参加会议的科学家，有责任参加整个会议，并为会议做出相应的贡献……不好好听会简直就是在浪费政府经费。"

最后需要指出，会议不仅仅是与老朋友相见叙旧，还要勇于同陌生人接触，尤其是与打开你研究思路的报告人和墙报作者交流。你可能永远无法预料和谁的交流能开启富有成效的合作——你永远无法预料谁的墙报稿可以启发你的研究思路。

第 23 章　摘要和扩展摘要

决定了要参加某个会议后，你提交的摘要就是你受邀报告的入场券。要是会议同意收录你的摘要，就有可能再让你提供扩展摘要。在撰写和提交摘要时有什么技巧，在什么情况下需要提供扩展摘要，本章将围绕这些问题及其他与摘要提交相关的问题展开讨论。

因为会议组织方根据提交的摘要决定会议日程安排，所以摘要优劣是能否参加会议的关键。因此，一篇优秀的摘要非常重要，尤其是在会议方并不熟悉你的情况下。

在提交摘要前，要注意以下几点。

1. 因为在会议前几个月就要提交摘要，所以多数情况下，在写摘要时，部分（或整个）研究结论尚未形成。只要确保开会时可以提交一部分研究成果。即便提交摘要前没能全部完成研究工作也没关系。不要提交根本还没开始的研究工作摘要，不要指望会议报告的最后期限激发你的工作灵感。这样的摘要称为伪摘要，通常是不道德的，尤其是你被邀请做口头报告时更是如此。

2. 可以提交已经投至别处等待发表或已经确定被接收的研究成果（假设在提交摘要时该稿件尚未发表）。这是一个听取听众对提交稿件的反馈意见和为即将出版的文章做宣传的好机会。

3. 确保能参加会议。不要占用一个确定参会人的名额。如果你有提交摘要又不参会的习惯，组委会再组织会议时，会有意识地把你列入会议黑名单。

4. 一些机构只给那些在会议上发言的人提供经费。而这种情况对那些只提交了摘要，但又希望参会的科学家来说，可能有些难度。

摘要可能有三类读者，需求各不相同，因此要尽量都予以满足。第一类是会议的组织者，他们关注的首先是这篇摘要是否能被录用，其次，是否可以作口头报告或是墙报。

第二类读者是参会者。他们可能在会议论文集或网上看到你的摘要。他们通过看摘要进一步决定是否有兴趣听你的报告。因此，摘要在某种意义上就成了你研究内容的广告。

第三类读者是网上读者。很多会议将摘要集结成册发布到网上，多年以后还能被查阅。从这方面来讲，摘要及时记录了你的研究成果。

作为会议的组织者，我要为 400 名听众服务，提交摘要的 16~50 个人各有个性和亮点，我必须兼顾每个人。我希望所组织的会议报告兼容并包、让人有所收获，且报告内容互为补充。会议并不是竞赛，宠物猫咪竞赛上最可爱的 6 只猫咪才能得到蝴蝶结，而会议报告可与此不同。

——埃琳娜·沙迪科夫，芬兰气象研究所

要在一篇摘要中平衡这三类读者的需求并非易事。在下一节中，将讨论如何满足第一类读者，也就是会议组织者，同时也会涉及如何向第二类和第三类读者传达信息及如何吸引他们。

23.1　会议摘要的特点

想要知道会议组织者希望在摘要中看到什么，我们就必须知道他们在想什么。组织者希望会议能够紧贴主题，且轻松有趣、丰富多样。组织者愿意选择立意新颖的内容和口才好的报告人，报告人最好来自不同的机构（以免某个机构受到过多关注）。因此，如果你希望受邀参加会议，你需要注意以下三点，从易到难依次为：

1. 摘要必须与会议主题相关。
2. 摘要必须能引起与会者的兴趣。
3. 你的摘要或之前的声誉必须让组委会相信你能作出高质量的报告。

因此，一篇出色的摘要需具备以下特点：

◎**新颖**。相比雷同于去年参会时的素材，一篇结论新颖的摘要更可能被会议接受。

◎**有趣**。摘要中应该讨论研究主题中尚未解决的方面，明确你的贡献，让人相信你会带来一场生动的演讲。会议摘要不需要进行同行评审，组委会希望会议充满热烈讨论的活泼气氛，所以较之典型的论文摘要，会议摘要可以更激进、更有争议性。

◎**重点突出**。大多会议报告时间都不长，所以你不可能将手稿内容都予以展现，更别说整篇学位论文了。挑选一两个重点问题写在摘要中，然后在演讲中逐步引导、深入和演示。

◎**要有足够的信息量**。组委会对那些内容空洞尤其是结论含糊不清的摘要不感兴趣，组委会不会冒险让与会者作一场内容可能空洞的报告。摘要中的结论要明确。不过如果将所有的结论都在摘要中和盘托出，又可能让一部分人对听报告失去兴趣，尤其是那些仅凭对题目的兴趣准备听报告的读者。因此，在摘要中不要让全部结论一览无余，留一些悬念效果可能会更好。

◎**易于理解**。一般情况下，学术会议的听众要比期刊杂志的读者更广泛（教育背景差异性更大，研究兴趣更加多样）。因此，在会议摘要中要多些研究背景和研究动机，少些技术性的细节。

◎**有吸引力的标题**。标题要准确描述研究内容，同时也要吸引眼球。标题应该是对演讲内容的高度浓缩。

◎**文笔佳**。要合理组织，列举出令人信服的论据，不要出现语法错误和排版错误。

从以上几点看来，提交给学术会议的摘要与期刊论文摘要有很多相似之处（4.4 节），但是二者的目的不同，不要混淆。

23.2　撰写和提交会议摘要

在下笔写摘要前，先看看具体要求。你写的摘要必须满足会议各项要求（比如，截止日前提交，摘要中不含参考文献，通讯作者的联系方式）。如果有字数限制，尽量接近但不要超。摘要太长或太短都不好。

了解了会议的特点和要求，接下来就开始撰写摘要。和期刊论文摘要一样，会议摘要也包括研究目的和动机、数据、方法、结果和部分结论。同样地，在会议摘要中应力求使组委会相信你已经完成了其中的工作，你的研究已相对成熟。不要使用将来时态。让读者通过阅读摘要就能了解你准备在会议上讲什么。至少要提出部分研究结论，不要使用类似"结果尚待论证"的模糊陈述。

最重要的是，摘要一定要写得出色。要在截止日期的前几天就开始写。赶着截止时间写出的摘要鲜有高质量的。认真校对，提交前先将写好的摘要送给其他参加会议的同事看看，让他们提提建议。你的摘要很可能被汇编入册，在线存储，或者制成光盘分发给参会人员，将成为永久公开的文件。因此，提交一篇高质量的摘要已不仅仅是为了获得会议的入场券。

最后，千万不要直接在网上的提交模式中起草摘要。如果发生电脑故障、网络断线或突然关机的情况，摘要就会丢失。要在你最习惯的文字处理程序中录入并完成摘要，然后再将之粘贴在在线提交模式中。

23.3　口头报告还是墙报

当你向会议提交摘要时，可能会被问及是愿意作口头报告还是墙报。尽管大多数会议接到的稿子要比允许作口头报告的数量多得多，但是组委会也不会因此拒绝接受来稿，因为参会就意味着收入。因此，在有几百人参加的会议上，无论要求与否，大多参会者的论文都可以作为墙报交流。

哪些人作口头报告，哪些人作墙报交流一般由组委会决定。组委会必须从几百篇摘要中挑选出哪些最适合作口头报告。并不是每个研究项目甚至已经出版的论文都有资格作口头报告，这还要看摘要是否达到了 23.1 节的要求。在这里需要指出，这并不意味着口头报告一定好过墙报。我曾经听过很多毫无意义的报告，也看过不少非常优秀的墙报。

许多会议只允许一位作者作一篇口头报告，因此，在提出口头报告请求时要谨慎。如果你提交的摘要不止一篇，应先决定哪篇摘要是你的重点，适合做口头报告，不要申请每篇摘要都作口头报告。

如果你要阐述的主题内容相对复杂，需要很长时间才能讲清楚，或相对晦涩，或只对少部分人有吸引力，那就申请墙报交流。如果你所讲的内容只对几个专家有吸引力，就不要浪费整个会议上 300 人的时间。如果你对会议举办地的语言不熟悉，也可以考虑申请墙报交流。最后，如果你非常害怕在公众场合讲话，也可以选择墙报交流，在墙报前与参会者一对一的交流可能会让你更加舒适自然。

23.4　扩展摘要

扩展摘要、预印本、会议记录和后印本（为简单起见，所有这些都称为扩展摘要）是会议前或会议后发布的文档，用以记录参会情况。它们通常只有几页（1～4 页）长，不过，随着在线或 CD 上存储的数字文件的出现，这些页面限制可能会被最大的文件占用存储空间的大小所取代。因为这些扩展摘要一般不需要同行评审，所以在写履历时，不要把它们与经同行评审的公开发表的学术著作归为一类。因为扩展摘要并非正式出版物，所以在多次会议上对不同的听众作同一个研究报告以期得到不同反馈的做法，并无不可。

扩展摘要有多种功能。对于不打算正式发表研究成果的人来说，扩展摘要就相当于研究的最终产出。对于打算正式发表的人来说，它只代表一个阶段性成果。对这些人而言，写扩展摘要有利于启发思路，相当于正式发表之前的大纲起草阶段，可以在非正式场合交流，即便研究工作无法完成，它也可以作为当前阶段的研究记录。

在一些会议上，你面临是否提交扩展摘要问题时，可参考以上信息作出选择。如果你认为应该把时间用于几个月之内将发表的论文上，就不必再费心组织扩展摘要。不过，从另一方面来讲，写扩展摘要也有助于提高待发表论文的质量。

组织扩展摘要时，会议组织方会提供一个模板。如果没有提供，找同事要一份先前会议的原始文件。模仿模板写扩展摘要，要比按自己原创格式写方便得多。如果能看到以前的论文集，也可以参考其中论文的风格、格式、长度和语气撰写你的扩展摘要。

扩展摘要不同于摘要，应该包括科技论文所需的要素。可以减少或者去掉以前的文献，因为扩展摘要的重点在于你的研究成果。如果想让报告有一个出人意料的结尾，那么结论就不要在扩展摘要中和盘托出。如果这样的话，会议论文集中就不会有关于你的全部结论的记录。倘若你的研究最后没能以更正式的形式发表，那么你的研究对后继研究人员就缺乏应有的指导和借鉴意义。如果读者在摘要中读到"结论会在发言中阐述"的语句，会令读者失望。若要采用这种做法，就要准备承担可能会使读者和潜在听众疏远的风险。

第 24 章　受欢迎的口头报告

我们在会议上的大部分时间是在听别人作报告。想让听众一直坐着认真听，还要记住报告内容，实在是个不小的挑战。因此，报告人务必记得要和听众进行互动。前几章主要讲了科技论文的写作，本章将首先分析书面交流与口头交流的区别，然后再围绕口头交流时需要掌握的一些技巧展开论述，具体来说就是如何与听众有效对话、如何组织演讲及如何在演讲时做到既有专业性又不失个人风格。

19 世纪早期的科学类似今天的摇滚表演，人们花钱去看最新的科学或伪科学演讲。在拥挤的大厅内，数百名听众疯狂地朝演讲人欢呼。演讲中常常伴有精彩的新机器、爆炸或令人震惊的物理实验，演讲者声音洪亮有力，肢体语言充满激情，听众全心投入其中。

想一下你最近听到的科学演讲，与上述情景有多少相似？你还能记得演讲的主要结论么？200 多年来究竟发生了什么？

24.1　写作与说话的区别及其对演讲的意义

一个成功的科学演讲和一篇优秀的科技论文有很多相似之处。比如，科技文章要有发表价值，演说内容要有聆听价值。如同论文作者一样，演讲者也需要确定听众群体，考虑如何才能让他们听懂。最后，正如论文写作目的一样，演讲的目的在于清楚地表达演讲内容。不过，除了这些共同点，它们之间的差异对如何构建和发表演讲更加重要。

不要自冒风险，让听众失望。他们可能不会朝你扔西红柿或臭鸡蛋，但是他们会对你置之不理，无论你做了多好的研究，他们都拒绝了解——因为你的表演不够精彩。

——Peter J. Feibelman（1993）

演讲的重点要突出。一般来说，在写作中作者要详述细节，提供全面的论据以支撑结论。而在演讲中，则要听众关注要点，可适当减少对细节的描述。

演讲形式要更加灵活。文章的版面格式和传播方法（印刷或网上发表）都是固定的。相反，演讲就更加灵活，它既可以通过演讲人的表述又可以借助多媒体把内容突出出来。而且，即便用彩色图表，也不用另加费用。

演讲的听众相对受限。文章的阅读者可以根据自己的节奏进行阅读，有时候还可以反复阅读以求完全理解。而演讲通常是一次性的，在一个固定的时间和地点，听众的节奏只能跟随演讲人的节奏。

演讲时可以和听众互动。你基本不会知道谁会读你的文章，所以，这些不确定的读者无法提问，也无法提出反馈建议来优化你的文章。而演讲时，听众和演讲人面对面，随时能够得到他们的反馈：面部表情、赞同地点头、提问、做笔记、打哈欠、读邮件、打电话或者是喝倒彩等，这些都可以反映听众的参与度。

演讲具有鼓动性。科技期刊上的文章是经过同行评审的，而且可以永久保存。而演讲却不是，它可以不那么正式，具有鼓动性和争议性。

演讲内容可更新。文章一经出版，内容就不可更改，它的内容可留存数月或数年。而演讲却只有几分钟，它的内容可以根据变化、发展、听众和场合进行不断更新。

我会试图大胆地鼓动听众，甚至通过肢体语言，这是我在写专业论文时永远不能做的。这样做，能让听众更加活跃，更愿意提问。即便我没更多时间展示我想展示的全部内容，也会尽量在最后留出一些时间，让听众提问，和听众互动。

——凯瑞·伊曼纽尔，麻省理工学院

综上所述，演讲不是对论文的口头复述！高明的演讲者知道如何利用上述区别让演讲主题更加突出、形式更加灵活、内容更加扣人心弦、互动更加频繁。准备 PPT 之前，请参考本章下面提到的 7 点建议，很多演讲效果不理想就是因为疏忽了这些建议。

我有很多吸引听众注意力的办法：可视化的技术，语气的转变，来回走动，使用手势，说句俏皮话（还真是个吸引注意力的好办法，同时也可以轻松一下），让听众参与进来（让听众给我反馈或者让他们在我给的选项里挑选一个），这些方法都可以帮我达到目的。

——罗伯特·福维尔，加利福尼亚大学洛杉矶分校

24.2 内容要精炼

因为演讲的时间有限，所以一定要精炼语言。如果说语言的简洁凝练对于写作很重要，那么它在演讲中可以说非常必要。

请想一下，阅读一篇期刊论文需要几个小时，在研讨会上大声朗读这篇文章要花更多的时间。因此，科学演讲中无法像科技论文那样，具有丰富的细节。

在演讲中，你不可能像在写作中那样深入地分析材料，想要吸引听众，就得忽略那些为结论服务的细节。这种做法听起来也许并非十全十美，倘若听众真对细节感兴趣，也有很多补救办法，比如在问答环节提问、私下交流、翻阅扩展摘要或等着看发表的论文等。

大多演讲人高估了内容对听众的重要性，企图把包含所有要点的内容压缩到 10 分钟的演讲中。一篇演讲手稿会包含多个要点，在有限的时间内不可能一一充分阐述。挑选 1~2 个要点让听众记住便可。查尔斯·道斯威尔有条金律，即要讲清一个观点一般需要 5 分钟。所以，如果你只有 10 分钟，最多讲清楚两个要点。构思演讲稿前先确定好要点，然后围绕这些要点组织材料。

要避免展示太多内容，以免结尾时过于仓促，或者被迫延长时间。认真检查每张幻灯

片，看它们是否真的不可或缺，或者仅仅因画面漂亮而不忍删掉。

总结经验教训——艰难的过程

曾经有一个滑雪俱乐部邀请我去作一个关于雪的报告。我作了很长时间的准备，试图从雪的微观物理学角度讲解，还根据非专业听众的特点作了修改。而结果简直是个巨大的灾难。当我看到听众脸上写满的失望情绪时，我除了无奈地调整一下桌椅，毫无别的办法。演讲结束时，听众的思绪早就飞走了。我这个愚蠢的科学家所讲的内容对他们来说，可谓滑稽之极。

为什么会失败？我没能考虑到听众，他们并非专业人士，也不想搞懂什么贝吉龙-芬德森效应（奇怪的是，我居然知道）。我没能突出重点信息——"大气的垂直分布决定了会下什么样的雪和滑雪时的感觉。"我没能围绕这个要点构思一个新的报告，而是使用了以前报告中的素材和几幅图表。最重要的是，在这样一个轻松愉快的俱乐部环境中，整场报告我都没说什么有趣的话。

24.3　要知道为什么要演讲

正如写文章要有写作目的一样，在组织演讲稿之前明确演讲的目的非常重要。你为什么要演讲？为什么选择你，而不是别人？是邀请报告吗？主题是什么？你的目的是试图说服预报员使用你的方法？或者你只是为了找机会让实验室为你去参加夏威夷的会议买单？

你演讲的动机是什么？你可能希望去告知、说服、比较、启发、教育，或兼而有之。不同类型的演讲，需要采取不同的方法。不管目的是什么，都要视情况而定。如果是为了纪念某位令人尊敬的科学家，你最好讲讲他是如何激励你的。如果你是被邀请来培训预报员，那就要围绕如何成为一名好预报员提出一些实用的建议和信息。当演讲的目的是整顿或激励一个组织团队时，请别忘记华盛顿大学的克里夫·马斯，因为他是这类演讲的行家。他提倡"不要搞个人人身攻击"，不过他也强调，与传统的科学演讲相比，这类演讲语气要更加强硬、坚定和严肃。

要了解你的报告在会议日程中的排序情况。如果你作首场演讲，内容就要更具引导性和前瞻性，并向你的听众致意。如果你是会场最后一名报告人，你就要用心对前面的演讲发表评价，并与之关联起来。也许你在会前就与他们有所交流，以确保你和他们的报告内容之间是互补的，而非重复的。

幻灯片是给你自己做的还是给听众做的？

——特里·舍丁，youtube.com

24.4　为听众演讲

问问自己，"听众想从我这得到什么？为什么它很重要？"要知道如何与听众建立联系。

尊重你的听众，不要因为你不了解他们的需求而表现出轻蔑或不敬。他们花时间来听你演讲，你要确保他们的时间花得值。记住，你是想给他们留下深刻印象的。

和写论文一样，听众决定你的演讲风格和内容。如果听众并非专业人士，你就要改变日常与同事或同行间惯用的专业表达方式。如需要交代什么背景信息，有哪些专业术语需要给出定义或者干脆别用。

不要高估或低估你的听众。我在美国国家海洋和大气管理局国家强风暴实验室工作时，不时有来自国家海洋和大气管理局总部的行政人员来访。他们告诉我们一些国家海洋和大气管理局正在进行的创新工作，其实这些内容我们早就知晓，因为那正是我们的研究项目。还有另一种情况，曾经有一位报告人来实验室作气候变化方面的报告，他作报告的时候，俨然把我们当作了高中生。如果你不了解你的听众，尽可能在会前通过会议组织方或赞助方了解一下。

如果你担心听众可能会对你的演讲产生强烈的负面反应，那就尽量不要让他们过早地对你讲的内容产生偏见。演讲时，先陈述不会产生冲突的部分，再顺着当时的思路逐步地系统地揭示矛盾，直至听众不得不在你提供的有力的论证下同意你的观点。

24.5　传递信息的速度要适宜

即便你没有把想讲的内容讲完，听众却能听懂，比什么都讲了，但讲完后听众却不理解要好得多。

——Stephen Benka（2008）

人类大脑有很强的处理信息的能力。只不过，在说者和听者的大脑之间有一条狭窄的通道，语言和视觉的信息只能通过这条狭窄通道进行传输，我们必须好好把握这个信息通道的速度。如果演讲人传递的信息超过了信息通道的承载量，听众就接收不到。如果演说者没能充分利用信息通道，也会导致听众大脑一片空白，开始做白日梦。

要组织一篇精彩的演讲，就必须考虑这条通道所能承载的信息量和速度，它与听众的文化水平、演讲素材的难易程度、演讲的内容和质量、演讲人讲话和信息传递的速度，以及听众的专注程度直接相关。此外，听众也会根据自身的背景、经历和价值观对演讲内容进行过滤。一些信息可能容易理解，一些可能不那么容易理解。在设计演讲时，将这些因素考虑进去，可确保信息传递通畅。

24.6　语言和视觉效果要协调一致

大脑通过各种感知处理信息。演讲主要由语言信息和视觉信息组成。语言和幻灯片要相互补充而非相互矛盾或重复，才能最大限度地发挥大脑处理信息的能力。当语言和文字信息同时到达大脑，导致大脑无法处理时，可能会产生以下问题。

◎幻灯片上过多的文字会分散听众听读的精力，导致两者效果都受到影响。
◎逐字逐句地读幻灯片的内容纯属多余，因为听众默读的速度要比演讲人读的速度快得多。

◎语言和幻灯片内容不相关（甚至不一致），会让听众感到困惑，降低理解能力。

因此，语言和幻灯片的内容必须同步，最好的方法就是优先选择幻灯片上相关的照片和图形，而不是文字。不要一字不落地去读幻灯片上的文字，而是要清晰地讲解幻灯片的内容。

24.7　要知道听众为什么会分心

作为演讲人，你的目标是建立与听众之间的联系，要把他们的注意力吸引到演讲主题上来，并力求印象深刻。演讲的效果取决于演讲内容的质量及演讲人和听众的素质。可以想象，即便是最热情的演讲人作最精彩的演讲，也可能因为听众分心、不感兴趣或打瞌睡，无法产生预期的效果。即便确实有一些影响听众注意力的因素无法控制，但还有一些因素是你完全可以控制的（表 24.1）。

说话时看着听众。注意会场里的每一个人，而不仅仅是几个人。还有一些人，无论你怎么做，他们都会打瞌睡，所以不要匆忙地据此判断自己的表现。作为演讲人，要能够掌控听众的反应，及时确定听众是否在认真听，是否对演讲内容产生疑惑。你可以用不同的方式重申你的观点，可以通过提问让听众保持专注，让他们主动参与到演讲中，从而得到他们对演讲信息接收情况的反馈。

表 24.1　影响听众注意力的因素

作报告的人很无聊
题目不吸引人
在茶歇或餐前
餐后
傍晚
手提电脑、邮件或电话
身体不适
个人问题和注意力干扰

24.8　演讲时需考虑到每位不同的听众

多数演讲人需要在内容的广度和深度之间寻求平衡。由于大多数听众通常有不同的背景，因此，演讲内容必须在广度（广泛但浅显）与深度（有限但深奥）之间寻求平衡。演讲时在广度和深度上缺乏统筹考虑，将导致许多演讲者陷入困境。比如他们在讲数据收集或模拟分析时，作了过多复杂的细节描述，这些细节只能取悦少数听众，而让多数听众感到乏味，这样一来，就削弱了其对更大的群体的影响力，影响了他们潜在的研究兴趣。

在这种情况下，丰富有趣的素材才能吸引更多听众。不要担心专家会认为在普通深度问题上花费了太长时间。大多数人可能更愿意听精彩的大众演讲，而非糟糕的专业演讲。

为不同的群体演讲时，让内容更具有广泛性并非唯一可行的方案。在演讲过程中，可以（按照图 24.1）根据听众的差异进行演讲：以大家都容易理解的方式开始，随着演讲的逐步深入，再到可能只有专业听众才能听懂的水平。在主题结束，特别是演讲结束时，要回归大环境。要与听众建立联系并取得反馈，即便是不太专业的听众，即便他们听不懂太专业的问题，也知道这次演讲对他们的影响。需要时你可以重复使用这个循环。

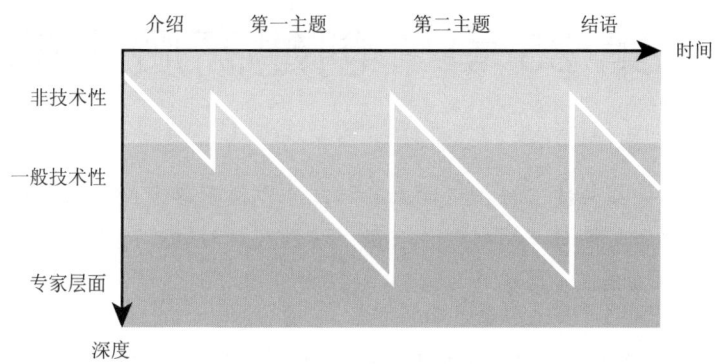

图 24.1　坐标图反映了不同演讲时段对应的不同深度，刚开始停留在针对非专业人士的主题浅层，随后进入到针对专业人士的阶段，最后再针对所有人回归到浅层（图注和图片改编自 Alley（2003）中的图 2-3）

　　图 24.1 的纵坐标也可以代表不同的学科。比如在发表以山洪暴发对社会的影响为主题的演讲时，听众可能是气象学家、水文学家或是社会学家。参照图 24.1 曲线，演讲内容先要更贴近气象学家，其次是水文学家、社会学家。该循环无需重复，也不必遵循特定顺序，只要你的演讲的某些部分与每个听众群体产生关联，就能让所有听众都满意。

第 25 章　创建高质量的演讲稿

电子演示文稿是口头科技演讲在视觉上的补充。即便是各方面都很优秀的演讲人也会因为构建不佳的电子演讲文稿而"搞砸"了演讲。演讲人对幻灯片的设计、结构和表达要给予足够的重视。本章将就这些问题展开讨论。

对 PPT 的抨击似乎风靡一时，无论是在语言中（"死于 PPT""PPT 祸水"），杂志文章中（"邪恶的 PPT"），音乐视频中（"PPT 之歌"），还是在书籍中（《为什么大多数的 PPT 演讲都如此不堪》（*Why Most PowerPoint Presentations Suck*）），不少人总喜欢将失败归因于微软软件中演示文稿的糟糕表现。

这样批评电子演示软件（这里包括 Keynote、Beamer、LaTeX、Impress 等，爱德华·塔芙称之为幻灯片）公平吗？其实不然，将演讲失败归咎于幻灯片，就如同"明明是自己的错引起的脚趾骨折却非要埋怨桌腿不长眼一样"。

的确，我们都曾遇到过乏味的幻灯片演示，但是早先那些投影讲解及粉笔板书也是好坏参半。其实，问题并不在于工具本身，而在于你如何去使用工具。抛开什么样的媒介不谈，多数演讲人在准备演讲时，并没有提前精心筹划，认真准备。

本章将介绍如何谋划和创建清晰有效的幻灯片以服务口头演讲。在 7.4 章节中，写作/编辑漏斗描述了写作/编辑中从宏观尺度到微观尺度的写法。虽然不能完全按此类比，但也可由此想象出演讲中类似的漏斗结构。其中，最宏观的尺度应该是对演讲脚本的总体设计和安排，其次是对每张幻灯片的布局安排，再接下来就是图形、文稿和细节方面的美工优化。我们就从宏观尺度开始说起。

并非所有的演说都需要 PPT

有些公司禁止在会议上使用 PPT，因为他们认为把时间用在创建图表、连接投影仪和演讲上不值得，简单地讨论就够了。幻灯片确实有助于我们有条理地、清晰地、多样化地表达科学结论，确实要简单一些，但这并不是唯一的方法。在一些情景下，反而是简单的口头表述最适用。

想象一下，如果亚伯拉罕·林肯发表葛底斯堡演说时使用了 PPT 会产生什么效果。彼得·诺维格用过 PPT 去讲葛底斯堡演说。超过 160 万人看过该演说，《华尔街日报》（*The Wall Street Journal*）、《柳叶刀》（*Lancet*）、《卫报》（*The Guardian*）也曾经引用过彼得做的葛底斯堡演说电子文稿。彼得·诺维格 PPT 中有一张幻灯片的标题写着"核心目标和成功的关键因素"，下面接着点句式列表："自由的新生"和"民有、民治、民享的政府"。林肯曾经在葛底斯堡演说中说，"世界不会注意，也不会长久地记得我们在这里说的话"。如果他当时用的是 PPT，也许世界真的永远不会记得他的演讲。

林肯之前的演讲者讲了两个小时。而林肯悼念阵亡将士、为公墓致辞并决心要建立孕育自由新美国的演讲，只用了两分钟，演讲的所有字数加起来也就相当于一篇标准的科技论文的摘要字数。

在你构建 PPT 之前，就要考虑是不是真的需要 PPT，或者是否通过别的方式更能突出演讲的内容。

25.1　对演讲进行情节设计

"情节设计"一词来源于娱乐行业，电影需要对每一个独立的画面进行设计。在剧情发展过程中，需要对每个场景进行设计和安排。如果一个导演不是先设计情节，就不可能知道与情节匹配的场景设置及顺序安排，更不用说像摄影机位置这样的细节。

尽管不进行情节设计对大多数导演来讲简直无法想象，但绝大多数演讲人在准备电子讲稿时，甚至都不会想到设计演讲的情节。我们是不是经常一接到邀请，在没有整体规划的情况下，就开始组织内容，制作幻灯片？相反，我们应该放慢节奏，认真思考，先勾勒出演讲情节，再打开电脑写作。

花在情节设计上的时间会在随后得到回报。通常我们还没有认真处理信息，就把大量的时间浪费在制作、修改幻灯片上了。情节设计会极大地减少幻灯片的来回重复播放（用于演示整体讲稿的结构或编辑单张幻灯片）。不停地对幻灯片作不必要的切换很令人厌倦，尤其是对于页码很多的幻灯片来讲。因此，从效率上来讲，完成情节设计之后再创建幻灯片更加合理。

更重要的是，情节设计使你把重点放在演讲主题和内容上（困难的部分），而不是风格和视觉效果上（简单而有趣的部分）。情节设计要具体一些还是宽泛一些，可根据喜好选择。不过，设计演讲稿结构时，在纸上要比在幻灯片上容易些。

使用清晰的幻灯片草图来创建情节设计。为每张幻灯片制作成便利纸帖或带索引的卡片，并将它们粘在墙上或会议桌上。单独展示每张幻灯片，有利于更好地组织事件并以合理顺序讲述故事。把重点放在信息、内容和顺序的设计上。图标、背景颜色和风格等细节，都可以在后期细化。不必复杂，不需要在每张幻灯片上添加太多细节，它们只是被用来模拟最终的演讲——这样做很简单，但却很重要。

25.2　开始构思演讲稿

情节设计完成后，打开制作软件，开始在电脑上创建演讲稿。从情节设计开始，在每张幻灯片上写下想要表达的内容（PPT 有演讲人笔记区）。每张幻灯片都要有一个重点，而且能被幻灯片清晰明确地表现出来。建议删掉没有清晰重点的幻灯片。

不要把不言自明的内容放在幻灯片里。比如你不必在一个强风暴会议上说冰雹的预报是个很重要的问题。而是应通过统计事件次数、经济损失或者其他事实，向听众说明为什么它

（卡通人物）呆伯特：斯科特·亚当斯版权所有，United Feature Syndicate，Inc. 授权

是个很重要的预报问题。

本节其余的部分会讲到如何创建演讲稿的开头和结尾，这通常是创建演讲稿中最难、也可以说是最重要的部分。

25.2.1 开头的几张幻灯片

大多数的演讲都以一张带有标题的幻灯片作为开始，上面包含演讲的标题、作者、共同作者和作者单位。这张幻灯片通常在介绍演讲人或演讲人作自我介绍时出现。这张幻灯片可以很有创意，也可以非常简单，一般不会展示太长时间。

接下来的一张幻灯片便是"演讲的提纲"。在一个 10 ～ 15 分钟的会议报告中，提纲的内容一般连最初级的听众都知道：无非是如何呈现科技论文的几个方面（图 25.1a）。用这种方式介绍演讲内容不但浪费时间，而且还有可能马上让听众失去兴趣。较之更好的一种方法，是展示演讲的动机、意图或目标。或者，也可以在标题幻灯片之后紧接着展示一些颠覆传统思维、令人震惊的论据。在图 25.1b 幻灯片中，演讲者提出了犹他州冷锋成因的问题。有人认为，这样的锋面可能并不是由北极平流经过美国西部引起的。通过图 25.1b，演讲者试图提出犹他州强冷锋如何产生这一问题，以引起听众的思考。请记住，在口头演讲中，你有能力也有权利去引导听众。

图 25.1　美国西部山间锋面问题报告中的一张大纲幻灯片。这样的幻灯片没有任何意义（a）。
相比之下，这样一张引发思考的幻灯片就好得多（b）

虽然文献综述在论文中必不可少，但是在演讲中最好不要让文献以幻灯片的形式出现。这并不是说要省略掉所有的参考文献，而是不需要像在文字稿件中那样将之放在幻灯片中。如果准备在演讲中解决文献中讨论过的问题，可以通过对文献的深入分析和重点讨论，来渲染自己的演讲。尽可能围绕主题设计讨论框架，而不是简单地引用"文章 A 这样说，文章 B 那样说"。

25.2.2　最后的几张幻灯片

最后一张幻灯片应该是经过深思熟虑、语言高度凝练的总结性幻灯片。不要陈列那些过于笼统的描述，例如，每个注意听报告的人都知道的结论（比如"该模式可模拟出大气季节内振荡（或称马登-朱利安振荡）"）。应选择那些由演讲中的要点直接得出的结论，这些结论是在情节设计时就已考虑好的。

虽然幻灯片应具备简明、扼要、清晰这些特点，但是结论部分的幻灯片，一定要着重向听众强调关键信息。在结论页中，还有一种与众不同但行之有效的方法，就是提出一个概念模型或列出一张示意图。从图 25.2 来看，演讲人将所有的结果与演说中反复提到的简单示意图或图形联系起来。

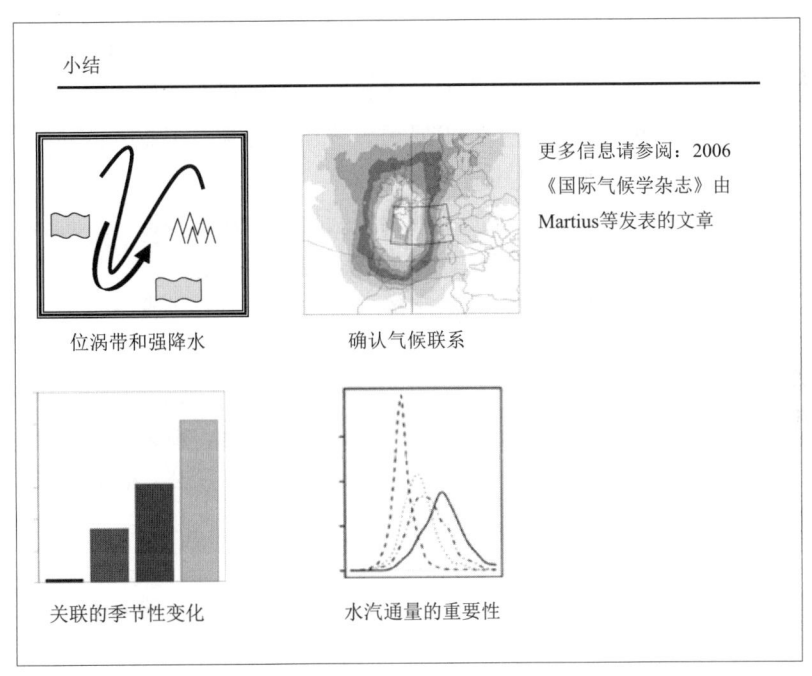

图 25.2　由示意图展示结论的幻灯片，取自"天气尺度罗斯贝波破碎与阿尔卑斯山强降水事件间关系的气候分析"（图片由奥利维亚·马蒂乌斯提供）

因为结论页对演讲进行了凝练，所以演示时间尽量长一些，以便听众们能够最大限度地接收这些信息。不要在结论页后再添加内容，那会让本以为演讲已经结束的听众感到失望。不要以"有问题吗？""感谢！"或者参考文献作为幻灯片的结尾。此外，要慎用"未来工作"页，除非它具有令人振奋的前景。展开更多资料研究和实例研究的幻灯片，不仅浪费听众的时间，也并非常规的结尾方式。

25.3 设计吸引人的幻灯片

听众可通过幻灯片的整体设计、布局和用色了解演讲的类型。幻灯片可以补充甚至可以影响听众对演讲的评价。组织得当、生动有趣的幻灯片，可以呈现出专业性和信赖感。而设计糟糕、粗制滥造的幻灯片则恰恰相反。

幻灯片的一致性（比如背景、字体、颜色、页面过渡），能够保证演讲人和听众之间信息交流的连贯性。频繁的变化，会让听众眼花缭乱。当出于特殊目的需要在幻灯片中变换背景或转换风格时，幻灯片整体一致的优越性就体现出来了。这种戏剧性的变化，可加深听众对报告的印象。

大多数组织方都会给你提供一个幻灯片的背景模板，模板中的图标或者水印代表知识产权归他们所有。如果背景过于花哨，反而会降低演讲的质量。虽然在标题页和结束页的幻灯片上加上所属单位的小标识无可厚非，但是这样的标识出现在每张幻灯片上会在视觉上分散听众的注意力。还有一个幻灯片中常被忽略的问题，即注脚上出现不必要的演讲人姓名和日期。

不要使用演示软件自带的标准背景模板——多数被使用过多或粗制滥造。有时，演讲人会自己制作背景模板，但同样可能出现类似的问题。有些公司会在网上卖一些设计得比较专业的模板，那些简单的模板会更加实用。不要用照片作为背景。把重要的照片作为插图单独展示出来，不要为了适应空间调整照片的原有比例。

要确保即便坐在会场最后一排，也能清晰地看到播放的演示稿的每一部分。评估幻灯片清晰度的一种方法，是站在距离电脑显示器几米远的地方都能看清楚。利用这种方法，可以发现页面上存在的问题。要使用不加衬线的字体（比如 Helvetical 或 Arial 字体），它要比衬线字体（如 Times）更加清晰。

当我们看到或听到一些变化时，会以为有什么特别的用意，因为视觉或听觉上的变化应该代表了一种信息的变化。很多 PPT 使用者的习惯忽略了这一点，他们往往认为，使用一些装饰，引起视觉变化，会让报告变得更加吸引人。但是，如果语言、形状、色彩的改变并不意味着信息的转变时，它就会分散听众的注意力。

——Stephen Kosslyn（2007）

背景为深色时，使用亮色字。背景为深绿色、蓝色或紫色时，使用白色或黄色字效果更好。使用浅色背景，尤其是白色背景效果不好，原因如下：

◎红色激光（尤其是激光比较弱时）在白色背景下显示不清晰。
◎如果会场光线不够暗，使用白色背景缺乏对比效果。
◎长时间演示幻灯片时，色彩要清新，否则听众会有疲劳感。

不过，在白色的背景下使用黑色的图表，可以更加清晰可辨。

当背景为白色时，即便在电脑上效果不错，也不要使用黄色、浅绿或浅蓝色的字，因为这些颜色投影出来并不是非常清晰。不要使用撞色搭配，蓝色背景下不要使用红色字。

25.4 副标题比标题更能全面反映演讲稿的重要信息

许多幻灯片软件的默认设置是使用大号字体（44 号）来生成居中的标题。通常，这些标题太短，无法反映出讲稿的完整信息，或者只有通过演讲者的讲解，才能完全明了讲稿的内容（比如说通过介绍、数据或结论）。如果不用标题，可以用较小字号的副标题来代替标题。正如报纸文章的副标题是总结文章的短语或句子一样，幻灯片的副标题高度概括了幻灯片的内容，用简洁的词语传达了最重要的信息。例如，对一张标题为"结果"的幻灯片，可由"是纬向风的变化，而非加热，导致了开尔文波的增强"的副标题来代替标题。在使用副标题时，还需注意以下几点。

◎副标题应使你确定幻灯片的要点。

◎使用副标题有助于听众和演讲人更加明确幻灯片的主题。

◎用副标题代替相对不具有描述性的标题，有助于精简幻灯片中的短句和文字。

◎即便听众没有听到演讲，也能看到副标题。

◎副标题能表达出讲稿的主题，但标题短语却做不到。

◎如果将演讲稿借给他人使用，副标题的实用性更强。

如何与听众沟通

在确认谁是听众、他们想听什么内容之后，应通过什么方法与他们建立联系呢？回想一下你上次参加的研讨会。你首先想起来了什么？是主持人的惊人之举？是演讲者把自己的研究当成故事向听众讲述？是演讲者演讲中穿插的笑话令人捧腹大笑？这些个人化的因素被 Alley（2003）称为"特色"，它可以让听众对某个报告记忆深刻。

解决听众关心的问题。预报员总是想了解提高预报水平的方法，而研究人员常常想进一步理解科学理论。因此，如果想让预报员和科研人员都对你的报告感兴趣，就要根据谁是听众准备两个版本。要是听众二者兼而有之，那就需要第三个版本。在作报告前，先与组织方或参会人员交流一下有助于了解听众所思所想，这对你的报告有所裨益。

添加些个人的看法。在演讲中自然地揉入自己的经历。告诉听众，是什么促使你研究这个问题。

讲故事。Knox 和 Croft（1997）详细阐述了课堂讲故事的重要性，其实在演讲中也一样。讲述一个急流怎么被发现或龙卷会带来怎样的社会危害故事，有助于听众记住演讲内容。

使用道具。NOAA 国家强风暴实验室的雷达专家杜尚·兹尼奇经常在研讨会上使用道具。为了演示由于雷达波束被高密度介质折射而产生的雷达波异常传播的例子，他用代表雷达波的一个米尺放在盛有水的烧杯中，来演示光线的弯曲。在另一个例子中，他用钥匙环、绳子和他的身体来解释冰雹的三体散射效应（图 25.3）。

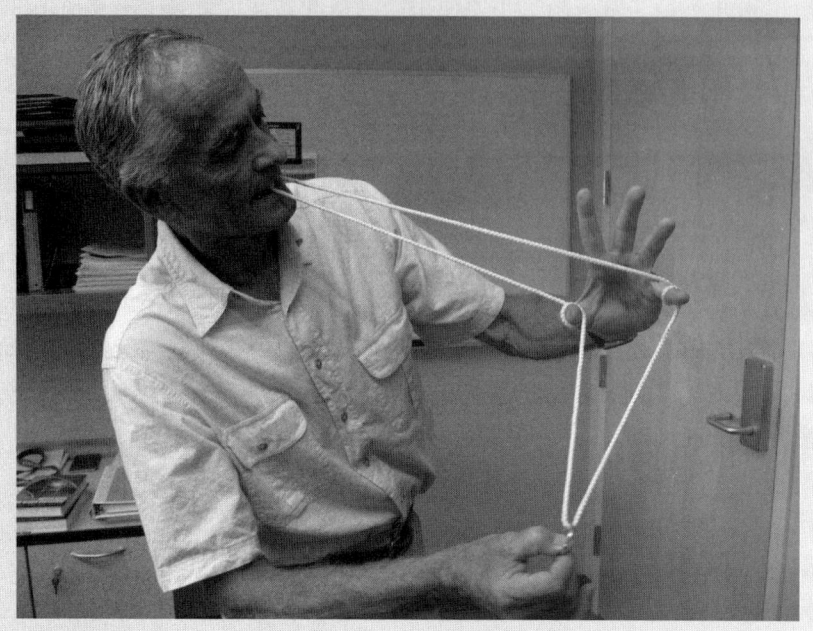

图 25.3 杜尚·兹尼奇利用一根绳子（雷达波）、两根手指（冰雹）、一个钥匙环（地面）和他的嘴（雷达发射器和接收器）来演示三体散射（耶琳娜·安德里克摄）

使用类比、事实或观测结果。即便是我们这些科学家，看到剖面上不可避免的垂直坐标拉伸也会觉得腻烦。需要提醒的是，其实我们还可这样用：如果地球是个苹果，那么对流层就相当于苹果皮。或者，雷达可以探测到距它 10 km 远的一只蜜蜂。不是每个人都懂 Twomey（1974）效应，但几乎人人都有过在客机上观察云的经历。而且，你知道吗，在给定一个特定的降雨率的情况下，下雨天和下雪天的能见度的变化可达 10 倍之多？巧妙地使用比喻，也是一种行之有效的抓住听众的手段。

制造惊喜。要个小把戏能让听众记住你的演讲。华盛顿大学的彼得·霍布斯教授曾经在一次会议上使用了一个动画讲解视频，该视频展示了他的团队所做的美国中部温带气旋的概念模型。在一次气旋研讨会上，约翰·尼尔森-加蒙以带上印有 "PV Boys" 的帽子结束了关于位势涡度的演讲。

向听众提问。记得要与听众沟通，而不仅仅只是在讲。用提问的方式让听众参与。弗吉尼亚大学学生艾迪生·西尔斯·柯林斯在一次关于美国和加拿大毛毛雨气候分析的演讲中，对听众中作了一项调查——让听众回答幻灯片中（图 25.4）哪个地区最容易出现毛毛雨。通过提问，可评估听众对主题的了解程度。明确哪些内容听众已经知道，需要删减，哪些内容听众可能不太了解，需要详细阐述。

如果你想通过提问来评估听众的水平，要做好最坏的打算。在一次会议上，我曾经见过有一个演讲者一上来就提问，"有多少人知道知识管理？"当时只有一位听众举手，演讲者说："我想提个问题。"当时我的第一反应就是他没有做好知识管理。

挑战听众。听众来听演讲就是想得到一些启发。要力图启发他们达到一个新高度或者教给他们想要达到这样高度需要具备的知识和技能。

北美地区哪个地区最容易出现毛毛雨?

a）华盛顿州霍奎厄姆　　b）俄勒冈州加农海滩

c）俄克拉何州马诺曼　　d）阿拉斯加州圣保罗岛

图 25.4　作报告时面向听众作统计调查。(这个问题的答案是阿拉斯加州圣保罗岛，那里一年中有 403 个小时下毛毛雨（摘自 Sears-Collins 等（2006））)

正因为副标题不同于标题，所以需要合理安排它在幻灯片的位置，以便被听众第一眼看到。首先，副标题应该放在幻灯片的左上角，用 28～40 号字体，左对齐而非居中排列。但绝不要超过两行，副标题的颜色也要与内容的颜色区别开来，并使用主动语态。表 25.1 列举了一些副标题的例子。

表 25.1　电子演讲稿中几个副标题样例

微波降水算法低估浅对流区的降水率
涡旋能量与平均有效位能成比例
我们的参数化方案对海表的海盐通量并不敏感
白天的对流边界层会削弱波的拖曳

25.5　删除不必要的词语

大多数幻灯片中堆砌了过多的词语。有人建议每张幻灯片不超过 8 行，也有一些建议不要超过 6 行，甚至还有建议每页不要超过 6 个词。我认为，没有哪个建议是放之四海皆准的，应根据听众的诉求和幻灯片的目的确定文字内容。非专业的听众较之专业的听众，更喜欢简短的文字。要避免在幻灯片上添加太多文字以作为演讲的辅助。要记住自己想说的话，可以使用手写的笔记卡片或许多幻灯片软件中的备注功能，最好是通过反复排练，烂熟于心。

在有些情况下，幻灯片上的字数多些可能更好。比如，若是在国外讲英语，或者使用非母语的语言，那么，幻灯片上的语言和句子越完整，听众就越容易理解。

在大多数幻灯片中，圆点的滥用也应该受到质疑。那些由圆点引出的陈述项是否可以简单地设置为缩进或者干脆删除？另外，一个更重要的问题是圆点是否可以充分表达项目之间的关系。由圆点引出的条款意味着它们同等重要，而这种平等恰恰无法准确地反映它们之间的关系。

如果确定使用圆点，语言尽量简洁，一般不要超过 4 条，因为听众的记忆有限。多条内容只有在有利于你说服听众接受你的观点的情况下才被使用。在相邻行之间要留有足够的空间，以免混淆不清。每个圆点后的内容尽可能集中在一行，最多不超过两行。圆点之间要保持平行的关系（9.4 节）。使用结构类短语而非句子，省略不必要的标点符号。以合理的顺序排列（比如按时间或者按重要性顺序）。

要谨慎运用幽默手法

用一个玩笑开始你的演讲，不管这个笑话重复多少遍，在使用时还要多加小心，原因如下：

◎虽然你想让听众觉得你很放松，听众也会听得很愉快，但是有些人的幽默因为太枯燥、讽刺性太强或太滑稽，无法取悦所有听众，甚至会因文化差异而造成伤害。

◎听众会在报告开始时对你进行评估，这个时候开玩笑并不明智。况且，你还没有经过热身，可能稍微有些紧张，不适宜的玩笑很可能会连累以后的演讲表现。

◎一些职业场合不适合开任何玩笑，尤其是不雅的或低俗的玩笑。

不要硬生生地使用幽默，要自然一些。幽默能让人从严肃的报告中得到休息，那也正是为什么一般都在后期使用它的原因。要幽默，但同时也要谨慎使用，确保它与你的报告内容相关。不要让幽默游离于内容之外。否则，别说听众会质疑你的可信度，就连喜剧演员都知道在俏皮话中加入严肃的内容会更取悦听众。

视觉幽默，尤其当它由多幅漫画组成或文字过多时，常常会留下不太好的印象。播放它可能会用时太久，而且你无法确定是不是每个人都看完且明了其中含义。寂静一片或几声稀疏的笑，会让场面很尴尬。使用笑点明显且没有文字的单幅幽默漫画的效果更加直接。

在挤满人的房间里，因为笑声具有传染性而且听起来声音很大，所以幽默的效果最好。在一个只有 30 个人的空旷礼堂内，即便是有一声开怀大笑，也可能整个礼堂的反应仍然是鸦雀无声的。如果你第一次开玩笑的效果不好，最好不要再作尝试。不是每个人都能让听众大笑。

不要轻易使用方程式。它会放慢演讲的节奏，而且还会增加理解的难度，即便听众是数学专业也不例外。介绍方程，尤其是推导方程，通常需要投入更多时间和耐心。尽可能用语言或者图表表达观点。如果确实需要使用方程式，要准确、清晰地定义和解释变量和物理量。

不要使用长串的大写字母，阅读大写字母要比小写字母难度大，而且它也更占空间。句子要左对齐，不要两端对齐。两端对齐时虽然在打印页面上看起来更专业，但由于字符间距不相等，增加了幻灯片上阅读文字的难度。为了突出重点，可以将词语设置为彩色、斜体或者大写，也可以将字号设置为 18 磅或更大。

25.6　使用清晰的相关图形

有些关于电子演示文稿的书认为，每张幻灯片中都应有一幅图片或图形。因为图形的视觉刺激比文字更强，所以图形能烘托观点，增强对听众的影响。跟其他建议一样，这也是一种走极端的建议。不要仅仅因为某幅图片漂亮或应该有一幅图片，就把它嵌进去。如果使用照片，应确保它与幻灯片的内容相关。若一幅图片与幻灯片内容关系不大，会让听众感到困惑不解。

咨询专家

创建让人记忆深刻的演讲

斯维特拉娜·巴赫曼，洛克希德马丁公司海事系统和传感器高级研究员

一个专业的电子演讲稿，能唤醒昏昏欲睡的听众，激发他们的好奇心，打开提出问题和建议的大门。以下这些原则有助于你创建清晰有趣的演讲稿。

尽量不要使用缩写，或者提供重复的查询选项或图例。使用缩写时，我通常会在它旁边用小一些的字给出完整的意思。如果这样做让幻灯片看起来太拥挤，可创建一个专门的占位符（比如插入一个文本框），用来描述缩写字母的含义（图 25.5）。这样的占位符必须清晰可见、容易读懂，可摆放于幻灯片任何位置。没有缩写时可以空着，或者将动画或注释放入其中。

用颜色来吸引注意力。我有时会在演讲稿中使用光影效果。如我会将一个背景为白色的幻灯片分为四部分，再建立四个带有一定透明度阴影的长方形，摆满这张幻灯片。为了吸引注意力，我会每次去掉一个长方形——露出来的白色背景就仿佛光线射上去一样，突然显示出来。将幻灯片中的某一部分调暗，同样也可以吸引注意力。

通过重复重要的语句来强调要点。在幻灯片过渡时，策略性地重置重要语句能有助于听众集中注意力。我经常把前面幻灯片中的关键语句复制到后面，以保持幻灯片前后之间的连贯性和整体的流畅性，同时要点内容也得到额外的关注。

使用有趣的图片或卡通。幽默可以活跃气氛，听众的反馈也可以拉回些分散的注意力。小提示：夸张一些，让听众展开想象力——放一张奢侈品的图片，来展示财富优势；放一张有明显通道的迷宫图，展示一种独特的解决方案。

还包括简单的动画和图片。视觉效果会让听众感到惊奇、困惑、满意或不开心。小提示：一个伸头耸肩的卡通形象表示一个疑难问题，而一个跳跃拍手的形象表示一个理想的效果。

第一次接触某个情节的听众，通常需要一定的帮助才能理解这个情节的含义。因此，你肯定要花时间解释坐标轴、图形和符号的含义。一张恰当的卡通图能为你节省很多解释的时间。有一次，在介绍天气雷达对杂波滤波的新概念时，我在幻灯片的一侧放了一张未经过滤的多普勒谱图，在另一侧放了一张集合雷达、云和建筑物的动画。然后用不同颜色将多普勒谱图上不同回波标出，并与相应的动画联系起来。之后再用过滤后的曲线代替图上未经过滤的曲线，并用一个推土机的动画将图上的建筑物推出画面。当然，在探测天气时，不可能把建筑物推倒，但是这个动画图解释的滤掉建筑物回波的含义很容易被理解，自然不必对这幅图再做过多解释。

虽然幻灯片软件中有很多制作动画的小技巧，但是一定要保持简洁——过多的可视化效果，可能会干扰听众对主题的注意力。

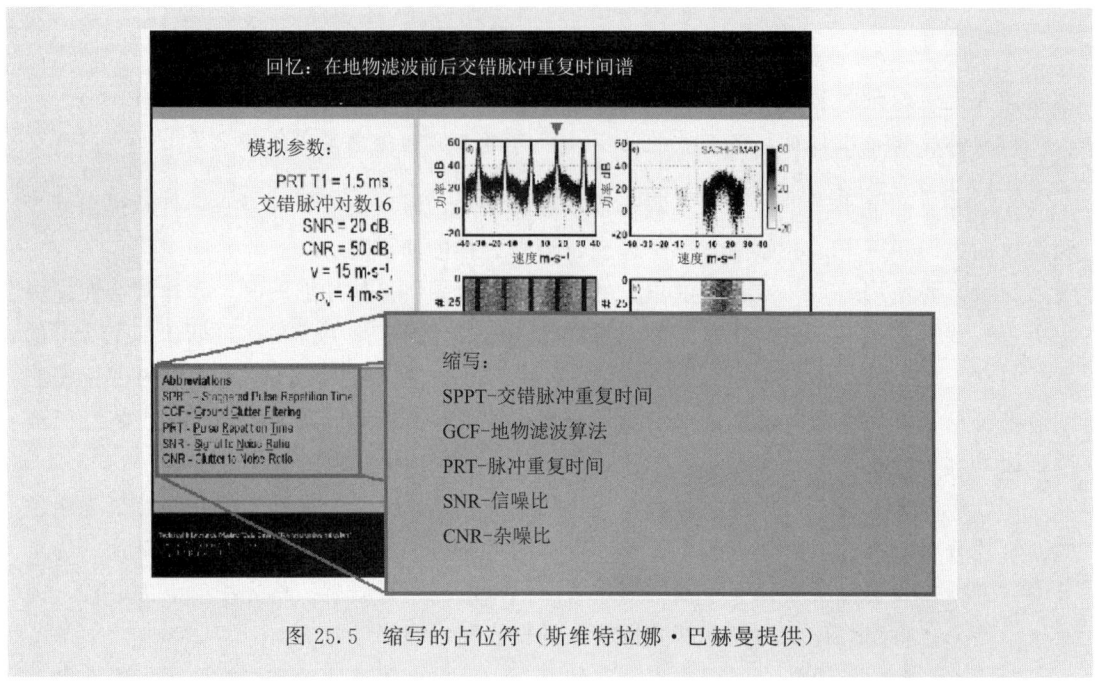

图 25.5　缩写的占位符（斯维特拉娜·巴赫曼提供）

在使用图形时，通常是直接使用与期刊中原稿相同的图。但有时候将刊物的原图放在演讲中效果欠佳。刊物页面中清晰的图形通过投影仪向 500 名听众放映时，其清晰度可能会受到影响。像坐标图中的坐标轴标题、坐标刻度等，适当放大后才能看清。

在幻灯片中，多使用字幕式说明。演讲时间宝贵，字幕式说明能节省很多向听众解释图形的时间。因为听众阅读的速度要比你讲得快，而且多数内行的科技人员都知道如何看图。另外，在使用一种不常见的图形风格时，需要多花些时间向听众解释。

带有注解的图形，可起到提示听众关注幻灯片上细节的作用。幻灯片一页一页翻过去时，听众会因注意力被新页面分散而漏听重点。这或许是你的音量控制得不够好，也或许是听众注意力不集中。将重要信息放在一眼就能看到的图片标题或空白处，有助于听众紧跟你的思路。

使用网上下载的图片要说明来源，哪怕是用小号字标注在幻灯片的页脚处也行。由于网上共享图片的流行，出于尊重版权，要耐心地找到它的原出处。有些从网上复制下来的图片（尤其是图标）如果伸缩得严重，就会显得不专业。要么使用指定尺寸的图片，要么从对方获取高分辨率的图标。

应该使用剪贴画还是照片，对此说法不一。在科技演讲中，用专业模特拍摄的漂亮照片可能会在科学演示中传递错误的信息。虽然剪贴画看起来不那么专业，它更通用；一般来说，真实场景下真实的科学家的照片或者具有抽象概念的图片会更合适。真实人物的照片可能更容易让听众在情感层面建立与主题之间的关系。例如，一张导致密苏里洪水的降水分布图和一张洪水中受害人用手托着脸的照片，哪一张更容易引起听众情感的共鸣？

展示图形时要有创意。比如，为了比较两个图形，相较于将它们并排放在一起，是否可以通过交替淡入来将它们叠放在一起？当描述不同的元素时，让图片或其他图形弹出，可以让枯燥的流程图变得更有趣。嵌入式动画和电影可以增强演示效果，激发听众的兴趣。

最后，不要让幻灯片显得杂乱。平面设计师建议一张幻灯片上的项目不要超过 7 项（例如，标题、3 个要点、主要图形、两项说明）。简洁的幻灯片具有更强的影响力，所以要在幻灯片有限的空间内合理地安排各项内容。

25.7　如何完善幻灯片的例子

为了说明本章中质量较差的幻灯片中存在的问题及如何进行修改，请看以下 4 张幻灯片草稿并进行思考，它们都有很多需要修改和完善的地方（图 25.6）。

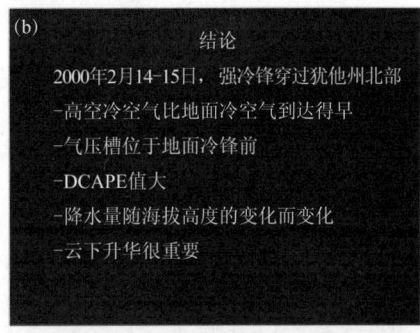
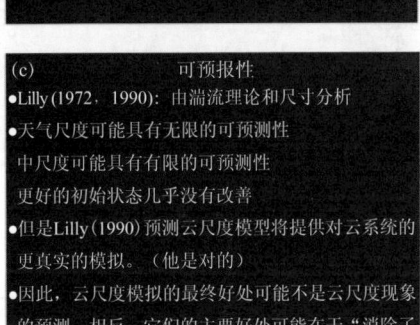
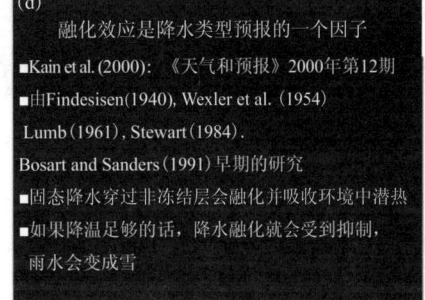

图 25.6　幻灯片有很多地方需要修改和完善

a. 显然这是一张雷达图像，但其中并未给出具体的时间和地点信息。比例尺字号太小，看不清楚。

b. 这些"结论"并非真正的结论，只是列举了几条冷锋的观测情况。背景杂乱，分散了对文稿内容的注意力。因为给人的印象是这 5 个要点同等重要，所以未能突出研究中最重要的结论（云下大气的升华非常重要）。

c. 这张幻灯片字太多。最后高亮显示的这一行实际上太暗了。这张幻灯片的标题言之无物。

d. 和图（b）一样，杂乱的背景影响阅读。"2000"重复了两次。罗列参考文献并无必要。

这些幻灯片的问题在图 25.7 中得到了纠正。

a. 图片中已经添加了注解。添加空间比例尺和地理注释有助于确定地理位置。将小比例尺去掉，添加了新的彩色色标。右边的图片还可以经过更多的剪切处理以重点突出数据而减小空白。

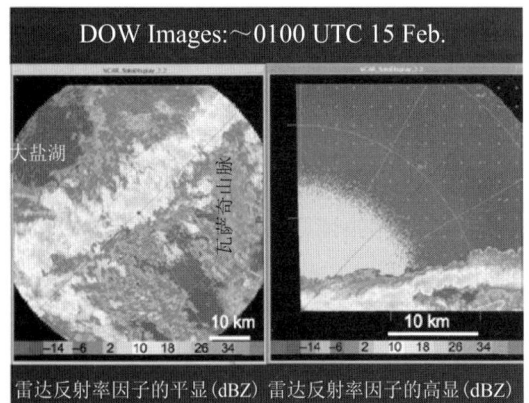
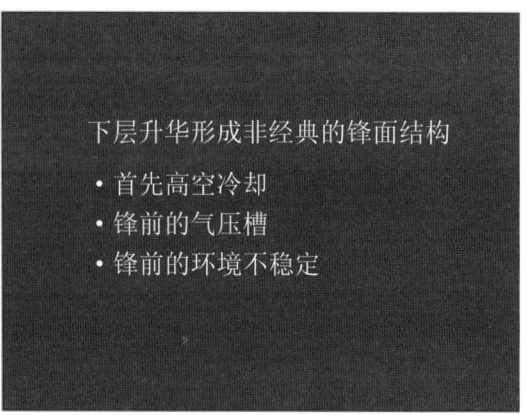
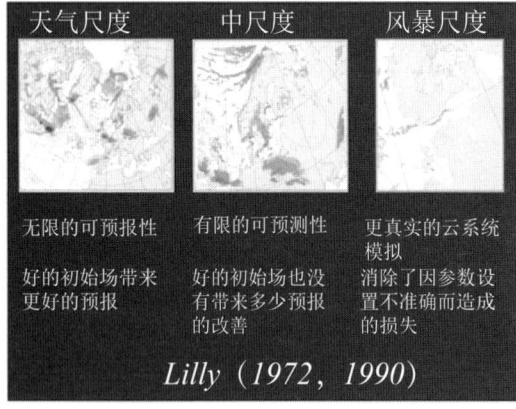

图 25.7 完善后的幻灯片

b. 结论页的标题改为一个副标题，所有圆点引出的观测结果支持这个结论。

c. 额外增加的图片和幻灯片中的合理布局为我们提供了一个框架，可以清楚地看到 Lilly 所描述的可预报性之间的差别。

d. 将物理过程设置为副标题，下方用照片说明雨转雪的结果。引文的保留旨在强调演讲的文献基础。

创建跨平台兼容的电子讲稿

即便两台电脑上安装了同样的软件，也并不能保证它们完全兼容，可以将文稿从一台电脑直接下载到另一台电脑上。每次会议上都会出现至少一次某个人的运算符号被电话键、出口标志或是手指指向的标志替换。文件转换过程中可能发生的变化，还表现在字体和字号、文字框的大小和布局、自定义动画和外部文件的链接（比如视频、声音）等方面。当文件在不同的平台（比如 Mac、Linux 和 Windows）间转换时，这些问题很容易发生。有时即便是在相同平台的电脑之间转换，也可能会出现类似问题。导致不兼容的原因有操作系统不同、软件版本不同和参数设定不同。

在关键时刻，以下几点建议将在很大程度上帮助你顺利地进行文稿转换。

1. 将演示文稿在你自己的笔记本电脑上进行演示。这样做几乎可以避免一切问题（不过，偶尔也会出现电脑和投影仪之间不兼容）。

2. 尽可能选择标准字体（比如 Arial，Times New Roman 和 Symbol 字体）。

3. 在占位符中文字不要太靠边，要留出一定空白。文件转换时字号大小有时有变化。

4. 直接插入图形。

5. 将演讲中用到的所有链接内容（如电影、声音文件）都放到一个单独的文件夹里，然后用软件创建与外部文件的链接。电脑之间传输文件时，要将它们作为一个整体移动。

6. 把方程做成一幅图，再插入文本中。

7. 如果要从 Mac 系统转换到 Windows 系统，就不要用 Mac PICT 格式的图片、旁白（它是以 AJFF 格式记录的）和 Qicktime 文件。当图片在内部转化为 PICT 格式时，不要把幻灯片模板当图片使用，因为幻灯片会将图形转换为 PICT 格式。手工插入图形会更好。

8. 如果从 Windows 系统向 Mac 系统转换时，不要用嵌入式文件（Word 文件和 Excel 图表）。

9. Avi 和 MPEG-1 格式的视频在两个平台上运行都很流畅。

10. 不要在单张幻灯片中创建动画（例如，圆点按顺序出现），而是要创建一组只有动画部分不同的幻灯片。这样做的困难在于，要想调整系列中的一张幻灯片，就得调整系列中的所有幻灯片，而且幻灯片上项目符号的位置也非常重要，必须保证项目符号在转换过程中不会来回跳动。

11. 与其将雷达图合成一个动态图，不如做成一系列单幅图片，然后通过幻灯片手动播放。

12. 将演讲稿从 PPT 格式转化为更易于操作的 PDF 格式。

13. 最后，也是最重要的，是将幻灯片从头到尾测试一遍。

25.8 使用有效的转换方式

在幻灯片中逐条显示信息，可以让听众注意力集中，当幻灯片一次性整体显示出来时，可能会提前暴露最后的点睛之笔。幻灯片软件还可以让每个项目按顺序显示。但是，我并不建议这么做，除非幻灯片经过精心设计并且有遥控器。理由如下：

◎点击需要时间，因为大多数演讲人在点击时会停顿一下。

◎点击次数多时，若没有遥控器帮助，就没办法离开计算机，更别说演讲时来回走动了。

◎如果需要返回重新播放某张幻灯片，就不得不按顺序反向逐一播放之前的所有内容。

本章要点

◎通过情节设计构思演讲稿。

◎每张幻灯片应该有一个要点。

◎保持简洁。

◎不要陈述明显的事实。

◎让听众集中注意力。

◎把细节留到问答环节或手稿中。

◎以经过深思熟虑的结论页作为结尾。

◎副标题比标题更能全面反映讲稿的重要信息。

◎去掉幻灯片中不必要的字词。

◎找到与听众沟通的方法。

◎使用有意义的图形。

◎图形要清晰易读。

把复杂图形分解成单个简单图形，有助于听众理解。使用箭头、线条、图片、动画等过渡方法，可使听众轻松看懂复杂的幻灯片。加利福尼亚洛杉矶大学的罗伯特·福维尔教授这样说道：

复杂的图表必须逐步构建。我通过如下方式建立了飑线的概念模型：第一张幻灯片显示了云的轮廓，明确了背景，下一张加入降水量，接下来一张加入冷池、气流方向，然后加入对流单体、亮带等，直到模型完成。这样一来，模型虽然复杂，但并不难懂，并不比解释一张单独的复杂图表费时费力。

为了在演讲中加入一些变化，通常演讲人会改变幻灯片之间的切换方式。对科技演讲而言，大多数切换方式都过于花哨、缓慢，并不适用，应选择使用快速切换（显示）。除非特殊情况，否则不要使用特殊的切换方式，比如溶解、闪光等。不要将切换方式设置为"任意"，除非你想让听众的注意力集中在猜测下一种切换方式上。

第 26 章　让演讲扣人心弦

最优秀的演讲人如何做到自信又从容？他们的信心和从容，源于对内容的熟悉和充分的准备。自然的演讲风格，再略微加上一点演讲技巧，更易捕获听众的心。对听众的提问，能够给出清晰、简洁而准确的答案，也表现了演讲者对演讲内容的把握程度。本章将介绍如何通过生动的演讲把普通的幻灯片变得引人入胜、扣人心弦。

老练的政治家艾尔·戈尔在纪录片《难以忽视的真相》（*An Inconvenient Truth*）中的演讲，不需要从幻灯片中读一个字。他使用动画和戏剧性的特技来强调他的观点。戈尔之所以能征服听众，不仅是因为他有卓越的表现力，还因为他对演讲内容了如指掌，信手拈来，并对演讲投入了极大的热情——这是他继 2000 年总统竞选因表现僵硬而饱受非议后，时隔多年再一次展示了他的个人魅力。虽然我们没有他那样丰富的资源，也没有他那样的表现力，但我们可以尽力模仿他的演讲风格，做一个能吸引听众并被听众记住的讲演者。

26.1　反复演练，减轻焦虑

当我还是奥尔巴尼大学的一名研究生时，所有准备参加会议的学生都会在老师的监督下，一起排练，切磋技巧。修改稿获得指导老师的认可后，参会学生还要反复练习口头演讲，增强信心，并建立团队意识。

四种演讲方法

提示要点。大多数学术报告是从演讲要点开始演讲。基于演讲要点精心排练的演讲，往往显得真实可信并且听上去自然舒服。由于画面能够起到提示接下来所讲内容的作用，所以如果要使用这种方式，报告人面临的困难是：下一张幻灯片出现时，一定要准确记得要说的内容，以及语言顺序。我们可以通过一些有创意的方法来构建幻灯片。这样就可以以合理的顺序展示要点，或者也可以在图片旁添加项目符号来强调重要观点。

照本宣科。照本宣读适合在新闻发布会或者报告中有引述的情况。无论写下整篇发言稿有多大的好处，听众都不会对一个照本宣科的报告人感兴趣。有些作者还不是只读列出的要点，而是照搬幻灯片逐字去读。因为听众的阅读速度要比演讲人读的速度快，所以幻灯片不能用作提词器。如果对措辞的精确性要求比较严格，我建议使用脚本的方式。

使用脚本。使用脚本是电视新闻节目经常使用的方式。他们能够脱稿，听起来十分自然，是因为经过了良好的训练，可以做到一部分靠读，一部分靠记忆。非常重要的演讲（比如应邀演说或者就职演说）应该尽可能或完全使用这种方式。之前已经讨论过，在演讲开始时，脚本能有效缓解紧张感，演讲人可以自然地进入演讲主题；在演讲过程中，可以在一张纸条或卡片上写下感觉会出错的部分备用；这些方法都不易被听众发现。

即兴演讲。即兴演讲可能让你面临不可预见的风险，也许还会直接导致演讲失败。没有视觉上的辅助，听众会把注意力都放在演讲人身上，这样演讲人的压力就会更大。如果你知道自己要演讲，或者即使只是在会议上向演讲人提问，为什么不提前做准备呢？简单地把问题记下来，在头脑中演示一下，这样可以确保你清晰准确地把想说的内容表达出来。

想要在演讲时表现得好，排练非常必要。把幻灯片在脑子里过一遍并非真正的排练。真正的排练是站在屋子里，按着幻灯片的内容作报告——给自己或给其他人。大声地将报告讲出来，才能确保在正式演讲时，在有限的时间内自如、清晰地把那些复杂问题给听众解释清楚。如果没有惊人的记忆力或没有准备好讲稿，演讲人在讲台上所讲内容往往与排练内容不尽相同或有所出入，因此，要达到尽善尽美，反复排练就显得尤为重要。另外，演讲越短，越需要练习。在 12 分钟的演讲中失误 60 秒与在 50 分钟的演讲中失误 60 秒意义截然不同。

对素材掌握得越灵活，演讲时就越不紧张，越不容易忘记要讲的重要内容，也越能保证计划内的内容不会遗漏。究竟排练多少遍为宜？视具体情况而定（表 26.1）。无论如何，对于第一次上台的演讲者来说，要在一个重要的会议上作 10 分钟演讲，至少需要排练 5～10 遍。当然，也不宜排练得过多，否则会感到更紧张。对经验丰富的演讲者来讲，即便是要作 1 个小时的演讲，也不需要过多排练，只需提前看一下演讲稿即可。如果演讲内容是基于一篇论文或论文的详细摘要，那么一定要在演讲前重新温习一下。通常，在我们忘记一些研究上的细节时，通过阅读论文或者详细摘要可以让我们再想起来。

表 26.1　需要增加排练次数的因素

简短的演讲
演讲人缺乏经验
至关重要的演讲
之前从未作过报告
离最近一次作该报告已有一段时间
报告内容为其他人的研究工作
困难的话题
可能有敌意的听众

为排练编写脚本十分有用，如下例所示。为迎接博士答辩，我的一个学生在排练时反复播放幻灯片，却苦于不知该说什么。每次排练时讲的内容都不一样，为此她非常苦恼。我让她把每张幻灯片要展示给听众的内容按先后顺序写成脚本，在下次演练前，集中注意力记住每张幻灯片反映的主要信息及排列顺序。通过反复练习，她对每张幻灯片展示的重要内容及播放的顺序烂熟于心。于是，她作的报告非常出色，不仅条理清楚，而且前后连贯，通篇流畅。

26.2　演讲前的准备工作

将演讲的内容打印出来，外出时带在身边。

◎一旦投影仪或电脑出了故障，仍然可以脱稿演讲。

◎打印稿有助于发现屏幕上看不出的错误或细微的修改。

◎在演讲前，安静地重温演讲内容。

◎可以在纸上作标记，以提醒自己该说什么。

◎演讲结束后，可以在上面作记录，回应对演讲的提问或评论。

提前到达要演讲的地方。有很多事情需要在演讲前准备（表 26.2）。确定自己演讲的位置。选择一个最佳的位置坐下——要离讲台近，但是也不能坐得太近影响你观看别人演讲。到会场主持人处报到，确保他们知道你在场。要把报告的电子版上传到会议专用电脑上。另外，要确认一下卫生间和应急出口的位置。

表 26.2　演讲前需核对内容清单

□提前到达

□在讲台附近前选择位置坐下

□到主持人处签到

□上传 PPT 或使用自己的笔记本电脑

□测试自己上传的文件是否可正常运行

□关掉屏幕保护程序和其他侵入性应用软件

□投影仪能否正确显示自己的 PPT

□演讲是否可随时开始

□试一下遥控器的适用范围和方向

□找到激光笔，学会使用方法

□必要时，随身带着水、茶、手帕和润喉片

□去一趟卫生间

尽可能让自己在那个环境中放松。控制自己的语速。如果经过的地上有光纤或电线，将它们移开，或者放到安全的地方。把讲台移至你可以看到听众的位置。如果外面有噪音，就把门关上。如果报告时希望灯全部亮着，要明确提出来。不要在昏暗的房间里作报告，因为你并不想让听众昏昏欲睡。

一旦确定了演讲时的位置，就要认真考虑是将报告上传到会议专用电脑上，还是使用自己的电脑。

如果选择上传，一定从头到尾测试一遍。格式可能会发生变化，动画可能需要重做，演讲电子稿之外的音频或视频可能无法传输，凡此种种，都必须在演讲前反复检查。无法播放准备好的视频，会让听众非常失望。25.8 节介绍了提高电子文件可移植性的方法。熟悉幻灯片前进和后退的按键或鼠标按钮。

若决定使用自己的电脑，要知道连接投影仪的数据线会对自己的电脑产生怎样的影响，知道如何将电脑上的图像投影到屏幕上。要知道哪个键可以将信号连接到投影仪。要提前测试确保电脑或投影仪没有死机。将电脑放在不遮挡屏幕、不影响自己站位和移动的地方。

检查一下电脑桌面上是否有不想让听众看到的图片或文件。开始演讲前，将屏保关掉。如果它不小心跳出来，会分散听众的注意力，也会让听众怀疑演讲是否过于冗长。要确保已经关掉其他可能在演讲期间突然弹出的干扰性的应用程序。我参加一次会议时曾遇到这样的情景，当报告人演讲完毕，正在回答提问时，屏幕上不时地弹出来他的合著者的Skype窗口。这位合著者很可能是打电话过来询问演讲情况的。

检查屏幕和投影仪的色彩饱和度，并根据需要进行调整。有时投影仪的亮度和色彩设置可能与你的笔记本不匹配。由于种种原因，许多投影显示的颜色要比笔记本屏幕上的更淡，因此浅色的图形经投影投射后很可能看不清楚。

熟悉激光笔的用法（尤其要注意它是不是将投影仪的遥控功能集成在了一起，它的开关键是否和显示激光键挨在一起）。曾经有不少人在使用激光笔时，把时间浪费在寻找按键上。把麦克风固定在身体中线的上部，看一看怎么打开。保持适当音量，不要把头扭得离身体中线太远。

演讲时所用的遥控器和电视上天气预报员使用的遥控设备一样，它是演讲者的得力助手。有了它的帮助，演讲者不必反复地回到电脑前手动更换幻灯片。演讲前，到你演讲时可能会走到的位置上测试一下遥控器的控制范围和方向。如果发现遥控器存在问题，那就手动控制幻灯片，以防止在演讲时因遥控器失灵而出现尴尬的局面。

如果需要，带一瓶或一杯水。不要养成在每张幻灯片结束时喝水的习惯，因为喝水会打乱你的演讲思路。可以在别人向你提问的时候喝水。不要喝得太急，因为你可能会因咳嗽而陷入意想不到的窘态。

会议开始前去一下卫生间。会议即将开始时，上卫生间、喝咖啡的愿望往往会比较强烈。如果忘记了，也不要担心。一旦开始演讲，这种未了心愿就会因你全神贯注的演讲而被忘掉。另外，去卫生间的时候也是检查香蒜酱有否残留在牙齿或者白衬衫上的好机会。

不要一开始就把听众的时间浪费在幻灯片的播放技术上。上讲台前就进行各种技术测试，如果可以就直接置于准备状态。争取在别人介绍你的时候就将幻灯片转换好。

26.3 别开生面的开场白

开场白是你与听众建立关系的好时机。你要用一个别开生面的开场白来吸引听众，否则，听众一开始就会对你的演讲失去兴趣。

如果主持人已经介绍过你的名字和演讲题目，那就无需再重复，除非你想作一些补充。如果报告的形式和时间相对灵活，那就在演讲的过程中邀请听众提问，而且随问随答，这种做法会让听众更专注于你的演讲。

第一张幻灯片（通常为标题页）用于报告人介绍、感谢主办方，或讲些与主题相关的趣事等。不过，你不宜在此浪费太多时间。听众期待着你的报告，过早地在某一页停留太久，会让听众认为你的报告是一个漫长抑或痛苦的过程。

开始时的节奏决定了整个演讲的节奏。开头时的节奏要适当快一些，快节奏在某种程度上会让听众保持清醒。如果刚开始你就慢悠悠，离题太远，听众就会开始打瞌睡，你也会失去听众。

在刚开始演讲时，听众的注意力都不会太集中，你的任务就是尽快吸引他们。这个过程需要的时间越长，听众错过重要信息的可能性就越大。不要以为听众几分钟就会安静下来，并开始集中注意力。

对不同长度的报告，听众可能会在不同的时间点产生焦虑情绪。对于会议报告来讲（一般需要 10 分钟），听众会在结束前几分钟开始焦虑。如果是长报告或者一个小时的演讲，听众稳定的情绪会保持得久一些，但 20 分钟以后注意力也会开始下降。为了让听众持续保持兴趣，你需要在演讲中不断吸引听众被分散的注意力。

在演讲中听众的注意力被分散时，可在报告中间插入微视频、小故事或其他轻松素材，或通过提问来转换话题，也可以在幻灯片中使用画图软件、在黑板上写写画画、进行讨论或提问题来暂缓演讲，以保持听众的兴趣。也可以通过在 PPT 上敲一个 "b"，或通过投影仪遥控器来使屏幕空白。直接与听众交谈，可以让听众把注意力放在你或者你的语言上。如果报告时间超过一个小时，让听众休息五分钟或更长时间。

26.4　保持良好势头

大多数演讲人发现，在讲过几张幻灯片之后，紧张的情绪会逐渐放松，越来越自如。继续播放幻灯片。不要跑题或在某张幻灯片上停留太久。一张幻灯片可以停留多长时间呢？对于听众来说，5 分钟就有点长了，他们希望有频繁的视觉刺激。如果你讲的那张幻灯片非常复杂，最好一次只展示其中的几部分，让听众视觉上有新鲜感。要给听众留足够的时间理解复杂图表。如果听众对你讲的图表不太熟悉，就要花些时间讲清楚。要计划好时间，以免讲解重点时过于仓促。

如果报告中有太多类似的幻灯片（比如连续 10 张散点图），听众可能会失去兴趣。是否可以把它们压缩成几张幻灯片？或者考虑一下这些相似的图片是不是必需的？

如果前面的演讲者展示了与你类似的材料，千万不要强迫自己一定要对类似的内容从头到尾再讲一遍。跳过去，或者压缩内容，以示你更加尊重听众。要灵活一些，别太程式化。

我喜欢大致记住演讲前 10～30 秒的内容，以确保我的开场干净利落。这样能烘托气势、建立信心，有助轻松上场并赢得良好的第一印象。一些橄榄球队也用相同的方法，他们通常在比赛的前几个回合中确定好套路。

——保罗·马尔科夫斯基，宾夕法尼亚州立大学

26.5　结尾要有力

阐述完报告的主体内容之后，时间也接近尾声了。经过对问题的专业分析（图 24.1）后，接下来要浮出水面的，是对已经讲解分析过的要点进行归纳总结。我曾经听过非常精彩的报告，演讲者有激动人心的开场，有深入浅出的内容，但在报告结束时却在深入讨论问题，致使听众尚在沉思中。我不喜欢这样的报告，因为我希望自己能从演讲者的报告中有所收获。要给结论页留下足够的时间，如果有可能，让听众在问答环节吸收所讲信息。

不要以这样的方式结尾，比如："这就是我所讲的"或者"我想，就进行到这里吧"。要礼貌地说声"谢谢"进行结尾。这也是一种让听众鼓掌的提示。

26.6　报告引人入胜

作报告是一种在听众面前展现自己的方式，包括你的风格、个性、肢体语言、声音和道具的使用。每个人都有自己的演讲风格。一些人演讲时比平时更加外向，一些人的演讲风格只是他们平日个性的延续。无论天生的演说家，还是宅在家里的普通人，演讲时都要自然。演讲风格与场合也有关系，较之周末的大学研讨会，在纪念性会议上作演讲时要更正式、更严肃。

真诚且富于职业精神。这种热情通常会感染听众。首先要微笑。作报告时你应该感到快乐，散发出自信。记得你是该领域的专家，不要低估自己。

语速要慢，吐字要清，尤其有非母语听众在场时要更加注意。语音语调上要有所变化，否则单调的声音会令听众昏昏欲睡。站着讲话时，打开胸腔的气流通道，可以起到强化的作用。如果你天生声音小，就到房顶或者树林里大声地朗读文章，这将使你的演讲听上去更加有感染力。经过反复练习，你会发现，你可以自如地将声音提高到正常水平。

在演讲中不要使用诸如"嗯嗯""你知道"等口头语，或反复使用"比如""基本上""我的意思是"这类语言。如果你曾在别人的演讲中听到过这些词语，你便能知道它有多分散注意力。一般情况下，在考虑下一句说什么时，自然会用一些口头语来缓解停顿时的尴尬。要改变这个习惯不太容易，放慢语速，考虑下一句要说什么时，用短暂的停顿代替填充语。

站姿应该自然挺拔，两脚不要相互替换站立。如果有讲台，不要倚靠。你可以灵活地走动，但不要像被关在笼子里一样踱来踱去。克服那些紧张的习惯，尤其是手部习惯，比如将头发往后捋、挠身体、抠指甲或者玩笔。如果手不动的话，放在口袋里会显得比较自然。把口袋里的钥匙或者硬币拿走，以免走动时发出响声，或者成为你手里的玩意。

指示屏幕上的内容时有四种工具可供选择：小棒或折叠杆、手、激光笔和屏幕上的鼠标箭头。如果需要指示屏幕上的内容，尽可能使用小棒或折叠杆。指示屏幕上的内容时，使用折叠杆或用手指要比晃动激光笔效果更好。不过，摆弄杆子也会让听众分散注意力。当你感到紧张时，使用折叠杆是较好的选择，因为激光笔将会放大你颤抖的动作。使用激光笔时要控制方向，在需要重点强调的地方画上横线或者圈。激光笔用完后记得关上，以免晃到听众。使用鼠标箭头时，你可以继续面朝听众，无需转向屏幕。

用不太昂贵的录音笔、摄像机和网络摄像头，就可以将自己的排练情况录制下来，再回放。在回放中，看一看自己不自然的动作、紧张时的表现、说话时的口头语，可直观了解自己演讲中的不足及改进方向。反复观看录像，多听取别人的建议，可尽快提高自己的演讲水平。

26.7　保持眼神交流

面向听众，而不是屏幕！要与听众保持眼神互动，减少面对屏幕说话的时间。面向听众不仅显示出你对听众的重视，也有助于你及时根据听众的反馈作出合理的回应。一次选择一个人，凝视一两秒之后再转向其他人。不要大范围浏览听众，盯着一个人的时间不要超过几秒钟，否则，会让被盯听众感到不自在。如果面对的是一大群听众，那就把你的注意力从房间的一个区域转移到另一个区域，在每个区域里找出不同的人。一般来说，演讲人会将40％的时间用于眼神交流，若超过50％，效果会更好，在引言、结论等非常重要的部分，争取达到90％。

26.8 注意时间

演讲的对象是听众，而不是自己。如果演讲人在用完分配给自己时间后还故意站在那里继续讲，便是对公共规则的侵犯。不要认为超时无可厚非。侵占其他演讲人的时间，影响会议进度，有损自己的形象，将会给人留下不顾听众感受的印象。

十到十五分钟似乎挺长，但在演讲的时候，会感觉只是瞬间。会议演讲确实会面临时间管理的问题，所以要有备无患，把重点放在幻灯片的内容上，并进行排练。通常，对于以英语为母语的听众来说，一张幻灯片一分钟即可。如果幻灯片比较复杂，或者你的语速偏慢，那么每张幻灯片需要的时间就长些。

要把握好讲台上的时间，不要到最后才发现可能要超时。如果看不到会场的钟表，就把手表摘下来放在讲台上，或者使用 PPT 中的计时工具。在演讲过程中看表会提醒听众也看表，不要因此而分散听众对演讲的注意力。

不能对听众说的话

我的幻灯片不多，所以会早点结束。 说这种话的演讲人极少能真正做到。不要事先给听众一个惊喜，让他们知道你的演讲会提前结束。如果实际演讲时间长过你的预期，也可以在听众毫不知情的情况下按时结束。

目前完成的研究尚未达到预期的结果。 听众没有必要知道你个人的故事。实际上，对于他们来说，你目前的研究成果已经足够了。

非常抱歉只能讲些基础性的工作。 会议就是展示研究工作进展的平台，不必要为此道歉。

我知道你们非常想去吃午餐。 如果听众还没有意识到自己有多饿，经过你的提醒，大多人肯定明显感觉到饥肠辘辘。不要分散他们的注意力，要集中在报告上。

因为时间有限，我不能一一阐述。 对每个人来说时间都是一样的，抱怨无益。

你们可能看不清楚，但是…… 你原本就应该准备好清晰的图片，否则听众会认为你根本不在乎他们是否能看得到你的研究结果。

那么，我会加快速度。 如果你提醒听众你在赶时间，听众自然反应就是你要超时。即便被提醒要超时，也不要慌不择言，应假装一切都在计划之中。

我知道超时了，但是请允许我再放一幅图片。 你是想让大家知道，除了多出的这一幅图片外，你到底用了多少时间吗？

让听众意犹未尽远胜于让他们没有任何期待。毫无疑问，提前结束报告并非不可取。这一点，在纽约阿尔巴尼的一次音乐节给我留下了难忘的印象。音乐节共有五个乐团演出，我

想主办方分配给他们的演出时间应该差不多。除两个乐团外，其他乐团都演奏了一个小时左右。第二个乐团演奏了一小时二十分钟，他们的成员大多都是慢性子。当他们离开舞台时，听众只给予了礼貌性地鼓掌。第三个乐团上来后，出色地演奏了四十分钟，在他们准备离场时，甚至在为下个乐团备场亮起灯光时，听众还在尖叫着想要他们继续。这就是如何留住听众的秘诀。

26.9　讲义不是幻灯片复制品

对于某些会议，可能需要把报告内容做成讲义分发给听众。典型的做法是，把幻灯片的内容打印出来，并在开会前发放。如果没有你的讲解，听众就能看懂幻灯片，那么还需要你做什么？换一种方法，将报告中的重要内容和重要图表汇集到一两页纸上，作为讲义发给大家。这样，听众会把注意力集中在你的报告上，通过听你讲解幻灯片来弄懂讲义上的内容。并且，如果你想在报告中展示出人意料的内容，这样做也不会有所影响。或者，准备两个版本的幻灯片（内容多的做讲义，另一个是实际的演示文稿），或者在幻灯片备注上多写些内容，然后打印出来作为讲义。

试图让幻灯片既可以有好的投影视觉效果，又可以作为独立分发的材料，这种做法往往两边不讨好。

——加尔·雷诺兹，Presentation.com

26.10　问答环节

如同 28.3 节克服紧张情绪中提到的那样，回答听众问题时，避免紧张的最好的办法就是事先作足准备。设想一下自己报告的不足之处和可能会被问到的问题。在排练时，你的朋友和同事们也可以帮你分析可能会遇到的关键问题。

设计报告时，要把不完善的地方和可能会被提问的问题考虑进去。为了佐证自己的研究成果，你可能需要用到原本不准备出示的证据。为了答复你认为会提到的问题，在结论页之后准备些可能会用到的素材。也许这些素材根本用不到，但是，一旦遇到你预想的问题，这些附加的幻灯片就能帮助你解围。

报告结束后，礼貌性地说声"谢谢"，听到听众因你的精彩演讲而爆发出热烈的掌声后，问一句"你们有什么问题么？"比一句简单的"有问题么？"更贴近听众。如果你是站在讲台后面，走出来离听众近一些，可打破你和听众之间的界限，也显得你更容易被亲近。听众可能需要一些时间来整理他们想问的问题，并鼓起勇气提问，所以第一个问题等待的时间可能会相对长一点，要有耐心。如果时间已经过去了大概一分钟（尤其是在只有一个小时的会议上），而且你也信心满满，你可以首先给自己提一个比较有挑战性的问题。

如果有提问，回答问题之前要仔细听，确保回答准确无误。双方沟通不畅，往往是因为一方还没有完全听清楚问题就急于思考如何反驳。不管怎样，你要回答的是听众提出的问题，而不是你希望别人问你的问题。回答问题时要集中精力。最后，你也可以问问提问者，你是否解答了他的问题。

如果你被问到一个难以回答的问题，就爽快地向对方表明，你现在没有答案，但以后会继续关注这个问题，这样回答可以帮你摆脱尴尬局面。在应对带有敌意的提问者时，要避开他的目光，看着全体听众回答问题；也可以利用这个机会，重申自己的结论，特别是你认为对方提出的问题有些跑题的时候。不要每次都用同一种方式回答问题，否则你看起来会像一个油嘴滑舌的狡猾政治家。

咨询专家

如何回答听众提问

查尔斯·道斯威尔，俄克拉何马大学气象学家，气象咨询顾问

要知道，在你报告的领域你可能就是专家。几乎可以肯定的是，没有人比你更了解自己所做的工作，因此，对于自己的研究成果，没有丝毫必要因听众提问而惊慌失措。如果你对报告的学术价值没有信心，那就需要重新考虑是否有必要作这个报告。

有些听众提出的问题可能会把你难住。对不能回答的问题不必去猜一个答案。通常在学术报告中，不知道如何回答是情有可原的。如果对听众提出的问题真的不清楚，简单说句"我不知道"也是一种合适的回应方式。如果你并不确定，也要如实说明。如果你的报告中存在严重的错误或者严重的漏洞，应立即承认，并且表示很高兴能有人指出你的错误，以便你及时纠正。真诚绝对是一个最佳原则，绕过难题的言行只会让你的可信度大打折扣。

有些听众比较自我，一心想显示自己有多么博学。记住你是演讲人，控制权在你手里，不要心甘情愿地把它交给一个听众。你可以这样打断他们的话："对不起，你有问题吗？"

有些时候，提问者并非只是想得到简单的答案，而是想跟你进行长时间的争论。这虽可以接受，但将占用较多问答时间。对此，你可以暂时结束讨论，建议会后继续与对方讨论，以便其他人也有提问题的机会。

你可能会被问及"你考虑过盖佐克斯蒂哈根效应么？"或者"你有没有考虑到超幻影定理？"无论你是否考虑到，一句简单的有或没有肯定不会让提问者满意。要说明为什么没有考虑他所提的问题。如果事实上你并没有听说过这个词，就如实相告，准备好报告结束之后再与提问者讨论这个问题。

如果提问者对提出的问题表述不清楚。有必要让提问者重申一遍。你也可以问他"您的问题是这样还是那样？"或者你也可以回答说"您是在问我关于温压变化的问题，我的理解对吗？"将问题重新陈述一遍，不仅仅是为了确保你对问题的准确理解，同时也为你思考问题答案争取了时间。

让坐在听众席中的朋友或同事将听众提出的问题记下来，然后收入自己的备忘录，因为这些提问可能会对你日后完善报告或写正式论文有所帮助。

无论怎样，对待提问者（由此延伸，包括你的听众）要报以尊重："这个问题非常好，感谢您的提问"。

如果没有人提问，是不是听众不喜欢我的报告？不一定。如果无人提问时你要这样想：

◎如果是在邻近周末，人们可能会很累。

◎如果在午餐前或者会议结束前，那么他们想吃饭或喝咖啡。

◎如果你的演讲通俗易懂而又精彩，你就已经回答了他们所有的问题。

◎听众对你的话题不感兴趣（这一条特别适用一些会议）。

◎听众可能不想惹麻烦。

◎听众可能不会问任何人问题。不幸的是，这种情况在许多会议上非常典型（Errico，2000）。

◎在某些文化中，提问题会被认为是不礼貌的。

会议结束后，试着逗留几分钟，然后去喝咖啡或是吃午饭。通常，有些听众可能会想和你私下聊一聊，所以，给他们留下到会场前找你的时间。

本章还有最后一个要点。你是一个独立的个体，让演讲成为自己个性的标签。想些新颖的方法表达你的科学观点。使用类比、故事、道具、幽默等方法能让你的演讲更加出彩。提升演讲技巧，改变传统演讲方式（引言、数据、方法、结果、结论），展现出你与众不同的创造性。

第 27 章 让人耳目一新的墙报交流

　　学术会议交流的另外一种形式是墙报交流。与在讲台上相对平静的个人演讲相比，墙报交流会场显得热闹嘈杂。如何在喧闹中吸引读者？你的结论如何令人信服？本章将从吸引听众、引发话题及活跃墙报会场氛围等方面探讨如何组织、安排、呈现、推广你的墙报。

　　墙报交流是会议的重要组成部分，是科学思想交流的场所。对那些没有机会作口头报告的代表来说，墙报是一种安慰和补偿。如果制作得好，表现优秀，墙报往往比口头报告更有吸引力。我曾经听同事们说过，他们曾认为某个主题的报告应该很受欢迎，但结果听众却并不感兴趣，参与度也不高。但同样的主题以墙报的形式出现时，却能引来众多热情的观众，以致把走廊都围得水泄不通。

　　由于受到必须要把会议举办好的压力，组委会有时只能选择最优秀或者最知名的专家作口头报告。学生或组委会不熟悉的人收到口头报告邀请的概率不高。因此，通过墙报将自己的成果推介给组委会，有助于你将来在其他会议上有更多出场的机会。

　　简单、易读、引人注目的广告更受人欢迎。消费者之所以知道挂霜麦片是因为托尼虎的广告引人注目，而并不是因为其营养成分表被观众所熟悉。同样的道理，吸引观众的并不是模式如何设置的细节，而是你的结论要出人意料。想象你自己走在墙报会场，哪一张会更加吸引你驻足观看。肯定不是那种千篇一律的墙报，因为这样的墙报填塞了太多细节、太多文字，唯独缺乏让人眼前一亮的内容！

　　如前所述，口头报告是在有限的时间内对文字稿的高度浓缩。口头报告和墙报的不同在于后者需要更加凝练。相对口头报告而言，最佳墙报的特点是主题更清晰、语言更凝练，文字和图形较口头报告的少。在本章中会反复提到凝练和极简。

27.1 设计墙报的两种方法

　　关于墙报的设计，一般有 2 种截然不同的方法。一种是自我发现式墙报（或者不夸张地说，挂在墙上的手稿）。正如其名，这类墙报中包含科技论文中的所有要素：引言、数据、方法、……、结论。展示这类墙报时，报告人不是必须在场。通常这样的墙报在会议上的展示效果更好。墙报会在墙报交流会上挂几个小时，甚至可能会展示一周。当报告人回到单位后，它还可以挂在单位的走廊上。因为报告人不在场，所以这类海报需要最大限度地具备向观众解释说明的功能。由于大片文字无法吸引人们的注意力，所以结论必须使用易读的短句或要点句。

图 27.1 就是一例设计合理的自我发现式墙报。在标题和作者行下面，一个大方框横跨海报，里面用粗体字标注着"引言"。文本简要说明了 McICA 辐射方案内容，以及它的优点和可能存在的不足。引言中还说明 McICA 安装在 ECHAM5 气候模式中，然后使用粗体和大号字显示墙报的中心问题，即"我们从中得到了什么？"除了底部方框有两条参考文献，

特卡洛独立列近似在ECHAM5中的检验
Petri Räisänen & Heikki Järvinen
芬兰气象研究所

Introduction

The Monte Carlo Independent Column Approximation (McICA) for computing domain-average radiative fluxes in GCMs separates the description of unresolved cloud structure from the radiative transfer solver, by dividing the cloud field into a set of subcolumns. One or more randomly selected subcolumns are then used for each point in the spectral integration.

This allows a very flexible treatment of subgrid-scale cloud structure in radiation calculations. The results are **unbiased** with respect the full Independent Column Approximation, but they contain conditional **random errors**. This "McICA noise" is the only potential disadvantage of McICA.

ECHAM5 provides an especially interesting testbed for McICA because it carries prognostic variables for the subgrid-scale probability distribution of total water content (Tompkins, JAS 2002). This allows us to derive subgrid-scale cloud variability directly from the resolved-scale model variables (Fig. 1).

After 3 years of tests of McICA in ECHAM5, what have we learned?

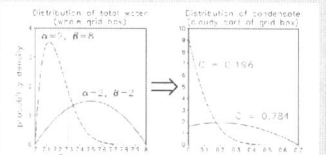

Figure 1. Cloud fraction C and PDF of condensate q_c are derived from the PDF of total water content q_t, subject to the assumption that the saturation specific humidity q_{sat} is constant within the grid box. Those points with $q_t > q_{sat}$ are cloudy and have condensate amount $q_c = q_t - q_{sat}$. In this example, q_t varies between 7 and 8 g/kg, $q_{sat} = 7.3$ g/kg, and α and β are shape parameters of the beta distribution.

1. The primary impact of McICA noise in ECHAM5 is a (very) slight reduction in low cloud fraction

Figure 2. Differences in low cloud fraction (percentage) between three versions of McICA in ECHAM5 simulations with prescribed sea-surface temperatures.

CLDS = a typical implementation of McICA
REF = a very low-noise reference version
1COL = a very high-noise implementation

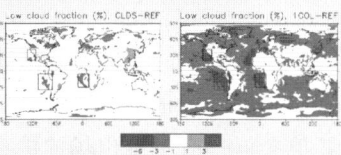

2. The reduction in low cloudiness originates from a non-linear response of precipitation formation to random errors in radiative heating rates

- A very fast process: the biases related to McICA noise stabilize in a couple of days!

Figure 3. Impact of McICA noise on low cloud fraction, liquid water path, and large-scale precipitation rate for a **very high-noise version** of McICA (1COL), for a large ensemble of short (5-day) simulations. The upper row shows global mean values, and the lower row values for three regions dominated by marine stratocumulus clouds (marked with rectangles in Fig. 2). Mean values for the reference simulation are given in the upper-right corner of each panel.

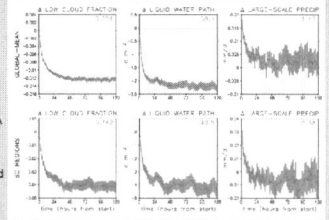

3. When the sea-surface temperatures are allowed to adjust, McICA noise leads to a slightly warmer climate

- This is a straightforward response to the radiative perturbation related to reduced low cloudiness

- **For a typical implementation of McICA, the impact is small** (comparable to a 0.1 ?m increase in cloud-droplet effective radius!)

=> In practice, McICA noise is a very minor issue for ECHAM5

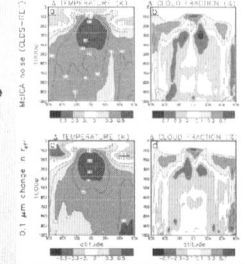

Figure 4. Impact on zonal-mean temperature and cloud fraction (a,b) due to McICA noise (for a **typical implementation of McICA**) and (c,d) due to a 0.1 ?m increase in cloud-droplet effective radius, in ECHAM5 experiments with a mixed-layer ocean model.

4. Clouds derived from the beta distribution of total water content feature too little subgrid-scale variability?

- At least, this is true for the subgrid-scale variations of total column optical thickness

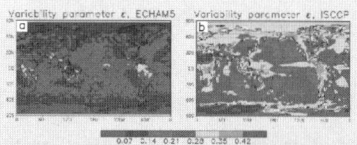

Figure 5. Cloud variability parameter ? for (a) ECHAM5 (resolution T42L31) and (b) ISCCP data. ? is a measure of variations in **vertically integrated** optical thickness within the cloudy part of the domain (e.g., a GCM column).

5. For ECHAM5, cloud fraction is too often 0 or 1

- This is not unique to the beta distribution scheme for total water content. The problem is worse when an alternative (relative humidity -based) cloud fraction scheme is used.

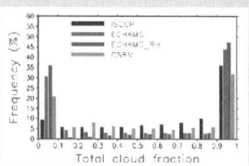

Figure 6. Frequency distribution of total cloud fraction for ISCCP data, ECHAM5, ECHAM5 with an RH-based cloud fraction scheme (ECHAM5_RH) and for global cloud-system resolving model data (CSRM; Khairoutdinov and Randall, Geophys. Res. Lett. 2001)

Interested in more details? Have a look at

Räisänen, P., S. Järvenoja, H. Järvinen, M. Giorgetta, E. Roeckner, K. Jylhä and K. Ruosteenoja, 2007: Tests of Monte Carlo Independent Column Approximation in the ECHAM5 atmospheric GCM. J. Climate, **20**, 4995-5011.
Räisänen, P., S. Järvenoja and H. Järvinen, 2008: Noise due to the Monte Carlo independent-column approximation: Short-term and long-term impacts in ECHAM5. Quart. J. Roy. Meteor. Soc, **134**, 481-495.

图 27.1 自我发现式墙报的例子（由皮特里·雷萨嫩提供）

作者还列举了该方案通过 3 年测试后，得到的 5 个重要结论，它们分别被放在 5 个方框内。每个方框都以主要结果为标题，包含一个相关的支持图形，并用一个或两个概括性的短句进行总结。

虽然这类墙报是为有专业背景的观众而设计的，因为其中有关内容、一些术语和缩略词没有给出定义（ECHAM5、ISCCP、贝塔分布），但是即便是非专业的观众也能理解它的布局和主要结论，因为文中大多内容都没有使用专业性语言。我建议其中的字号，尤其是图表中的字号可以再大些，以便人们站在 1 米远的地方也可以看清。我还要强调另外一点，即再减少一些墙报上的文字。除了注释部分的字号有些小以外，这张海报的框架设计合理（引言框占据了整个墙报的顶部，对于观众而言，框架也更利于观众找到主要结论），内容也具有可读性（引言部分介绍了墙报的目的，5 个主要结论使用的也是非专业语言）。

另一种墙报就是互动式墙报（图 27.2）。这样的墙报要想取得成功，需要作者主动与观众沟通，吸引他们，并且根据观众的兴趣调整讨论的内容。如果没有作者在场，观众可能无法从墙报上获取太多信息。互动式墙报的组织形式灵活多样，需要丰富的图片和尽量简练的文字。它靠醒目的图形、有争议的陈述或激烈的讨论吸引观众。如果能有很多人参与到辩论中，那么这类墙报就会成为墙报交流的亮点。

咨询专家

墙报设计大纲

瓦利阿帕·拉克什曼南，俄克拉何马大学和美国国家海洋和大气管理局强风暴实验室研究员

制作墙报可以归结为一种理念，即墙报是什么及目标读者是谁。我用墙报仅为了展示技术和研究成果的广泛概述。那些对我的墙报感兴趣的人中，多数只是对墙报的主题感兴趣，但并没有对这个主题进行过研究。因此，在墙报中加入太多细节意义不大。制作墙报的方法和写论文的方法大有不同。后者的目标人群很可能是通过搜索文献关键词找到了你的文章。他们是该领域的学者，很有可能也在进行相同主题的研究，所以会对你的研究中的细微技术细节感兴趣。

制作墙报的第一步是起草将要展示的 1 分钟读完的研究概述。然后，构建合理的布局来通篇展示这个概述。接下来，思考需展示的 5 分钟可读完的研究内容，确保墙报版面能容纳这些要点，无论是用文字亦或是图表，都不会有损概述的内容。其他任何与这 5 分钟讲解不相关的内容，都不能出现在墙报上。

下面是一个展示暴雨特征研究的墙报例子（图 27.2）。这张墙报的 1 分钟讲解为，它描述了从雷达图像中总结出风暴单体特征的过程。因此，从 1~2 米远处看，可以清楚地看到墙报中将这些过程连接起来的箭头。每一步的注解，都解释了过程的具体内容。图形本身也加入了 5 分钟讲解的过程细节。

当然，各种类型的墙报介于自我发现式和互动式之间。自我发现式墙报，允许观众走过去，阅读，再走开，主持人则一直站在墙报旁边。互动式墙报，要求作者和观众在交流中相互吸引。哪一种更好呢？

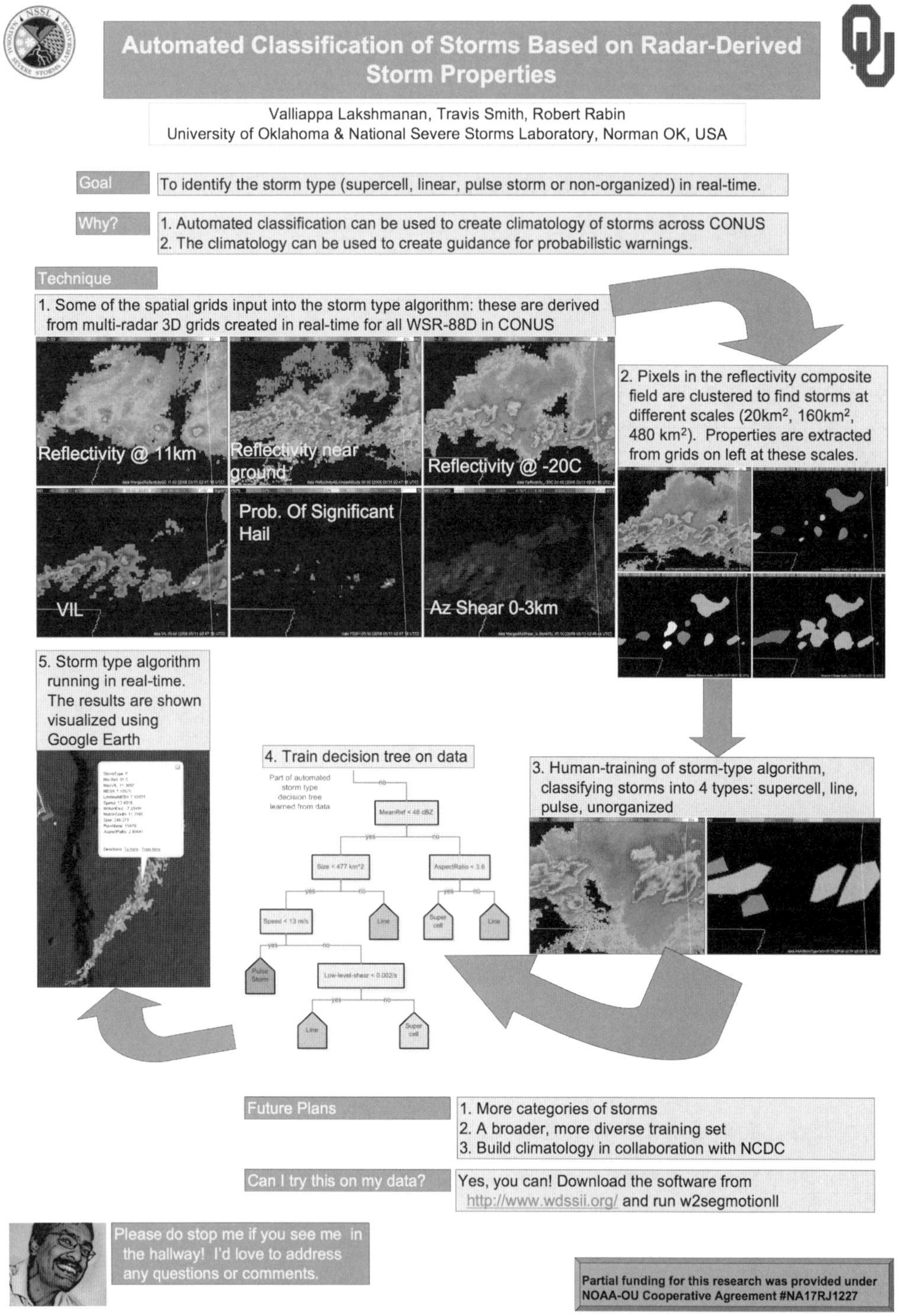

图 27.2　互动式墙报的例子（由瓦利阿帕·拉克什曼南提供）

　　较之于期刊论文和口头报告，墙报的种类繁多，所以提出如何制作墙报的详细规则要困难得多。尽管如此，在这里我还是列举了几条意见以供参考，同时也希望你们尽可能发挥自己的创造性。

27.2 内容和布局

无论是自我发现式还是互动式墙报，设计的基本原则都一样。就像写论文和作报告一样，希望墙报产生怎样的效果，应在布局前就考虑好。正如瓦利阿帕·拉克什曼南在他的专栏中所谈到的那样（第 237 页），这个 1 分钟讲解的概要，既是墙报的核心内容，又是博得观众眼球的点睛之笔。内容要有煽动性，因为在一个会场内，众多墙报同时展示，所以你的标题必须短而精，且有诱惑力。突出墙报的重点内容——使用一种可以将之突出的背景颜色，或者在旁边设计一个大大的问号或惊叹号。

很多人在删除墙报上的多余的信息时会非常痛苦。虽然我曾有过同样的痛苦经历，但是我还是认为，墙报上的文字和图表越少，越能突出重点，沟通的效果就越好。

——沃伦·威斯科姆，国家航空航天局大气辐射测量首席科学家

视觉诱惑也是吸引力的重要组成部分。文字太多很难吸引观众，在墙报中图形和照片要占 50% 以上。也许墙报中心的图形是一个需要解释的神秘的研究结果，周围是支持结果的观测资料。或者墙报可以重点突出一种新仪器的设计，并附上首次现场测试的数据。同样地，不要堆砌太多内容——要适当留出空白，否则观众会在视觉上感觉不舒服。

若有必要，使用一个 2 栏或 3 栏并列的格式，不同内容之间界限分明，以便读者知道如何阅读，依照怎样的顺序阅读，应该横向阅读还是纵向阅读。使用垂直线、水平线或方框将不同部分分区，有助于读者阅读。例如，在图 27.1 中，皮特里·雷萨嫩使用数字 1～5 将不同内容区分；图 27.2 中，瓦利阿帕·拉克什曼南使用箭头区分风暴单体不同发展阶段的特征。

结论要显而易见，不论它贯穿于整张墙报（比如图表 27.1）还是单独冠以"结论"，都应放在一个方框中。虽然顶部位置更加醒目，且读者阅读时不必弯下腰来，但是多数人还是会将结论单独放在右下方。可以使用一种不同的颜色方框来突出结论，以示强调，让读者一目了然。

表 27.1 制作墙报时要避免的事项

使用照片或其他精细图案作为背景
文字过长
图表太小，看不清
表格太复杂
方程式（除非经过小心细致的处理）
像素化的图形（分辨率不够）
垃圾图表（装饰、标识和不必要的图形）
参考文献（出现在单独的页面或者扩展摘要中）

墙报内容越精简越好，互动式墙报更是如此（表 27.1）。最初起草的文字总是太多。正因为如此，要对初稿进行多次修改。墙报起草完毕后要进行反复删减。要使用简短、简单的词语和图表。和幻灯片一样，尽可能减少图表中的"垃圾"，比如过多的标识，以突出那些最重要的信息。仔细观察会议上的墙报，弄清那些墙报因为什么能吸引你的注意力，以便在

自己以后的墙报设计中借鉴。

27.3 墙报的绘制

如电子讲稿一样，墙报的可读性是关键。在浅色背景上使用深色文字可使内容突出醒目，文字也不容易被浅色油墨弄脏。背景不一定必须是白色，浅蓝色、黄色和浅绿色都是不错的选择。比如，要在结论部分制造一种强烈的反差，可以尝试在深蓝色背景上加白色文字，还可使用加粗字体。不要让墙报成为一整块乏味的纯色。背景图片不能太花哨，背景颜色也不能与文字颜色冲突，更不能与文字颜色接近。在选用颜色时，对这些问题要特别留意。明亮的颜色、特别的字体，可突出墙报的重点。

选择大字号、大图表。标题和作者部分使用 72 磅或者更大的字号，以便在 5 米远的地方就可以看清，其他部分也应该使用 36 磅或更大的字号。图表和文字应该在 1～2 米远的地方可以看清楚。对于章节的标题，使用 54 磅或更大字号和不同的颜色可以起到强调作用。使用大字号可迫使作者精简文字。与幻灯片一样，无衬线字体在较大的范围内更容易看清楚。美国国家航空航天管理局的沃伦·威斯科姆建议在墙报上使用 Optima、Comic Sans 或者 Arial Rounded 字体，因为它们看起来比同等字号的 Arial 和 Helvetica 字体更好看。

把高质量的图形用于墙报，效果一般都不好。这些图形是专为近距离阅读的期刊上设计的，而不是为远距离观看的墙报设计的。因此期刊上的图形用于墙报时，图形总是要预先做处理，以便观众在稍远的地方也可以看清楚。字号选择要适当，行间距要随着字号增大而适当调大。

图表要简单，一目了然。尽可能不要使用过长的标题。对重点加注说明。一张相关的图片有可能起到破冰作用，从而吸引观众。如果你正在展示有关洪水的模式研究，放一幅大照片或一张雷达图效果可能更好。有些人把自己的照片放在墙报顶端，旨在让其他人在会议期间认出自己是墙报作者。另外，记住将自己的电子邮箱和网站信息放在墙报上。

在墙报上尽量少用方程式。如果方程至关重要，就用比文字更大的字号单独排一行，以达到突出效果。要解释或定义公式中的每个符号。也可以将术语画一个圆圈起来，一条线与一个文字框连接，框中文字用以解释术语的物理意义。

1997 年，我第一次制作墙报时，将模式的结果和观测数据单独打印，用透明胶粘在了图表上方。这种方法吸引了很多观众，他们过来动手翻看粘贴在图表上的模式结果和观测数据，再饶有兴趣地对我的研究讨论一番。

——萨宾·高科，赫尔辛基大学

赫尔辛基大学萨宾·高科在 1997 年美国气象学会雷达会议上获得斯皮罗斯·G. 乔蒂斯奖（最佳学生报告奖）。他认为，参加学术会议要与观众有互动：比如拿出一个具体的实物贴在墙报上，揭开它可以看到重要的结果；一项可以演示的实验，或者一个游戏；在手里准备一个道具或仪器用来展示；在笔记本上演示一个动画；带一些小奖品或糖果。要有创意。

无论是使用图形还是其他方式来吸引观众，记住你的最终的目的是交流科学技术，内容比形式更重要。

27.4　组装墙报

在设计之前，先弄清楚墙报尺寸。在欧洲，墙报一般竖着贴，而在美国则是横着贴，而且尺寸也略大些。如果你设计了一个美国风格的墙报去参加西班牙的会议，会发现组织方提供的墙报位置太小，你制作的墙报挂不上，这就比较糟糕了。如果刚开始创作墙报时没什么经验，就找一个你喜欢的墙报设计，在征得作者同意后，模仿该设计。大部分墙报都是用PowerPoint 和 Adobe 软件制作的。

在正式打印之前，先用测试纸（尺寸要小一些）打印出来看看颜色，因为打印出来的颜色和屏幕显示的颜色不太一样。另外，最好再从头至尾再校对一遍，因为在打印稿上检查笔误和排版上的问题要相对容易些。

墙报的打印主要有两种方法。第一种是用大型打印机打印在大尺寸的卷纸上。如果你所在的实验室或大学没有这样的打印机，商业印刷公司或复印店可以帮你完成。

另一种方法用得相对少一些，即将墙报内容分成若干张，每张如信笺或账本大小，将它们一页页打印出来，到达会场后，再用平头针一张张钉在展板上。这种方法的优点是易于在飞机上携带，可以在展板上重新布局，且易于修改。缺点是需要挂的页数太多，而且选择如何摆放比较费劲。

27.5　在墙报会场

在会议开始前，看看场地以确定自己的墙报位置。多带几份详细摘要、名片、其他相关材料和一些信笺纸大小的墙报单页。最好随身带瓶水。

展示墙报时，要充满自信：自认为自己所展示的内容是世界上最重要的科技信息。如果连自己对自己的研究成果都缺乏自信，那么怎么指望别人重视它呢？把自己想象为一名演员。人越多，越要夸张地表演。

——克里夫·马斯，华盛顿大学

墙报会场是什么样呢？那里拥挤却又孤单，热火朝天却又疲惫不堪；那是个与朋友叙旧的好地方，同时又是个糟糕的地方。有些墙报会场会提供冷餐和饮料，以达到促进交流、化解尴尬的效果。

较之作口头报告的环境，墙报作者容易与对他的研究感兴趣的人进行更自然的交流。不过，因为墙报交流会场是面对面的直接交流，所以墙报作者和墙报观众都会觉得紧张。墙报作者的任务就是宣传自己的墙报。面对观众时不要害羞，要充满热情，不失时机地向观众宣传自己的研究成果。

若有人来到我的墙报旁边，我会礼貌地询问是否可以向他们介绍墙报，大多数人都会欣然接受。换言之，如果你是看墙报的参会者，如果走到一个人的墙报前却没有被邀请时，要主动询问："你能给我介绍一下你的墙报吗？"

用瓦利阿帕·拉克什曼南的一分钟介绍方法，把观众尤其是你不认识的人，吸引到你的墙报前。如果看起来他们对你的研究有兴趣，就从你的五分钟讲解内容中挑选一些讲讲。把全部五分钟讲解内容留给那些对你的研究特别有兴趣的人，以及想要深入了解你的研究的同事。衡量一下你的观众的知识和经验，或许你可以略过一些引言和目的，直接进入结论。要知道，不是每位观众都能在你的墙报中发现他们想要的东西。所以，如果一分钟的介绍之后，即使他们礼貌地点头离开，也不要灰心。

讲解时，让观众参与到你的讲解中，带领他们浏览墙报，用可视材料作为指引。在用手指着墙报时，也要看着观众。虽然一遍遍重复介绍可能看似多余，而且也让你疲惫不堪，但是要知道每一位新的来访者都是第一次看到你的研究。不要因为不认识而忽略任何一个人——他们可能会成为日后为你提供工作的人。试着让每一位看你墙报的人都参与到你的讲解中。即便有人在旁听，也要让他感觉到自己也参与其中。他们可能对讨论的内容有独到的见解，并且希望有机会表达。讲话时不时地看看他们，表现出你很乐意让他们参与到你们的交谈中。或者，在方便的时候，暂时停下来，让观众作个自我介绍，多了解一下他们的兴趣爱好。

等他们听完后，要对他们的关注表示感谢。一定要记住他们的名字，如果交流富有成效，也可以相互交换名片。

如果发现你的墙报很难吸引到人，你也可以按照沃伦·威斯科姆的建议：走进会场拉人，甚至可以搀着胳膊把他带到你的墙报处，并沿路向他们简要介绍你的墙报提纲。你的潜在观众看到你离开自己的墙报去拉人，为的是向他们展示自己的科学研究成果时，一定会认为你与众不同。如果你把一位该领域的带头人或国家科学基金的项目管理者带到你的墙报前，别人肯定很好奇地围在旁边看个究竟。正如沃伦所说，"当你在走廊上钓鱼时，最好钓条大鱼。"

墙报交流有个缺点，即展示你的墙报的会场可能同时展示着与你主题相关的其他墙报。因为你通常会留在墙报前接受提问，所以很难抽出时间去看别人的墙报。抽时间离开一会儿，或者找其他时间去看看别人的墙报，如果有问题，可在会后找作者交流。将注意力集中在会议中让你感兴趣的问题上。

27.6 一个愿景

我相信，我们能够改变墙报会场的地位，使它成为整个会议的亮点。到那时，会议的组织者会以敬重的心态对待墙报会场，而不再将之视为"二等公民"。墙报作者会以最简短的文字表达出最丰富的创新内容，并通过有趣的研究带给观众享受和挑战。而且，观众可以参与到与展示人的辩论中，甚至可以把同事搀到一个有趣的墙报前，说"这个你得好好看看！"

第 28 章　演讲的挑战

经验丰富的演讲者都知道，一场精彩的演讲仅靠语言生动及排练到位是远远不够的。身体不适、视听设备故障、听众的滑稽动作等因素，都能影响听众对演讲的注意力，并决定你的演讲效果。本章将提出一些建议，指导你如何避免紧张情绪，更好地处理难以预料的状况，最终呈现精彩的演讲。

商务旅行时，会遇到一些诸如航班取消、行李丢失或是开车遇到暴风雪天气等问题。专业演讲者也时常遇到各种状况，比如演讲时迟到，到处找会场，或者电子讲稿运行不畅。事实上，一场演讲是否成功，恰恰取决于那些无法控制的因素。本章将就如何最大限度地降低外在因素对演讲的影响提出一些指导性意见。

28.1　如何处理旅行中的不便

如今，乘坐飞机旅行时常会遇到诸如以下问题：不确定携带哪些洗漱用品，机场安检时被搜身的羞辱，吃不好，座位狭促，因航班晚点或者取消而无法按时到达目的地。如果要去参加一个非常重要的学术会议，或者去参加工作面试，该如何降低这些状况对我们的生活、情绪和演讲带来的影响？

早点到达目的地，以防航班取消或者晚点。如果可能的话，提前一天到达，尽量不要把演讲安排在飞行的当天。在重要旅程中你迟到的那一个小时，关乎到你是如期赶到会场并作演讲，还是彻底与之失之交臂。

如果可以，参加会议时尽量只带随身行李，尤其在飞行途中有中转时。如果确实需要托运行李，找几件换洗衣服放在随身行李包内，以防托运行李丢失。在一个希望自己看上去（或闻上去）很得体的会议上，即便是最乐观的人，连续两三天穿同样的衣服，也会显得有些无精打采。

参会时将手提电脑带在身边，以便远程工作。如果会议给你留了多余的时间，或者将你从墙报会场调至报告发言会场，那么，你就可以根据与同事的交谈、听众的背景知识、他人的报告、你最新的想法、最近拍的照片（记得带上相机和与电脑连接的数据线），随时更改话题内容。手提电脑还可以在你的墙报中加入动画。另外，我还会带着一个 U 盘或移动硬盘，备份了我所有的论文、报告、研究。如果会议上有人提问，我可以自由回答，或者与同事交换文件。

虽然携带手提电脑有诸多好处，但同时也有被盗、丢失甚至被没收的风险。《华盛顿邮报》（*The Washington Post*）就美国海关和边境保护局的指令作了报道，他们规定签证处有权在"没有特别怀疑"的情况下扣押你的笔记本电脑、存储硬盘、MP3 播放器、文件和书籍，即便是美国公民也不例外。因此，出发时，备份笔记本上的内容。永远不要将报告内容或笔记本放在托运行李中。确保将报告保存在你的计算机和随身携带的移动硬盘或光盘中。也可以存在网上，以便出现问题时下载。如果你需要携带墙报，将它装在一个携带筒中，以便起到保护作用。千万不要丢失参加会议的最重要的依据。

演讲前一晚睡眠质量的重要性不容小觑。选择宾馆时，不但要考虑价格、设施（比如免费网络、免费早餐、带有工作室）、到会场是否方便（比如步行的距离、到达交通枢纽是否方便），甚至夜晚是否安静，其他客人类型都要考虑进去。有时，你可能并不知道有一个高中的野外旅行团体也与你住在同一楼层。若真如此，考虑到你的实际情况，可要求酒店方面进行一些调整。

28.2　在国外作报告

我在芬兰作报告时，发现总是需要更多的时间才能完成演讲。身为一个一贯按时结束演讲且以此为豪的报告人，我经常发现在芬兰很难按时结束演讲。最后我才恍然大悟，为了让听众更易理解，我放慢了演讲的语速。因此，应根据听众的实际情况，适当调整报告的内容和节奏。

◎如果你的正常速度是每分钟 1 页幻灯片（26.8 节），那么面对外籍听众时，就要放慢速度，每张幻灯片的时间要多于 1 分钟。

◎当你在国外演讲时，幻灯片中完整的短语和句子越多，演讲时对于多数句子重复的次数越多，听众的收获就越大。如果听众对你的演讲听不太懂（或因演讲人语速快或口音重而听不懂），他们至少可以看懂幻灯片上的重点内容。幻灯片上多加些句子，并不意味着一定是整段文字。不管怎样——你总是希望听众在关注幻灯片的同时，也关注你本人。

◎使用简单的语言。尽量不使用华丽的辞藻和习以为常的口头语，而是使用更常见的词汇。

◎尽量多看听众，当听众对演讲满意时，你的关注会让他们更专注、更满足。如果演讲的语速过快，也能从听众反馈的茫然表情上得到提醒。

◎在芬兰，我经常与气象学家以外的人打交道。我与空气质量专家、大气化学家、气溶胶物理学家、工程师和商业人士一起讨论交流。即便同为气象学家，他们的知识背景与美国的气象学家也有所不同。因此，在讨论某些问题时，我经常需要提供更多的背景材料或者不同素材，而非直接使用惯用的专业素材。

最后，当你面对外国听众演讲时，可能会感到异常紧张。要知道，国际会议上以英语为母语的与会者并不多。所以，你的听众可能会很好地理解你的感受。

28.3　克服紧张情绪

设想一下卢克·霍华德在 1802 年 12 月那个夜晚的感受。霍华德是一个内向、缺乏自信的药剂师。他在一个冰冷的地下室里演讲。一些听众在焦急地等着结束，好去参加当天晚些时候皇家学会举行的晚宴。他虽是一名业余观云爱好者，却很少发表科学演讲。他克服了紧张情绪，以"云的形态变化"为题的演讲很受欢迎，并最终在《哲学杂志》（*Philosophical Magazine*）上发表，从而形成了我们现在使用的云分类体系（积云、层云、卷云等）。

有一个研究人员，我已不记得他的名字。他之所以能帮助我缓解演讲时的紧张情绪，是因为他的演讲是我见过的最糟糕的演讲。他有两张特别糟糕的幻灯片，尽管他从头到尾看着读，却一个问题都没讲明白。演讲前我总是充满自信，因为我再不济也不可能那么糟。

——维萨·莎苏，赫尔辛基科技大学

几乎每个人都有过在公众场合发言时紧张的经历。但是，完全放松下来也并非最理想的状态，因为如果肾上腺素没有升高，演讲仍可能会平淡无奇、缺乏激情。应该如何将紧张的情绪转化为对演讲时的激情呢？

有一种行之有效的缓解焦虑的方法：作足准备。表 28.1 中大多数克服焦虑的方法的核心，都是作足准备。对那些难以记住的表达方式，可把它写在卡片上或者贴纸上，利用一切可以利用的时间，反复阅读，反复练习，牢记于心。你越紧张，越需要作足准备。要小心过度紧张的情绪导致的精力过剩，让你不停地找些什么事情来消耗过剩的精力，比如连着喝上三杯咖啡。这样一来，即便你平常不怎么紧张，过多的咖啡因也会使之加重。

表 28.1　如何战胜焦虑

要为能将自己所做的工作展示出来而感到兴奋
展现你所擅长的
反复排练，直到满意为止
把重点放在你演讲的内容上，而不是演讲技巧
如果演讲因为紧张而发挥失常，会对自己表示失望和气恼
想象成功的画面
为前几页幻灯片编写演讲脚本，以便能够轻松地开头
如有必要，记下笔记
通过锻炼或散步来消耗过高的肾上腺素
提前到达，但是也不要太早，否则等待也会引发紧张情绪
在演讲前花 30～60 分钟来做心理准备
通过和朋友寒暄或与听众交流来分散注意力
放松。通过冥想或轻微运动放松肌肉
不要喝咖啡、可乐或者其他含有咖啡因的饮料
不要坐立不安。将双手放在身体两侧
开始演讲前做几次深呼吸

舒适的衣着会让你更加自信。你一定不想在演讲时不停地摆弄衣服，或因一件羊毛衫而感到发痒。穿一双舒服的鞋子，尤其是当所住的旅馆和会场之间有一段距离，或者你要站着展示墙报的时候。不要穿纽扣会自动松开的衬衫。衣服走光，哪怕是衣服可能走光的顾虑，

都会动摇演讲者的自信。遇到重要的演讲场合，要作些特殊的准备。买件新衬衫。在演讲时即便没人注意到，它也会带给你特别的感觉。我选择杰里·加西亚牌的领带。因为鲜艳的色彩和富有创意的设计——印有反主流文化中最伟大的偶像之一的艺术作品——让我更加自信。

与写作一样，要保持积极的心态。要为能够把你最新的研究成果展示在朋友和同事面前而感到骄傲。想象自己表现出色，随之而来的亲朋好友和同事们祝贺的景象。再想象自己演讲失败后的冷落寂寞及心潮久久不能平静的情景，更应该激励自己进行成功的演讲。

最后，关于焦虑和在公共场合演讲，我着重强调以下五点。

1. 通常，科学家们并不是对每一个演讲者都抱太大的希望，因为他们对平庸的演讲者已司空见惯。

2. 一般来说，听众都希望你的演讲成功。因为他们来听演讲是希望有一些不寻常的收获。

3. 害怕说话会直接导致你性格内向。听众才是你站在那里的原因，要把注意力放到听众身上。

4. 紧张情绪最容易发生在演讲即将开始和演讲刚开始的时候。一般在讲了几张幻灯片之后，紧张感就会慢慢消失。

5. 许多轻微的紧张表现（比如心跳加快、语速加快、心里紧张），听众可能都察觉不到。因此，如果听众看不出你紧张，不必自寻烦恼，不要把自己的想象当成听众的想法。

我第一次演讲时，只要一想到演讲我就特别恐惧，因此我写了一个脚本。我在图表（脚本）上写了所有该写的内容，并在妻子面前反复练习。现在，我不再需要脚本了，只需要在心里默默练习一两次，把握一下时间和中心思想（这是给听众和我的妻子的礼物），就可以正式即兴演讲并增加一些新内容。

——保罗·鲁伯，威斯康星大学密尔沃基分校

28.4 如何预防和应对疾病

众所周知，参加会议、乘坐飞机会提高感染疾病的概率。来自世界各地的与会者待在密闭的飞机和会议室里，意味着一旦某个人咳嗽或者打喷嚏，就有可能把病毒传染给你。如果你生病了，要尽力照顾好自己。要有足够的睡眠。随身携带手绢、润喉片、镇痛药，或者其他让你舒服的东西。演讲当天，喝一杯加了蜂蜜或柠檬的花草茶（比如滑榆、甘菊、姜和薄荷），用盐水漱口。茶歇时尽量不要说话。要想尽一切办法保护好嗓子。

28.5 出现问题时

准备工作再充分，原本想象中顺利的演讲也可能出问题。投影仪的灯泡烧掉，突然停电，或者台风警报突然响起来。要让自己在出现突发问题时保持良好的心态，请记住下面几点。

◎深呼吸。面对问题，要沉着冷静。

◎不要害怕、愤怒或哭泣。最专业的做法应该是保持冷静，微笑面对。

◎不要过度关注出现的问题，更不要纠缠。

◎向主持人或主办方寻求帮助。不要埋怨别人，即便是开不合适的玩笑，也有可能会因此失去听众的支持。遇到问题时，你同样需要听众的帮助。

◎启动合理的应急方案。

视听设备出现问题会分散听众的注意力。没有屏幕上的视觉提示，听众可能会把注意力从演讲者转向维修人员。此时，你可以做以下选择：第一，什么都不做。如果情况非常严重，你可能别无选择，只能等待问题得到解决。第二，对听众做调查，了解一下他们对你所讲内容的理解，或者讲一个与主题相关的故事。第三，拿出备用的幻灯片或笔记继续讲。

在我的生活中曾发生过的两个真实的例子，很好地诠释了最后一种选择。我的一个学生在进行博士论文答辩时，还有几张幻灯片没有播完，投影仪的灯泡就烧了，当时她选择继续演讲。为配合她的演讲，我捧着笔记本电脑不停地在会场内走来走去，及时向听众演示她要讲的幻灯片。虽然这是个老掉牙的解决方法，但却保证了她不受坏灯泡的影响，顺利完成了答辩任务。还有一次是在教员面试中，候选人演讲到一半时，头上的悬挂式投影仪灯泡坏了。当时有 4 个工作人员在努力维修，而这位候选人平静地转向黑板，拿起一支粉笔，完全抛开头顶上发生的事情，继续演讲。这位演讲者的把控能力，以及在糟糕境遇下展现出的自信，给我留下了非常深刻的印象。

在突发问题得到解决以后，如何尽快把听众已被分散的注意力重新拉到演讲中，需要演讲者的智慧和应变能力。你可以通过一幅有趣的图形，一张生动的照片，一段精彩的演讲，迅速地捕获听众的心。利用乘坐飞机或汽车时的闲暇时间，想一想万一发生上述情况，该如何应对。或许你事先准备好的应对之策永远都用不到，可一旦遇到突发情况，你会真正尝到未雨绸缪的甜头。

第四部分：在职业生涯中的沟通

第 29 章　工作场所的交流

本书可能会给大家带来这样一种印象，即多数科技交流形式都是正式的，比如同行评审和会议报告。其实，也可以通过一些非正式的交流，比如走廊谈话，在备忘录、电子邮件和小组会上的交流，这些都是为在正式场合的交流作准备。但遗憾的是，这些日常交流也可能因没有什么效果而被误认为浪费时间。本章将介绍如何提高专业交流（备忘录、简历、个人履历、求职信、电子信件和会议）能力。

乍一看，科学家和企业家可能没有太多共同点。其实，他们都想在思维领域获得成功，并获得经济上的利益。当然，企业并不是唯一需要备忘录、电子邮件和会议交流的地方，企业中的专业交流和科研交流一样，需要有前瞻性、简洁性和精确性。本章将简要介绍工作场所中几种常见的交流方式（也适用于预报室、实验室、大学院系和企业办公室）。

29.1　写备忘录

你的工作单位可能会让你写一份最近参加实地考察的总结，新的投资意向准备意见书，关于客户升级应用软件的可行性论证，或者购买大型设备的提议。这类文件（称之为备忘录）也像科技论文一样，具备告知、激励和说服的功能，但二者结构却不尽相同。一份合格的备忘录应具备哪些特点？

如果让 100 名经理列举出合格备忘录应具备的特点，我猜这 100 份答案里都会包含以下相同的内容：合格的备忘录一定要简短。经理和其他决策者——他们多数人的桌上有成堆的报告、文件和备忘录等着看——即使会看，很可能也只会看材料的前两页。实际上，一个人办公桌上的文件堆放的高度和他在管理结构中的地位可能存在一定的关系。因此，你的备忘录过目者的地位越高，他的时间就越珍贵，需他过目的备忘录也需要越短越好。

下面是教你如何写好备忘录的方法。

◎把重点放在目标受众想了解的内容上。不用讲他们可能知道的背景信息和那些不必要的细节。

◎使用要点句和编号列表的方式进行列举、总结和强调。

◎通过摘写初稿要点的方法让备忘录变短（13.3 节）。

◎如果需要实施，要给出具体的可行性计划或者有明确的决策建议。

◎如果实施建议没被采纳，会发生什么情况及会导致哪些损失。

◎在首页写上当前日期，并明确标注需要完成的时间期限。不过，也不要随意标注时间期限，否则可能会与你没有意识到的更高级别的优先事项的完成期限产生冲突。

简短的备忘录有两个好处。一是简短的文件迫使你只陈述最重要的内容，二是你不必浪费时间写一份没人看的长达 10 页的报告。如果过目人对你的两页纸的备忘录更感兴趣，那么他可能会让你提供一份更长的报告。

29.2　简历和个人履历

有些人常常把简历（resume）和个人履历（curriculum vitae）（一般人们称之为 CV 或 vita）两个词互换使用。其实他们并不通用。简历，一般用于商业领域，只有 1～2 页，它总结了你的从业经历、资历和技能，是为特定工作岗位专门准备的，旨在证明你是这个岗位的最佳人选。相对而言，个人履历是关于你职业生涯的完整记录，常适用于学术和研究领域。我经常更新我的个人履历，保存在电脑里并上传至网页上。当我需要申请参加某项特定的活动时，可根据该项活动的要求，从个人履历中获取信息来生成一份简历。

关于如何制作简历和个人履历，很多网站和职业书籍都有介绍。表 29.1 提供的个人履历中应包含的信息可供你制作个人履历时参考。

表 29.1　个人履历中应包含的信息

姓名和联系方式(通信地址、电话、电子邮箱、网页)
受教育经历(学位、年份、专业、大学、所在地)
工作经历(日期、所在地、职位、简要工作介绍、技能)
在政府部门或其他志愿组织的职务
学术社团会员
取得的奖项或荣誉
教学经历
辅导经历
语言技能和流利程度(口语和写作)
学术访问和其他教育经历
科研资助(正在申请的和已经取得的)
咨询经历
在期刊或机构担任审稿人情况
野外项目经历
专著
同行评审的文章(已发表的,待刊印,已投稿在审的,正在撰写的)
著作章节和百科全书的条目
其他出版物(非公开出版)
特邀报告
会议报告和详细摘要

29.3　筹备并举办会议

低质量的会议会消耗你那些原本可以更有意义的时间和精力。即便你参加的许多会议可能并不由你负责，可一旦需要你负责，你就要给予充分重视。通过举办为数不多但颇有成效的会议，你会在机构中被认定为非常珍惜同事时间的人。在组织任何会议前，都要问自己这样几个重要的问题。

◎召开这次会议是否必要？该主题可否通过午餐时的非正式讨论解决？是否可通过电话、电子邮件的形式解决？

◎会议的目的是什么？是不是有几个要点需要在会议上集中解决？若非如此，会议是否会沦为闲谈或发牢骚的地方？

◎会议要求哪些人参加？希望哪些人参加，即便他们并不重要？被邀请的人员中，哪些人并不要求非参加不可？需要对哪些人保密？

◎会议将如何记录？

咨询专家

公务中的有效沟通

克里斯·萨姆苏里，天气频道高级总监

有效沟通的基本要素可以延伸至职业的方方面面。确保信息的清晰、简洁、准确非常重要。和期刊文章一样，成功的公务沟通需要你能讲清楚你想要表达的内容（要有数据支撑），并且能够获得朋友的帮助（比如校对）。另外，在沟通中还需要考虑你的受众（技术人员还是行政人员，客户还是供应商，主管还是直接上司）的知识背景，以达到你期望的效果。

在公务沟通中，人们常常在两处犯错——第一是找工作时（比如求职信和简历），第二是业务交流时（比如电子邮件）。

求职信和个人简历

理想的工作岗位会吸引很多有能力的竞争者。你想在数十或数百名竞争者中脱颖而出，你的求职信或简历就必须具有引起人事经理或招聘人员注意的魅力。一些报告显示，看简历的人平均只花费 30 秒钟就会作出决定。混乱的复杂句、拼写错误、语法词汇错误很容易产生负面的效果。

此类错误可能导致评估者对你的技能产生怀疑。更糟糕的是，可能直接将你的申请丢在一边。苛刻么？是的。目光短浅？有时会。有道理么？当然。考虑到关注细节在气象工作中的重要性，书写粗心很可能会在招聘人员心中留下不适合做气象工作的第一印象。在应聘时，你只有一次机会留下第一印象。珍惜这次机会，确保留下的第一印象是好印象。

重要建议：

◎不要盲目相信自动纠错。虽然它可以检查出很多错误，但是它无法识别词语的使用错误和同形异义词。Advice 和 advise 就是我最常见到的一个错误。错误的标点符号也时有发生（比如 It's 和 Its）。一定要让你信任的人阅读你的求职信和简历，请他们指出其中的错误和不合理的地方。自己校对时，往往只能看到自己想写的，而非自己真正写下的。

◎要充满自信，但不要傲慢。极少有雇佣者会青睐直接写有"不雇佣我的话，那你一定是疯了"的求职信。让读者自己通过你简洁明了的文字描述中得出结论。

◎不要过度使用段落形式的散文。可以使用，但不要过度使用。如果允许，请使用短句，这样读者可以简单快速地掌握信息要义。如果还需要读者自己去思考雇佣你的理由，你十有八九会被放弃。

电子邮件

不要仅仅因为电子邮件便于快捷打印和发送就频繁地使用。由于工作繁忙，并不是每封需

要回复的邮件都能得到及时回复。在满是邮件的收件箱中，如果你想让自己的邮件立即得到答复，就必须让自己的邮件吸引收信人的注意力。

还有一点至关重要，电子邮件虽然方便转发，但因无法对不同的收件人及时补充附件内容和说明，也无法依据不同的收信人而使用不同的语气，更易引起同事的误解。那些本可以在面对面沟通中获取的反馈信息可能因此而丧失。即便通常无法面对面交流，也要考虑是否打个电话或者当面一见，确保自己传递的信息被对方准确无误地理解。

重要建议：

◎像期刊论文一样，电子邮件的题目要准确、简洁而且吸引眼球。

◎电子邮件要清晰有序。使用要点句或序号让听众迅速看到要点。

◎快速亮明观点。包括必要的细节或背景，但要注意简洁。

◎要有反馈提醒。简洁明确地告诉收件人你什么时间想得到什么样的反馈。告诉对方你什么时候跟进。即便信笺中只是简单地告知一下，不需要对方做什么，也要让对方知晓。

◎对于重要的电子邮件，倘若时间允许，先写好草稿并保存起来，不要急于发送。过段时间再仔细看看，是否完整准确地表达了你想表达的内容？是否有需要修改的地方？如果有，请修改。

◎如果邮件非常重要但并非机密，找一个信得过的同事或导师校对一下。你可能只有一次陈述观点或提出要求的机会，要好好把握。

为进一步提高会议的效率，参照以下几点。

◎开会前把会议日程分发下去。

◎倘若参会人数不够，可灵活取消会议。

◎保证会议按时开始、按时结束，珍惜参会者的时间。

◎积极主动地把控会议的主题和进度。

◎避免花费太多时间告知参会者已知，或通过简短电子邮件就可以知道的材料。

◎明确参会者如何及何时可以提问或提供建议。

◎若条件允许，可考虑加入新颖的做法（比如，提供食物、举行破冰行动、告知会场外集合地点、做游戏等）调动那些昏昏欲睡者的积极性。

◎最后，明确要跟进的事宜（执行项目），由谁负责及最后的期限。

多数人不愿意开会，认为是浪费时间。这种看法并不恰当，因为高效的会议确实可以强化组织团队。你知道糟糕的会议是什么样的，因此，作为会议的组织者，应发挥你的创造性，让会议更加富有成效并生动有趣。

29.4 高效工作，聪明工作

随着隔夜快递、电子邮件和即时通讯的出现，人们的生活节奏加快了，这让一些人觉得自己就像《宋飞正传》中的纽曼："邮件永不停歇。它总是不停地来来来，从未停止。实在是残酷。它每天越堆越多！你必须将它完成，但你处理得越多，它就来得越多。"当你需要写方案、备忘录、组织和参加会议时，我们似乎把大把时间用在了空谈而非落实上。

为了扭转这一趋势，我们应该共同努力，确保每天的交流更简短、内容更丰富、目标受众更明确。备忘录和电子邮件越短，越能节约读写时间，对于发送和接收者来说是双赢。如果确实忙，不要让毫无意义的会议压得喘不过气来。如果确需参会，要有所侧重，并且有一个具体的时间表。若会议允许的话，可不用电子讲稿，以节约与会者的时间。遵循本章的原则，你的工作不但会富有成效，还能留出更多时间做其他有意义的事。

第 30 章　与公众和媒体的沟通

纵览本书，能看出我们把读者群基本设定为科研人员，他们是社会群体中的一小部分。不过，本章还是要重点讲一下与公众的交流问题。通过调查发现，公众通常对科学家持信赖的态度，虽然大多数人并不相信科学界一致认同的全球变暖的说法。应该如何发挥被信任的优势，以最好的方式向公众解释他们期待我们作答的重要问题，尤其在面对聚光灯——媒体时。

作为科学家，我们懂得彼此之间如何交流，却不懂得如何与公众沟通。这个问题的症结，可能在于我们的奖励制度。科技成果是否获奖，取决于同行评审结果，而不是取决于《纽约时报》（*The New York Times*）是否认可。由于大多数的研究基金来自公众，所以我们不应把定期向媒体报告最新研究进程当作负担。诚然，你取得的最新研究成果——大气辐射参数化，并不是《新闻周刊》（*Newsweek*）所关注的对象，但是为了宣传你的研究成果的社会意义，你也应该明智地与他人谈论地球大气中的辐射平衡及其与温室效应的关系。

其实，我们也是公众。不论我们是不是科学家，即便身为大气科学研究人员，也是通过报纸才了解到蜂群衰竭失调症（一种导致蜜蜂放弃蜂巢的疾病），可能与转基因食品有关。无论喜欢与否，即便是科学家，也要通过媒体获取许多科学知识。

要是你在媒体上看到主题涉及自己研究领域知识的报道后，对其中所用的语言（比如，"气团的碰撞"是导致龙卷走廊的直接原因）、未加阐明的假设或者夸张的预测感到非常气愤，那么请试想一下，当一名生物学家在报纸上读到关于蜂群衰竭失调的文章时，他是什么感受。不论是期刊论文，还是报纸上的文章，阅读时都要认真思考。

如果科学家对记者有戒心，那么记者也同样无法信任科学家。面对记者时，科学家应以一种清晰、易懂、没有术语的通俗语言来解释为什么自己的研究成果对公众非常重要。如果这个成果需要通过电视或广播播出，科学家更应该以清晰简洁的原声解释，让听众明白。如果科学家不能用通俗的语言和其他科学家交流，他们怎么能给公众讲明白呢？

科学家和新闻工作者之间有很多区别，但也有很多共同点。

◎科学家和记者都善于思考。

◎两者都有强烈的自我意识，都不想犯错。

◎两者都偶尔会对有选择地解释数据感到内疚。

◎两者的文章都由把关人（科技期刊的编辑和媒体的编辑）决定是否发表。

◎他们各自都面临着语言障碍，无法相互交流。

基于这些共同点，或许他们之间可以通过对话消除隔阂，建立促进相互理解的桥梁。新闻工作者需要拓宽自己的科学视野，科学家也需要在其教育体系中加入如何与公众沟通的培训。在培训中要学会如何将科学语言和科技概念用通俗易懂并且有趣的语言表达出来。

在科学家与公众（比如，写给编辑的信、访谈、杂志文章）交流前，还需要考虑一些伦理问题。美国地球物理联合会（2006）制定的在学术期刊之外发表论文时需遵守的责任清单中，要求科学家"应当精确地报告数据并且客观公正地解释数据"。如果一项新发现需要向公众发布（例如，新闻发布会、新闻稿），那么它的论据必须足够充分，乃至能够保证在同行评审的科技期刊中发表。其手稿最好在声明之前或之后，提交给期刊编辑部。

科学家与媒体互动的主要方式是采访。采访的形式有很多：一通简短的电话、电子邮件、30分钟的专访，或者晚间新闻的现场直播。就像会议发言结束后的问答环节一样，采访的过程会让人相当紧张，这主要是因为场面的控制权在记者这边。有的时候，记者会带着采访大纲（比如，全球变暖并没有发生，国家气象部门对于近来发生的多数洪水都没能及时给出预警，该项研究项目就是在浪费纳税人的钱）。在采访开始前掌握主动权会对你比较有利。

30.1 接受采访前的准备工作

当记者来电邀约时，要作出回应。要明确对方采访的最后期限，告诉对方你在该期限前是否有时间接受采访。如果没有时间，可以向他们推荐别人。

在正式接受采访前，先和记者谈一次。主要是要确认一下采访的设计和安排，明确对方有可能提出的问题，然后决定是否接受采访。搞清楚记者的姓名、供职单位和该媒体的受众或读者群。与国家电视台相比，地方电视台更希望从不同的角度报道。与《时代》（Time）相比，《今日美国》（USA Today）更愿意迎合不同听众的口味。

明确采访的主题，了解记者是否具备相关的知识背景。若记者没有相关科学知识背景，你应首先向他介绍一些相关的知识。尽可能在他的知识层面上展开互动。例如，你可以这样问记者，我们除讨论飓风强度预报外，是否还涉及气候变化问题？这篇报道还要采访谁？采访准备安排在什么时间，什么地点？你还可以利用这次机会了解一下采访的时间长短。最后，问一下什么时候会在电视上播出或在报纸上发表。

虽然与媒体互动可能会让自己惴惴不安，但当你工作成果的重要性被公众认可时，自然也会感到很惬意。可以利用被采访的机会，介绍自己研究领域的科学知识，以及自己对研究工作的投入和热情。在采访前，准备几个能引起听众兴趣和满足听众需求的发言要点，然后把这些要点写下来，也可以做一个简单的索引卡备用。谈话时，不要忘记申明基金资助方。比如，美国国家科学基金会就强烈建议，他们资助的项目在所有的媒体上传播时，要申明基金资助方。

采访前，要先排练。请一个同事或公共关系部门的人员问你几个典型的问题，便于你练习反应速度，提炼发言要点。在朋友和同事面前出丑比在电视听众面前出丑强。

咨询专家

应对平面媒体、广播和电视采访的技巧

斯蒂芬妮·凯尼泽，美国气象学会公共关系官员

灯光，镜头，开始！你要准备好面对媒体的聚光灯。通过阅读，了解一些关于应对广播、电视和平面媒体采访的小窍门。

广播

◎每次都要问清楚：是现场直播还是录播？如果在录播过程中出现失误，可以重新录。你只需这样问记者，"我们可以重新来么？我想把观点重新理一下"。而在直播节目中，你只有一次机会，所以，尽量调整到最佳状态。

◎在做广播节目时，不要使用手机、头戴式耳机或者免提，以免影响录制的声音质量。例如手机突然没电时会影响到节目的录制。

◎一定要记住关闭呼叫等待。电话的另一头能听到它的哔哔声。

◎通电话时站起来，可让你充满活力和能量，在广播采访中尤其如此。

◎要把你叙述的内容生动具体化。记住听众看不到你，也看不到你所做的工作。

◎因为你看不到记者的脸（没有非语言反馈），所以你要问清楚他们是否理解了你的意思。

◎如果你和主持人一起在电台演播室，要和他们保持眼神交流，不要被铃声或口哨声分散注意力。如果没有主持人，自己找一个目光聚焦点，以免分散注意力。

电视

◎弄清楚你是作远程采访（采访人在另一个地方的演播室），还是与主持人面对面。

◎如果采访人不在现场，要确保直视镜头。往旁边或者天花板上看，会分散你的注意力。如果有人主持，可以直接看着他。有疑问的地方，要问清楚。

◎保持良好的精神状态。向前看，手势和姿势要有变化，表现出你对自己研究的热情。不要忘记看镜头和采访人，不要偏离话筒。

◎有时，摄制组和采访者为了取一个近镜头，可能会靠近你。这时，你与其往后退，不如主动向采访者倾斜，让自己觉得还有些控制权。

◎检查一下自己的着装，确保领带是直的，项链的扣在后面，已经摘掉了姓名标签，钢笔和铅笔没有从衣服口袋里伸出来，没有其他类似的视觉干扰。

◎如果可以，先来一段 30 秒之内的引述。这种简短的引述不太可能被删掉。当然，30 秒的引述，也需要事先排练。

◎如果被邀请参加一个电视脱口秀节目，找一张不会让你陷得太深的椅子，坐在椅子的前半部分，这样看起来和主持人的关系比较密切，要将注意力放在提问者和听众上。

平面媒体

◎虽然应对面对面的平面媒体采访比应对其他的采访容易一些，但是也不要过于放松

和随意。要记住你所说的每一句话都要被录下来，除非你和记者之间已有具体协议。

◎平面媒体采访时，允许你拿一些电脑动画或图表一类的可视素材。如果可能，告诉记者通过什么方式也可得到这些素材，用来作为你叙事的补充。素材中不要使用过多的统计数字和技术细节，以至于让记者不知所措。选择两三个重要素材补充自己要传递的信息。

◎与广播和电视记者一样，平面媒体记者也需要好的原声摘录来充实报道内容，因此你用声音传递的信息一定要通俗易懂，清晰准确，生动有趣。

◎如果在电话采访中你听到记者在打字，就放慢语速，以便记者能够跟得上。

◎即便有录音也无需担心。当记者想进一步明确你说的内容，或者要写一篇更精确的文章时，需要再听一遍对你采访的录音，以确保报道的内容准确无误。

最后，还有几点适用于应对所有采访的提醒：永远不要说"无可奉告"——听起来像在故意隐藏些什么。最好对记者说，你不知道答案，或根据你目前了解的信息，对该问题还不太清楚。如果你对记者一连串的提问感到不舒服，就直接告诉记者自己不是讨论这个问题的最佳人选。最后，一定要回答每个问题："你还有什么要补充的吗？"这是一个重复关键论点的机会。抓住这个机会，重复关键信息，就此画上句号。

30.2 与公众互动

与公众互动的方式有很多，不仅仅是在媒体上露面。当你完成一项有社会影响力的研究项目时，是否愿意与公众交流？要是有关于自己研究内容的网站，网站里是否包含研究的基本问题和它对于公众的意义呢，这些内容外行是否可以看懂？

你很可能是某个俱乐部或教堂的一员，在那里你和那些非气象专业的人一起聊天。这是多好的公众演讲的练习机会！作为志愿者，在社区组织作关于天气预报、防台风的准备、气候变化或者空气污染的演讲。扶轮社、狮子会、塞拉社、商会等地方分会总是在为他们的会议寻找演讲人。到教室去讨论科学问题，请学校的来访团到你工作的地方做客，参加科技节目，这些都是你在不同层面宣传你的科研成果的好机会，而且，在这些活动中，你还很可能对下一代年轻科学家的成长起到鼓舞作用。甚至在鸡尾酒会的聊天中，你也可以将你做的工作向他人娓娓道来。利用一切机会，锻炼你与他人交流的能力。

咨询专家

被采访时最容易犯的十个错误

凯利·皮特尔·塔尔甫，国家海洋大气局公共事务专家

1. 认为你讲话的某些内容没有被记录

底线：如果你不想在报刊或电视上看到你所说的，就不要说出来。

2. 过于专业性或技术化

尽量不要使用专业术语，尤其不要使用缩略语。要记住这一点，那些你和你的同事们

非常熟悉的词语，对于记者和公众很可能非常陌生。

3. 与记者交流时过于随意

不要开玩笑或是讽刺挖苦。不要放松警惕，说些不该说的话。永远不要认为麦克风是关着的。不要让你的错误陈述不可挽回。保持沉着冷静，也不要过度放松。要有合作精神——也要控制采访局面。

4. 东拉西扯、泛泛而谈

记者希望听到简短、简单的答案。快速而准确地抓住重点。采访前多加练习，以便取得最好的效果。

5. 谈论不属于你专业范畴的主题

尽管你受过良好的教育，对很多话题都有所了解（甚至相当了解），但还是应坚持讲你最熟悉的话题。如果你不是最适合该话题的嘉宾，坦然告诉记者，并引荐其他合适的人或机构。"我不知道"或"我不知道，但是我可以向你推荐其他人选"，是对方愿意接受的回答。不要妄加推断。不要说"要是……的话"这种话。

6. 不考虑媒体和听众

电视采访不同于平面媒体采访，也不同于广播采访。你的回答应该考虑到这一点。

7. 用说话代替尴尬的沉默

这是记者常用的一种手段，以引诱你说些不应该说的话。一旦你说了该说的，就保持沉默。等待记者发言——即便场面不太舒服！切莫为避免沉默气氛说一些不该说的话。

8. 即兴发言

如果需要，询问记者能否在几分钟后再回拨电话。利用这几分钟时间作些准备。

9. 把采访当作聊天

记者会尽力使采访像日常聊天一样，但它不是。在回答中重复记者提到的问题，有助于思考合适的语言。强调你要讲的要点。重复说过的话——变换不同的方式讲一件事没有什么不妥。

10. 假定了解背景知识

不要想当然地认为记者知道并了解你的工作、你的研究主题、你所在地理区域、你的组织，或者与采访有关的任何事情。

第 31 章　继续深入

成功人士都有一个共同的特征，即不断地追求自我完善。我们怎么做才能获得成功？本章介绍提高写作和演讲水平的技巧。

不论你是国家气象中心的预报员，是私营企业的预报员，还是在广播电台的预报员，都需要通过不断学习来了解最新的科学技术发展和最新的数值预报模式。研究人员终生都热衷于学习，并为世界不断发展的科学技术做出贡献。教授和教师只有学习最新的科学知识，才能培养学生毕业后的工作技能。同样地，作家、演说家或者从事写作和讲课的工作人员，都必须不断地提高和拓展自己的技能。即便是具有超强写作能力和演讲能力的资深科学家，仍然还有进步的空间。其实，这些群体中，最优秀的人都具备一个特征，就是对卓越追求不止。

阅读本书或其他在"深入阅读"部分推荐的书籍，无疑是迈向卓越的一步。本章提出了一些提升沟通能力（未必详尽）的方法。

31.1　多写

所有类似《想要成为一名作家》的书籍都会强调一点：必须每天都写点东西。即便你每天工作之余时间所剩无几，而且已经疲惫不堪，也必须坐下来坚持写作。等待灵感突现的结果就是继续无望地等待。自律可以释放创造力，这对小说和非小说类作品同样适用。就像吃饭一样，让写作成为日常生活中不可或缺的一部分。坚持每天写作练习，有助于写作能力的提高。当然，仅仅这样说说是不够的。在健身房，有规律的运动可以塑形；在电脑上，长期规律性的写作可以让我们找到好的词汇，感受到句子的韵律，产生强烈的写作自信，能把杂乱如麻的句子改成一首可以哼唱的诗歌。你写得越多，写作就越容易。

奥斯陆大学科学史教授罗伯特·马克·弗里德曼曾写过许多书。他写过关于卑尔根气象学派、海洋学家哈拉尔德·斯维德鲁普和诺贝尔奖幕后的书，也写了关于维尔赫姆·皮叶克尼斯的电视剧剧本，还写过关于阿尔伯特·爱因斯坦和莉斯·迈特纳的剧本。他像我们所有人一样忙碌，只不过他懂得要取得巨大的成就需要时间。他所有的作品，不仅需要时间构思，还需要时间去写作。

第 5 章已经就如何激发写作欲望，突破所谓写作瓶颈，以及如何创造写作环境作了详细探讨。在本书的最后，提出 6 条有助于提高写作水平的建议。

1. 认真对待日常生活中的写作。日常生活中给朋友写电子邮件、给父母写信或者列购物清单，都是有益的写作练习，有助于养成良好的写作习惯。即便语法错误和错别字对邮件或书信的影响不大，也要在正式发送前校对。要让你的同事知道，你的写作中几乎不会出现语法错误。在任何情况下，都要表现出专业精神。

2. 检查并列出写作过程中存在的不足（13.5 节），养成检查和改正缺点的习惯。

3. 写作或修改时，可采用本书中的建议。如 3.1 节列举了理想标题的 5 个特点，第 137 页上"手稿的最后检查"中给出的提交稿子前需要检查的项目。如需要用过渡词，可试试第 53 页中的"科技写作中常见的过渡词语"。

4. 初写时不必追求完美，不要有什么顾忌。

5. 修改，修改，再修改！不要不忍心删去那些与主题无关的漂亮词句。

6. 请别人帮你锦上添花，无论是同事、大学写作中心还是专业编辑机构的建议，都值得借鉴。

31.2　多读

根据美国气象学会会员的调查报告，只有 40％的美国学生"每天或每周阅读发表的文献"。阅读科技文献有助于你成为更优秀的作家和科学家。多阅读能够激发你的创造性思维，教你好的研究方法，为你提供成功的写作范例。

开卷有益，阅读一些其他类型的科技文章，即便你对某些主题不感兴趣，也可以开拓你的思维。当你读到一篇精彩的论文时，认真想一想哪些地方吸引了你？是否可以将它运用到自己的文章中。不要把阅读范围限定在科技文献——读一些高质量的非科技文献，同样有助于你成为一名优秀的科技论文作者。

31.3　多作报告

正如多写有助于你成为一名更加熟练、自如、多产的作者一样，多作报告对提高你的口头演讲能力也大有裨益。你可在自己的大学或实验室里介绍自己的研究。到别的城市拜访同事时，也可在他们部门的每周研讨会上作报告。还可建立一个非正式的午餐讨论小组，和小组成员交流最新的科研成果、最近的期刊论文或者自己的个人爱好。有机会的话，也可以在当地美国气象学会或全国天气协会分会上作报告，为当地户外俱乐部讲讲提高关于雷电安全的课程。感恩节时，做一组幻灯片，向家人展示你的威尼斯之旅。

31.4　多参加讨论

定期参加你所在部门或实验室的系列讨论会。看看别人有哪些高超的演讲技巧，以便取长补短。在研讨会和交流会上，做一名有参与意识、乐于互动的听众。要做笔记，提问题。会后与发言人交流。在会议用餐时，邀请新面孔加入自己的圈子。今天吃饭认识的朋友，可能将来会成为你研究的合作伙伴。

31.5 建立同行评审小组

在你所在的机构或学科领域，找出和你有相同科研兴趣或个人爱好的同行，建立一个电子邮件讨论群组，讨论关于当前的天气及毛毛雨的雨滴谱的最新期刊文章，或者讨论瓦萨奇山是否是野外滑雪的最佳地点。

咨询专家

观测课程中的写作技巧

佩特拉·克莱因，俄克拉何马大学气象学院副教授

在俄克拉何马大学气象学院，所有学生都要在大三秋季学期上一门气象观测课程。最近5年来，我一直在教这门课程，发现学生在学习课程时最大的问题之一就是缺乏沟通的技巧。

这门课程主要由两部分组成：一是两周一次的实验，二是实施一项长达一个学期的项目，项目要求学生安装气象仪器，在一定时间内进行测量并对测量结果进行分析。这项实践活动，旨在让学生学会使用最新仪器和掌握资料分析的方法。学生在实践中不仅学会了测量方法，也学会对观测到的数据质量进行批判性地评估。我们的实验和项目研究得到了学生的普遍好评，学生对实验和项目研究的反馈总体上说是积极的。

这两个部分都需要学生对正式的实验结果进行总结。2003年我第一次开始教这门课程时，很快发现，多数学生写作能力不足，需要在撰写科技文章方面得到指导。大多数学生似乎从未写过甚至没有读过科技文章，不知道如何在文章中整合和引用图形和表格，也不知道如何进行文献综述，对如何引用别人的论文也一无所知。很明显，这些总结报告大多是应付差事，提交前也没有经过作者和同行的校对。因此，我教他们如何对实验和项目进行描述，并且建立了一个规范的报告格式细则。我还利用在线资源，在课程中加入了沟通技巧内容。

另外，在学期一开始，我就要求学生提交他们项目报告中的文献综述部分作为期中报告。布置这项任务有三个目的：一是让学生在学期初期就开始实施项目研究和相关的写作，二是让学生通过阅读已发表的论文了解科技论文的写作格式和要求，三是我可以在学期早期就对他们的写作提供指导。

去年我与学校写作中心合作，请写作中心的指导老师来参加一个帮助课堂教学，对学生的期中报告进行评议。通过近几年的努力，项目报告的质量确实得到了提高，沟通技巧的教学开始收到成效。不过，要想让学生在将来工作中对外沟通时游刃有余，需要将沟通与写作作为重点的教学单元，列为多个课程的组成部分。

午餐会是同行评审小组研讨科技文献的自然场所。一个没有导师和教授，仅由同行组成的评审小组，有助于在阅读中培养自己的批判性思维及独立思考和辩论的能力。若有必要，可以将阅读和讨论中发现的问题记下来，请教前辈或其他专家，甚至也可以给作者发邮件请教。

对于自己的文章是否可以作为会议摘要、论文章节或科研论文，同行评审小组的意见同样重要。如果同行评审小组有建设性的评审意见，可以在很大程度上帮助你提高论文的质量。这种互动未必十分友好，但查尔斯·道斯威尔说："严厉的批评家是你学习如何写作的最好的朋友。"

31.6　在课堂上学习沟通技巧

优秀的指导老师懂得，好的教育在于做而不是说教。因此，优秀的导师通过在课堂上布置具有启发性、挑战性的具体任务，让学生在完成任务的实践中，掌握沟通技巧，提高沟通能力。这种技巧不需要单独上课。在大多数大气科学课程中，学生的书面和口头交流实践，可以纳入到常规的课程中。课堂上的沟通练习，包括辩论、课堂发言、文献综述、小组研究项目和阅读讨论，以及对学生写作和演讲任务的同行评审。佩特拉·克莱因教授在测量课程中提供了一个如何将沟通技巧融入教学的案例（见第 262 页）。

我的写作转折点出现在我在宾夕法尼亚大学本科学习时的写作课上，当时我问老师是什么能让我认真对待写作（我曾经试着这么做，但没有奏效）。老师回答说，当我到了要为同事、员工和学生的写作承担个人责任的时候，我就明白了。

——丹·凯泽，纽约州立大学奥尔巴尼分校

31.7　与导师和同事互动

除了得到同行的支持，还要找到能够加速你成长的良师，与他们进行科研交流。我们这些权威人士能够有今天的成就，也是因为曾经有人帮助过我们，他们在我们就业时给予建议，演讲时予以指点，在项目研究上与我们合作，支持我们的科研方案，还给我们写推荐信。我们也应对他们的帮助予以回报。找到你喜欢与之互动的人，一个星期和他们吃一次饭。拜访你的教授、系主任和实验室主任，了解他们是如何获得成功的。花点时间，拜访研讨会的报告人、就业面试官或来自别的大学或实验室的客人。

寻找良师益友，并非必须通过个人交际，也可以听一听你钦佩的同事在课堂上、会议上或走廊上说些什么。读一读他们的文章，模仿你喜欢的，摒弃你不喜欢的风格。从正面的和负面的典型中吸取经验教训。

31.8　做志愿者

很多组织都在招募工作努力又满怀热情的志愿者。学术社团是发挥志愿者才能的好地方。与最喜欢的期刊编辑部取得联系，志愿做他们的审稿人，申请会议筹备志愿服务，或者为美国气象学会或国家天气协会的地方分会做些事情。推荐你的教授参加学院、大学或美国气象学会的教学奖评选。倘若把这些事情做好，就会赢得他人对你、对你的能力的信任。也许你会因此而获得一次演讲机会、一项合作甚至可能是一份工作。无论如何，对你要做的每件事，都要全身心地投入。

31.9　形成自己的风格

许多职业音乐家从小就接受了基础的音乐训练，练习音节和演奏别人的曲目。随着年龄的增长，通过观察别人的演奏、聆听别人的音乐，他们越来越喜欢自己创作曲目。最终，他们形成了自己的演奏风格——比如，当你听到迈尔斯·戴维斯用小号吹奏出的第一个音符，B. B. 金的露西尔吉他的标志性曲调，或比利·荷莉戴那令人感到亲切的特殊嗓音，马上就会分辨出他们各自的独特风格。

同样，在你孩童时就学会了用母语交流的基础知识，并随着成长不断完善。作为一名初出茅庐的科技人员，要把重点放在学习同行评审的期刊论文上，逐渐增强在科研、科技综述和交流成果等方面的能力。你早期的论文和报告可能会一直沿用第 4 章介绍的科技论文的结构：前言、数据、方法、结果、讨论、结论。

正如音乐家要形成自己的风格一样，你也必须这么做。从模仿你欣赏的人开始。随着写作和演讲水平的提高，你的写作潜能会得以完全释放。要有创造性，探索出本书中没有的方法。要遵循基本的原则，但也不要拘泥于此。Gopen 和 Swan（1990）说，"最优秀的设计师往往是技艺最高超的叛逆者，但为了实现最优秀的设计，他们必须在大多数时间满足期望，从而把打破常规视为值得注意的特殊时刻"。

31.10　从错误中学习

继续以音乐为例，音乐家偶尔也会失败。布鲁斯·斯普林斯汀在前两张唱片销量令人失望之后，如果没有第三张唱片《生而奔跑》的惊艳表现，他很可能会被唱片公司解雇。当我作的报告没有达到期望时，我的下一个报告一定会更精彩，因为我会避免再犯同样的错误，失败是成功之母。

对于我认为的失败，别人可能并不这样认为。也许正是对自己严格挑剔，才让自己能看到别人看不到的错误。面对失败，我不会失望，而是会化失败为动力，追求完美。

31.11　结论

作为本书的结束语，关于完美沟通的建议，可能没什么语言比大气科学家伯纳德·冯内古特弟弟的话更精辟了，他写道：

1. 找一个你感兴趣的话题。
2. 不要泛泛而谈。
3. 语言简洁。
4. 大胆删减。
5. 要有自己的语言风格。
6. 说你想说的。
7. 对待读者要有怜悯心。

——库尔特·冯内古特

参考文献[①]

Aarabi, P., 2007: *The Art of Lecturing: A Practical Guide to Successful University Lectures and Business Presentations.* Cambridge University Press, 157 pp.

Ahmed, S. M., C. A. Maurana, J. A. Engle, D. E. Uddin, and K. D. Glaus, 1997: A method for assigning authorship in multiauthored publications. *Fam. Med.,* **29** (1), 42–44.

Alley, M., 1996: *The Craft of Scientific Writing.* 3rd ed. Springer, 282 pp.

Alley, M., 2000: *The Craft of Editing: A Guide for Managers, Scientists, and Engineers.* Springer, 159 pp.

Alley, M., 2003: *The Craft of Scientific Presentations.* Springer, 241 pp. [Resource section available online at: www.writing.engr.psu.edu/csp.html.]

Altman, D. G., 2002: Poor-quality medical research. What can journals do? *J. Amer. Med. Assoc.,* **287,** 2765–2767.

Altman, R., 2007: *Why Most PowerPoint Presentations Suck.* Harvest Books, 271 pp.

American Geophysical Union, 2006: Guidelines to publication of geophysical research. [Available online at www.agu.org/pubs/pubs_guidelines.shtml.]

American Meteorological Society, 2008: Authors' guide. 4th ed. Version 20081103. Amer. Meteor. Soc., 83 pp. [Available online at www.ametsoc.org/PUBS/ Authorsguide/pdf_vs/authguide.pdf.]

American National Standards Institute, Inc. 1979: *American national standard for writing abstracts.* ANSI Z39.14-1979. American National Standards Institute, Inc.

Anderson, P. V., 1999: *Technical Communication: A Reader-Centered Approach.* 4th ed. Harcourt Brace, 643 pp.

Anscombe, F. J., 1973: Graphs in statistical analysis. *Amer. Stat.,* **27** (1), 17–21.

Antelman, K., 2004: Do open-access articles have a greater research impact? *Coll. Res. Libr.,* **65,** 372–382.

Archambault, É., and V. Larivière, 2009: History of the journal impact factor: Contingencies and consequences. *Scientometrics,* **79,** 635–649.

Atkinson, C., 2008: *Beyond Bullet Points.* Microsoft Press, 349 pp.

Atkinson, C., and R. E. Mayer, 2004: Five ways to reduce PowerPoint overload. [Available online at www.sociablemedia.com/PDF/atkinson_mayer_powerpoint_4_23_04.pdf.]

Baibich, M. N., and Coauthors, 1988: Giant magnetoresistance of (001)Fe/(001)Cr magnetic superlattices. *Phys. Rev. Lett.,* **61,** 2472–2475.

Balaram, P., 2002: Editorial discretion and indiscretion. *Curr. Sci.,* **83,** 101–102.

Bals-Elsholz, T. M., E. H. Atallah, L. F. Bosart, T. A. Wasula, M. J. Cempa, and A. R. Lupo, 2001: The wintertime Southern Hemisphere split jet: Structure, variability, and evolution. *J. Climate,* **14,** 4191–4215.

Banacos, P. C., and D. M. Schultz, 2005: The use of moisture flux convergence in forecasting convective initiation: Historical and operational perspectives. *Wea. Forecasting,* **20,** 351–366.

Barnes, L. R., D. M. Schultz, E. C. Gruntfest, M. H. Hayden, and C. Benight, 2009:

---

① 参考文献沿用原版书中内容，未改动。

Corrigendum: False alarm rate vs false alarm ratio? *Wea. Forecasting,* **24,** 1140–1147.

Batchelor, G. K., 1981: Preoccupations of a journal editor. *J. Fluid Mech.,* **106,** 1–25.

Beck, M. E., Jr., 2003: Anonymous reviews: Self-serving, counterproductive, and unacceptable. *Eos, Trans. Amer. Geophys. Union,* **84,** 249.

Bekelman, J. E., Y. Li, and C. P. Gross, 2003: Scope and impact of financial conflicts of interest in biomedical research: A systematic review. *J. Amer. Med. Assoc.,* **289,** 454–465.

Benka, S. G., 2008: Who is listening? What do they hear? *Phys. Today,* **61,** 49–53.

Benos, D. J., K. L. Kirk, and J. E. Hall, 2003: How to review a paper. *Adv. Physiol. Educ.,* **27,** 47–52.

Benos, D. J., and Coauthors, 2007: The ups and downs of peer review. *Adv. Physiol. Educ.,* **31,** 145–152.

Bhatia, C. R., 2002: Transparency in editorial discretion. *Curr. Sci.,* **83,** 927.

Binasch, G., P. Grünberg, F. Saurenbach, and W. Zinn, 1989: Enhanced magnetoresistance in layered magnetic structures with antiferromagnetic interlayer exchange. *Phys. Rev. B,* **39,** 4828–4830.

Bjerknes, J., 1919: On the structure of moving cyclones. *Geofys. Publ.,* **1** (2), 1–8.

Blanchard, D. C., 1974: References and unreferences. *Science,* **185,** 1003.

Boote, D. N., and P. Beile, 2005: Scholars before researchers: On the centrality of the dissertation literature review in research preparation. *Educ. Researcher,* **34** (6), 3–15.

Booth, W. C., G. G. Colomb, and J. M. Williams, 2003: *The Craft of Research.* 2nd ed. University of Chicago Press, 329 pp.

Bosart, L. F., 1983: Analysis of a California Catalina eddy event. *Mon. Wea. Rev.,* **111,** 1619–1633.

Brown, R. A., 1992: Initiation and evolution of updraft rotation within an incipient supercell thunderstorm. *J. Atmos. Sci.,* **49,** 1997–2014.

Brown, R. M., H. Y. Kim, and R. L. Damron, 1995: *Technical Writing Guide for Non-Native Speakers of English.* Harcourt Brace, 98 pp.

Brownstein, K. R., 1999: Extremalyze über alles. *Ann. Improb. Res.,* **5** (2), 3.

Brumfiel, G., 2007: Turkish physicists face accusations of plagiarism. *Nature,* **449,** 8.

Bryan, G. H., and J. M. Fritsch, 2000: Moist absolute instability: The sixth static stability state. *Bull. Amer. Meteor. Soc.,* **81,** 1207–1230.

Budd, J. M., M. E. Sievert, and T. R. Schultz, 1998: Phenomena of retraction: Reasons for retraction and citations to the publications. *J. Amer. Med. Assoc.,* **280,** 296–297.

Campanario, J. M., 1998: Peer review for journals as it stands today—Part 2. *Sci. Comm.,* **19,** 277–306.

Campbell, E., 1995: *ESL Resource Book for Engineers and Scientists.* Wiley, 336 pp.

Campbell, P., 2008: Escape from the impact factor. *Ethics Sci. Environ. Polit.,* **8,** 5–7.

Chattopadhyay, R., A. K. Sahai, and B. N. Goswami, 2008: Objective identification of nonlinear convectively coupled phases of monsoon intraseasonal oscillation: Implications for prediction. *J. Atmos. Sci.,* **65,** 1549–1569.

Clark A. J., C. J. Schaffer, W. A. Gallus Jr., and K. Johnson-O'Mara, 2009: Climatology of storm reports relative to upper-level jet streaks. *Wea. Forecasting,* **24,** 1032–1051.

Clark, H. H., and W. G. Chase, 1972: On the process of comparing sentences against pictures. *Cogn. Psychol.,* **3,** 472–517.

Clayton, H. H., 1911: A study of clouds with data from kites. *Ann. Astron. Observatory Harvard Coll.,* **68,** 170–192.

Cleveland, W. S., 1984: Graphs in scientific publications. *Amer. Stat.,* **38,** 261–269.

Cleveland, W. S., 1993: *Visualizing Data*. Hobart Press, 360 pp.

Cleveland, W. S., 1994: *The Elements of Graphing Data*. Hobart Press, 297 pp.

Cook, C. K., 1986: *Line by Line: How to Edit Your Own Writing*. Houghton Mifflin, 219 pp.

Corfidi, S. F., S. J. Corfidi, and D. M. Schultz, 2008: Castellanus and elevated convection: Ambiguities, significance, and questions. *Wea. Forecasting, 23,* 1280–1303.

Cronin, B., 2005: A hundred million acts of whimsy? *Curr. Sci., 89,* 1505–1509.

Curtis, R., 1996: *How to Be Your Own Literary Agent*. Houghton Mifflin, 285 pp.

Davies, H. C., 1997: Emergence of the mainstream cyclogenesis theories. *Meteor. Z., 6,* 261–274.

Davies-Jones, R., C. A. Doswell III, and H. E. Brooks, 1994: Comments on "Initiation and evolution of updraft rotation within an incipient supercell thunderstorm." *J. Atmos. Sci., 51,* 326–331.

Day, R. A., 1995: *Scientific English: A Guide for Scientists and Other Professionals*. 2nd ed. Oryx Press, 148 pp.

Day, R. A., and B. Gastel, 2006: *How to Write and Publish a Scientific Paper*. 6th ed. Cambridge University Press, 302 pp.

Demuth, J. L., E. Gruntfest, R. E. Morss, S. Drobot, and J. K. Lazo, 2007: WAS*IS: Building a community for integrating meteorology and social science. *Bull. Amer. Meteor. Soc., 88,* 1729–1737.

de Solla Price, D. J., 1965: Networks of scientific papers. *Science, 149,* 510–515.

Devine, E. B., J. Beney, and L. A. Bero, 2005: Equity, accountability, transparency: Implementation of the contributorship concept in a multi-site study. *Amer. J. Pharm. Educ., 69,* 455–459.

Dixon, B., 2000: How not to build bridges. *Amer. Soc. Microbiol. News.* [Available online at newsarchive.asm.org/sep00/animalcule.asp.]

Dong, Y. R., 1998: Non-native graduate students' thesis/dissertation writing in science: Self-reports by students and their advisors from two U.S. institutions. *Engl. Specific Purp., 17,* 369–390.

Doswell, C. A. III, 1991: Comments on "Mesoscale convective patterns of the southern High Plains." *Bull. Amer. Meteor. Soc., 72,* 389–390.

Doswell, C. A. III, 2007: Small sample size and data quality issues illustrated using tornado occurrence data. *Electron. J. Severe Storms Meteor., 2* (5), 1–16.

Doswell, C. A. III, and F. Caracena, 1988: Derivative estimation from marginally sampled vector point functions. *J. Atmos. Sci., 45,* 242–253.

Doswell, C. A. III, and L. F. Bosart, 2001: Extratropical synoptic-scale processes and severe convection. *Severe Convective Storms, Meteor. Monogr.,* No. 50, Amer. Meteor. Soc., 27–69.

Doswell, C. A. III, and D. M. Schultz, 2006: On the use of indices and parameters in forecasting severe storms. *Electron. J. Severe Storms Meteor., 1* (3), 1–14.

Doswell, C. A. III, H. E. Brooks, and R. A. Maddox, 1996: Flash flood forecasting: An ingredients-based methodology. *Wea. Forecasting, 11,* 560–581.

Doswell C. A. III, D. V. Baker, and C. A. Liles, 2002: Recognition of negative mesoscale factors for severe-weather potential: A case study. *Wea. Forecasting, 17,* 937–954.

Drummond, C. W. E., and D. S. Reeves, 2005: Reduced time to publication and increased rejection rate. *J. Antimicrob. Chemother., 55,* 815–816.

Durran, D. R., 2000a: Small-amplitude coastally trapped disturbances and the reduced-gravity shallow-water approximation. *Quart. J. Roy. Meteor. Soc., 126,* 2671–2689.

Durran, D. R., 2000b: Comments on "The differentiation between grid spacing and resolution and their application to numerical modeling." *Bull. Amer. Meteor.*

Soc., **81,** 2478.

Ebel, H. F., C. Bliefert, and W. E. Russey, 2004: *The Art of Scientific Writing.* 2nd ed. Wiley-VCH, 595 pp.

Editorial Board of the *Electronic Journal of Severe Storms Meteorology,* 2006: Guide for authors, reviewers, and editors. *Electronic Journal of Severe Storms Meteorology,* 15 pp. [Available online at www.ejssm.org/EJSSM-Guide.pdf.]

Einstein, A., and L. Infeld, 1938: *The Evolution of Physics.* Cambridge University Press, 319 pp.

Efron, B., and R. J. Tibshirani, 1993: *An Introduction to the Bootstrap.* Chapman and Hall, 436 pp.

Errami, M., J. M. Hicks, W. Fisher, D. Trusty, J. D. Wren, T. C. Long, and H. R. Garner, 2008: Déjà vu—A study of duplicate citations in Medline. *Bioinformatics,* **24,** 243–249.

Errico, R. M., 2000: On the lack of accountability in meteorological research. *Bull. Amer. Meteor. Soc.,* **81,** 1333–1337.

Eysenbach, G., 2006: Citation advantage of open access articles. *PLoS Biol.,* **4,** e157. doi:10.1371/journal.pbio.0040157.

Fairbairn, G., and S. Fairbairn, 2005: *Writing Your Abstract: A Guide for Would-Be-Conference Presenters.* APS Publishing, 128 pp.

Feibelman, P. J., 1993: *A Ph.D. Is Not Enough! A Guide to Survival in Science.* Addison-Wesley, 109 pp.

Fiske, P. S., 1996: *To Boldly Go. A Practical Career Guide for Scientists.* American Geophysical Union, 188 pp.

Flower, L. S., and J. R. Hayes, 1977: Problem-solving strategies and the writing process. *Coll. Engl.,* **39,** 449–461.

Frey, B. S., 2003: Publishing as prostitution?—Choosing between one's own ideas and academic success. *Public Choice,* **116,** 205–223.

Friedman, R. M., 1989: *Appropriating the Weather: Vilhelm Bjerknes and the Construction of a Modern Meteorology.* Cornell University Press, 251 pp.

Friedman, S. M., S. Dunwoody, and C. L. Rogers, Eds., 1999: *Communicating Uncertainty: Media Coverage of New and Controversial Science.* Lawrence Erlbaum, 296 pp.

Fulda, J. S., 2006: What happens when the author does not provide an abstract. *J. Scholarly Publishing,* **37,** 136–144.

Galway, J. G., 1989: The evolution of severe thunderstorm criteria within the Weather Service. *Wea. Forecasting,* **4,** 585–592.

Gans, J. S., and G. B. Shepherd, 1994: How are the mighty fallen: Rejected classic articles by leading economists. *J. Econ. Perspect.,* **8,** 165–179.

Garfield, E., 1955: Citation indexes for science: A new dimension in documentation through association of ideas. *Science,* **122,** 108–111.

Garfield, E., 1972: Citation analysis as a tool in journal evaluation. *Science,* **178,** 471–479.

Garfield, E., 2005: The agony and the ecstasy—The history and meaning of the journal impact factor. *Int. Congress on Peer Review and Biomedical Publication,* Chicago, IL, American Medical Association, 22 pp. [Available online at www.garfield.library.upenn.edu/papers/jifchicago2005.pdf.]

Garfield, E, 2006: The history and meaning of the journal impact factor. *J. Amer. Med. Assoc.,* **295,** 90–93.

Geerts, B., 1999: Trends in atmospheric science journals: A reader's perspective. *Bull. Amer. Meteor. Soc.,* **80,** 639–651.

Glickman, T. S., Ed., 2000: *Glossary of Meteorology.* 2nd ed., Amer. Meteor. Soc., 855 pp.

Globus, A., and E. Raible, 1994: Fourteen ways to say nothing with scientific visualization. *IEEE Comput.,* **27** (7), 86–88.

Globus, A., and E. Raible, 1994: Fourteen ways to say nothing with scientific visualiza-550–558. [Available online at www.americanscientist.org/issues/feature/the-science-of-scientific-writing/1.]

Gorin, J. S., 2005: Manipulating processing difficulty of reading comprehension questions: The feasibility of verbal item generation. *J. Educ. Meas.,* **42,** 351–373.

Goudsmit, S. A., 1969: What happened to my paper? *Phys. Today,* **22** (5), 23–25.

Grasso, L. D., 2000a: The differentiation between grid spacing and resolution and their application to numerical modeling. *Bull. Amer. Meteor. Soc.,* **81,** 579–580.

Grasso, L. D., 2000b: Reply. *Bull. Amer. Meteor. Soc.,* **81,** 2479.

Hajjem, C., S. Harnad, and Y. Gingras, 2005: Ten-year cross-disciplinary comparison of the growth of open access and how it increases research citation impact. *IEEE Data Eng. Bull.,* **28** (4), 39–47. [Available online eprints.ecs.soton.ac.uk/12906/.]

Hales, J. E., Jr., 1988: Improving the watch/warning program through use of significant event data. Preprints, *15th Conf. on Severe Local Storms,* Baltimore, MD, Amer. Meteor. Soc., 165–168.

Hamblyn, R., 2001: *The Invention of Clouds: How an Amateur Meteorologist Forged the Language of the Skies.* Farrar, Straus and Giroux, 403 pp.

Hames, I., 2007: *Peer Review and Manuscript Management in Scientific Journals.* Blackwell, 293 pp.

Hamill, T. M., 1999: Hypothesis tests for evaluating numerical precipitation forecasts. *Wea. Forecasting,* **14,** 155–167.

Hamill, T. M., 2007: Toward making the AMS carbon neutral: Offsetting the impacts of flying to conferences. *Bull. Amer. Meteor. Soc.,* **88,** 1816–1819.

Hanna, J. W., D. M. Schultz, and A. R. Irving, 2008: Cloud-top temperatures for precipitating winter clouds. *J. Appl. Meteor. Climatol.,* **47,** 351–359.

Hargens, L. L., 1988: Scholarly consensus and journal rejection rates. *Amer. Sociol. Rev.,* **53,** 139–151.

Harnad, S., and T. Brody, 2004: Comparing the impact of open access (OA) vs. non-OA articles in the same journals. *D-Lib Mag.,* **10** (6). [Available online at www.dlib.org/dlib/june04/harnad/06harnad.html.]

Hayden, M. H., S. Drobot, S. Radil, C. Benight, E. C. Gruntfest, and L. R. Barnes, 2007: Information sources for flash flood warnings in Denver, CO and Austin, TX. *Environ. Hazards,* **7,** 211–219.

Heath, C., and D. Heath, 2007: *Made to Stick: Why Some Ideas Survive and Others Die.* Random House, 291 pp.

Heinselman, P. L., and D. M. Schultz, 2006: Intraseasonal variability of summer storms over central Arizona during 1997 and 1999. *Wea. Forecasting,* **21,** 559–578.

Henige, D., 2005: Commas, Christians, and editors. *J. Scholarly Publishing,* **36** (2), 58–74.

Hinrichs, G., 1888: Tornadoes and derechos. *Amer. Meteor. J.,* **5,** 306–317, 341–349.

Hobbs, P. V., and A. L. Rangno, 1985: Ice particle concentrations in clouds. *J. Atmos. Sci.,* **42,** 2523–2549.

Hobbs, P. V., J. D. Locatelli, and J. E. Martin, 1990: Cold fronts aloft and the forecasting of precipitation and severe weather east of the Rocky Mountains. *Wea. Forecasting,* **5,** 613–626.

Hobbs, P. V., J. D. Locatelli, and J. E. Martin, 1996: A new conceptual model for cyclones generated in the lee of the Rocky Mountains. *Bull. Amer. Meteor. Soc.,* **77,** 1169–1178.

Holton, J. R., 1992: *An Introduction to Dynamic Meteorology.* 3rd ed. Academic Press, 511 pp.

Hoskins, B. J., and F. P. Bretherton, 1972: Atmospheric frontogenesis models: Mathematical formulation and solution. *J. Atmos. Sci.*, **29**, 11–37.

Houk, V. N., and S. B. Thacker, 1990: The responsibilities of authorship. *Ethics and Policy in Scientific Publication*, CBE Editorial Policy Committee, Eds., Council of Biology Editors, 181–184.

Hovmöller, E., 1949: The trough and ridge diagram. *Tellus*, **1**, 62–66.

Huang, J., H. M. van den Dool, and A. G. Barnston, 1996: Long-lead seasonal temperature prediction using optimal climate normals. *J. Climate*, **9**, 809–817.

International Committee of Medical Journal Editors, 2003: Uniform requirements for manuscripts submitted to biomedical journals. *J. Amer. Osteopath. Assoc.*, **103**, 137–149.

Johns, R. H., and W. D. Hirt, 1987: Derechos: Widespread convectively induced windstorms. *Wea. Forecasting*, **2**, 32–49.

Johns, R. H., and C. A. Doswell III, 1992: Severe local storms forecasting. *Wea. Forecasting*, **7**, 588–612.

Johnson, R. H., and W. H. Schubert, 1989: Publication trends in American Meteorological Society technical journals. *Bull. Amer. Meteor. Soc.*, **70**, 476–479.

Jolliffe, I. T., and D. B. Stephenson, 2003: *Forecast Verification, A Practitioner's Guide in Atmospheric Science.* Wiley, 240 pp.

Jorgensen, D. P., R. M. Rauber, K. F. Heideman, M. E. Fernau, M. A. Friedman, and A. L. Schein, 2007: The evolving publication process of the AMS. *Bull. Amer. Meteor. Soc.*, **88**, 1122–1134.

Journal of Young Investigators, 2005: *Writing Scientific Manuscripts. A Guide for Undergraduates. Journal of Young Investigators*, 44 pp. [Available online at www.jyi.org/resources/rs.php.]

Kalkstein, L. S., G. Tan, and J. A. Skindlov, 1987: An evaluation of three clustering procedures for use in synoptic climatological classification. *J. Climate Appl. Meteor.*, **26**, 717–730.

Kennedy, D., 2008: Confidential review—or not? *Science*, **319**, 1009.

Keyser, D., and L. W. Uccellini, 1987: Regional models: Emerging research tools for synoptic meteorologists. *Bull. Amer. Meteor. Soc.*, **68**, 306–320.

Keyser, D., M. J. Reeder, and R. J. Reed, 1988: A generalization of Petterssen's frontogenesis function and its relation to the forcing of vertical motion. *Mon. Wea. Rev.*, **116**, 762–780.

King, S., 2000: *On Writing: A Memoir of the Craft.* Pocket Books, 297 pp.

Kingsmill, D. E., and N. A. Crook, 2003: An observational study of atmospheric bore formation from colliding density currents. *Mon. Wea. Rev.*, **131**, 2985–3002.

Kinsman, B., 1957: Proper and improper use of statistics in geophysics. *Tellus*, **9**, 408–418.

Knox, J. A., and P. J. Croft, 1997: Storytelling in the meteorology classroom. *Bull. Amer. Meteor. Soc.*, **78**, 897–906.

Kohonen, T., 1990: The self-organizing map. *Proc. IEEE*, **78**, 1464–1480.

Koop, T., and U. Pöschl, 2006: An open, two-stage peer-review journal. *Nature*, doi:10.1038/nature04988.

Kosslyn, S. M., 2007: *Clear and to the Point: 8 Psychological Principles for Compelling PowerPoint Presentations.* Oxford University Press, 222 pp.

Kovach, B., and T. Rosenstiel, 2001: *The Elements of Journalism: What Newspeople Should Know and the Public Should Expect.* Three Rivers Press, 208 pp.

Krichak, S. O., and P. Alpert, 2002: A fractional approach to the factor separation method. *J. Atmos. Sci.*, **59**, 2243–2252.

Kuhn, T. S., 1970: *The Structure of Scientific Revolutions.* 2nd ed. Univ. of Chicago Press, 210 pp.

Kundzewicz, Z. W., and D. Koutsoyiannis, 2005: Editorial—The peer-review system: Prospects and challenges. *Hydrol. Sci.,* **50,** 577–590.

Kuo, Y.-H., S. Low-Nam, and R. J. Reed, 1991: Effects of surface energy fluxes during the early development and rapid intensification stages of seven explosive cyclones in the western Atlantic. *Mon. Wea. Rev.,* **119,** 457–476.

Laprise, R., 1992: The resolution of global spectral models. *Bull. Amer. Meteor. Soc.,* **73,** 1453–1454.

Lawrence, P. A., 2001: Science or alchemy? *Nat. Rev. Genetics,* **2,** 139–142.

Lawrence, S., 2001: Online or invisible? *Nature,* **411,** 521.

Leenaars, A. A., W. G. Bringmann, and W. D. G. Balance, 2006: The effects of positive vs. negative wording on subjects' validity ratings of "true" and "false" feedback statements. *J. Clin. Psychol.,* **34,** 369–370.

Lesser, L. I., C. B. Ebbeling, M. Goozner, D. Wypij, and D. S. Ludwig, 2007: Relationship between funding source and conclusion among nutrition-related scientific articles. *PLoS Med.,* **4** (1), e5, doi:10.1371/journal.pmed.0040005.

Lewis, J. M., 1996: Joseph G. Galway. *Wea. Forecasting,* **11,** 263–268.

Lewis, J. M., 2005: Roots of ensemble forecasting. *Mon. Wea. Rev.,* **133,** 1865–1885.

Li, Z., and Coauthors, 2007: The rapid growth of publications by atmospheric and oceanic scientists of Chinese origin. *Bull. Amer. Meteor. Soc.,* **88,** 846–848.

Light, A., and P. J. Bartlein, 2004: The end of the rainbow? Color schemes for improved data graphics. *Eos, Trans. Amer. Geophys. Union,* **85,** pp. 385, 391.

Lipton, W. J., 1998: *The Science Editor's Soapbox.* 93 pp. [Available from Science Soapbox, P.O. Box 16103, Fresno, CA 93755-6103.]

MacKeen, P. L., H. E. Brooks, and K. L. Elmore, 1999: Radar reflectivity–derived thunderstorm parameters applied to storm longevity forecasting. *Wea. Forecasting,* **14,** 289–295.

Maddox, J., 1990: Does the literature deserve the name? *Nature,* **348,** 191.

Markowski, P. M., and J. R. Stonitsch, 2007: Reply. *Mon. Wea. Rev.,* **135,** 4240–4246.

Martinson, B. C., M. S. Anderson, and R. de Vries, 2005: Scientists behaving badly. *Nature,* **435,** 737–738.

Martius, O., C. Schwierz, and H. C. Davies, 2006: A refined Hovmöller diagram. *Tellus,* **58A,** 221–226.

Martner, B. E., P. J. Neiman, and A. B. White, 2007: Collocated radar and radiosonde observations of a double-brightband melting layer in northern California. *Mon. Wea. Rev.,* **135,** 2016–2024.

Mass, C. F., 2003: IFPS and the future of the National Weather Service. *Wea. Forecasting,* **18,** 75–79.

McIntyre, M. E., 1997: Lucidity and science I: Writing skills and the pattern perception hypothesis. *Interdiscip. Sci. Rev.,* **22,** 199–216.

McManus, P., 2000: *The Deer on a Bicycle: Excursions into the Writing of Humor.* Eastern Washington University Press, 188 pp.

McNulty, R. P., 1978: On upper tropospheric kinematics and severe weather occurrence. *Mon. Wea. Rev.,* **106,** 662–672.

Miller, J. E., 1948: On the concept of frontogenesis. *J. Meteor.,* **5,** 169–171.

Montgomery, S. L., 2003: *The Chicago Guide to Communicating Science.* University of Chicago Press, 228 pp.

Morss, R. E., O. V. Wilhemi, M. W. Downton, and E. Gruntfest, 2005: Flood risk, uncertainty, and scientific information for decision making: Lessons from an interdisciplinary project. *Bull. Amer. Meteor. Soc.,* **86,** 1593–1601.

Moser, S. C., and L. Dilling, Eds., 2007: *Creating a Climate for Change: Communicating Climate Change and Facilitating Social Change.* Cambridge University Press, 527 pp.

Murphy, A. H., 1991: Forecast verification: Its complexity and dimensionality. *Mon. Wea. Rev.,* **119,** 1590–1601.

Nasar, S., and J. Cohen, Eds., 2008: *The Best American Science Writing 2008.* Harper Perennial, 336 pp.

Nature, 2006: Nature's peer review trial. *Nature.* [Available online at www.nature.com/nature/peerreview/debate/nature05535.html.]

Nelkin, D., 1995: *Selling Science: How the Press Covers Science and Technology.* W. H. Freeman, 217 pp.

Novak, D. R., B. A. Colle, and S. E. Yuter, 2008: High-resolution observations and model simulations of the life cycle of an intense mesoscale snowband over the northeastern United States. *Mon. Wea. Rev.,* **136,** 1433–1456.

Oceanography Society, The, 2005: *Scientifically Speaking.* The Oceanography Society, 24 pp. [Available online at www.tos.org/resources/publications/sci_speaking.html.]

Oppenheimer, D. M., 2006: Consequences of erudite vernacular utilized irrespective of necessity: Problems with using long words needlessly. *Appl. Cogn. Psychol.,* **20,** 139–150.

Orville, H. D., 1999: On scientific accountability and professionalism. *Bull. Amer. Meteor. Soc.,* **80,** 1434.

Orwell, G., 1945: Politics and the English language. [Available online at www.k-1.com/Orwell/index.cgi/work/essays/language.html.]

Oxman, A. D., I. Chalmers, and A. Liberati, 2004: A field guide to experts. *Brit. Med. J.,* **329,** 1460–1463.

Pagel, W. J., F. E. Kendall, and H. R. Gibbs, 2002: Self-identified publishing needs of nonnative English-speaking faculty and fellows at an academic medical institution. *Sci. Ed.,* **25,** 111–114.

Perelman, L. C., J. Paradis, and E. Barrett, 1998: *The Mayfield Handbook of Technical & Scientific Writing.* Mayfield Publishing, 508 pp. [Available online at www.mhhe.com/mayfieldpub/tsw/home.htm.]

Petterssen, S., 1936: Contribution to the theory of frontogenesis. *Geofys. Publ.,* **11** (6), 1–27.

Pfeifer, M., and W. A. Gallus, 2007: Intercomparison of simulations using 4 WRF microphysical schemes with dual-polarization data for a German squall line. Preprints, *33rd Conf. Radar Meteorology,* Cairns, Queensland, Australia, Amer. Meteor. Soc., P6B.9. [Available online at ams.confex.com/ams/33Radar/techprogram/paper_123555.htm.]

Pielke, R. A., Sr., 1991: A recommended specific definition of "resolution." *Bull. Amer. Meteor. Soc.,* **72,** 1914.

Pielke, R. A., Sr., 2001: Further comments on "The differentiation between grid spacing and resolution and their application to numerical modeling." *Bull. Amer. Meteor. Soc.,* **82,** 699.

Plotkin, H., 2004: How to get your paper rejected. *Brit. Med. J.,* **329,** 1469.

Podsakoff, P. M., S. B. MacKenzie, J.-Y. Lee, and N. P. Podsakoff, 2003: Common method biases in behavioral research: A critical review of the literature and recommended remedies. *J. Appl. Pyschol.,* **88,** 879–903.

Pöschl, U., 2004: Interactive journal concept for improved scientific publishing and quality assurance. *Learned Publ.,* **17,** 105–113.

Provenzale, J. M., and R. J. Stanley, 2005: A systematic guide to reviewing a manuscript. *Amer. J. Roentgenol.,* **185,** 848–854.

Rasmussen, R. M., J. Vivekanandan, J. Cole, B. Myers, and C. Masters, 1999: The estimation of snowfall rate using visibility. *J. Appl. Meteor.,* **38,** 1542–1563.

Reiter, E. R., 1963: *Jet Stream Meteorology.* University of Chicago Press, 515 pp.

Reynolds, G., 2008: *Presentation Zen: Simple Ideas on Presentation Design and Delivery*. New Riders, 229 pp.

Richter, H., and L. F. Bosart, 2002: The suppression of deep moist convection near the southern Great Plains dryline. *Mon. Wea. Rev.,* **130,** 1665–1691.

Ridker, P. M., and J. Torres, 2006: Reported outcomes in major cardiovascular clinical trials funded by for-profit and not-for-profit organizations: 2000–2005. *J. Amer. Med. Assoc.,* **295,** 2270–2276.

Rinehart, R. E., 2004: *Radar for Meteorologists*. 3rd ed. Rinehart Publications, 428 pp.

Roebber, P. J., S. L. Bruening, D. M. Schultz, and J. V. Cortinas, Jr., 2003: Improving snowfall forecasting by diagnosing snow density. *Wea. Forecasting,* **18,** 264–287.

Roig, M., 2006: Avoiding plagiarism, self-plagiarism, and other questionable writing practices: A guide to ethical writing. [Available online at facpub.stjohns.edu/~roigm/plagiarism/.]

Rosales, R. G., 2006: *The Elements of Online Journalism*. iUniverse, 66 pp.

Rose, S. F., P. V. Hobbs, J. D. Locatelli, and M. T. Stoelinga, 2004: A 10-yr climatology relating the locations of reported tornadoes to the quadrants of upper-level jet streaks. *Wea. Forecasting,* **19,** 301–309.

Rosenthal, E. L., J. L. Masdon, C. Buckman, and M. Hawn, 2003: Duplicate publications in the otolaryngology literature. *Laryngoscope,* **113,** 772–774.

Rosner, J. L., 1990: Reflections of science as a product. *Nature,* **345,** 108.

Rossner, M., and K. M. Yamada, 2004: What's in a picture? The temptation of image manipulation. *J. Cell Biology,* **166,** 11–15.

Roundy, N., and D. Mair, 1982: The composing process of technical writers: A preliminary study. *J. Adv. Compos.,* **3** (1–2), 89–101.

Sand-Jensen, K., 2007: How to write consistently boring scientific literature. *Oikos,* **116,** 723–727.

Sanders, F., 1999: A proposed method of surface map analysis. *Mon. Wea. Rev.,* **127,** 945–955.

Sanders, F., and C. A. Doswell III, 1995: A case for detailed surface analysis. *Bull. Amer. Meteor. Soc.,* **76,** 505–521.

Schall, J., 2006: *Style for Students*. Thomson, 260 pp. [Available online at www.e-education.psu.edu/styleforstudents.]

Scherrer, S. C., C. Appenzeller, and M. A. Liniger, 2005: Temperature trends in Switzerland and Europe: Implications for climate normals. *Int. J. Climatology,* **26,** 565–580.

Schmidt, R. H., 1987: A worksheet for authorship of scientific articles. *Bull. Ecol. Soc. Amer.,* **68,** 8–10.

Schultz, D. M., 2004: Historical research in the atmospheric sciences: The value of literature reviews, libraries, and librarians. *Bull. Amer. Meteor. Soc.,* **85,** 995–999.

Schultz, D. M., 2007: Comments on "Unusually long duration, multiple-Doppler radar observations of a front in a convective boundary layer." *Mon. Wea. Rev.,* **135,** 4237–4239.

Schultz, D. M., 2008: The past, present, and future of *Monthly Weather Review*. *Mon. Wea. Rev.,* **136,** 3–6.

Schultz, D. M., 2009: Are three heads better than two? How the number of reviewers and editor behavior affect the rejection rate. *Scientometrics,* doi: 10.1007/s11192-009-0084-0.

Schultz, D. M., 2010: Rejection rates for journals publishing atmospheric science. *Bull. Amer. Meteor. Soc.,* in press.

Schultz, D. M., and C. F. Mass, 1993: The occlusion process in a midlatitude cyclone over land. *Mon. Wea. Rev.,* **121,** 918–940.

Schultz, D. M., and P. N. Schumacher, 1999: The use and misuse of conditional symmetric instability. *Mon. Wea. Rev.,* **127,** 2709–2732; Corrigendum, **128,** 1573.

Schultz, D. M., and W. J. Steenburgh, 1999: The formation of a forward-tilting cold front with multiple cloud bands during Superstorm 1993. *Mon. Wea. Rev.,* **127,** 1108–1124.

Schultz, D. M., and R. J. Trapp, 2003: Nonclassical cold-frontal structure caused by dry subcloud air in northern Utah during the Intermountain Precipitation Experiment (IPEX). *Mon. Wea. Rev.,* **131,** 2222–2246.

Schultz, D. M., and J. A. Knox, 2007: Banded convection caused by frontogenesis in a conditionally, symmetrically, and inertially unstable environment. *Mon. Wea. Rev.,* **135,** 2095–2110.

Schultz, D. M., D. Keyser, and L. F. Bosart, 1998: The effect of large-scale flow on low-level frontal structure and evolution in midlatitude cyclones. *Mon. Wea. Rev.,* **126,** 1767–1791.

Schultz, D. M., P. N. Schumacher, and C. A. Doswell III, 2000: The intricacies of instabilities. *Mon. Wea. Rev.,* **128,** 4143–4148.

Schultz, D. M., J. V. Cortinas Jr., and C. A. Doswell III, 2002: Comments on "An operational ingredients-based methodology for forecasting midlatitude winter season precipitation." *Wea. Forecasting,* **17,** 160–167.

Schultz, D. M., D. S. Arndt, D. J. Stensrud, and J. W. Hanna, 2004: Snowbands during the cold-air outbreak of 23 January 2003. *Mon. Wea. Rev.,* **132,** 827–842.

Schultz, D. M., K. Seitter, L. Bosart, C. Gorski, and C. Iovinella, 2007a: Factors affecting the increasing costs of AMS conferences. *Bull. Amer. Meteor. Soc.,* **88,** 408–417.

Schultz, D. M., S. Mikkonen, A. Laaksonen, and M. B. Richman, 2007b: Weekly precipitation cycles? Lack of evidence from United States surface stations. *Geophys. Res. Lett.,* **34,** L22815, doi:10.1029/2007GL031889.

Scorer, R. S., 2004: The meaningfulness of mathematical theories of atmospheric dispersion. *Meteor. Appl.,* **11,** 363–367.

Sears-Collins, A. L., D. M. Schultz, and R. H. Johns, 2006: Spatial and temporal variability of nonfreezing drizzle in the United States and Canada. *J. Climate,* **19,** 3629–3639; Corrigendum, **21,** 1447–1448.

Seglen, P. O., 1997: Why the impact factor of journals should not be used for evaluating research. *Brit. Med. J.,* **314,** 497–502.

Shapiro, A., 2005: Drag-induced transfer of horizontal momentum between air and raindrops. *J. Atmos. Sci.,* **62,** 2205–2219.

Shaw, W. N., 1911: *Forecasting Weather.* Van Nostrand, 380 pp.

Shepherd, G. B., 1994: *Rejected: Leading Economists Ponder the Publication Process.* Thomas Horton & Daughters, 150 pp.

Shermer, M., 2002: *Why People Believe Weird Things: Pseudoscience, Superstition, and Other Confusions of Our Time.* Holt, 349 pp.

Sherwood, S. C., 2000: On moist instability. *Mon. Wea. Rev.,* **128,** 4139–4142.

Sigma Xi, 1986: *Honor in Science.* 2nd ed. Sigma Xi, 41 pp. [Available from Publications Office, Sigma Xi, The Scientific Research Society, P.O. Box 13975, Research Triangle Park, NC 27709.]

Sigma Xi, 1999: *The Responsible Researcher: Paths and Pitfalls.* Sigma Xi, 64 pp. [Available from Publications Office, Sigma Xi, The Scientific Research Society, P.O. Box 13975, Research Triangle Park, NC 27709.]

Simkin, M. V., and V. P. Roychowdhury, 2003: Read before you cite! *Complex Syst.,* **14,** 269–274.

Skamarock, W. C., 2004: Evaluating mesoscale NWP models using kinetic energy spectra. *Mon. Wea. Rev.,* **132,** 3019–3032.

Smith, A. J., 1990: The task of the referee. *Computer,* **23** (4), 65–71.

Smith, R. K., and M. J. Reeder, 1988: On the movement and low-level structure of cold fronts. *Mon. Wea. Rev.,* **116,** 1927–1944.

Snellman, L., 1982: Impact of AFOS on operational forecasting. Preprints, *Ninth Conf. on Weather Forecasting and Analysis*, Seattle, WA, Amer. Meteor. Soc., 13–16.

Souther, J. W., 1985: What to report. *IEEE Trans. Prof. Commun.,* **28** (3), 5–8.

Spekat, A., and F. Kreienkamp, 2007: Somewhere over the rainbow—Advantages and pitfalls of colourful visualizations in geosciences. *Adv. Sci. Res.,* **1,** 15–21.

Stanitski, D. M., and D. J. Charlevoix, 2008: Who are the student members of the AMS? *Bull. Amer. Meteor. Soc.,* **89,** 892–895.

Stein, U., and P. Alpert, 1993: Factor separation in numerical simulations. *J. Atmos. Sci.,* **50,** 2107–2115.

Stensrud, D. J., 1996: Importance of low-level jets to climate: A review. *J. Climate,* **9,** 1698–1711.

Stensrud, D. J., and H. E. Brooks, 2005: The future of peer review? *Wea. Forecasting,* **20,** 825–826.

Stoelinga, M. T., J. D. Locatelli, and P. V. Hobbs, 2002: Warm occlusions, cold occlusions, and forward-tilting cold fronts. *Bull. Amer. Meteor. Soc.,* **83,** 709–721.

Stohl, A., 2008: The travel-related carbon dioxide emissions of atmospheric researchers. *Atmos. Chem. Phys.,* **8,** 6499–6504.

Strunk, W., Jr., and E. B. White, 2000: *The Elements of Style.* 4th ed. Allyn and Bacon, 105 pp.

Student, 1908: The probable error of a mean. *Biometrika,* **6,** 1–25.

Sun, X.-L., and J. Zhou, 2002: English versions of Chinese authors' names in biomedical journals: Observations and recommendations. *Sci. Ed.,* **25,** 3–4.

Swan, A., 2007: Open access and the progress of science. *Amer. Sci.,* **95,** 198–200. [Available online at eprints.ecs.soton.ac.uk/13860.]

Taylor & Francis, 2006: Statement of retraction. *Int. J. Remote Sens.,* **27,** 3749–3750.

Thrower, P. A., 2007: Writing a scientific paper: I. Titles and abstracts. *Carbon,* **45,** 2143–2144.

Todd, P. A., and R. J. Ladle, 2008: Hidden dangers of a "citation culture." *Ethics Sci. Environ. Polit.,* **8,** 13–16.

Tscharntke, T., M. E. Hochberg, T. A. Rand, V. H. Resh, and J. Krauss, 2007: Author sequence and credit for contributions in multiauthored publications. *PLoS Biol.,* **5** (1), e18.

Tufte, E. R., 1990: *Envisioning Information.* Graphics Press, 126 pp.

Tufte, E. R., 1997: *Visual Explanations.* Graphics Press, 157 pp.

Tufte, E. R., 2001: *The Visual Display of Quantitative Information.* 2d ed. Graphics Press, 197 pp.

Tukey, J. W., 1977: *Exploratory Data Analysis.* Addison-Wesley, 688 pp.

Tuovinen, J., A.-J. Punkka, J. Rauhala, H. Hohti, and D. M. Schultz, 2009: Climatology of severe hail in Finland: 1930–2006. *Mon. Wea. Rev.,* **137,** 2238–2249.

Tweney, R. D. and D. Swart, 1977: Experimental control of reaction times to negative and expletive sentences. *Amer. J. Psychol.,* **90,** 299–308.

Twomey, S., 1974: Pollution and the planetary albedo. *Atmos. Environ.,* **8,** 1251–1256.

U.S. Air Force, 2004: *The Tongue and Quill.* Air Force Handbook AFH 33-337, 376 pp. [Available online at www.e-publishing.af.mil/shared/media/epubs/afh33-337.pdf.]

The University of Chicago Press, 1993: *The Chicago Manual of Style.* 14th ed. The University of Chicago Press, 933 pp.

The University of Chicago Press, 2003: *The Chicago Manual of Style.* 15th ed. The

University of Chicago Press, 984 pp.

Valiela, I., 2001: *Doing Science: Design, Analysis, and Communication of Scientific Research*. Oxford University Press, 294 pp.

Vonnegut, B., 1994: The atmospheric electricity paradigm. *Bull. Amer. Meteor. Soc.,* **75,** 53–61.

Wakimoto, R. M., and B. E. Martner, 1992: Observations of a Colorado tornado. Part II: Combined photogrammetric and Doppler radar analysis. *Mon. Wea. Rev.,* **120,** 522–543.

Walters, M. K., 2000: Comments on "The differentiation between grid spacing and resolution and their application to numerical modeling." *Bull. Amer. Meteor. Soc.,* **81,** 2475–2477.

Wang, P.-Y., J. E. Martin, J. D. Locatelli, and P. V. Hobbs, 1995: Structure and evolution of winter cyclones in the central United States and their effects on the distribution of precipitation. Part II: Arctic fronts. *Mon. Wea. Rev.,* **123,** 1328–1344.

Weller, A. C., 2001: *Editorial Peer Review: Its Strengths and Weaknesses*. ASIST Monograph Series, Information Today, Inc., 342 pp.

Wells, W. G., Jr., 1992: *Working With Congress: A Practical Guide for Scientists and Engineers*. 2nd ed. American Association for the Advancement of Science, 148 pp.

Weston, A., 2009: *A Rulebook for Arguments*. 4th ed. Hackett Publishing, 88 pp.

Wilkinson, A. M., 1991: *The Scientists Handbook for Writing Papers and Dissertations*. Prentice Hall, 522 pp.

Wilks, D. S., 2006: *Statistical Methods in the Atmospheric Sciences*. 2nd ed. Academic Press, 627 pp.

Williams, D. R., 2004: *Sin Boldly! Dr. Dave's Guide to Writing the College Paper*. 2nd ed. Basic Books, 226 pp.

Williams, J. M., 2006: *Style: Ten Lessons in Clarity and Grace*. 9th ed. Longman, 304 pp.

Wilson, J. R., 2002: Responsible authorship and peer review. *Sci. Eng. Ethics,* **8,** 155–174.

Wiseman, R., 2008: *Quirkology: The Curious Science of Everyday Lives*. Pan MacMillan, 299 pp.

Wu, G., H. Wang, and D.-L. Zhang, 2004: Editorial statement—Action and policy. *Adv. Atmos. Sci.,* **21,** 382.

Xu, K.-M., and K. A. Emanuel, 1989: Is the tropical atmosphere conditionally unstable? *Mon. Wea. Rev.,* **117,** 1471–1479.

Yilmaz, I., 2007: Plagiarism? No, we're just borrowing better English. *Nature,* **449,** 658.

第五部分：附录

A 逗号、连字符、连接符和破折号

在科技写作中应用最广泛同时又最容易用错的 4 种标点符号分别为逗号、连字符、连接符和破折号。本节附录并非要给出各种标点符号的详细使用指南，而是总览以上 4 种符号在使用时的注意事项。

A.1 逗号

1. 逗号用来将句子中过渡性或引导性的单词、短语或从句与其他部分分开。如果将这个单词、短语或从句去掉后，并不影响句子的完整性和可读性，就使用逗号。另外，在陈述语气中的停顿处应使用逗号。在主语由动名词短语（以动词＋ing 开头的短语）或不定式短语（以 "to" ＋动词开头的短语）组成时，不能用逗号将动词与之分开。

正确用法：Therefore, the maximum possible wind speed increases at higher convective Reynolds numbers.

正确用法：On the other hand, the static stability increases with time.

正确用法：Flying through the stratocumulus cloud deck, the research aircraft was able to collect four hours of measurements of drop-size distributions.

正确用法：Choosing a structure for the wavelet is crucial to the success of the method.

正确用法：To obtain the best performance from the disdrometer requires careful calibration.

这个世界由三类人组成：喜欢用逗号的人，不喜欢用逗号的人和知道怎么正确使用逗号的人。

——佚名

2. 逗号（和 1 个恰当的连词）一般用于连接两个独立的从句，不过如果从句太短，也可省略逗号。

正确用法：The coarse-resolution model output captured the convective storm structure, and the high-resolution model output captured the gust front.

正确用法：Convection initiation was expected by the forecasters on 6 May 1995, but only cumulus formation was observed.

3. 逗号将插入语、非限定性从句和句子其他部分隔开（非限定性定语从句常常以"which"打头）。如果一个短语被去掉后仍不改变原句的意思，那就用逗号将他们分开。有一种特殊情况，需要使用逗号将表示地点的各项分开，比如某个州名和城市名（包含在该州内）。

正确用法：The applicability of the idealized model to real atmospheric vortices, in which buoyancy gradients are important, is questionable.

正确用法：If the analysis has large errors, or if it has moderate errors in regions where forecast errors grow quickly, then the resulting numerical forecast may be poor.

正确用法：A preliminary calibration estimate brings the radar within $1-2$ dB of its appropriate measurements, which is sufficient for the analyses in the present paper.

正确用法：A preliminary calibration estimate that brings the radar within $1-2$ dB of its appropriate measurements is sufficient for the analyses in the present paper.

正确用法：Green Bay, Wisconsin, receives more snow in January than in any other month.

如果你认为逗号不重要，请想一想曾经在 2003 年 3 月 30 日 24 小时有线电视新闻台听到的这句话："战争计划的批评者，现在由美国军方执行……（Critics of the war plan, now being executed by the U. S. military...）"是否正确。

4. 使用逗号将列举各项隔开。很多期刊为了消除误解，在所列举最后项之后加逗号。

正确用法：Section 2 summarizes the numerical model, simulation methods, and analysis methods.

5. 在几个形容词短语和副词短语之间使用逗号。如果形容词短语和副词短语可以用"and"代替，就可以使用逗号。

正确用法：Storms east of New Zealand are embedded in a stronger, more zonal flow than those to the west.

A. 2　连字符

连字符一般用于以下三种情形。

◎在两个不表示范围的数字之间，比如邮政编码、电话号码、技术报告编号、航班号或仪器型号：Boston, MA 02108-3693，(617) 555-3223，P-3 aircraft，WSR-88D。
◎用短线将单词分开（一般单词处理软件会自动做此项工作，而且还相对合理；如果有疑问，要查字典）。
◎合成词。

连字符在合成词中用错的概率最大。以下是一些简单的使用规则。

◎带有连字符拼写的数字："twenty-nine""two-hundred and thirty-four"。

◎作为定语连接在一起的短语："cloud-to-ground lightning""cause-and-effect relationship"。

◎一个单独的首字母与名词连接："X-ray""T-bone""H-factor"。

◎数字和名词相连接作为定语时："500-hPa wind"，若不作为定语就是"the wind at 500 hPa"。

◎如果有两个或两个以上单词修饰同一个短语，要在所有的修饰词后加连字符："lower-and upper-level potential vorticity anomalies""700-，500-，and 300-hPa temperatures"。

◎以-ly 结尾的副词和它所修饰的形容词之间不需要连字符："slowly moving thunderstorm""widely used parameterization"，但是若非-ly 结尾的副词则需要连字符："well-known equation"，而短语"the equation is well known"并没有使用连字符是因为"well known"不是直接放在名词前进行修饰。

◎前缀加连字符表示意义不同："recount"（描述）与"re-count"（再数一遍）。

◎一般情况下，不要在前缀后加连字符，除非出现以下情形：本身就这样拼写的名词，不加连字符的话会有相同的三个辅音连在一起，前缀是"ex-"（意为"之前"）："reexamine""reinvestigation""trans-Atlantic""shell-like""ex-hurricane"。

除以上三种规则以外，连字符的正确使用还取决于上下文、当前流行用法、字体甚至是文字编辑的决定。比如，随着语言的发展和新词的出现，有些刚开始是两个单词组成的名词后来转化为一个单词：blackbody、meltwater、landmass、snowmelt 和 streamflow。相反，还有一些名词现在使用连字符连接，包括 lift-off、degree-day 和 clear-cut。当用作形容词时，几个单词可能合成一个单词（例如：leeside winds、brightband melting）或以连字符相连的词（例如：real-time model、along-shore flow、lake-effect snow）。更令人迷惑的是，一些前缀和后缀需要连字符（例如：half-barb、upper-level flow），而还有一些则不需要（例如：postfrontal、nonlinear、semigeostrophic）。因为连字符的使用复杂多变且差别细微，所以最好的方法就是查字典、期刊的排版指南，或《芝加哥排版手册》（*The Chicago Manual of Style*）（芝加哥大学出版社，2003）。

A. 3 连接符

连接符用来连接两个对等项、两个相对项或一个合成形容词，该合成形容词的一部分由两个单词或一个带有连字符的单词组成。连接符的宽度和一个 n 相等，连接符（en dash）也因此而得名。一般情况下，连接符的两边不留空格。

◎the National Centers for Environmental Prediction－National Center for Atmospheric Research（NCEP－NCAR）reanalyses

◎0000－1200 UTC 15 December 1987

◎skew T－log$p$ chart

◎Kain－Fritsch convective parameterization scheme

◎relative humidities of 30％—70％

◎a climatology during 1970—1999

◎pp. 112—119

◎the 800—600-hPa layer

◎air—sea interaction

◎Nobel Prize—winning research

连接符也用作负数符号：—14 ℃。

连接符在 TeX 和 LaTeX 中可以用两个连接符（--）输入，而在数学公式中单个连接符可以成为一个负数符号。一般情况下，在微软文档中，可以在 Mac 上采用 option-hyphen 输入一个连接符，在 Windows 上则通过符号菜单选择插入连接符。

A. 4　破折号

破折号用来将对比信息、例子或插入成分从句子中分离开。如果追根溯源的话，破折号的宽度与大写字母的 M 相等，且是连接符宽度的两倍。很多印刷应用软件在破折号的两边都不设定空格。破折号的功能相当于逗号，而又更加强调在句子中的间隔作用。它措词有力，意指强调。因为破折号功能性强，所以要慎用，以保持其生命力。

正确用法：The maritime air—flowing westward from the Atlantic toward Madison County—had dew-point depressions of only a few degrees.

正确用法：In the dry case，neutral stability is defined based on only one thermodynamic variable—potential temperature.

正确用法：Although there are many ways to adapt observations，in this study only two simplified sample adaptive strategies—one idealized and the other a more realizable approximation to the idealized strategy—are tested.

正确用法：Such tests must be carried out over a period at least as long as the radiative-subsidence timescale—about 30 days—governing the water vapor adjustment time.

破折号在 TeX 和 LaTeX 中可以用三个连接符（---）输入。一般情况下，在微软文档中，可以在 Mac 上采用 shift-option-hyphen 组合键产生一个破折号，在 Windows 上通过符号菜单选择插入破折号。

B 通常被误用的科学词汇和表达

Strunk 和 White 的书中有一个易错词汇短语列表，大气科学领域一直以来都需要这样一个列表。其中一些条目是别人写的，还有很多是我总结的。对于这些条目，可能有人完全赞同，也可能有人不以为然。暂且不论你的看法，起码请你想想你是如何使用这些词汇和短语的。

Accuracy versus skill（准确性与技巧）。在描述预报质量时，accuracy（准确性）和 skill（技巧）常常被视为近义词，其实并非近义词。accuracy 表示预报和实际观测一致性的程度，一致性越高，accuracy 越高。而 skill 表示要讨论的预报系统的相对预报能力，尤其是和基础预报系统相比较时。基础预报系统常常用作衡量包括气候、持续性和模式输出统计等预报方法的预报技巧；比较要讨论的系统与基础系统的预报结果，可确定要讨论的系统是否较基础预报系统有所改进。准确的预报技术性不一定有很高的预报技巧，反之亦然。

——查尔斯·道斯威尔

Activity（convective，electrical，hurricane，lightning，thunderstorm）（活动（对流、电、飓风、雷电、雷雨））。"activity"在这些情景下不宜使用。对于需要测量的天气现象要有具体化的描述：空对地闪电的次数、总闪电率、超级单体个数、飓风通过的频率等。

Analysis of a vector quantity（矢量的定量分析）。当对矢量进行格点或插值分析时，要对每个矢量分量（例如水平风场中的 u 和 v 分量）而不是大小和方向（例如风速和风向）进行分析（Doswell 和 Caracena，1988）。

Causing（引起）。在某些情况下要小心使用这个词。在大气科学领域，我们常常搞不清楚因果关系，虽然我们常常推测。在这种情况下，使用"与……相关（associated with）"会更恰当。同样，请阅读第 290 页中"统计学相关并不意味着有因果关系"。

Chaos/random（混沌和随机）。这两个词都有非常具体的科学意义，因此使用时不能随意（例如："混沌或随机云方案"）。可以用"组织性差"或"混乱"代替。

Cold-type occlusions，existence of（冷式锢囚的存在）。是锋面前后的静力稳定度差异而不是近地面温度差异造成冷式锢囚或暖式锢囚的三维结构（Stoelinga 等，2002）。因为暖锋比冷锋更稳定，无论锢囚锋前后的近地面温度差如何，都将有利于形成暖式锢囚的三维结构，因此，如果冷式锢囚存在的话，应该相当罕见（Schultz 和 Mass，1993）。

Collaboration versus coordination（协同与协调）。在业务预报或研发中，这两个词会经常用错。collaboration（协同）指的是基于两个或更多天气信息源的相互作用，来制作最好的预报或预报产品为共同目标的智力活动过程。coordination（协调）指为确保来自两个或两个以上来源的预报或预报产品能够满足用户的最低标准而进行的必要沟通。(尼尔·斯图尔特)。

Condensation occurs because cooler air cannot hold as much water as warmer air (**凝结现象的发生是因为冷空气不能像暖空气那样容纳较多的水汽**)。任何温度下都会发生 condensation (凝结) 和 evaporation (蒸发) 现象——关键在于凝结速率是否超过蒸发速率。克劳修斯-克拉珀龙方程提出大气的饱和水汽压随温度升高而上升。因此,当其他条件不变,随着温度的升高,高能量的水分子的蒸发速率很可能超过凝结速率。当气温下降到露点温度以下,凝结速率就会超过蒸发速率,并形成水滴。无论空气的体积和压力如何,都会发生这些过程。因此,水汽并不是由空气"控制"的。

Convective initiation (**对流的初生**)。用 convection initiation (对流初生) 代替。

Convective temperature (**对流温度**)。convective temperature (对流温度) 指的是与低层气团的抬升有关的、与任何对流抑制消亡有关的地面温度,通常是由日照引起。假设使用该词意指深对流延迟至达到对流温度时才开始发生,那么深对流的开始应同时伴随着大范围积云的形成。事实上,深对流通常开始于单个对流云,或是沿着一条线的几个地方,在达到对流温度之前就出现了对流云。有时,即便达到了对流温度,对流也不一定会发生。使用 "convective temperature" 一词大概意味着深对流仅仅是通过太阳辐射加热来消除抑制而发生的。这与实际情况相差较大,对流温度这个概念不仅在预报中意义不大,而且还造成对深对流初生的误解。因此,不应再使用该词。(查尔斯·道斯威尔)。

Correlate/correlation (**相关/相关性**)。作者经常在真正想表示一种关系 (relation)、联系 (association) 或两种现象之间的对应时,使用 "correlation"。当你所指具有数学意义时,比如你在计算一个线性相关系数时,使用 "correlate"。而一般情况下,则使用有关 (relate),关系 (relation) 或对应 (correspond)。

Correlation,linear (**线性相关**)。请参看第 97 页说明栏中 "线性相关的误用"。

Data 。"data (数据)" 为复数形式,它的单数形式为 "datum",不过我认为 "data point" 更合适。

Data,model output as (**作为模式输出的数据**)。一些学者不习惯将 model output 称作 data。最好把 "data" 这个词保留给与观测有关的研究使用,而不用在与模式有关的研究 (output from models)。

Date/day (**日期/天**)。不要用 "天 (day)" 代替 "日期 (date)"。

错误:The day of the tornado in Lone Grove,Oklahoma,was 9 February 2009.

正确:The date of the tornado in Lone Grove,Oklahoma,was 9 February 2009.

Dates and times (**日期和时间**)。在任何情况下都要使用日期和时间的标准用法:1200 UTC 10 December 1994。不要使用 12/10/94 或 12.10.94 这样的格式,因为这样会产生日期是 December 10 (美语格式) 还是 October 12 (英语格式) 的歧义。不要使用 "1200 UTC on December 10th",这种表达方式使用了不需要的文字。

Diffluence does not equal divergence (**分流不等于散度**)。气象学中,α 代表风向的角度,它指从正北方 0°,按照顺时针方向增加的角度。在自然坐标系 (s,n) 中,s 沿着气流的方向,n 沿着法线方向 (在风的右边),散度 $\nabla_h \cdot V_h$ 通过以下方程得出:

$$\nabla_h \cdot V_h = V \frac{\partial \alpha}{\partial n} + \frac{\partial V}{\partial s}$$

这里 V 为风速。分流，流线向下游扩散，在散度表达式中由第一个项 $V \partial \alpha / \partial n$ 表示。因此分流不等同于散度，即便两者明显相关。（查尔斯·道斯威尔）。

Divergence/convergence does not cause vertical velocity（辐散/辐合不产生垂直速度）。另可参看词条 causing，水平风散度 $\nabla_h \cdot V_h$ 和垂直速度 ω 通过质量连续性定律联系起来。在气压坐标中，采用如下形式：

$$\frac{\partial \omega}{\partial p} = -\nabla_h \cdot V_h$$

上升运动与底层辐合和顶部辐散同时存在，是质量连续性的必然结果。质量连续是一个诊断方程，不包含垂直速度的时间导数。因此，它不能被认定为形成垂直风的原因。（查尔斯·道斯威尔）。

错误：Low-level convergence along the front caused strong ascent to occur.（沿锋面的低层辐合造成强烈的上升运动。）

错误：Deep moist convection resulted when a region of upper-level divergence became superimposed over a region of low-level convergence.（上层辐散叠加在下层辐合区上空导致深厚湿对流的产生。）

正确：Ascent is associated with upper-level divergence and low-level convergence.（上升运动与上层辐散和下层辐合密切相关。）

Dynamics（动力学）。这个词经常用于描述没有具体物理过程的模糊过程。要用更准确的物理过程表述替换它。

原稿：The strong dynamics of the rapidly developing extratropical cyclone...（快速发展的温带气旋的强的动力机制）

修改：A strong short-wave trough in the jet stream was responsible for the rapid development of the extratropical cyclone.（急流轴上的短波槽是温带气旋快速发展的原因。）

Equations，formulas，and theories（generality of）（方程、公式和一般性的理论）。原理、方程和经验公式通常是在给定假设或基于有限的数据集情况下提出的。因此，如果将这些理论、方程和公式推广到其原来的意图之外，就要谨慎行事。

False alarm rate versus false alarm ratio（虚警率与虚警比）。经常有人不小心会把 false alarm rate（虚警率）当作 false alarm ratio（虚警比）。不要将两者混淆。false alarm ratio 指的是空报数除以预报事件总数的值，而 false alarm rate（也被称为误检概率）指的是空报数除以事件没有发生的次数（例如，Wilks，2006，7.2.1 节；Barnes 等，2009）。

Fog burning off（雾消）。这是常用的一种口语表达，这种表达错误地表述了雾消散的物理过程，不能在科技论文中使用。

Forcing（强迫）。虽然它充其量只能说是个不精确的术语，但是当"forcing"和诊断方程相结合使用时让人最伤脑筋，比如在 ω 方程中，等式右边的项成为"强迫项"。当表示外力引起加速度时，强迫的意思最清楚明了。在这个过程中，某种原因会导致与时间倾向有关的响应。因此，水平动量方程右边的项，比如气压梯度力，用"forcing"就很合适。在准地转系统中，垂直速度并非强迫所致——它只是为了与地转流发生的变化保持一致（Chris Davis）

Frequency（**频率**）。使用这个词时，确保单位为"单位时间"，比如单位时间事件的数量。否则，若指的是"事件的数"，就不要用这个词。

无视自然世界中灰色地带的存在是伪科学的一种标志，对同一术语使用多个定义则是另一回事。

——Corfidi 等（2008，第1301页）

Front，definition of（**锋的定义**）。锋的特征在于密度（温度）的水平梯度。因此，分析锋时应该只用到温度或位温（也可以使用说明湿度对空气密度影响的虚温）。在锋的定义中，如果使用湿度或间接地通过相当位温或湿球位温这些变量，都可能会模糊锋的定义。分析锋的特征不是关于温度梯度，而仅仅是关于湿度梯度，这意味着可能分析出并不存在的锋生环流。关于锋面分析的更多资料，可以参阅 Sanders 和 Doswell（1995）及 Sanders（1999）。

Frontogenesis，as a measure of the intensity changes of a front（**锋生，作为锋的强度变化的度量**）。锋生，或定义为 Petterssen 锋生，是水平温度梯度的拉格朗日变化率（Petterssen 1936；Keyser 等，1988）。因此，气团从暖区靠近锋面经历了一个温度梯度的增强，即正锋生。Petterssen 锋生中几乎没有提到沿锋面的温度梯度，因为即便是温度梯度正在减弱的锋面也存在 Petterssen 正锋生。合理的锋生分析需要一个新的公式来适当分析锋面的增强或减弱，准拉格朗日锋生，或锋生函数的形式（参见 Schultz，2007 对比 Markowski 和 Stonitsch，2007）。这样，Petterssen 锋生的价值就在于它能客观地确定锋生的位置，而不是分析锋面的增强或减弱。

Frontogenesis，use of the tilting term.（**锋生，倾斜项的使用**）。米勒（1948）对锋生的表述用于评估物理过程对位温梯度（包括倾斜项）的改变。有人曾经计算过倾斜项，并表示完整的锋生表达式可用于判断垂直速度区，这种方法并不正确。Petterssen（1936）锋生用于判断有利上升的区域的表达式是正确的（Keyser 等，1988），其中并不包含倾斜项。

Frontogenesis，warm or cold（**冷、暖锋锋生**）。认真看看暖锋锋生（warm frontogenesis）这个词，有人想把它用来表示"沿暖锋的锋生"的缩略语。该术语没有科学意义，因为锋生不分冷暖，只有正负（锋生或锋消）。将句子完整地写出来："沿暖锋的锋生"，这样更为严谨。

Froude number（**弗劳德数**）。弗劳德数 Fr 的经典定义为流体速度 U 和线性浅水波相速度之比，$\sqrt{gH}$，这里 g 表示重力加速度，H 表示流体深度。相比之下，在障碍物上方的层流中，Nh/U 的值经常用于指弗劳德数或其倒数，其中 N 表示 Brunt-Väisälä 频率，h 表示障碍物高度（正是因为 Fr 和其倒数容易被混淆，所以对读者来说都定义为 Fr）。尺度分析表明，Nh/U 是一个独立的无量纲参数，在 N 为常数的大气中由固定风速 U 控制着二维静水流体。事实上，Nh/U 最好被称为非线性度量，因为扰动风 u' 在线性范围内与 Nh 成正比。与经典定义的浅水弗劳德数相反，很难将 Nh 与重要的重力内波模式中的相速度联系起来。

当弗劳德数增长时，有 1/3 的情况为存在强逆温，此时简化的重力浅水波弗劳德数的计算公式为 $U\sqrt{g'H}$，其中 H 表示逆温层的高度，$g' = g\Delta\theta/\theta_0$，$\Delta\theta$ 表示逆温层中的位温变化，θ_0 代表逆温层的位温。经验观测和模拟证据表明，当逆温足够强，逆温层上下的静力稳定度足够弱时，$U\sqrt{g'H}$ 以一种至少与经典定义的浅水弗劳德数所起的作用相类似的方式来控制非线性流。尽管如此，因为垂直风切变和逆温层的有限厚度在其演变中引入了很大的不确定性，所以不应该过分强调简化重力波浅水弗劳德数。另外，至少有一个涉及海岸捕获波的例子，在发生强逆温时，其简化重力浅水波的相速度与线性扰动的相速度不一致（Durran，2000a，图 9）。

Gravity currents, cold fronts as（冷锋和重力流）。无论文献中关于计算重力流理论速度方程使用多么广泛，Smith 和 Reeder（1988）都声称，任何冷锋的理论速度和实际速度之间的相似性都是表象。所以，两者之间密切的对应关系并不能成为锋是重力流的有力证据。也可参看形态相似不等于动力学相似。

Greenhouse effect（温室效应）。温室效应这个词其实并不准确，因为真正的温室不像大气那样运转。真正的温室中保持空气温度的首要机制是抑制对流（室内外空气的交换）的发生。因此，真正的温室作用就像一条毯子，阻止暖空气泡从地表被带走。这并不是大气保持地球表面温度的机制。事实上，大气是促进而非抑制对流的发生（阿利斯泰尔·弗雷泽）。

Greenhouse gases behave as a blanket and trap radiation（温室气体像毯子并捕获太阳辐射）。用毯子来比喻大气并不合适。毯子的作用主要是抑制对流，而大气的作用则是促进对流。

大气吸收能量快，同样失去能量也快，无法保留。如果能够截获热量（即热量被保留）的话，那么温度就必然会稳步上升（温度的上升与全球变暖无关）。总体来说，平均气温基本稳定，能量在通过大气系统时并没有被截留。

正确的解释非常简单且易懂：没有大气时地球表面会更暖，因为地球从太阳和大气两个来源获得能量（阿利斯泰尔·弗雷泽）。

Instability, conditional, convective, and potential（不稳定，条件不稳定，对流不稳定和位势不稳定）。当环境递减率介于干、湿绝热递减率之间，或饱和相当位温 θ_e^* 或 θ_{se} 随高度递减时，条件不稳定产生。当相当位温（θ_e）随高度递减时，位势不稳定或对流性不稳定产生。条件不稳定是产生深厚湿对流的三要素之一。在分析对流时应考虑是哪种不稳定（如 Johns 和 Doswell，1992）。位势不稳定通常被认为是某一层被整层抬升后释放能量所产生（如 Bryan 和 Fritsch，2000）。Schultz 和 Schumacher（1999），Sherwood（2000）和 Schultz 等（2000）曾经讨论过这些表示不稳定的词之间的区别和成因。

Instability, presence of versus release of（不稳定的出现和释放）。出现不稳定不一定意味着它就会被释放（例如 Sherwood，2000）。因此，条件对称不稳定带不是一个合适的术语。更准确的表述是，"在锋生情况下具有条件对称不稳定的相关带状区域"，要确认不稳定和水汽及抬升机制是否存在。

Jet streaks, location of severe weather（急流轴，出现灾害性天气的位置）。直线急流轴的四象限模型（例如，对流层中层的上升出现在入口区右侧和出口区左侧，下沉发生在入口区左侧和出口区右侧）经常被当作在上升区域有利于出现灾害性天气的证据，但是 Rose 等（2004）和 Clark 等（2009）表示，灾害性天气可能发生在直线急流轴的任何象限，尤其是急流出口的左右两侧和入口的右侧区域。急流轴曲率的存在进一步强调了模式单独预测的灾害性天气位置和实际观测到的位置之间的区别。对流性暴雨不只受到与急流轴有关的天气尺度的垂直速度的影响，它还受（沿地面锋线的）低层辐合及对流有效位能和水平风切变的影响，因此，四象限模式并不能单独解释对流天气的形成和位置，这点并不足为奇。这个结果也提醒我们，对流天气的发生并不单单取决于天气尺度的上升气流，还受其他因素的叠加影响。

Julian day（儒略日）。儒略日是自距公元前 4713 年 1 月 1 日以来的天数。因此，相应于 2008 年 8 月 22 日的儒略日是 2,454,700 天，而不是 235 天。最好使用一年中的天数（也称序数日（ordinal date））。

Lightning（bolt，flash，strike，and stroke）（闪电（闪电，打闪，雷劈和雷击））（闪电的不同表达方式）。当我们提到一般或特定的闪电或闪电过程时，都有专门的词汇表示其级别。Lightning 最常见，它指闪电产生的所有现象，包括闪电本身的形成、其光、雷声，以及沿闪电产生的最后的雷声。更精确一些的词 "flash" 指单独的相互放电现象。"cloud-to-ground flash" 常指闪电定位系统上闪电所击中地表的位置。口语常用的 "bolt" 和 "strike" 没有确切的科学含义。

闪电分两种：intracloud lightning（云内闪电）和 cloud-to-ground lightning（云地闪电）。intracloud lightning（云内闪电）最好换称为 cloud flash（云闪），因为云内闪电从专业上指完全发生在云块内，而实际上我们也经常将没有到达地面的闪电称为云内闪。考虑到其多样性和简洁性，我们也常常把云地闪称为地闪。

Lightning stroke（雷击）。含义也非常明确，它有两种用法。第一，它指移行先导闪电接触地面后又沿波道返回的亮气压波回击。云地闪电可有一个或多个回击，平均每个闪电有 3～4 个回击。在你看到似乎在闪动的闪电时，那就是沿着第一道闪电的波道上下闪动的回击。第二，stroke 本身指的就是向下先导和回击的综合情况。在一个特定的闪电中，有可能存在好几种情况（唐·马克戈曼和朗·赫利）。

Low-level jet（低空急流）。虽然低空急流这个术语的定义准确，但用在文章中还是有些草率。简单地说，低空急流就是在风速垂直剖面上在低层有一个极大值存在。通常情况下，极大值的标准和最大风速层以上风速的减弱标准都会给定。从这个定义来说，低空急流比较常见也并不奇怪。不过，因使用不严谨导致的问题和困惑也不计其数。从本质上讲，因产生低空急流的原因众多，所以需要用比 "low-level jet（低空急流）" 这个词本身更多的信息来了解这一大气现象。Reiter（1963）、Stensrud（1996）和 Doswell 和 Bosart（2001）指出，我们应该尽可能区别清楚 low-level jet stream（低空急流轴）和 nocturnal low-level wind maxima（夜间低空最大风速）的区别。低空急流具有中尺度或天气学尺度的水平范围，边缘存在强水平风切变，与天气学尺度过程相关联，且日变化很小。它们也可能是与地形有关的地形急流。相比而言，夜间低空最大风速有着低空急流不具备的强日循环特征（大卫·斯滕斯鲁德）。

Moisture flux convergence（水汽通量辐合）。虽然该术语经常出现在水汽守恒方程中，但由水汽通量散度判定对流触发机制并不合适（Banacos 和 Schultz，2005），把近地面的质量辐合视为触发机制相对更适合。

Morphological similarity does not equal dynamical similarity（形态相似不等于动力学相

似）。从对流性暴雨附近对流层中层气流的观测数据分析来看，出现的对流风暴看起来与障碍物很相似，有研究希望通过这些观测数据来解释从上升气流侧面观察到的反向涡旋的涡源。这只是一个有趣的类比，不过，气流的形态不一定就意味着它的动力学结构就和流体内部的固体障碍物相同（Davies-Jones 等，1994；对 Brown 的文章的评论，1992）。

当气流中确实存在固体障碍物时，涡旋在与固体障碍物相关的黏性边界层中产生。这个涡旋汇入气流尾流并且成为反向涡旋的涡量来源。这样，即便环境流场完全均匀，没有环境涡度，障碍物气流也会生成涡旋。强雷暴与具有明显垂直切变的环境流场有关，因此在水平轴上有相当大的涡度。与强风暴有关的反向旋转的涡旋是由于这种大量的环境涡度的倾斜引起的。因此，表现出与障碍物周围流场的相似性只是巧合而已（查尔斯·道斯威尔）。

Normals，calculation of（计算多年平均值）。每隔 30 年国际气象界都会向世界各国发布一个"标准"气候的文件。这源于 1872 年国际气象委员会的努力旨在保证不同站点收集的数据具有可比性。按照世界气象组织规定的官方"标准"，30 年的资料用于平均气候的计算，最常见的是月平均或年平均，并且这些数据每 10 年更新一次。虽然超过 30 年的平均值有助于滤掉短期波动，但是对这个年份数字是任意定的。也许是因为在采样理论中的经验法则表明有 30 个独立样本就可通过中心极限定理得到一个表现良好的样本分布。这种解释是不对的，因为总体分布与标准分布的接近与所需样本量有关。此外，相邻年份的独立性与 30 年尺度的气候的平稳性和同方差性也是假定的（例如，台站的数据被假定为具有一致性）。在计算平均天气条件时，30 年并没有什么特别之处。事实上，不到 30 年的时间段的平均值更具优势（比如，Huang 等，1996；Scherrer 等，2005）（迈克尔·里查曼）。

Northward/southward（北方的/南方的）。写论文时为了养成不带地域偏见的习惯，用半球中立相关词语"poleward（向极地的）"和"equatorward（向赤道的）"代替"northward"和"southward"（见第 82 页）。

Numerical prediction（数值预报）。人们使用这个术语的真正含义是"dynamical prediction（动力预报）"，因为统计预报也是数值的（丹·威尔克斯）。

Objective versus subjective methods（客观方法与主观方法）。因为所谓的"objective（客观）"方法会涉及到主观判断，所以不要使用"objective""subjective"这样的词（见第 166 页）。可用"manual（人工）"和"automated（自动）"代替。

Observed/seen（观测到/看见）。如果你不是直接测量得到的数据，就要把这个词改掉。

原稿：Cyclonic vorticity advection at 500-hPa was observed throughout Montana and Wyoming. 在整个蒙大拿州和怀俄明州，（我们）看到 500 hPa 的气旋性涡度平流。

修改：Cyclonic vorticity advection at 500-hPa occurred throughout Montana and Wyoming. 在整个蒙大拿州和怀俄明州 500 hPa 上空出现了气旋性涡度平流。

原稿：Precipitation was not seen in the simulation. 在模拟中没有发现降水。

修改：The simulation did not produce precipitation. 模拟没有产生降水。

Obstacle flow around a convective storm（对流性暴雨附近的阻碍气流）。参见 Morphological similarity does not equal dynamical sililarity（形式相似不等于动力学相似）。

Overrunning（越界）。这个术语一般用于落区位于地面锋线偏冷的一侧的降水物理过程。该术语缺乏对导致上升物理过程的深入分析，所以，应该从科学讨论中剔除出去。

Percent/percentage（百分号/百分数）。Percent 是特定的度量符号"％"，而 percentage 是"fraction（分数）"和"portion（部分）"的同义词。不要用"percent cloud cover"代替"cloud cover in percent"和"percentage of cloud cover"。

Positive vorticity（正涡度）。和 northward/southward 一样，用基于半球的表达方式"cyclonic vorticity（气旋性涡度）"和"anticyclonic vorticity（反气旋性涡度）"代替"positive vorticity（正涡度）"和"negative vorticity（负涡度）"。

Propagate（传播）。在气象文献中，propagate 常被用作意指"move（移动）"的词，我们几乎都用 move 来代替它。Movement 指水平流动外加传播。我们可以想象河中有条小船，如果没有动力或帆，小船以水流的速度和方向移动——小船通过水流移动。如果小船有动力或帆，它会在动力和水流共同作用下运动，这样，小船相对河流具有传播作用。同样，想象一个非客观存在的现象，比方说飑线，它的传播或许会涉及飑线前方的暖空气中对流单体一个接一个的发展，但它的移动是传播分量和平流分量的叠加。因此，作者要精确判断到底是指飑线的整体移动还是单指传播分量。

Radar reflectivity factor（雷达反射率因子）。严格来说，radar reflectivity（雷达反射率）和 radar reflectivity factor（雷达反射率因子）是两个不同的参数（例如，Rinehart 2004，第 90—91 页）。几乎所有气象学家所使用的参数都与雷达波束的波长无关。因此，通过同一校准方法的两种不同雷达测得的强度为 50 dBZ 的回波描述的降水应该一样。与之相反，雷达反射率取决于雷达波长，单位（cm^{-1}）也不同。此外，雷达方程假定条件为球形水滴和瑞利散射。如果不能满足这些条件（晴空中散射体可能是鸟、昆虫或者其他导致散射的成分），就要加上限定词"equivalent（相当）"。

Random（随机）。参看 chaos/random（混沌/随机）。

Reradiation/reemission（再辐射/再发射）。人们经常听到有这样一种说法，大气吸收地球发射的辐射（正确），然后再辐射或重新发射回地面（错误）。大气产生辐射是由于它具有一定的温度，而不是因为它吸收了辐射。当大气发射辐射时，它所发射的与吸收的并不是同一种辐射（辐射一旦被吸收，它就不复存在了）。吸收和发射的辐射频谱不同，当然构成的光子也不同。所以再辐射/再发射这样的词汇完全是无稽之谈（阿利斯泰尔·弗雷泽）。

Resolution（分辨率）。当我们描述一个模式的分辨率时，一般会用（时间和空间上的）格点间隔。严格来讲，格点间隔尺度的特征不能被模式分辨出来。可以说，这个词指的是能被数值模式分辨出来的最小的特征尺度，是模式格点间隔的两倍，即便在这样的尺度上，关于这些小特征的信息量也是非常有限的（Doswell 和 Caracena，1998）。因此，不提倡再使用这个术语。参见 Pielke（1991；2001）、Laprise（1992）和 Grasso（2000a）发表的观点（查尔斯·道斯威尔）。

另外还有一个术语是 effective resolution（有效分辨率），Walters（2000，第 2475 页）将它定义为"模式能够以所需的（未定义的）精度来描述的最小波长"（Laprise，1992；Walters，2000；Skamarock，2004）。因此，由于还没有精确的分辨率的定义，所以，选择用"grid spacing（格点间距）""grid increment（格点增量）""grid interval（格点间隔）"来代替"resolution（分辨率）"。

Severe storms（强风暴）。请参阅"强对流风暴"。另见雷暴。

Severe weather, definition of（强天气的定义）。在美国，美国国家海洋和大气管理局强风暴预报中心（Galway，1989）使用的"强"天气的定义：龙卷，直径大于 3/4 in.（1.9 cm）的冰雹，或者风速大于 50 kt（25.7 m·s^{-1}）。我们通常用"hazardous weather（灾害性天气）""high-impact weather（高影响天气）"表示对社会有较大影响的天气。"violent weather（剧烈天气）"这个词太口语化。

Short-wave（短波）。"short-wave（急流中的波动）"总是应该与"槽"和"脊"一起用。

Significance（显著性）/significant（显著的）。在统计上显著或重大灾害性天气（见条目）的上下文中，才使用"significant（显著的和重大的）"，否则可能会使读者感到困惑。

Significant severe weather，definition of（重大灾害性天气的定义）。重大灾害性天气（significant severe weather）指的是直径大于 2 in.（5.1 cm）的冰雹，风速不小于 65 kt（33.4 m·s^{-1}）的阵风或大于等于 F2 级的龙卷（Hales，1988）。

State（提出）。"state"意指"to declare definitively（明确提出）"，作为"说"的同义词，"state"其实比多数人常用的语气要更强。在需要加强语气着重说明时，比如在"to state a hypothesis（提出假设）"句子中，要使用"state"。

Statistical association does not imply cause and effect（统计学相关并不意味着有因果关系）。如果事件 A 和事件 B 有着很强的相关性，那么很容易导出 A 解释 B 或者 B 解释 A 的结论。作为一个杜撰（但是仍然有效）的例子，很容易证明每一个罪犯都曾经至少吃过一次泡菜。难道这就意味着泡菜会引发犯罪？我们对这些数据进行统计分析，那么就会发现犯罪和至少吃过一次泡菜之间的相关几乎是完美的，据此推断出腌菜会导致犯罪是合理的吗？我们也可以在研究中发现，几乎所有没犯过罪的人都至少吃过一次泡菜，说明泡菜不太可能成为犯罪行为的来源（或者有大量的罪犯没有被发现）。如果显示有相关关系，那么这可能是因果关系的一个线索，但在详细讨论因果关系之前，应该有一个合理的因果联系。有没有一个合理的理由，可以解释为什么吃咸菜会导致犯罪（查尔斯·道斯威尔）。

t test（t 检验）。正式被称为学生 t 检验（Student's test），而不是"the student t test"。Student 是作家 William Sealy Gosset 的笔名，他在 1908 年发表了这种检验方法（Student，1908）。

Temperatures，cold and warm（温度，冷热）。温度不分冷热——只有高低。空气（物体）才有冷热。参看第 80 页。另外，也有一些形容词和名词使用不一致的例子。例如，将 broad/narrow（宽/窄）spectral width（谱宽）改为 large/small spectral width（大/小谱宽），将 fast/slow velocity（速度快/慢）改为 large/small velocity（速度大小），将 long/short wavelength（长/短波长）改为 long/short waves（长/短波）or large/small wavelength（大/小波长），将 deep/shallow boundary layer height（深/浅边界层高度）改为 deep/shallow boundary layer（深/浅边界层）或 high/low boundary layer height（高/低边界层高度）。如果要修饰表示量度或数量的名词，就要使用"high""low""fewer""more"这一类词。定性的形容词应该用来形容物理对象。

Theory（理论）。对于具有一致性的观测和推理，经过长期检验的思想、体系或概念模型和能够对未来具有可检验的预测（比如斜压不稳定理论、米兰科维奇理论），可以使用理论（theory）这个词。不要用这个词去描述某人以前论文的结果或推测（"Smith 的理论"），可用"假说（hypothesis）"代替。

理论对智能是有好处的，但对于实践经验来说，却没有什么用处。最重要的是，理论被工程师置于相当不合理的地位。

——R. S. Scorer（2004）

Thunderstorm（雷暴）。thunderstorm 一词不一定是对流风暴（convective storm）或强对流风暴（severe convective storm）的同义词。虽然雷电可能在许多对流风暴中出现，但它并不是必要条件。

Trigger（触发机制）。触发机制不同于"抬升作用（lifting）"，尤其是在介绍雷暴的情况时。雷暴的启动要求水汽、不稳定条件和抬升作用。雷暴的形成，需要在大气的某个地方有一个气块，被抬升到其自由对流高度（Level of Free Convection，LFC；超过该高度，受到浮力作用，气块可以在没有进一步抬升的作用下加速上升）。发生这种情况需要具备三个条件：水汽条件、条件不稳定和某种动力将气块抬升至自由对流高度。如果把抬升作用作为触发机制，那要先假定存在水汽条件和不稳定条件，对流的发生只等抬升机制的出现。

这三个必要条件缺少其中一个，雷暴就不可能出现。既然这样，那么什么是触发机制？如果具备两个，还缺一个条件的情况下，雷暴等待的那个条件便是触发因素。比如，在不具备条件不稳定时，湿度和抬升经常出现——那么逻辑上认为条件不稳定就是触发机制！为避免对对流原理产生的错误印象，我们应该完全摒弃触发机制这个概念（查尔斯·道斯威尔）。

TRMM rainfall（TRMM 降水量）。由于 Tropical Rainfall Measuring Mission（TRMM）（热带降雨观测任务）不直接测量降水量或水汽，所以"TRMM rainfall"这个词具有误导性。TRMM 微波成像仪测量几个波段向上的微波辐射，然后将这些测量结果输入算法，通过计算得到瞬时降水率、降水剖面和其他地球物理变量。然后将这些物理变量绘制到地图上，并按照生成这些产品的不同算法标记，以产品的形式发布。当我们提及特定产品或在一般情况下提到"基于 TRMM 产品（TRMM-based products）"时，最好的专业说法应该是相应的产品名（1B11、3B42、3B43 等）（凯伦·莫尔）。

UTC（协调世界时）。为方便读者阅读，使用协调世界时定义当地时间（即当地标准时间）：协调世界时＝当地标准时＋n 小时。

Vertical motion（垂直运动）。用垂直速度（vertical velocity）代替。一般来说，我们在提到风时，不会说"水平运动（horizontal motion）"，那么，我们为什么要说"垂直运动（vertical motion）"呢？

Vorticity，definition versus equation（涡度的定义和涡度方程）。涡度矢量 $\vec{\omega}$ 通过 $\vec{\omega} \equiv \nabla \times \vec{v}$ 定义，其中 $\vec{v}$ 为三维速度矢量。这个公式仅仅是流体运动学中涡度矢量的一个定义。相反，涡度方程（它有许多不同的形式）也可从运动方程（即牛顿第二定律在流体上的应用）推导出来。涡度方程描述了一个固定点的涡度（或者为一个气块的涡度，如果考虑用拉格朗日的涡度方程的话）在不同的动力过程中（例如，倾斜、拉伸、扩散或斜压生成）随着时间的变化。因此，"分析涡度方程（analyze the vorticity equation）"意味着通过各种过程来诊断涡度随时间的变化趋势，而不是进行 $\nabla \times \vec{v}$ 的简单计算（阿兰·夏皮罗）。

Vorticity generation by shear（切变生成涡度）。考虑 v 和 w 分量为 0，u 分量为正且随高度增加，即 $\partial u / \partial z > 0$，切变矢量为西风（指向东）。在这种情况下，涡度矢量 $\vec{\omega}$ 中唯一的非零分量为 y 方向分量 $\partial u / \partial z$。因此，流体中存在切变，也存在涡度，涡度和切变都不会"生成（generated）"另一方——它们都存在于这种环境中并且都与同一个 u 分量速度场有关。

另外，假设一场雷暴在以上提到的环境下开始发展，与发展中的上升气流相关的垂直涡度场会导致环境涡度（y 涡度分量）向垂直方向倾斜，从而产生垂直涡度。由于环境涡度与环境风切变有关，可以说切变确实在垂直涡度的产生中起到一定的作用（阿兰·夏皮罗）。

Why（为什么）。"哲学和神学探究自然的原因，科学解决怎么做"（Lipton 1998，第 25 页）。

原稿：CDI does not explain why mammatus only appears locally on some regions of the anvil and not over the entire anvil. CDI 不能解释为什么乳状云只出现在云砧的某些区域而不是整个云砧。

修改稿：CDI is an inadequate explanation for mammatus that only appear locally on some regions of the anvil and not over the entire anvil. 由 CDI 来解释乳状云只出现在云砧的某些区域而不是整个云砧是不合适的。

原稿：Why the formation of the aerosol particles varies with solar radiation has not been determined. 尚未知晓为什么气溶胶颗粒的形成随太阳辐射而变化。

修改稿：How the formation of the aerosol particles varies with solar radiation has not been determined. 尚未知晓气溶胶颗粒的形成如何随太阳辐射而变化。

注　释

前言

ⅶ "凡不能毁灭我的，必使我强大"：尼采（1844—1900 年）的名句是引自《偶像的黄昏》（1899）。是的，原文显然是逗号。

ⅶ "在写一篇根据我的博士论文改写的期刊文章"：所有这些都是舒尔茨等（1998）与丹凯泽的通话的结果。

导言：不合逻辑的事实

ⅩⅤ Geerts（1999）：论文清晰度定义为"摘要和结论的可读性的方法"。约翰逊和舒伯特（1989）、乔根森等（2007）的（有关这方面的）更多的文字与图表也被发现。

ⅩⅥ "46 种大气科学期刊"：大气科学期刊退稿率的数据是从我做的 2006—2008 年的一项调查（2010 年舒尔茨）中整理出来的。然而，一些其他学科的期刊退稿率更高。例如，美国心理协会的 27 种期刊的退稿率达 36%～92%，经常报道的退稿率大约有 75%（www.apa.org/journals/statistics）。跨学科的退稿率变化的主要原因是共识，定义为"恰当的研究问题、理论方法或研究技术的概念"的一种共享的度量（哈金斯，1988），因为物理科学有着比社会科学更高的共识。

然而，一些杂志限制投稿，即使它们可能有科学价值。例如，2006 年《自然》的退稿率为 91.45%，承认有"仅仅由于其特定读者群不足就谢绝多篇高质量的论文"的现象。

事实上，每年向《自然》递交的 10000 篇稿件中有 60% 的稿件甚至没有发出去审稿（《自然》，2006）。同样，《科学》也承认"优先考虑揭示广受关注的新概念的论文"（www.sciencemag.org/about/authors/prep/gen_info.dtl），而大部分退给作者的稿件没有经过同行评审。每种期刊决定着自己期刊的要求，退稿率有时会反映这种要求。

如果你研究得够深的话，有时你会在网上发现其他期刊退稿率的信息。

ⅩⅥ "美国大学理事会的国家委员会对写作进行的一项研究"：可在 www.writingcommission.org 获得更多的信息。

第 1 章　科技论文发表流程

第 2 页　图 1.1：这些早期科学期刊的历史在 rstl. royalsocietypublishing. org 和 www. sil. si. edu/libraries/Dibner/newacq _ 2000. htm 上讨论过。

第 5 页　"给美国气象学会期刊所投的稿件中，原封不动地录用的概率低于 1‰"：2006 年，向美国气象学会的 8 种科学期刊提交了 2353 篇稿件，其中只有 21 篇被原封不动地录用，据出版专员大卫乔根森（David Jorgensen）说，其中许多已被修改到令之前的审稿人满意的退稿。

第 5 页　"这一决定如何做出，会因稿件和编辑而异"：Schultz（2009）讨论了编辑如何作出决定，包括描述编辑行为的简单模型。

第 6 页　"文字编辑负责审查语法和文字"：在 Henige（2005）的书中可以找到对文字编辑赞美的诗句。

第 6 页　"评论越来越少"：Errico（2000）和 Schultz（2008）也对评论-回复交流的次数减少表示担忧。

第 2 章　论文是否要发表——写作前需要弄清楚的问题

第 9 页　"最低可发表单位"：最低可发表单位类似于光子是最小量子的能量。公共领域是构成可发表材料的最小知识量（Feibelman，1993，第 40 页）。巴切洛（Batchelor）（1981，第 6 页）也讨论了是否有最低数量的可发表的科学信息。

第 14 页　"自存档论文的引用量比非自存档论文多 2 到 6 倍"：许多资源讨论了开源期刊的优势。

最好的讨论来自 S. Lawrence（2001），Antelman（2004），Harnad 和 Brody（2004），Hajjem 等（2005），艾森巴赫（2006）和斯旺（2007）的论述。

在 Peter Suber 的网页上可以在线找到开源期刊的概述：

www. earlham. edu/～peters/fos/overview. htm。

第 3 章　标题的设计

第 17 页　"在标题中有'使用（using）'这个词"：Day 和 Gastel（2006，第 42 页）进一步讨论了"利用"这个词的问题。

第 17 页　"某些科学家对陈述句标题不满"，Rosner（1990），Day 和 Gastel（2006，第 42 页）。

第 19 页　3.4 节的实例：

第一篇论文是 Schultz 和 Schumacher（1999）写的，第二篇是 Xu 和 Emanuel（1989）写的，第三篇是我自己编写的，最后一篇是我和其他作者写的（Schultz 等，2004）。

第 4 章　科技论文的结构

第 20 页　"有些科技写作书籍的作者思想比较保守"：具体是指 Day 和 Gastel（2006）的书。

第 21 页　"美国西屋电器公司管理人员的研究结果显示"：更多的信息可以参见 Souther（1985）的研究。

第 23 页　"即使你要投稿的期刊不要摘要。"没有摘要意味着专题文摘服务将索引你没有摘要的文章或由他们给你的文章撰写摘要。Fulda（2006）认为，哪一种选择都不理想。

第 24 页　"请看下面的引言"：是从 Schultz 和 Steenburgh（1999）写的论文中提炼出来的。

第 25 页　"响亮的平庸"：更多关于写开头句和段落的内容参见 Dixon（2000）的讨论，newsarchive. asm. org/sep00/animalcule. asp。

第 27 页　"一组乐曲"：舒尔茨（2004）首次讨论了乐曲组合和文献综述之间的类比。

第 29 页　"不完善的、不正确的或不恰当的方法，一旦出现在文献中，很难消除，常常会被后来的研究所引用"：这在医学界会经常看到，参见 Altman（2002）。

第 30 页　"有些人认为手稿不应该列入负面的结果"：主要展示负面结果的论文包括 MacKeen 等（1999），Doswell 等（2002），Richter 和 Bosart（2002）及 Schultz 等（2007b）。

第 32 页　"除此之外，他们只是想用相同或稍加修改的方法做更多的研究"：另外一种验证这些说法的方法就是"不可能的研究年鉴"的编辑马克·亚伯拉罕斯（Marc Abrahams）把"足够多的问题"（德语中 genug 是"足够的"的意思）称为什么。什么时候才足够？他询问是否有论文以这样的陈述结束，现在的问题已经回答了，没有必要进行进一步的研究。作为回应，新南威尔士大学的 Graham de Vahl Davis 教授指出，加利福尼亚州最高法院在 1984 年裁定"上诉法官没有等到他们的同事在科学上一致同意，在一个特定的问题上没有更多的研究是必要的特权。鉴于科学努力的性质，这一天可能永远不会到来。"因为科学显然永远不会得出这样的结论，在你的论文中已经做了足够多的研究，你不需要陈述显而易见的事实。

第 5 章　写作的动机

第 35 页　"最恐怖"：King（2000，第 274 页），《论写作：写作技巧的回忆录》。

第 37 页　"事实上，大多数科技论文的作者并不按结构顺序写论文"参见罗迪和麦尔（1982）的论文。

第 6 章　头脑风暴、大纲和初稿

第 42 页　"是'乌龟型'还是'兔子型'?"：乌龟/兔子的比喻来自 Alley（2003，第

241—242）；Booth 等（2003，第 190 页）讨论了类似的类比（慢/快）。

第 42 页 "要避免'爱上自己的文字'"：芬兰气象研究所 Jaakko Kukkonen 如是说。

第 7 章 无障碍的科技论文写作

第 45 页 7.3 节构建符合逻辑的论据：其他来源有更多的逻辑论据。逻辑论据的组成部分和构成证据的内容来自 Shermer（2002，第 3 章）、Booth 等（2003）、美国空军（2004，第 5 章）和 Weston（2009）。

第 8 章 构建合适的段落

第 48 页 "高效的段落具有两个主要特点：统一性和连贯性"：威廉姆斯（2004，第 35 页）特别讨论了每个段落选择一个主题并把多个主题分解到不同段落中的重要性。另一方面，威尔金森把连贯性（1991，第 438 页）处理得很好。

第 50 页 "通过这种方式，按逻辑、自然的顺序写入"：旧信息与新信息之间的联系也被称为"相干排序原则"——在新观点引入之前先有铺垫（McIntyre 1997，第 207页）。

第 54 页 8.3 节，段落之间的一致性：内容摘自舒尔茨（Schultz）和舒马赫（Schumacher）（1999）。

第 56 页 "小节和子小节"：这个边栏的部分内容摘自 Alley（1996，第 37—40 页）。

第 9 章 构建恰当的句子

第 58 页 "句子是传递信息的工具。"：威廉姆斯（Williams）（2004，第 34 页）把句子称为让人理解信息的媒介。

第 58 页 "汪汪汪。"网友给网上的笑话库（www.laughlab.co.uk）中上传了成千上万的笑话，这是网站创立者的最爱（Wiseman 2008，第 220 页）。

第 58 页 9.1 节，主动语态和被动语态：Wilkinson（1991，第 74 页）的书中有一些针对主动和被动语态的很好的讨论。美国空军编写的《空军手册》（2004，第 74 页）中有更多的被动语态变成主动语态的例子。

第 62 页 "选择使用主动动词，而不是其名词形式"：在佩尔曼（Perelman）等（1998，第 244—245 页）和 Ebel 等（2004，第 39 页）看来，消除多余词汇的理由尤其强烈。

第 64 页 "考虑以下情况时就会有分歧"：用现在时来描述过去的行为被称为历史的现在。Day 和 Gastel（2006，第 192 页）认为以前发表的文献应该在现在讨论，而对立观点则引自威尔金森（Wilkinson，1991，第 78 页）。

第 66 页 "如果句中出现'than'这个词"：Cook（1986，第 69—72 页，第 197—198页）和 Strunk 和 White（2000，第 59 页）的书中讨论了使用"than"的不完全比较。

第 67 页 "否定的信息更难以让人理解"：许多人（例如 Clark 和 Chase 1972；Tweney

和 Swart 1977；Podsakoff 等，2003；Gorin，2005；Leenaars 等，2006）讨论过为什么否定的短语更难以理解。

第 67 页　9.7 节：Cook（1986，第 43—46 页）、Perelman 等（1998，第 261 页）、Strunk 和 White（2000，第 11 页和第 20 页）及 Day 和 Gastel（2006，第 186 页）等都详细讨论了修饰语错位。

第 10 章　使用恰当的词语

第 70 页　"我们应该更多地关注'about'这个不起眼的词"：Day 和 Gastel（2006，第 203 页）。

第 72 页　"我们对科学知识的欠缺"：在 P. A. Lawrence（2001）的书中可以找到有关语言如何掩盖科学的含义的详细讨论。

第 72 页　10.2.1 节：Alley（1996，第 77 页）关于外延和内涵的讨论启发了本节。

第 72 页　"作者通常过度使用'state'"：Strunk 和 White（2000，第 58 页）。

第 76 页　"我们来看一下'作用'这个词"：为了说明科学论文中"作用"这个词是多么空泛和过度使用，PA Lawrence（2001）从文献的快速浏览中提供了一个与"作用"这个词一同使用的形容词的列表："major, pivotal, key, global, potent, leading, important, principal, vital, critical, regulatory, endogenous, master, multiple, controlling, fundamental, special, dual, basic, specific, essential, novel, evolving, potential, new, changing, active, central, functional, counter active, prominent, very specific, very important and essential, legitimate, biological, physiological, integral, more important role than previously suspected."

第 77 页　10.2.5 节：P. A. 劳伦斯（P. A. Lawrence）（2001）问我们为什么在科技论文中炒作我们的研究成果。他的回答是，因为其他人都这样做，我们也必须这样做，以免落后。

第 79 页　10.3.2 节：Schall（2006，第 80 页）讨论了在科技论文中使用数字的规则。

第 80 页　10.4.1 节：性别偏见在以下文献中有更详细的说明：Cook（1986，第 90—94 页），Perelman 等人（1998，第 281 页），Strunk 和 White（2000，第 60 页），威廉斯（2004，第 83 页）和 Schall（2006，第 60 页）。

第 11 章　图、表和公式

第 83 页　"自然科学属于图形最密集的科学"：克利夫兰（Cleveland，1984）调查了57 种不同学科的期刊发现"地球物理研究杂志"中使用图表最多（超过文章长度的30%）。

第 83 页　"施蒂韦图"：Stüve 图不是最早的热力学图。1915 年，纳皮尔·肖爵士（Napier Shaw）开发了这种温熵图，现仍主要用于英国和英联邦国家。

第 83 页　图 11.1：引自 Clayton（1911）的图 1。

第 84 页　图 11.2：改编自 Schultz 和 Knox（2007）的图 7a 和说明。

第 84 页 "该气旋模型已被世界各国接受"：例如，参见戴维斯（1997）的文献。

第 84 页 "晶莹剔透的水滴比满是泥水的洪流更令人向往"：这句话记载在弗里德曼（Friedman）（1989，第 200 页）文献中。

第 88 页 图 11.7：海冰趋势数据和扫描式多通道微波辐射计（SMMR）气候学数据，以及从国家冰雪数据中心下载的特殊传感器微波成像仪（SSM/I）的 NASA 数据集（在线提供：nsidc. org/data/smmr _ ssmi _ ancillary/area _ extent. html）。

第 92 页 图 11.8：改编自 Schultz 和 Trapp（2003）的图 11c。

第 93 页 11.6 节：更多关于颜色的讨论可以在 Anderson（1999，第 288 页）、Tufte（1990，第 82—83 页）及 Spekat 和 Kreienkamp（2007）中找到。

第 93 页 "暖色（红色，黄色和橙色）在浏览器页面中会很明显"：暖色和冷色色彩的视觉感受来自 Kosslyn（2007，第 106 页）。

第 96 页 图 11.10：引自 Hanna 等人（2008）的图 5。

第 96 页 图 11.11：引自 Kingsmill 和 Crook（2003）的图 7 并修改了图标题。

第 98 页 图 11.13：改编自 Roebber 等（2003）的图 2。

第 99 页 图 11.14：基于 Hayden 等（2007）的数据绘制。

第 100 页 图 11.15：根据 Schultz 等（2007a）的图 5a 所示的数据进行改编。

第 101 页 11.7.4 节：盒须图是由 Tukey（1977，第 39—43 页）开发的。

第 101 页 图 11.16：引自 Heinselman 和 Schultz（2006）的图 16。

第 102 页 图 11.17：图 3e 和图标题引自 Novak 等（2008）。

第 103 页 图 11.18：图 9e 引自 Wakimoto 和 Martner（1992）。

第 104 页 图 11.19：改编自 Schultz 和 Knox（2007）的图 12。

第 104 页 图 11.20：图 2b 引自 Martner 等（2007）。

第 105 页 11.7.10 节：Tufte（1990，第 4 章）讨论了更多关于多子图的内容。

第 106 页 图 11.22：图 8 引自 Chattopadhyay 等（2008）。

第 107 页 图 11.23：图 9a 引自 Wang 等（1995）。

第 108 页 表 11.2：改编自 Shapiro（2005）的表 1。

第 111 页 11.13 节：蒙哥马利（Montgomery）（2003，第 134—136 页）。

第 113 页 11.16 节：关于标点符号和等式的更多信息可以在 Wilkinson（1991，6.10 节）中找到。

第 12 章 引用和参考文献

第 115 页 "保护你论点的盾牌"：克罗宁（Cronin）（2005）。

第 116 页 12.2 节：这段关于阻塞的论文引自 Bals-Elsholz 等（2001）。

第 120 页 "因为冷平流可与后弯暖锋一起出现"：这段向后弯曲的暖锋的话引自 Schultz 等（1998）。

第 122 页 "纽卡斯尔大学的理查德·泰森（Richard Tyson）博士"：由理查德·泰森博士撰写的未发表的题为"参考文献的引用及构建研讨会"的文件就本章的信息提供了一些看法。

第 124 页　表 12.1：改编自莫纳什大学语言与学习在线网站 www. monash. edu. au/lls/llonline/quickrefs/22-referencinginternet. xml。

第 125 页　Simkin 和 Roychowdhury（2003）：Simkin 和 Roychowdhury（2003）从参考文献列印错误频率得出他们对引用文献的作者没有读过文献的百分比的估计。

这种方法并不是直接衡量这个百分比，而是因为他们的方法得到了如此大的值，这表明了这个问题的普遍性。使用不同的方法，由"不可能的研究年鉴"（www. improb. com）发起的对 Mini-AIR 邮件列表成员的自我报告调查的结果发现，只有 66％的作者和共同作者阅读了所有他们引用的文献，32％只读了摘要，2％只读了被引文献的标题。在这次调查之后，"年鉴"询问受访者是否阅读了他们列为共同作者的每篇研究论文。86％的作者回答是肯定的，6％回答不是，8％不确定。把你引用的文章拷贝到自己电脑中也可以减少从别人的文章复制的不正确引用的问题。布兰查德（1974）提供了一个幽默的例子，说明为什么要为自己的手稿创建参考文献是很重要的。

第 13 章　编辑和润色

第 126 页　"在 36 m 长的卷纸上"：《在路上》（*on the Road*）是由 Howard Cunnell 撰写的最早的卷轴书。2008 年和 2009 年，这个卷轴进行了世界巡回展出——www. ontheroad. org。

第 126 页　"其实，从第一版到出版稿是提高稿件质量的重要时间段。"这一讨论摘自埃贝尔等（Ebel）（2004，第 38 页）。

第 127 页　13.3 节：费尔贝恩和费尔贝恩（Fairbairn and Fairbairn）（2005，第 40—47 页）提供了包括例子在内的关于的广泛讨论。

第 128 页　"美国国家气象局（NWS）现在处于预报制作和分发的主要模式的转变过程中"：这个例子来自 Mass（2003）。

第 129 页　"芬兰大冰雹（直径大于 2 cm）的时空发生率"：这个摘要来自 Tuovinen 等（2009）。

第 137 页　13.6 节：Lipton（1998，第 50 页）有更多关于作者为什么有责任提交正确手稿的内容。

第 137 页　"手稿的最后检查""页边线要编号"：你可能希望为您提交的稿件添加行号，而不管该期刊是否需要，从而使审阅者的任务更容易。

在 Windows 系统的 Microsoft Word 软件中启用行号是在布局选项卡下。对于 Mac 系统的 Microsoft Word，启用行号是在格式→文档→布局下。LaTeX 软件中，usepackage｛lineno｝和 linenumbers ＊。

第 138 页　"文献数目、科学家人数及期刊种类都在日益增长"：由于论文的长度（德拉蒙德和里夫斯（Drummond 和 Reeves），2005）增加但预算和工作人员没有增加，一些期刊不得不拒绝越来越多的手稿，以保持每年出版的页数相对稳定。期刊由于实际或经济原因会强调发表较短的论文。例如，美国气象学会在 1991 年对文件的长度进行了第一次限制而不需要编辑批准（10，000 字或约 35 页），在 2001 年再次出台第二个限制（7500 字或约 26 页）。

第 139 页 "2006 年搞笑诺贝尔文学奖"：《不可能的研究年鉴》[12（6），第 17 页]报道了 2006 年的搞笑诺贝尔奖颁奖典礼。

第 140 页 "使用错别字检查或语法检查"：Schall（2006，第 44—45 页）更多地介绍了语法检查的优缺点。

第 14 章 作者署名及作者义务

第 141 页 "活跃的科学家一年内通常可以写一两篇文章"：赫尔辛基大学的 Markku Kulmala 教授提出了这种关于合作对增加产出的重要性的想法。

第 142 页 "作为论文的合著者，在分享论文带来的荣誉的同时"：一个愿意为文章做出贡献的作者也应该承担这个责任（Sigma Xi，1986，第 24—25 页）。找一位不是合著者的值得信赖的同事的建议来自 Sigma Xi（1986，第 27 页）。

第 143 页 "美国气象学会发表的一篇文章"：作者贡献均等的文章是 Hobbs 和 Rangno（1985）写的。

第 143 页 "如果作者满足以下一个或多个标准，他就可能是第一作者。"：Houk 和 Thacker（1990）及 Wilson（2002）讨论了如何确定论文的第一作者。

第 144 页 14.3 节："《地球物理研究发表指南》"（美国地球物理学联合会，2006）大部分来自美国化学会条款，并且定义了编辑、作者和审稿人应遵循的诚信标准。

想了解更多信息，请访问 www. agu. org/pubs/pubs _ guidelines. html。经美国地球物理联盟许可转载。

第 15 章 学术道德和不端行为

第 146 页 "看一下下面的案例"：案例 1 由 Taylor&Francis（2006）宣布撤回。案例 2 的更正从未发表过，蒙冤的作者放弃了他的申诉。案例 3 由吴等（2004）宣布撤回。不幸的是，对于大多数文章来说，撤回并不一定意味着这些文章的结束。Budd 等（1998）查看了从生物医学文献中撤回的 235 篇文章，其中有 86 篇是由于不端行为而被撤回的。他们检查了文章被宣布撤回后，对被撤回的文章的 2034 条引用中的 299 条引用。在 299 例中只有 19 例（6％）是作者注明已被撤回。其余的要么隐含或明确地认为是有效的研究。

第 147 页 "美国国家科学基金会（NSF）按照……定义了学术不端行为"：更多信息请访问 www. nsf. gov/oig/resmisreg. pdf。

第 149 页 "研究表明赞助商的利益与研究成果之间有正相关关系"：Bekelman 等（2003），Ridker 和 Torres（2006）及 Lesser 等（2007）。这条说明栏是基于公众利益科学研究中心在第四届全国科学诚信大会上举办的研讨会的结果。更多信息请访问 www. cspinet. org/integrity/conflictedscience _ conf. html。

第 149 页 "在高度公开的情况下"：讨论这个特别案例的文章可以在 Brumfiel（2007）的文章和以下网址中找到——www. math. columbia. edu/～woit/wordpress/？p＝638 和 arxiv. org/new/withdrawals. aug. 07. html。撤回论文的作者之一的回应文章发表在《自然》（Yilmaz，2007）。

第151页 "然而，有多达 8% 的生物医学文章被认为是重复发表"：Rosenthal 等（2003），Matinson 等（2005）及 Errami 等（2008）。

第16章 英语非母语作者及合著者指南

第152页 "在美国获得博士学位的大多数科学家必须在毕业前精通一门外语，这种现象直到大约三十年前还是这样。"了解一门外语在大气科学中的重要性，可以从以下事实证明：几种流行的大气科学期刊最初是用英语以外的语言出版的。事实上，尽管有些文章是用英文发表的，但是仍有一些期刊（例如 *Meteorologische Zeitschrift*（德文），日本气象学会杂志）的摘要仍然以其母语发表。为了说明英语对于讲母语的人而言可能是多么的简单，但对于非母语的人来说却是一个挑战，考虑一下这样一句话："如果不稳定层进一步发展，那么这一层的不稳定性将会加强。看看"稳定"这个词所拥有的不同的前缀和后缀。或者，考虑单词"separate"的发音差异，当用作动词时是（sep-uh-reyt）和用作形容词时是（sep-er-it）。难道英语可能如此具有挑战性吗？

其实问题就更大了。给出三个例子。汉语中名词的单复数没有明确的语法。许多亚洲和东欧的一些语言中没有定冠词（the）或不定冠词（a 和 an）。其他语言在句子中使用主语—宾语—动词的顺序，而不是在英语中常见的主语—动词—宾语的顺序。这些例子只是语言差异的一个例子，这些差异使得母语的作者面临沟通的挑战性。

第152页 "英语为非母语（ESL）"：我用不同的术语描述多种语言的作者。在英语为母语或主要语言的国家（如澳大利亚，加拿大，英国，美国），ESL（英语作为非母语）正逐渐让位于 ESOL（英语为非母语或其他语言）或 EAL（英语作为附加语言）。EFL（英语作为外语）在英语教学的国家内使用，但不是母语。为了方便和简洁，我用 ESL 称呼所有这些作者。ESL 作者发表的文章数量也在增加。例如，20 世纪 70 年代在六个 AMS 杂志上发表的文章中，只有不到 4% 的人是拥有中国姓氏的作者，而到了 2004 年，这个比例超过了 13%（Li 等，2007）。在美国地球物理联盟的期刊中，2004 年的比例甚至更高（超过25%）。

第152页 16.1节：关于高低语境文化的讨论主要来自 Brown 等（1995）。

第154页 表 16.1：表 16.1 中的信息有许多来源——Brown 等（1995）、Dong（1998）、Pagel 等（2002）、芬兰气象研究所的 Jaakko Kuukonen 和《每月天气评论》的 Mary Golden，以及我自己的编辑经验。

第157页 "我们得出的结论是，英语非母语的科学家已经获得了浮士德式的讨价还价的权利"，浮士德式的讨价还价是指在交易者获得大量知识、财富和权力之后，魔鬼获得交易者的灵魂。

第17章 校样、发表和后续工作

第161页 "可以让一位朋友"：Lipton（1998，第 19 页）建议找两个人来检查校对。

第164页 "50% 发表的文章从没有被引用过"：从未被引用的文章的百分比一直在增加。De Solla Price（1965）估计 1961 年发表的文章中有 10% 从未被引用过，最近增加到了

50％以上（Garfield 2005）。

第18章　大气科学论及写作的方法和途径

第 166 页　18.2 节：Kalkstein 等（1987，第 728 页）有更多的客观与主观的辩论。

第 167 页　"自从中尺度模式作为气象学家的工具出现以来"：Keyser 和 Uccellini（1987）对中尺度模式作为天气学专家工具的使用进行了预见性的讨论。

第 169 页　"任何模式模拟研究需要注意的一点是，模式可能因错误的原因得到正确的答案。"在 Pfiefer 和 Gallus（2007）的文章中可以找到错误原因得到正确答案的例子。

第 171 页　"为了得到某种事件的气候学特征，你需要收集多少个该类事件的个例？"：Doswell（2007）讨论了美国龙卷数据库中的样本量问题。

第19章　编辑和同行评审

第 178 页　"具体来说，这些责任要求编辑根据其科学内涵来对每篇稿件作出评判"：这些义务由美国化学学会（ACS）在"化学研究出版道德准则"中详述 pubs. acs. org/in-struct/ethic. html。

虽然最初是由 ACS 制定的，但是这些义务已经被其他专业协会如美国地球物理联盟所采用。"地球物理研究发表指南"（American Geophysical Union 2006）大部分来自 ACS 表述，并且定义了编辑、作者和审稿人应遵循的道德标准。

欲了解更多信息，请访问 www. agu. org/pubs/pubs_guidelines. html。经美国地球物理联盟许可转载。

第20章　撰写审稿意见

第 181 页　20.3 节：如何审稿在下面的几篇文章中已经讨论过——Smith（1990），Wilson（2002），Benos 等（2003），Provenzale 和 Stanley（2005）。

第 187 页　"关于同行评审的优缺点已经写了很多"：《自然》杂志举办了一次关于同行评审的辩论（可在网站 www. nature. com/nature/ peerreview/debate/index. html 上获得）。此外，文献中充斥着批评同行评审系统的作者（如 Campanario，1998；Balaram，2002；Wilson，2002；Beck，2003；Frey，2003；Kundzewicz 和 Koutsoyiannis，2005）。例如，巴蒂亚（Bhatia，2002）提出支持文章发表的审稿人的名字应该被公开，因此可以让审稿人更负责任。一些期刊（例如《强风暴气象学电子杂志》）已经这样做了。如果不好的论文发表了，审稿人的名字就会与论文相关联。将不会公布建议退稿的审稿人的名字。Pöschl（2004）及 Koop 和 Pöschl（2006）讨论了大气化学和物理公开的同行评审模型。

第 187 页　20.6 节：最近，制药商辉瑞公司起诉新英格兰医学杂志要求访问有关审稿人姓名、评审意见、信件和其他文件等通常认为的机密信息。

辉瑞公司提出的开放期刊记录的动议包括声明"公众没有兴趣保护科学期刊的编辑过程"。

乍看之下，这句话听起来大胆而让人无法接受，然而，不幸的是，经过进一步的反思，这听起来更真实。更多辉瑞与新英格兰医学杂志的信息可以在肯尼迪（Kennedy）（2008）的论文和这些链接中找到：

◎ arstechnica. com/journals/science. ars/2008/02/17/aaas-ethics-in-scientific-publishing

◎ seekingalpha. com/article/68446-pfizer-vs-the-new-england-journal-of-medicine-a-significant-legal-showdown。

第 187 页　"民主是最糟糕的一种政治制度"：这句话原话引自丘吉尔在下议院的讲话（1947 年 11 月 11 日）："许多形式的政府已经受到审判，并将在这个罪恶的世界中受到审判。没有人假装民主是完美的或全部的。事实上，有人说，民主是最糟糕的一种政治制度，除了其他所有已被尝试过的统治制度之外。"

第 21 章　答复审稿意见

第 189 页　"审稿人的审稿意见通常分为四类"：审稿人的四类审稿意见是基于 Valiela（2001，第 140—141 页）最初的 3 个表。

第 193 页　"坚持和优先"：在《退稿》这本书还可以找到诺贝尔奖获得者被退稿的例子——《著名经济学家对出版过程的思考》（Shepherd，1994），在 Gans 和 Shepherd（1994）的期刊文章中做了摘要。

第 22 章　如何组织学术会议

第 198 页　天气和社会综合研究：可登录网页 www. sip. ucar. edu/wasis，在 WAS ∗ IS 查阅更多信息。

第 24 章　受欢迎的口头报告

第 204 页　"19 世纪早期的科学类似今天的摇滚表演"：Hamblyn（2001，第 1 章）讨论了 19 世纪早期学术演讲在公众场合所受到的欢迎程度。想象一下如果你作的学术演讲也能受到那样的欢迎的话，那该多让人激动啊！

第 206 页　"你可能希望去告知、说服、比较、启发、教育"：Alley（2003，第 37—43页）讨论了这些不同类型的演讲。

第 207 页　"人类大脑有很强的处理信息的能力"：Aarabi（2007，第 30—31 页）探讨了演讲者和听众之间狭窄的信息通道所受的限制。

第 207 页　"只不过，在说者和听者的大脑之间有一条狭窄的通道，语言和视觉的信息只能通过这条狭窄通道进行传输，我们必须好好把握这个信息通道的速度。"：Atkinson（2008，第 40—47 页）就语言和视觉间的信息通道作了更详细的讨论。

第 208 页　"作为演讲人，你的目标是建立与听众之间的联系，要把他们的注意力吸引到演讲主题上来，并力求印象深刻。"：Kosslyn（2007，第 3 页）提出的这三个目标"实际上给出了有效演讲的定义"。

第 208 页 "演讲的效果取决于演讲内容的质量及演讲人和听众的素质。"：Aarabi（2007）。

第 25 章 创建高质量的演讲稿

第 210 页 "对 PPT 的抨击似乎风靡一时"：我没有注意过"死于 PPT"这种说法最初来源于哪里，但这个词在网上广泛流传，在 google. com 有超过 82000 次点击。因其华丽的转换和动画，Edward Tufte 首次使用了"PPT 祸水"这个词，"邪恶的 PPT"由 Edward Tufte 在《连线杂志》（2003 年 9 月号）上首次发表出来。"PPT 之歌"是在 youtube. com（www. youtube. com/watch? v＝hq－JaaUkcSw）上出现的恶搞。《为什么大多数 PPT 演讲都如此不堪》一文出自 Rick Altman。

第 210 页 "想象一下，如果亚伯拉罕·林肯发表葛底斯堡演说时使用了 PPT 会产生什么效果"：在线观看 norvig. com/Gettysburg。

第 213 页 "不要以……参考文献作为幻灯片的结尾"：如果你确实想要这样做，可以在演讲的结尾加入这样的条目，但如果你想要将某篇论文推荐给别人，可以将它保留在 PPT 中。或者，你也可以将重要的文献引文放在演讲的过程中，只要信息量足，人们便可以获知需要参阅的期刊：Hoskins 等（1985，QJRMS）。

第 215 页 25.4 节：有几个素材都强烈建议将标题题目改为副标题。（例如，Alley，2003，第 125－129 页；Atkinson 和 Mayer，2004）。

第 216 页 "能见度的变化"：Rasmussen 等（1999）。

第 217 页 "圆点的滥用"：Alley（2003，第 138 页）指出圆点符号会导致分心，要限制使用。

第 26 章 让演讲扣人心弦

第 225 页 "四种演讲方法"：Alley（2003，第 47 页）将演讲分为四种类型。

第 231 页 "演讲的对象是听众，而不是自己"：Aarabi（2007，第 4 章）根据观众的实际情况作了充分说明。Atkinso 和 Mater（2004）探讨了观众通过语言和视觉处理演讲信息的重要性。

第 232 页 "试图让幻灯片既可以有好的投影视觉效果，又可以作为独立分发的材料，这种做法往往两边不讨好"：Garr Reynold 的这句话引自他的网页：presentationzen. blogs. com/presentationzen/2005/11/the _ sound _ of _ on. html。

第 28 章 演讲的挑战

第 234 页 "《华盛顿邮报》就美国海关和边境保护局的指令作了报道"：《华盛顿邮报》，2008 年 8 月 1 日，第 1 页。A01 版，见 www. washingtonpost. com/wp－srv/content/article/2008/08/01/laptops. html。

第 245 页 "设想一下卢克·霍华德的感受"：这个故事源于 Hamblyn（2001）。在那个年代，"modification"的原意是"classification"。

第29章　工作场所的交流

第251页　29.3节：更多关于筹备举办会议的资料可以参阅 U. S. Air Force（2004）。

第30章　与公众和媒体的沟通

第255页　"通过调查发现，公众通常对科学家持信赖的态度，虽然大多数人并不相信科学界一致认同的全球变暖的说法。"：美国哈里斯民意调查所2006年的结果显示，最值得信任的职业排名，科学家排第三，排在医生和教师之后，统计人数的77％表示他们相信科学家所说。（参看 www. harrisinteractive. com/harris _ poll/index. asp？PID＝688.）不过，对于大部分科学家认为全球变暖正在发生的这件事，只有48％的认同率。（更多信息可在线参看 environment. yale. edu/news/Research/5317/americansconsider － global － warming － an－urgent－threat/.）

第256页　"美国地球物理联合会（2006）制定了在学术期刊之外发表论文时需遵守的责任清单"：美国地球物理联合会的这份文件效法于美国化学学会的相关文件：www. agu. org/pubs/pubs _ guidelines. html。

第256页　30.1节：这一节大部分是在美国气象学会公共关系部官员斯蒂芬妮·凯尼泽的帮助下完成的。

第31章　继续深入

第260页　"继续深入"：有的人可能对于为什么本章标题要使用"further"，而非"farther"有所疑惑。如 Strunk 和 White（2000，第46页）所述，"farther"适用于距离，"further"适用于时间或数量。本书旨在讨论事业上的进步。按照这种用法，这里并非意指过程更长，而是使其更加丰富。

第260页　"罗伯特·马克·弗里德曼"：罗伯特·马克·弗里德曼所著书名为《适应天气》；《维尔赫姆·皮叶克尼斯和现代气象学的奠基》，《哈拉尔德·乌里克·斯维尔德鲁普的探索》：塑造海洋科学的背景和《卓越的政治：诺贝尔科学奖内幕》》。他对戏剧写作的嗜好源于他在纽约大学戏剧院的本科学习，同时还修了地球物理学学位。在研究生阶段，他在约翰·霍普金斯大学学习了科学史，撰写了关于维尔赫姆·皮叶克尼斯和卑尔根气象学院的博士学位论文。

第261页　"只有40％的美国学生"：Stanitski 和 Charlevoix（2008）发表了针对美国气象学会学生会员的调查报告。

第264页　31.10节：Aarabi（2007）进一步讨论了失败可以作为改进的动力因素。

第264页　"伯纳德·冯内古特"：伯纳德·冯内古特（1914—1997），是纽约州立大学奥尔巴尼分校的名誉教授，他发现碘化银作为云中形成冰晶的有效凝结核，可以导致云的催化。后来他围绕云电气化和闪电开展研究，对现有的充电电气化理论构成挑战（Vonnegut，

1994）。他撰写了 190 多篇论文并拥有 28 项专利。他的履历介绍可参看 www. deas. albany. edu/deas/bvonn/bvonnegut. html。

第 264 页 "库尔特·冯内古特"：这个建议来自 1980 年冯内古特为国际造纸公司所做的一则广告"如何写出风格"，并在他 1999 年所著《棕榈假日：自传式的瓶贴画》一书中出现。你可以在（IEEE Transactions on Professional Communication）（1981，PC－24，No. 2，第 66—67 页）和 public. lanl. gov/kmh/pc－24－66－vonnegut. pdf 找到重印的原始广告复制品。

附件 B：通常被误用的科学词汇和表达

第 282 页 附件 B：本章大部分内容由 Charles Doswell 所写或源于他的想法。在他的网页上列举的一些使用禁忌，值得每位大气科学学生阅读（网址为：www. flame. org/cdoswell/peeves/Pet _ Peeves. html）。虽然我不是完全认同那些禁忌，但它们也提醒我在写作时力求严谨。

第 283 页 "Condensation（凝结）"：详细解释请参见 www. ems. psu. edu/～fraser/Bad/BadClouds. html. 参看 Alistair Fraser 的《糟糕的气象学》一书。

第 283 页 "Date/day"：Date/day 的概念是由 Montgomery（2003，第 121 页）提出的。

第 284 页 "Equations，formulas and theories（方程、公式和一般性的理论）"：关于 equations、formulas 和 theories 的不恰当的使用，Scorer（2004，第 366 页）作了很好的阐述："对于方程的使用，它的创建者比普通人还不愿使用，这足以说明从理论研究中推导出的方程的价值。正是因为知道它的局限性，所以，一些研究者比较了观测数据和方程的计算结果，认为方程极有可能是本学科领域内善于思考者的努力成果，可以在恰当的时候使用一下。我曾经在阅读文章时发现过一两次我推导的方程，为此我还沾沾自喜过，但其实这种荣耀不值得鼓励，因为它会影响人的判断。原本我欣喜地认为作者使用我推导的方程是毋庸置疑的，但后来却发现它们几乎无一例外地脱离了使用环境，所以，若哪一次有人恰当而合理地使用了它，我便感到很欣慰（虽然它不如别人的方程那样恰到好处）。虽说我并不介意使用方程时的失误，但若发现它文不对题、不可靠时，还是不悦。我们知道，倘若自然能完全按照设想创造世界，才会存在 100％的正确！"

第 288 页 "Observed/seen"：Lipton（1998，第 41 页）对 observed/seen 有准确的解释。

第 288 页 "Overrunning（上滑）"：对该词更详尽的解释，请参看查克·道斯威尔的网页：www. flame. org/cdoswell/overrun/overrunning. html。

第 290 页 "state"：Strunk 和 White（2000，第 58 页）对该词作过更精确的描述。

第 290 页 "Statistical association（统计学关联）" Kinsman（1957）也曾有过很好的讨论，举例说明了从统计学关系推断因果关系。

深入阅读

三本必读书

1. 每人都应拥有一本 Strunk 和 White 合著的 *The Elements of Style*（中文译名《风格的要素》（2000））。该书在现代图书馆的 20 世纪英语非小说类文学作品 100 部最佳作品中排名第 21 位，这部经典足以教会任何人如何更好地写作。这本书很薄，可以在一个晚上读完（大约 100 页），有一本平装小说的大小，不到 10 美元（该书有中文翻译版《英语写作手册：风格的要素》，定价 29.90 元。译者注）。

2. 在 Strunk 和 White 之后，每位科技论文作者都应该读一读 Gopen 和 Swan（1990）合著的 *The science of scientific writing*（中文译名《科学写作的科学》）。Gopen 和 Swan（1990）认为，通过理解读者阅读的科学，作者可以改进自己的写作。最重要的是句子之间的连贯性。示例显示了编辑之前和之后如何应用他们的写作技巧。

3. Reynolds（2008）：*Presentation Zen：Simple Ideas on Presentation Design and Delivery* by Reynolds（2008）（中文译名《演说之禅：幻灯片呈现与沟通的艺术》）和随附的网站 www. presentationzen. com 提供了一种规划和构建演示的新方法。虽然禅的方法可能不适用于你的科学演示中的每张幻灯片，但它设计的简洁性和独特的方法，将对你的演示产生与《风格的要素》同样的影响（该书有中文翻译版《演说之禅：幻灯片呈现与沟通的艺术》，定价 119.00 元。译者注）。

强烈推荐关于写作的读物

Cook（1986）：*Line by Line：How to Edit Your Own Writing*（中文译名《字里行间——如何编辑你写的文章》），提供了编辑过程的全面记录。

该书主要涉及句子修改，并包含大量示例。

Day 和 Gastel（2006）：*How to Write and Publish a Scientific Paper*（中文译名《如何撰写和发表科技论文》）第 6 版，是关于这一主题的最受欢迎和最全面的资源之一。早期版本仅由 Day 编写，同样出色。

The Journal of Young Investigators：A Guide to Science Writing（2005）（中文译名《青年研究人员杂志：科技写作指南》（2005））：为本科生和研究生的第一篇科技期刊论文提供了很好的一站式资源，尤其是关于科技论文部分的内容。欢迎访问他们的网

站 www. jyi. org。

Montgomery（2003）：*The Chicago Guide to Communicating Science*（中文译名《芝加哥传播科学指南》）是一本精心编写、内容丰富、充满激情的书。其中第五章"写得非常好：创造力和优雅的机会"非常出色，为《论文写作、科技交流与审稿：成为杰出科学家的必由之路》之后的科技写作提供了基石。

Orwell（1945）：*Politics and the English Language*（中文译名《政治与英语语言》）反对垂死的隐喻、自命不凡的措辞、无意义的词语，以及其他糟糕的写作。与同一作者撰写的 *Animal Farm*《动物农场》和《1984》类似，这本读起来就像是刚刚出版的，而不是1945 年出版的。

Perelman 等（1998）：*The Mayfield Handbook of Technical & Scientific Writing*（中文译名《梅菲尔德科技写作手册》）是另一本受欢迎的书，它比这里列出的其他资源更多地涉及准备和撰写科技论文的机制。该书提供了关于段落发展模式的优秀材料，包括示例和其他语法规则。可在网站 www. mhhe. com/mayfieldpub/tsw/home. htm 上在线获取。

Schall（2006）：*Style for Students*（中文译名《学生风格》）有清晰的解释，大量的例子，主动动词的表格，以及我认为的如何引用参考文献的最佳见解之一。该书已更新，可在线获取 www. e-education. psu. edu/styleforstudents。

U. S. Air Force（2004）：*The Tongue and Quill*（中文译名《舌头和羽毛笔》）。尽管是由军方编写的，但这本书对任何人都有用。该书强调沟通理念和作者与受众的联系。有几章节涉及电子邮件、标点符号、字母大写和语法的内容。

Williams（2006）：*Style*：*Ten Lessons in Clarity and Grace*（中文译名《风格：清晰优雅的十堂课》）第 9 版或任何版本，让你的写作更加清晰和优雅，而不是墨守成规。

写作读物推荐

Alley（1996）：*The Craft of Scientific Writing*（中文译名《科技写作技巧》）。我发现，大多数科技写作书籍就我们写作时所面临的严峻挑战这一主题提供的有用信息很少。然而，本书第 17 章"实际上坐下来写作"提供了大量信息。

Alley（2000）：*The Craft of Editing*：*A Guide for Managers*，*Scientists*，*and Engineers*（中文译名《编辑的技巧：经理、科学家和工程师指南》）侧重于如何编辑他人的作品，特别是在担任监督角色或共同作者时。

Anderson（1999）：*Technical Communication*：*A Reader-Centered Approach*（中文译名《技术交流：以读者为中心的方法》）是一本涵盖所有技术交流类型的广泛而详尽的书，而不仅仅是期刊文章。本书中最精彩的内容是确定受众、目标、计划有说服力的策略、头脑风暴、自由写作（一种头脑风暴的形式）、撰写初稿，以及定义分类方案的标准。

Ebel 等（2004）：*The Art of Scientific Writing*（中文译名《科技写作的艺术》）是一本全面且具学术性的著作，尽管不是特别实用。最好的部分是有关作者在论文发表之前必须要做的决定和引用的部分。其中一章讨论如何获取、建立和管理自己的文献集。

Fairbairn 和 Fairbairn（2005）：*Writing Your Abstract*：*A Guide for Would-Be-Conference Presenters.*（中文译名《撰写摘要：为即将参加会议的演讲者准备的指南》）。这是

一本关于撰写会议摘要的书！这本书可以一口气读完，书中有大量的例子和写作练习，每天提供五分钟的写作训练来鼓励不愿意动笔的人。

Lipton（1998）：*The Science Editor's Soapbox：An Aid for Writers of Scientific and Technical Reports*（中文译名《科技编辑的肥皂盒：对科技报告作者的帮助》）。本书是由美国园艺科学学会 HortScience 的一位前编辑出版的指南，该书收录了他自己有关科技写作的论文。本书不仅适用于园艺学的科学家，也适用于其他科学家。

Wilkinson（1991）：*The Scientists' Handbook for Writing Papers and Dissertations*（中文译名《撰写论文和学位论文的科学家手册》）对科学手稿的不同部分进行了全面的学术分析，并列举出众多科学的实例。

Williams（2004）：*Sin Boldly！Dr. Dave's Guide to Writing the College Paper*（中文译名《胆大妄为！戴夫博士的大学论文写作指南》）更多的是在大学课程中如何撰写论文，而不一定是科技论文。这是一本政治上不正确，但很有趣的读物。虽然我不同意其中的一些看法，但他的观点是清楚的。

有关口头报告的读物推荐

Aarabi（2007）：*The Art of Lecturing*（中文译名《授课与演讲实务》）对于那些在大学里作讲座的人来说，这是一种特殊的资源，但课程也适用于演讲。本书的优点之一是讨论受众如何接收和处理信息（该书有中文翻译版《授课与演讲实务》，定价 35.00 元。译者注）。

Alley（2003）：*The Craft of Scientific Presentations*（中文译名《科学报告的艺术》）通过许多演讲者所犯的 10 个关键错误，告诉大家如何提高报告水平。该书还包括如何处理紧张等问题的内容。书中我最喜欢的地方，就是从诺贝尔奖获得者和其他不太知名的科学家那里借鉴的好习惯和坏习惯的例子（该书有中文翻译版《科学报告的艺术》（第 2 版），定价 68.00。译者注）。

Altman（2007）：*Why Most PowerPoint Presentations Suck*（中文译名《为什么大多数 PowerPoint 演示文稿都很糟糕》）是一本轻松易读的书，它深入探讨了使用 PowerPoint 增强演示文稿的机制。

Benka（2008）："*Who is listening？What do they hear？*"（中文译名《谁在听？他们听到了什么？》）《今日物理学》的主编描述了他对演讲的启示："这是听众，傻瓜！"

Heath 和 Heath（2007）：*Made to Stick：Why Some Ideas Survive and Others Die*（中文译名《粘住：为什么我们记住了这些，忘掉了那些？》）提出了创意具有吸引力的 6 个因素：简单、意外、具体、可信、情感和故事。将这些应用到你的科学研究和演讲中，你的研究就具有粘性，紧紧粘住听众的心（该书有中文翻译版《粘住：为什么我们记住了这些，忘掉了那些？》，定价 68.00，译者注）。

Kosslyn（2007）：*Clear and to the Point：8 Pyschological Principles for Compelling PowerPoint Presentations*（中文译名《简明扼要：8 个心理学原则，让你的 PPT 演讲引人入胜》）提供了一个完整的文档，说明幻灯片的风格和结构如何决定听众是否及如何识别和记住我们的演示文稿。

The Oceanography Society（2005）：*Scientifically Speaking*（中文译名《科技英语会话》）是一个很好的通用资源，用于海报和口头报告，以及关于回答问题的实用建议。

关于做研究的读物推荐

Booth 等（2003）：*The Craft of Research*（中文译名《研究是一门艺术》）中有几章是关于定义研究问题、提出好的论据、提供证据和撰写研究报告的。这是我所知道的最容易学的书之一，它涉及研究的各个方面（该书有中文翻译版《研究是一门艺术》，定价 39.00。译者注）。

Valiela（2001）：*Doing Science：Design，Analysis，and Communication of Scientific Research*（中文译名《做科学：科学研究的设计、分析和交流》）除科学研究的其他方面外，讨论研究设计的学习，特别强调了适当的统计分析。

Weston（2009）：*A Rulebook for Arguments*（中文译名《论证是一门学问》）归纳了论证时需要遵循的 45 条规则。这些规则被收集在一本简短易读的 88 页的指南中（该书有两个版本的中文翻译本：《论证是一门学问》新华出版社，定价 28.00 元；《论证是一门学问》（全新第五版）天地出版社，定价 36.00 元。译者注）。

出版及其不满

American Geophysical Union（2006）：*Guidelines to Publication of Geophysical Research*（中文译名《〈地球物理研究〉发表指南》）为编辑、作者和审稿人定义了诚信标准，可在线访问 www. agu. org/pubs/pubs _ guidelines. html。

Batchelor（1981）：*Preoccupations of a journal editor*（中文译名《期刊编辑的当务之急》）。在创办和编辑《流体力学杂志》25 年后，Batchelor 在一篇令人羡慕的精彩散文中描述了他作为一名期刊编辑的经历。他讨论了诸如期刊范围、通过出版物传播科学、退稿统计、审查过程和审稿人角色及期刊未来等广泛问题。在最后一节中，他曾预言手稿将以电子方式存储和分发。显然，他是一位具有前瞻思维的科学家！

Benos 等（2007）："*The ups and downs of peer review*"（中文译名《同行评审的兴衰》）讨论了自 20 世纪 70 年代以来的同行评审的现代史及其优缺点。

Electronic Journal of Severe Storms Meteorology Guide for Authors，Reviewers，and Editors（2006）：（中文译名《〈强风暴气象学电子期刊〉作者、审稿人和编辑指南》）。该文提出了编辑如何做出决策的见解，并可在 www. ejssm. org 在线获取。

Errico（2000）："*On the lack of accountability in meteorological research*"（中文译名《论气象研究中的问责制缺失》）。Errico 对他所认为的 3 种科学评估方法（资助方案的竞争、公开演讲中的提问和出版物的同行评审）的失败感到沮丧，他提出了自己的意见和建议，呼吁全社会采取行动。

Geerts（1999）："*Trends in atmospheric science journals：A reader's perspective*"（中文译名《大气科学期刊的发展趋势：读者的观点》）。Geerts 根据几家大气科学期刊中文章的摘要和结论，提出了简单的测量方法，表明文章越长，对读者越不友好。

Goudsmit（1969）："*What happened to my paper?*"（中文译名《我的论文怎么了?》）虽然有些地方已经过时，但 Goudsmit 还是描述了 1969 年《物理评论》编辑部的工作情况。当时，《物理评论》的编辑每年要处理 1200 篇文章，其中大部分是在没有同行评审的情况下作出决定的。相比之下，《每月天气评论》的编辑每人每年要审阅 50—80 篇文章，而且几乎所有文章都要经过同行评审。

Hames（2007）：*Peer Review and Manuscript Management in Scientific Journals*（中文译名《科学期刊中的同行评审和稿件管理》）。尽管许多书旨在提高科技写作水平，但实际上很少有书籍真正描述出版过程的细节。该书是针对编辑的，提供了令人难以置信的同行评审的幕后审查过程。

Jorgensen 等（2007）："*The evolving publication process of the AMS*"（中文译名《不断发展的美国气象学会出版流程》）介绍了当前美国气象学会出版过程中的各项工作。

Wilson（2002）："*Responsible authorship and peer review*"（中文译名《负责任的作者和同行评审》）。该文提供了关于作者身份的最简洁的讨论，对同行评审的不满及针对审稿人的指南。

尤金·加菲尔德的网站为作者提供了广泛的参考文献和链接到论文的引文索引及其使用。可在 garfield. library. upenn. edu 在线获取。当然，在给作者的指导中，一定要遵循目标期刊的同行评审的具体建议和指南。

插图和绘图

如果你喜欢图 11.4 中的概念模型，可以在 Edward Tufte 撰写的 *Envisioning Information*《信息化视觉》（中文译名（1990））、*Visual Explanations*（中文译名《视觉解释》（1997））和 *The Visual Display of Quantitative Information*（中文译名《数量信息的视觉显示》（2001））中找到更多有效插图的例子。他的书取材于科学和传播的各个领域，通过图片来阐明有效沟通背后的概念。*The Visual Display of Quantitative Information*（中文译名《数量信息的视觉显示》）第 6 章告诫读者最大限度地提高数据墨水比，并重新设计了许多类型的常见图形。有些人可能会认为他的纯粹主义方法走得太远，但该书值得阅读，以欣赏科学图形中的极简主义和有效性。数据墨水比就是在展示介质/页面上，用于展示数据所用的"墨水"量与介质/页面上全部"墨水"量之间的比值。在设计图形时，我们的目标应该是在合理范围内使数据墨水比最大化（译者注）。

你可能会发现另一位有用的书的作者 William Cleveland：*Visualizing Data*（中文译名《可视化数据》（1993））和 *The Elements of Graphing Data*（中文译名《图形化数据的要素》（1994））。正如亚马逊网站上的一位评论者所写的："塔夫特向你展示了为什么做好图表很重要。克里夫兰告诉你如何做。"《图形化数据的要素》比本章更详细地介绍了图的构造。

Light 和 Bartlein（2004）及俄勒冈大学地理系的网页 geography. uoregon. edu/data-graphics/color _ scales. htm 讨论了适用于科学研究的配色方案。

道德与不端行为

科学研究学会出版了两本 Sigma Xi 撰写的有关科学伦理有关的书籍。*Honor in Science* 《科学荣誉》（Sigma Xi，1986）涵盖了数据处理、在合作研究环境中工作、举报和处理不道德情况等主题。它还提供了作者身份问题如何在不同学科之间变化，并在多作者撰写的论文中列出严格的作者身份条款。*The Responsible Researcher：Paths and Pitfalls*（中文译名：负责任的研究人员：《路径和陷阱》（Sigma Xi，1999））提供了科学生涯的不同阶段（如研究生、博士后、初级教师、高级教师）面临的道德挑战。

Miguel Roig 的 *Avoiding plagiarism，self-plagiarism，and other questionable writing practices：A guide to ethical writing* 《避免剽窃、自我抄袭和其他可疑的写作实践：写作伦理指南》包含了有关自我抄袭的材料，本书的材料即基于此。指南中还讨论了学生与教师之间关于作者身份的互动。请访问 facpub. stjohns. edu/～roigm/plagiarism/Index. html 网站。

美国研究诚信办公室在 ori. dhhs. gov 网站上保存了一份资源清单。正在进行的有关科学剽窃案件的讨论，可以在 plagiarism-main. blogspot. com 上找到。

许多大学和学院都有定义剽窃的网页，提供示例，并描述已证实违规行为的后果。资助机构也向研究人员提供类似的信息。

英语作为第二语言

Brown 等（1995）：*Technical Writing Guide for Nonnative Speakers of English*（中文译名《面向非英语母语者的技术写作指南》）是 Anderson（1999）的伴随指南，为非英语母语学生和他们的导师提供了有关文化差异及如何利用这些差异来改善科学交流的良好信息。

Campbell（1995）：*ESL Resource Book for Engineers and Scientists*（中文译名《为工程师和科学家的非英语母语者资源手册》）可能是为非英语母语的作者编写的关于科技写作的最佳出版资源。

Day（1995）：*Scientific English：A Guide for Scientists and Other Professionals*（中文译名《科技英语：科学家和其他专业人士指南》）提供有关科技英语的优秀信息，对以母语为英语和母语为非英语的作者均适用。

常见的误用词语

有关附录 B 中部分条目和其他气象误用的详细说明，请访问以下网页：

◎查尔斯·多斯韦尔经常抱怨的问题：www. flame. org/～cdoswell/peeves/Pet_Peeves. html。

◎阿利斯泰尔·弗雷泽的坏科学：www. ems. psu. edu/～fraser/BadScience. html。

如果您发现这些按字母顺序排列的单词和短语对你有用，下面的书中有更多其他经常被误用的英语单词列表。虽然这样的列表源自 Strunk，但是最长和最有用的列表在 Perelman 等（1998）的书中。

◎Alley（1996）：*The Craft of Scientific Writing*（中文译名《科技写作技巧》）第 3 版，附录 B。

◎Day（1995）：*Scientific English*（中文译名《科技英语》）第 2 版，附录 2。

◎Lipton（1998）：*The Science Editor's Soapbox*（中文译名《科学编辑的肥皂盒：对科学和技术报告作者的帮助》）。

◎Perelman 等（1998）：*The Mayfield Handbook of Technical & Scientific Writing*（中文译名《梅菲尔德科技写作手册》），第 14 章。

◎Schall（2006）：*Style for Students*（中文译名《学生风格》），第 4 章。

◎Strunk 和 White（2000）：*The Elements of Style*（中文译名《风格的要素》），第 4 版，第 III 和 IV 部分。

◎U. S. Air Force（2004）：*The Tongue and Quill*（中文译名《舌头和羽毛笔》），第 78—79 页。

◎Williams（2004）：*Sin Boldly*！（中文译名《胆大妄为！戴夫博士的大学论文写作指南》），第 13 章。

就业指导

Feibelman（1993）：*A Ph. D. Is Not Enough*（中文译名《博士学位还不够》）专注于如何发展你的科学事业，而且是学生最好的速读材料。

Fiske（1996）：*To Boldly Go：A Practical Career Guide for Scientists*（中文译名《大胆前行：实用的科学家职业指南》）。这本由美国地球物理联盟出版的指南讨论了科学家的就业机会，特别是非传统的途径。这本书还包括关于简历、个人履历和求职信的具体信息。

Schall（2006）：*Style for Students*（中文译名《学生风格》）。本手册现已上网，提供了大量有关准备简历、个人履历和求职信的信息。可在 www. e-education. psu. edu/style-forstudents 网站在线获取。

Schall 还出版了另外两本书：*Writing Personal Statements and Scholarship Application Essays：A Student Handbook*（中文译名《撰写个人陈述和奖学金申请信：学生手册》）（www. e-education. psu. edu/writingpersonalstatementsonline）和 *Writing Recommendation Letters*（中文译名《推荐信写作：教师手册》），这两本书都可以通过 www. ichapters. com 在线订购。

与非科学家交流

Wells（1992）所著 *Working With Congress：A Practical Guide for Scientists and Engineers*（中文译名《与国会合作：科学家和工程师实用指南》）介绍了与政治家的合作。

美国气象学会公共关系官员斯蒂芬妮·凯尼泽推荐了以下几本可读的书：

Ward（2008）：*Communicating on Climate Change，An Essential Resource for Journa-*

lists，Scientists，and Educators（中文译名《关于气候变化的交流——记者、科学家和教育工作者必不可少的资源》）有助于降低这些群体之间的沟通障碍，由梅特卡夫研究所出版。更多信息可在线获取 www. metcalfinstitute. org。

Friedman 等（1999）编著的 *Communicating Uncertainty：Media Coverage of New and Controversial Science*（中文译名《传播的不确定性：新的和有争议的科学的媒体报道》）。Moser 和 Dilling（2007）编著的 *Creating a Climate for Change：Communicating Climate Change and Facilitating Social Change*（中文译名《气候变化的产生：传播气候变化，促进社会变革》）。Nelkin（1995）所著的 *Selling Science：How the Press Covers Science and Technology*（中文译名《推销科学：媒体如何报道科学和技术》）。

专门介绍新闻的书籍包括 Kovach and Rosenstiel（2001）所著的 *What Newspeople Should Know and the Public Should Expect*（中文译名《新闻的要素：新闻人应该知道什么》），以及 Rosales（2006）写的 *The Elements of Online Journalism*（中文译名《网络新闻的要素》）。

要想看最好的科普作品，可以看看 *The Best American Science Writing*（中文译名"最佳美国科普作品"）的年度系列。2008 年作品集由 Nasar 和 Cohen（2008）编辑。

搞笑的作品

Globus 和 Raible（1994）：*Fourteen ways to say nothing with scientific visualization*（中文译名《14 条不需言语的科学可视化的方法》）主要关注计算机制作的动画和图形，还提供以半开玩笑的方式生成漂亮的图片，同时避免不必要的数据解释。

Kohn（2003）：*How to make a scientific lecture unbearable*（中文译名《如何让一场科学讲座无法忍受》）见 www. improbable. com/news/2003/mar/unbearable _ lecture. html。

Oxman 等（2004）：*A field guide to experts*（中文译名《专家野外考察指南》）列出了你可能在会议中遇到的人的类型。

更多关于在你的演讲中可能提问题的人的类型，以及海报会议上可能遇到的人的类型，见博主 Orac 在 Respectful Insolence（中文译名《尊重的傲慢》）中的描述：

oracknows. blogspot. com/2005/03/field-guide-to-biomedical-meeting. html 和 racknows. blogspot. com/2005/04/field-guide-to-biomedical-meeting. html。

Plotkin（2004）：*How to get your paper rejected*（中文译名《如何让你的论文被退稿》）。作者知道他在说什么，他的稿件在发表之前先后被六种期刊拒绝。

Sand-Jensen（2007）：*How to write consistently boring scientific literature*（中文译名《如何写出始终乏味的科学文献》）。Sand-Jensen 列出了 10 条撰写枯燥的科学出版物的建议。

格式及参考文献指南

Authors' Guide（中文译名《作者指南》）是美国气象学会出版期刊定期更新的手册。第一部分专门介绍美国气象学会的出版物和出版流程。第二部分介绍稿件的准备和投稿。几

个附录涉及大气科学术语的公认缩写和正确拼写。《作者指南》的配套文件是美国气象学会期刊引用和引用格式的综合参考指南。两者都可以在美国气象学会网站（www.ametsoc.org）的作者资源中心部分找到。

除非另有说明，否则美国气象学会遵循 *The Chicago Manual*（中文译名《芝加哥格式手册》）第 15 版（芝加哥大学出版社，2003）中的新闻格式，该手册是美国多家出版社的新闻风格标准参考。

The AMS *Glossary of Meteorology* 美国气象学会气象词汇表（Glickman，2000）可用于检查大气科学术语的拼写和定义。可以通过 amsglossary.allenpress.com/glossary 在线获取。

我们现在去上网

www.eloquentscience.com 提供了额外的资源来补充本书，有一个包含问题和答案的博客，以及一系列指向其他有实用价值的网站链接。

owl.english.purdue.edu：普渡大学的在线写作实验室是最全面的在线写作资源之一。我最喜欢的页面是转折语、写作障碍和英语非母语的资源。

www.languageisavirus.com 有众多技巧和工具来激发作者的创作热情。虽然这个网站迎合文学写作和诗歌，但这里讨论的一些技巧也可以用来打开科技写作的闸门。

www.usingenglish.com/articles 提供优质的英语语法的信息。

www.ucar.edu/commsci/esl.html：大学大气研究公司为"传播科学"团队建立了一个网站，为英语非母语的作者提供了许多资源链接。

en.wikipedia.org/wiki/Category：Free_plotting_software 是一个为你的计算机提供免费绘图包的交互中心，可以帮助你提高图形的质量。

ams.allenpress.com：美国气象学会期刊在线页面提供 10 种不同美国气象学会期刊的在线访问，包括 1873 年第 1 卷的《每月天气评论》。

www.doaj.org：开放获取期刊目录列出了 20 多种大气科学和气候学的开放获取期刊。

publications.copernicus.org：哥白尼为大气科学和地球物理学提供开放获取期刊（哥白尼开放访问中心，以前称为哨兵科学数据中心，译者注）。

其他有价值的阅读

Atkinson 和 Mayer（2004）：*Five ways to reduce PowerPoint overload*（中文译名《减少 PowerPoint 内容的五种方法》）是一篇关于如何改进电子演示的简明文章。

Blanchard（1974）：*References and unreferences*（中文译名《参考文献和非参考文献》）告诫作者不要盲目复制其他论文的参考文献，并提供了令人沮丧（如果是幽默的话）的例子，说明为什么验证参考文献列表中的条目是绝对必要的。

Boote 和 Beile（2005）：*Scholars before researchers：On the centrality of the dissertation literature review in research preparation*（中文译名《研究人员之前的学者：关于论文文献综述在研究准备中的中心地位》），对文献综述的必要性、高质量文献综述的标准进行

了深入细致的论述。

Flower 和 Hayes（1977）：*Problem-solving strategies and the writing process*（中文译名《解决问题的策略和写作过程》）提供了关于头脑风暴作为解决写作问题策略的详细讨论。

Geerts（1999）：*Trends in atmospheric science journals：A reader's perspective*（中文译名《大气科学期刊的趋势：读者的观点》）关注的是文章的摘要和结论，以及文章的清晰度和内容的重要性。

Hamill（2007）：*Toward making the AMS carbon neutral：Offsetting the impacts of flying to conferences*（中文译名《让美国气象学会碳中和：抵消飞行对会议的影响》）促使会议参与者考虑其对环境的影响。

King（2000）：*On Writing：A Memoir of the Craft*（中文译名《论写作：创作回忆录》）。小说家斯蒂芬·金在本自传的后半部分提出了完全不同的写作观点（该书有中文翻译版《写作这回事——创作生涯回忆录》，定价 39.00 元。译者注）。

Schultz 等（2007a）：*Factors affecting the increasing costs of AMS conferences*（中文译名《导致美国气象学会会议成本增加的因素》）解释了为什么参加学术会议的财务成本如此之高，并且以通货膨胀率的几倍上升。

Shermer（2002）：*Why People Believe Weird Things*（中文译名《为什么人们相信奇怪的事情》）的第三章列出了 25 个逻辑问题，这些问题允许人们作出错误的论证，相信伪科学，并保持过时的信念。如果想在自己或他人的论证中找出可能的缺陷，这些材料内容会助你一臂之力。

Stohl（2008）探讨了参加会议的科学家们大得惊人的碳足迹。

Sun 和 Zhou（2002）：*English versions of Chinese authors' names in biomedical journals：Observations and recommendations*（中文译名《生物医学期刊中文作者姓名的英译：观察和建议》）。非中国作者可能对如何引用中国作者的名字感到好奇。本文通过对这些信息的分析，提出了应对中国作者姓名英译中不一致的建议。